collana di istruzione scientifica
serie di informatica

Pasquale Foggia
Mario Vento

Algoritmi e Strutture Dati

Astrazione, progetto e realizzazione

McGraw-Hill

Milano • New York • San Francisco • Washington D. C. • Auckland
Bogotá • Lisboa • London • Madrid • Mexico City • Montreal
New Delhi • San Juan • Singapore • Sidney • Tokyo • Toronto

McGraw-Hill

*A Division of the **McGraw-Hill** Companies*

Publisher: Paolo Roncoroni
Development Editor: Chiara Daelli
Produzione: Donatella Giuliani
Impaginazione: a cura degli Autori
Grafica di copertina: Editta Gelsomini
Stampa: Cromografica Europea, Rho (MI)

ISBN 978-88386-6262-1
Printed in Italy
123456789CROVRG 2014 2013 2012 2011

A chi viaggia in direzione ostinata e contraria.
Pasquale

Dedico questo lavoro a chi vorrebbe che gli fosse dedicato:
a Sandra, Manuela, Giulia e Brunello,
ai miei genitori,
e a chi non c'è piú.
Mario

Indice

Prefazione

Questo libro nasce con l'obiettivo di dare una risposta alla sempre crescente esigenza di disporre di un'opera in grado di trattare gli aspetti relativi alla progettazione di algoritmi e di strutture dati, da diversi punti di vista: l'astrazione, che esplicita l'organizzazione concettuale di una struttura dati in riferimento alle operazioni su essa disponibili; il progetto nel quale si determina l'organizzazione concreta della struttura dati e degli algoritmi di gestione che realizzano le operazioni di cui prima; infine l'implementazione che prevede la realizzazione della struttura dati in un opportuno linguaggio di programmazione.

La qualità del software dipende significativamente dal modo in cui tutte e tre queste fasi sono affrontate, eppure la stragrande maggioranza dei testi confina la propria attenzione solo ad alcuni di questi aspetti. Trattare le problematiche di progettazione del software attraversando tutti i livelli citati è, secondo gli autori, un'opportunità unica per sviluppare una visione unitaria e completa di tutti gli aspetti coinvolti nella creazione di applicazioni.

A tal fine l'opera tratta ogni algoritmo ed ogni struttura dati a livello di astrazione, di progetto e di implementazione. Inoltre, in parallelo sono esaminati gli aspetti relativi alla correttezza ed alla complessità computazionale.

La caratteristica unica dell'opera è la capacità di coniugare sia gli aspetti progettuali sia quelli implementativi degli algoritmi e delle strutture dati. Tale obiettivo è conseguito attraverso una organizzazione del testo a due livelli, con la peculiarità di avere:

- *approfondimenti verticali* all'interno del singolo capitolo (dove, per esempio, si può trascurare la parte relativa alla descrizione ad alto livello degli algoritmi o quella relativa all'implementazione, a seconda delle esigenze didattiche, o possono essere trascurati specifici paragrafi che trattano argomenti piú complessi);

- *approfondimenti orizzontali* tra i vari capitoli, dal momento che vengono presentati uno o piú capitoli "di base" ed uno o piú capitoli che trattano argomenti "avanzati" sia per le tecniche di programmazione che per le strutture dati e per gli algoritmi.

Tale organizzazione rende il testo estremamente modulare e consente una fruizione che può prediligere l'aspetto progettuale piuttosto che quello implementativo, ma che dà anche modo al docente di delineare un percorso teso ad illustrare le problematiche legate al passaggio da progettazione ad implementazione su di un numero magari piú ridotto di strutture dati ed algoritmi.

In ogni capitolo è riportata una sezione che analizza le implementazioni di ogni algoritmo nei linguaggi C e Java.

La combinazione di un attraversamento verticale ed orizzontale consente infine di adattare l'opera a innumerevoli ipotesi di impiego: da corsi di laurea triennale a quelli di specialistica, bilanciando i contenuti metodologici, di progetto ed implementativi tra di loro, in funzione delle esigenze peculiari.

Organizzazione dei contenuti

Dopo il capitolo 1, che descrive il modo di utilizzare il libro e presenta le notazioni e le convenzioni tipografiche usate al suo interno, i capitoli 2 e 3 presentano rispettivamente le tecniche di base comunemente impiegate nella progettazione di un algoritmo o di una struttura dati, e gli strumenti formali per valutarne l'efficienza di esecuzione e la quantità di memoria richiesta.

Il capitolo 4 è dedicato alla trattazione degli algoritmi di base, con particolare riferimento ai problemi della ricerca e dell'ordinamento; successivamente, il capitolo 5 presenta le strutture dati di base, come vettori, pile e code, con una enfasi particolare sulle tecniche realizzative che fanno uso della memoria dinamica.

Ciascuno dei capitoli successivi è dedicato a una specifica struttura dati: il capitolo 6 alle liste dinamiche, il capitolo 7 alle tabelle hash, e il capitolo 8 agli alberi binari di ricerca. Per una parte significativa delle funzioni di gestione di tali strutture dati, è presentata sia una realizzazione basata su costrutti iterativi sia una fondata su una progettazione ricorsiva.

Il capitolo 9 introduce i Tipi di Dato Astratti (TDA) come strumento di progettazione, descrive alcuni TDA di uso comune e ne presenta diverse implementazioni basate sulle strutture dati esaminate nei capitoli precedenti.

Di tutti gli algoritmi riportati nel testo è fornita un'implementazione in linguaggio C e Java; talvolta sono fornite piú implementazioni, con l'obiettivo di evidenzare la convenienza derivante dall'adozione di diverse tecniche realizzative, ed in ogni caso è presentata una valutazione della complessità computazionale.

Ogni capitolo è anticipato da un breve sommario che ne introduce gli argomenti con l'obiettivo di fornirne una chiave di lettura. Inoltre, al termine di ogni capitolo, è presente una sezione in cui vi sono proposte di esercizi per l'allievo, corredati delle rispettive soluzioni.

Sito web

Sul sito sito web dedicato al libro `http://www.ateneonline.it/foggiavento` sono disponibili materiali di supporto didattico per consentire agli studenti di esercitarsi in modo piú efficace e approfondito. Tali materiali comprendono:

- soluzioni degli esercizi non risolti nel testo;
- esercizi aggiuntivi con relative soluzioni;
- tutti i listati presenti nel volume.

Ringraziamenti

Questo libro è il risultato di diversi anni di lavoro che hanno coinvolto, oltre gli autori, numerose altre persone, il cui contributo ha consentito di trasformare un materiale grezzo, usato come supporto didattico nei corsi tenuti dagli autori, nell'attuale testo.

Desideriamo anzitutto ringraziare il Prof. Luigi Cordella che ci ha incoraggiato, sin dall'inizio della nostra carriera accademica, ad avere un approccio analitico e profondo alla didattica, alla ricerca, e in generale alle problematiche legate alla nostra professione. Dobbiamo a Luigi tutti i traguardi e le soddisfazioni che abbiamo conseguito; ci ha insegnato il metodo, ci ha dato la forza e la motivazione per una crescita continua nel mondo universitario, e la capacità di intendere la didattica come lo strumento primario per lasciare ai nostri studenti una traccia importante, quella del sapere. Speriamo vivamente che Luigi non rimanga deluso dalla lettura di questo testo.

Un ringraziamento importante va inoltre a tutti i colleghi del laboratorio Mivia, che hanno contribuito (talvolta volontariamente, altre volte meno) alla stesura di questo testo; in particolare ai Proff. Gennaro Percannella e Carlo Sansone con i quali abbiamo condiviso la struttura dell'opera e che hanno fornito preziosi contributi sulle modalità di presentazione degli argomenti, e al Dott. Francesco Tufano che ha contribuito al perfezionamento di alcune parti implementative e di diversi esercizi.

L'ultimo (ma non meno importante) ringraziamento spetta a tutti gli studenti dei corsi di laurea in Ingegneria Informatica, Ingegneria Elettronica e Scienze dell'Informazione, che hanno contribuito a revisionare le bozze di parti del libro. In particolare, ringraziamo Giuseppe D'Alessio (Ing. Informatica), Aniello Falco (Ing. Elettronica), Valerio Lattarulo (Ing. Informatica), Prisco Napoli (Ing. Informatica), Antonio Pisapia (Ing. Informatica), Alessia Saggese (Ing. Informatica), Fabio Spagnuolo (Ing. Informatica), Nicola Strisciuglio (Ing. Informatica), Giulia Vento (Scienze dell'Informazione), Manuela Vento (Ing. Informatica).

Gli autori

Guida alla lettura

Per agevolare l'utilizzo del testo, alcune sezioni sono state evidenziate tipograficamente in modo da rendere piú immediata la comprensione della funzione che esse svolgono rispetto all'argomento trattato. Nel seguito sono illustrate le convenzioni tipografiche utilizzate per queste parti.

Definizione Nelle sezioni di questo tipo sono introdotte le definizioni dei concetti chiave trattati nel testo. Il nome del concetto definito viene evidenziato in *corsivo* all'interno della definizione.
Alcune definizioni hanno un numero progressivo, per consentire un riferimento ad esse da altre parti del testo (ad esempio, **Definizione 4.2**).

Esempio Le sezioni di questo tipo contengono esempi volti a chiarire i concetti introdotti precedentemente, spesso presentando l'applicazione di un'idea generale a una situazione specifica.

Osservazione Le *osservazioni* presentano conseguenze importanti, e talvolta poco ovvie, dei concetti espressi precedentemente.

CURIOSITÀ

I riquadri di questo tipo contengono delle annotazioni non essenziali alla comprensione del testo. Ad esempio, possono essere forniti dei riferimenti storici, possono essere evidenziate delle analogie con concetti analoghi presenti in altre discipline, e talvolta possono essere presentate delle considerazioni non completamente serie che hanno lo scopo di alleggerire un pochino il tono della trattazione...

RIQUADRO DI APPROFONDIMENTO

Nei riquadri di questo tipo sono fornite delle informazioni aggiuntive che non sono necessarie per la comprensione del testo, ma che potrebbero essere interessanti per chi studia l'argomento trattato.

```
/* Questo formato viene utilizzato per i listati del codice
 * che implementa gli algoritmi e le strutture dati presentati
 * nel testo.
 */
int funzione_di_esempio() {
    /* etc etc etc */
```

Qualora nel testo si faccia riferimento a un identificatore relativo a un'entità definita come parte dell'implementazione (ad esempio, il nome di una funzione), verrà utilizzato lo stesso font dei listati (per esempio, `funzione_di_esempio`).

Attenzione! Nelle sezioni di questo tipo sono riportati aspetti cruciali ma poco intuitivi dell'argomento trattato che risultano spesso non compresi pienamente dallo studente, e ai quali è necessario prestare particolare attenzione per evitare di incorrere in fraintendimenti o errori gravi.

Errore frequente In queste sezioni sono evidenziati alcuni errori ricorrenti in relazione all'argomento trattato, indicando anche la corrispondente correzione.

Approfondimento Le sezioni di questo tipo contengono aspetti piú avanzati dell'argomento affrontato. Tali aspetti possono essere ignorati qualora gli obiettivi dello specifico corso nel cui ambito è utilizzato il libro non richiedano un particolare approfondimento dello specifico tema.

2.5 Sezione avanzata *

Nei paragrafi che riportano un asterisco ("*") nel titolo, valgono le considerazioni appena fatte per le sezioni di approfondimento, estese all'intero contenuto del paragrafo.

1.7 Esercizi

In questo paragrafo si trovano esercizi che consentono di consolidare l'apprendimento dei concetti presentati e di verificare il livello di comprensione raggiunto. Per alcuni degli esercizi, viene fornita la soluzione completa in appendice al testo.

Ciascun esercizio è contrassegnato da uno dei seguenti indicatori di difficoltà:

- (★) esercizio facile, che richiede pochi minuti per essere svolto, e tipicamente comporta qualche semplice modifica a un listato presentato nel testo;
- (★★) esercizio di difficoltà intermedia, che comporta lo sviluppo di un nuovo algoritmo o una modifica non banale di algoritmi o strutture dati presentati nel testo;
- (★★★) esercizio difficile, che comporta lo sviluppo di un algoritmo complesso o una modifica significativa di algoritmi o strutture dati presentati nel testo; il tempo richiesto può arrivare a 30 o piú minuti.

Capitolo 1

Introduzione

In questo capitolo vengono illustrate le convenzioni adottate nell'organizzazione del testo, e i concetti di base che sono necessari per un'efficace studio dei capitoli che seguono.

1.1 Convenzioni generali

In questo paragrafo introdurremo alcune convenzioni che verranno seguite nella codifica degli esempi presentati in questo capitolo e nei capitoli successivi.

1.1.1 Rappresentazione dei valori logici

Il linguaggio C non include un tipo specifico per la rappresentazione dei valori logici (vero/falso); un valore logico è rappresentato attraverso il tipo `int`, seguendo la convenzione che qualunque intero diverso da 0 viene considerato equivalente a "vero", mentre il numero 0 viene considerato equivalente a "falso".

Tale convenzione va a scapito della leggibilità del codice: di fronte a una variabile o a una funzione di tipo `int` non è immediatamente evidente al lettore se il suo valore è da intendersi come concettualmente numerico, o rappresenta invece la verità di una condizione logica.

Per questo motivo lo standard piú recente del linguaggio (noto come C99) introduce un header file, `<stdbool.h>`, che definisce il tipo `bool` e i corrispondenti valori `true` e `false`. Queste definizioni sono mutuate dal linguaggio C++, in cui il tipo `bool` e le costanti simboliche `true` e `false` sono predefinite, e quindi non richiedono l'inclusione di `<stdbool.h>`.

Negli esempi presentati in questo libro adotteremo la convenzione dello standard C99, assumendo implicitamente che ogni file contenga la direttiva:

```
#include <stdbool.h>
```

Se fosse disponibile esclusivamente un compilatore C non conforme allo standard C99, e quindi privo del file `<stdbool.h>`, è possibile definire tale file come indicato nel listato 1.1.

```
/* stdbool.h
 * Definizione del tipo bool
 */

#ifndef STDBOOL_H
#define STDBOOL_H
/* le direttive precedenti servono a "proteggere"
 * questo file da inclusioni multiple
 */

enum bool_enum {
    false=0,
    true=1
};
typedef enum bool_enum bool;

#endif
```

Listato 1.1 Una possibile definizione dell'header file `<stdbool.h>` per compilatori C non allineati allo standard C99.

1.1.2 Rappresentazione dei contenuti delle strutture dati

Negli esempi presentati in questo capitolo e nei successivi avremo spesso la necessità di rappresentare strutture dati che contengano piú elementi dello stesso tipo. In particolare, in questo capitolo saranno presentati diversi algoritmi che operano su array, mentre nei capitoli successivi vedremo strutture dati piú complesse.

Per rendere gli esempi piú generali, anziché utilizzare elementi appartenenti a uno dei tipi predefiniti del linguaggio, supporremo che sia definito un tipo denominato `TInfo`, che rappresenta gli elementi che il programma deve gestire.

In molti algoritmi abbiamo bisogno di verificare se due elementi sono uguali. Il modo con cui effettuiamo questo confronto dipende dal tipo dei dati stessi: ad esempio, per confrontare due interi possiamo utilizzare l'operatore `==`, ma se gli elementi da confrontare sono stringhe dobbiamo ricorrere alla funzione `strcmp`. Per nascondere questi dettagli nel codice degli esempi, supporremo che sia definita una funzione `equal`, il cui prototipo è:

```
bool equal(TInfo a, TInfo b);
```

che restituisca `true` se gli elementi `a` e `b` sono uguali, e `false` altrimenti.

In pratica in diverse applicazioni può capitare che dati anche non esattamente *uguali* devono essere considerati *equivalenti* ai fini dell'algoritmo. Ciò può verificarsi o perché i due elementi contengono rappresentazioni diverse di informazioni che sono concettualmente uguali, o perché pur essendo diversi gli elementi anche da un punto di vista concettuale, la loro differenza non è significativa ai fini dell'applicazione che sta trattando tali dati. Si consideri ad esempio un programma che gestisce delle grandezze fisiche, ciascuna delle quali è rappresentata da una coppia (numero, unità di misura); è ovvio che il programma deve considerare equivalenti le grandezze (42, "cm") e (0.42, "m").

Quindi in generale diremo che `equal` restituisce `true` se i due parametri sono *equivalenti*, dove l'uguaglianza può essere considerata un caso particolare di equivalenza.

Anche se la definizione di `equal` dipende dalla specifica applicazione, supporremo che in ogni caso rispetti le proprietà che descrivono da un punto di vista matematico una relazione di equivalenza:

$$equal(a, a) \quad \text{Proprietà riflessiva} \tag{1.1}$$

$$equal(a, b) \Rightarrow equal(b, a) \quad \text{Proprietà simmetrica} \tag{1.2}$$

$$equal(a, b) \wedge equal(b, c) \Rightarrow equal(a, c) \quad \text{Proprietà transitiva} \tag{1.3}$$

Approfondimento Da un punto di vista implementativo è probabilmente una buona idea definire **equal** come funzione *inline* se si utilizza un compilatore C++ o un compilatore C conforme allo standard C99.

In diversi esempi avremo la necessità di stampare sullo standard output il valore di un elemento di tipo `TInfo`, per cui supporremo anche che sia definita una procedura `print_info`, il cui prototipo è:

```
void print_info(TInfo info);
```

L'effetto della procedura è scrivere una rappresentazione di `info` sullo standard output, seguita da uno spazio bianco (senza un'andata a capo).

1.1.3 Relazioni d'ordine

In diversi algoritmi presentati nei capitoli successivi supporremo che sulle informazioni di tipo `TInfo` sia definito un ordine, in modo da poter stabilire, date due informazioni a e b, quale delle due precede l'altra secondo l'ordine scelto. Ad esempio, per informazioni numeriche l'ordine potrebbe corrispondere a quello prodotto dagli operatori `<` e `>` del linguaggio.

Per rappresentare l'ordine scelto ipotizziamo che siano definite due funzioni, `less` e `greater`, i cui prototipi sono:

```
bool less(TInfo a, TInfo b);
bool greater(TInfo a, TInfo b);
```

dove `less` restituisce `true` se gli elementi `a` e `b` non sono equivalenti e `a` *precede* `b`; mentre `greater` restituisce `true` se gli elementi `a` e `b` non sono equivalenti e `a` *segue* `b`.

Attenzione! Le funzioni `less` e `greater` sono definite in riferimento a un criterio di ordine, e potrebbero non riflettere necessariamente il comportamento degli operatori `<` e `>`: ad esempio, se i dati sono interi e interessa che siano ordinati in senso decrescente, allora `less(42, 17)` sarà `true` poiché, nell'ordine decrescente, 42 *precede* 17.

Sebbene la definizione di `less` e `greater` dipende dalla specifica applicazione, supporremo che in ogni caso rispetti le proprietà che descrivono da un punto di vista matematico una relazione di ordine totale:

$$less(a, b) \vee equal(a, b) \vee greater(a, b) \tag{1.4}$$

$$\neg\,(less(a, b) \wedge equal(a, b)) \tag{1.5}$$

$$\neg\,(less(a, b) \wedge greater(a, b)) \tag{1.6}$$

$$\neg\,(equal(a, b) \wedge greater(a, b)) \tag{1.7}$$

$$less(a, b) \Leftrightarrow greater(b, a) \tag{1.8}$$

$$less(a, b) \wedge less(b, c) \Rightarrow less(a, c) \tag{1.9}$$

dove le prime quattro proprietà richiedono in maniera formale che per qualsiasi coppia di elementi a e b è vera una ed una sola delle relazioni $less(a, b)$, $equal(a, b)$ e $greater(a, b)$ (*proprietà di tricotomia*).

```
typedef ... TInfo;                  /* Tipo degli elementi */
void print_info(TInfo info);        /* Stampa un elemento */
bool equal(TInfo a, TInfo b);       /* a e b sono equivalenti */
bool less(TInfo a, TInfo b);        /* a precede b */
bool greater(TInfo a, TInfo b);     /* a segue b */
```

Figura 1.1 Prospetto riassuntivo delle funzioni sul tipo `TInfo`.

```
/* Definizione del tipo TInfo per rappresentare numeri interi.
 * Si assume che la relazione d'ordine sia in senso crescente.
 */
#include <stdbool.h>
#include <stdio.h>

typedef int TInfo;

void print_info(TInfo info) {
    printf("%d␣", info);
}

bool equal(TInfo a, TInfo b) {
    return a == b;
}

bool less(TInfo a, TInfo b) {
    return a < b;
}

bool greater(TInfo a, TInfo b) {
    return a > b;
}
```

Listato 1.2 Una possibile definizione del tipo `TInfo` per rappresentare dati interi.

```c
/* Definizione del tipo TInfo per rappresentare persone.
 * Si assume che la relazione d'ordine sia in ordine crescente
 * di cognome, e a parita' di cognome in ordine crescente di nome.
 */
#include <stdbool.h>
#include <stdio.h>
#include <string.h>

#define MAX 300
typedef struct SInfo TInfo;
struct SInfo {
    char nome[MAX];
    char cognome[MAX];
};

void print_info(TInfo info) {
    printf("[%s %s] ", info.cognome, info.nome);
}

bool equal(TInfo a, TInfo b) {
    return strcmp(a.nome, b.nome)==0 &&
           strcmp(a.cognome, b.cognome)==0;
}

bool less(TInfo a, TInfo b) {
    int conf_cognomi;
    conf_cognomi=strcmp(a.cognome, b.cognome);
    if (conf_cognomi < 0)
        return true;
    else if (conf_cognomi == 0)
        return strcmp(a.nome, b.nome)<0;
    else /* conf_cognomi > 0 */
        return false;
}

bool greater(TInfo a, TInfo b) {
    int conf_cognomi;
    conf_cognomi=strcmp(a.cognome, b.cognome);
    if (conf_cognomi > 0)
        return true;
    else if (conf_cognomi == 0)
        return strcmp(a.nome, b.nome)>0;
    else /* conf_cognomi < 0 */
        return false;
}
```

Listato 1.3 Una possibile definizione del tipo `TInfo` per rappresentare nominativi di persone.

Approfondimento Da un punto di vista implementativo è probabilmente una buona idea definire **`less`** e **`greater`** come funzioni *inline* se si utilizza un compilatore C++ o un compilatore C conforme allo standard C99.

Nei listati 1.2 e 1.3 sono riportate a titolo di esempio due possibili definizioni del tipo TInfo e delle funzioni ad esso associate, mentre la figura 1.1 presenta un prospetto completo dei prototipi introdotti in questa sezione.

1.2 Alcuni richiami di matematica

In questo paragrafo saranno forniti alcuni richiami di nozioni di matematica di base che verranno utilizzate nei capitoli successivi. Delle proprietà presentate verrà riportato soltanto l'enunciato; per la loro dimostrazione, e per eventuali approfondimenti, si rimanda a testi di matematica.

1.2.1 Progressioni aritmetiche

Definizione Una *progressione aritmetica* è una sequenza di numeri $a_1, \ldots, a_n$ tale che la differenza tra ciascun termine (successivo al primo) e il suo predecessore sia una costante d (detta *ragione* della progressione). Formalmente:

$$\exists d : \forall i \in 2, \ldots, n : a_i - a_{i-1} = d$$

Si dimostra banalmente per sostituzioni successive che un generico termine di una progressione aritmetica di ragione d può essere espresso come:

$$a_i = a_1 + (i-1)d$$

Ad esempio, la sequenza $3, 7, 11, 15$ costituisce una progressione aritmetica che ha come ragione 4. Analogamente, la sequenza $4.5, 4, 3.5$ è una progressione aritmetica la cui ragione è -0.5. Invece la sequenza $5, 7, 9, 7$ *non* costituisce una progressione aritmetica, perché la differenza tra ciascun termine e quello precedente vale 2 per il secondo e per il terzo termine, e -2 per il quarto termine.

Se $a_1, \ldots, a_n$ è una progressione aritmetica, si dimostra che la somma dei suoi termini può essere calcolata con la seguente formula:

$$\sum_{i=1}^{n} a_i = \frac{n \cdot (a_1 + a_n)}{2} \tag{1.10}$$

Ad esempio, calcoliamo la somma dei numeri dispari da 3 a 99. Tale sequenza costituisce una progressione aritmetica di 49 termini in cui la ragione è 2. Applicando la formula si ottiene facilmente che la somma è: $49 \cdot (3+99)/2 = 2499$.

Una conseguenza della formula precedente, applicata alla progressione aritmetica $1, 2, 3, \ldots, n$ (di ragione 1) è la formula:

$$\sum_{i=1}^{n} i = \frac{n \cdot (n+1)}{2} \tag{1.11}$$

1.2.2 Progressioni geometriche

Definizione Una *progressione geometrica* è una sequenza di numeri $a_1, \ldots, a_n$ tale che il rapporto tra ciascun termine (successivo al primo) e il suo predecessore sia una costante q (detta *ragione* della progressione). Formalmente:

$$\exists q : \forall i \in 2, \ldots, n : a_i / a_{i-1} = q$$

Si dimostra banalmente per sostituzioni successive che un generico termine di una progressione geometrica di ragione q può essere espresso come:

$$a_i = a_1 \cdot q^{i-1}$$

Ad esempio la sequenza $3, 6, 12, 24, 48$ è una progressione geometrica di ragione 2.

Si dimostra inoltre che la somma degli elementi di una progressione geometrica $a_1, \ldots, a_n$ di ragione q si ottiene mediante la formula:

$$\sum_{i=1}^{n} a_i = \frac{q \cdot a_n - a_1}{q - 1} \tag{1.12}$$

Ad esempio, la somma della progressione geometrica $3, 6, 12, 24, 48$ è pari a $(2 \cdot 48 - 3)/(2 - 1) = 93$.

Una conseguenza importante della precedente formula è che possiamo calcolare la somma di una successione di potenze di una base q come:

$$\sum_{i=0}^{n} q^i = \frac{q^{n+1} - 1}{q - 1} \tag{1.13}$$

Ad esempio, supponiamo di voler calcolare la sommatoria delle potenze di 3 da 3^0 fino a 3^{10}. Applicando la formula otteniamo:

$$\sum_{i=0}^{10} 3^i = \frac{3^{11} - 1}{2}$$

Inoltre, se $|q| < 1$, dalla formula 1.13 si ricava:

$$\lim_{n \to \infty} \sum_{i=0}^{n} q^i = \frac{1}{1 - q} \tag{1.14}$$

Infine, il prodotto degli elementi di una progressione geometrica $a_1, \ldots, a_n$ si ottiene mediante la formula:

$$\prod_{i=1}^{n} a_i = \sqrt{(a_1 \cdot a_n)^n} \tag{1.15}$$

1.2.3 La funzione fattoriale

Definizione La funzione *fattoriale* di un numero naturale positivo n, indicata con la notazione $n!$, è definita come:

$$n! = \prod_{i=1}^{n} i \text{ per } n \geq 1$$

Per convenzione, la funzione si estende anche allo 0 assumendo $0! = 1$.

Si verifica facilmente che la funzione fattoriale gode della seguente proprietà:

$$n! = n \cdot (n-1)! \text{ se } n \geq 1$$

Una approssimazione del valore del fattoriale in forma analitica è offerta dalla *formula di Stirling*:

$$n! \approx \sqrt{2\pi n}\left(\frac{n}{e}\right)^n \tag{1.16}$$

1.2.4 Permutazioni, disposizioni e combinazioni

Definizione Dato un insieme finito di oggetti $X = \{x_1, \ldots, x_n\}$, si definisce *permutazione*[1] di X una sequenza che includa tutti gli elementi di X una e una sola volta, in un ordine qualsiasi.

Ad esempio, dato l'insieme $\{a, b, c\}$, sono sue permutazioni le sequenze abc, acb, bac, bca, cab e cba. Invece non sono permutazioni di questo insieme le sequenze ac (perché manca l'elemento b) e $acbc$ (perché l'elemento c è presente due volte). Il numero delle possibili permutazioni di un insieme di n elementi, indicato con P_n, si ottiene dalla formula:

$$P_n = n! \tag{1.17}$$

Si noti che l'insieme vuoto $\emptyset$ possiede un'unica permutazione, che è una sequenza vuota (solitamente indicata con il simbolo ϵ).

Definizione Dato un insieme finito $X = \{x_1, \ldots, x_n\}$ e un numero naturale $k \leq n$, si definisce *disposizione* di X su k posti una sequenza formata usando k degli elementi di X, in un ordine qualsiasi, in cui ciascun elemento compare al piú una volta.

---

[1] Si parla piú precisamente di *permutazione semplice* quando sia necessario distinguere questo concetto dalla *permutazione con ripetizioni*, che non verrà trattata in questo libro. La stessa precisazione si applica anche ai concetti di *disposizione* e *combinazione* che verranno introdotti successivamente nel paragrafo.

Ad esempio, dato l'insieme $\{a, b, c, d\}$, le sue disposizioni su 2 posti sono: *ab*, *ac*, *ad*, *ba*, *bc*, *bd*, *ca*, *cb*, *cd*, *da*, *db* e *dc*.

Se $k = 0$, indipendentemente da X è possibile un'unica disposizione, ovvero la sequenza vuota ϵ.

Il numero delle possibili disposizioni di un insieme di n elementi su k posti, indicato con $D_{n,k}$, si ottiene dalla formula:

$$D_{n,k} = \frac{n!}{(n-k)!} \tag{1.18}$$

Si noti che una permutazione di un insieme X di n elementi può essere vista come una disposizione di X su n posti. Quindi vale l'uguaglianza (facilmente verificabile):

$$P_n = D_{n,n}$$

Definizione Dato un insieme finito $X = \{x_1, \ldots, x_n\}$ e un numero naturale $k \leq n$, si definisce *combinazione* di X di lunghezza k una selezione di k degli elementi di X in cui ciascun elemento appare al piú una volta, e in cui l'ordine degli elementi non è considerato significativo.

Ad esempio, dato l'insieme $\{a, b, c, d\}$, le sue combinazioni di lunghezza 3 sono *abc*, *abd*, *acd* e *bcd*. Dal momento che l'ordine degli elementi non è considerato significativo, queste combinazioni avrebbero potuto essere scritte equivalentemente come: *bac*, *dba*, *cad* e *cdb*.

Se $k = 0$, indipendentemente da X è possibile un'unica combinazione, ovvero la sequenza vuota ϵ.

Il numero delle possibili combinazioni di lunghezza k di un insieme di n elementi, indicato con $C_{n,k}$, si ottiene dalla formula:

$$C_{n,k} = \frac{n!}{k! \cdot (n-k)!} \tag{1.19}$$

tale numero viene anche detto *coefficiente binomiale n su k*, ed è indicato talvolta con la notazione alternativa:

$$\binom{n}{k}$$

Ad esempio, supponiamo di voler calcolare il numero di possibili terni su una ruota del lotto. Poiché un terno è formato da tre numeri estratti in un ordine qualsiasi, esso equivale a una combinazione di lunghezza 3 dei 90 numeri del lotto. Quindi il numero di terni possibili è:

$$C_{90,3} = \frac{90!}{3! \cdot 87!} = 117480$$

1.3 Convenzioni per le implementazioni in Java

1.3.1 Classi generiche

Abbiamo già visto che per le implementazioni delle strutture dati definite in linguaggio C supponiamo che sia definito un tipo `TInfo` che rappresenti gli elementi contenuti nella struttura dati in esame.

In Java, a partire dalla versione 1.5 del linguaggio, è stato introdotto il meccanismo delle *classi generiche* per gestire strutture dati che contengono elementi dello stesso tipo, senza vincolare il codice che implementa la struttura dati a un particolare tipo di elemento. Pertanto utilizzeremo questo meccanismo negli esempi in Java presentati nel corso del libro.

Per comodità riepiloghiamo qui brevemente gli elementi sintattici essenziali per la definizione e l'uso di classi generiche, rimandando alla documentazione del linguaggio Java per una trattazione piú completa

Definizione di una classe generica

Una classe generica viene definita specificando nel costrutto `class` una o piú *variabili di tipo*, che sono identificatori che possono essere usati, all'interno della definizione della classe, al posto del nome di un tipo di dato. In un certo senso, la classe generica è "parametrizzata" rispetto ai tipi indicati attraverso variabili di tipo, che potranno essere sostitituiti da tipi effettivi quando la classe verrà utilizzata.

Ad esempio, supponiamo di voler definire una classe `Pair` che rappresenti oggetti in grado di contenere al proprio interno una coppia di valori, ma di voler rendere la classe indipendente dal tipo effettivo dei valori stessi.

```
public class Pair<A,B> {
    private A first;
    private B second;

    public Pair(A first, B second) {
        this.first=first;
        this.second=second;
    }

    public A getFirst() {
        return first;
    }

    public B getSecond() {
        return second;
    }
}
```

Listato 1.4 Esempio di definizione di una classe generica.

Una possibile definizione della classe è fornita nel listato 1.4. Nel costrutto `class`, il nome della classe è seguito dall'elenco delle variabili di tipo racchiuse tra `<` e `>`. Nel corpo della classe le variabili di tipo (`A` e `B` in questo caso) possono essere usate come nomi di tipo. Ad esempio, il metodo `getSecond` ha come tipo del valore di ritorno B, indicando che il tipo effettivo non è specificato nella definizione della classe ma sarà specificato nel momento in cui la classe verrà usata per definire variabili e creare oggetti.

In questo modo è possibile con la stessa classe avere oggetti di tipo Pair che contengo, ad esempio, due stringhe, oppure due interi, oppure un intero e una stringa e cosí via.

Nella specifica di una variabile di tipo è possible introdurre una restrizione attraverso la clausola extends, per imporre che il tipo effettivo che verrà specificato al posto della variabile di tipo sia derivato da una particolare classe base o implementi una particolare interfaccia. Ad esempio, la dichiarazione:

```
public class MyClass<T extends Runnable> {
    // etc etc etc
```

definisce una classe generica MyClass parametrizzata rispetto a una variabile di tipo T; nell'uso della classe, T dovrà essere sostituita da un tipo effettivo che implementa l'interfaccia Runnable.

Uso di una classe generica

Nella dichiarazione di una variabile appartenente a una classe generica, occorre specificare dopo il nome della classe i tipi effettivi da utilizzare al posto delle variabili di tipo, sempre racchiusi tra < e >. Questa informazione deve anche essere fornita quando si usa l'operatore new per allocare un oggetto della classe generica.

Ad esempio, se vogliamo usare un'istanza di Pair per mantenere un oggetto di tipo String e uno di tipo Integer, il codice corrispondente sarà:

```
String s="Pippo";
Integer i=42;
Pair<String, Integer> pair;
pair=new Pair<String,Integer>(s, i);
```

Si noti come i tipi effettivi da usare al posto delle variabili di tipo sono specificati sia nella dichiarazione della variabile che nell'operatore new, subito dopo il nome della classe.

Per inciso, nell'esempio la dichiarazione della variabile i usa un meccanismo detto *automatic boxing*, anch'esso introdotto nella versione 1.5 del linguaggio, che converte automaticamente un valore di un tipo primitivo in un oggetto della corrispondente classe wrapper (dal tipo primitivo int alla classe Integer, in questo caso). È presente altresí il meccanismo inverso, detto *automatic unboxing*, che consente di convertire un oggetto di una classe wrapper in un valore del corrispondente tipo primitivo. Ad esempio, il metodo getSecond della variabile pair restituisce un valore di tipo Integer (essendo Integer il tipo effettivo che sostituisce la variabile di tipo B). Possiamo assegnare direttamente questo valore a una variabile di tipo int, come nel seguente frammento di codice:

```
int x=pair.getSecond();
```

Restrizioni alle variabili di tipo in una classe generica

Il meccanismo delle classi generiche in Java ha alcune restrizioni legate al modo con cui esso è implementato all'interno del compilatore, che qui non discuteremo. Citeremo però le restrizioni piú importanti:

- i tipi effettivi da usare al posto delle variabili di tipo non possono essere tipi primitivi o array; in luogo dei tipi primitivi si possono usare le corrispondenti classi wrapper, sfruttando i meccanismi di automatic boxing e automatic unboxing;

- nella definizione delle classi, le variabili di tipo non possono essere usate con l'operatore **new**; ad esempio, se T è una variabile di tipo, le seguenti istruzioni generano errori di compilazione:

```
T obj=new T(); // ERRORE!
T[] array=new T[20]; // ERRORE!
```

  Questa restrizione è piú difficile da aggirare; nel caso di creazione di array, la soluzione piú semplice consiste nell'allocare un array di `Object`, dal momento che una variabile di tipo `Object` può contenere un riferimento a un oggetto di qualsiasi tipo:

```
T[] array= (T[]) new Object[20]; // Ok!
```

1.3.2 Confronto di elementi e relazioni d'ordine

Anche per le implementazioni in Java è necessario in diversi algoritmi confrontare due elementi contenuti in una struttura dati per verificare se sono uguali, e in caso negativo quale dei due deve precedere l'altro.

Qualora sia necessario verificare esclusivamente l'uguaglianza tra due elementi, useremo il metodo **equals** definito nella classe `Object` (e quindi utilizzabile con oggetti di qualsiasi classe). Le classi della libreria standard di Java definiscono in maniera appropriata questo metodo (ad esempio, nella classe **String** esso effettua un confronto tra i caratteri contenuti nelle stringhe). Supporremo che anche nelle classi definite dal programmatore per essere usate come elementi di strutture dati, sia definito opportunamente il metodo **equals**.

Se è necessaria una relazione d'ordine tra gli elementi, supporremo che la classe utilizzata implementi l'interfaccia standard **Comparable**, definita nel package **java.lang**. La definizione di **Comparable** è la seguente:

```
package java.lang;
public interface Comparable<T> {
    int compareTo(T other);
}
```

Il metodo **compareTo** specificato nell'interfaccia deve effettuare un confronto con un altro oggetto **other**, e restituire un valore intero il cui segno indica l'esito del confronto:

- < 0 se l'oggetto su cui è invocato il metodo deve precedere **other** nella relazione d'ordine;

- $= 0$ se i due oggetti devono essere considerati equivalenti;

- > 0 se l'oggetto su cui è invocato il metodo deve seguire **other** nella relazione d'ordine.

L'interfaccia **Comparable** è generica rispetto al tipo **T** degli oggetti con cui dovrà essere effettuato il confronto; nel caso degli elementi di una struttura dati, il tipo degli elementi dovrà essere in genere confrontabile con se stesso, per cui avremo bisogno di dichiarare la corrispondente classe come:

```
public class MyClass implements Comparable<MyClass> {
    public int compareTo(MyClass other) {
        // etc etc etc
```

Le strutture dati che richiedono che i loro elementi siano in una relazione d'ordine saranno implementate mediante classi generiche in cui le variabili di tipo sono vincolate a estendere **Comparable**, come nel seguente esempio:

```
public class MyDataStructure<T extends Comparable<T> > {
        // etc etc etc
```

Capitolo 2

Progettazione di algoritmi ricorsivi

La risposta a questa domanda... quante lettere ha?
Tre
Forse nove
Io dico tredici
Ora che ho capito l'autoreferenza posso dire che sono 48
Autocitazione, *Autoreferenze...*

Sommario *Questo capitolo è dedicato a presentare un'importante tecnica per la progettazione degli algoritmi ricorsivi, nota come divide et impera. La ricorsione costituisce un paradigma fondamentale nello scenario delle tecniche di programmazione, dal momento che un'ampia classe di problemi può essere progettata con un'approccio diverso da quello procedurale classico basato sulla individuazione della sequenza di azioni elementari che consentono di trasformare i dati di ingresso in quelli di uscita. Il capitolo è organizzato con il duplice obiettivo di presentare dapprima i fondamenti teorici del paradigma ricorsivo, e, successivamente, di trasferire al lettore la capacità di analizzare un problema e di progettarne una realizzazione con la tecnica del divide et impera; è quest'ultimo aspetto che, ad esperienza degli autori, riveste la maggiore importanza, dal momento che tale approccio risulta inizialmente poco naturale agli occhi di un programmatore abituato sin dall'inizio allo sviluppo di programmi con la tecnica imperativa.*

2.1 Decomposizione Ricorsiva

In generale l'individuazione di un algoritmo efficiente per la risoluzione di un problema richiede non solo la conoscenza approfondita delle caratteristiche strutturali del problema, ma anche l'impiego di varie tecniche di progettazione di algoritmi.

Iniziamo con definire le caratteristiche di base che caratterizzano un algoritmo ricorsivo.

Definizione Un algoritmo viene detto ricorsivo quando nel suo corpo richiama se stesso, direttamente o indirettamente. La ricorsione è diretta quando la procedura invoca direttamente nel suo corpo se stessa, ovvero indiretta se la procedura invoca un'altra procedura che richiama la procedura originaria.

La ricorsione, se formulata in termini di una proprietà strutturale di un programma, non consente di cogliere l'aspetto più rilevante: ciò che importante, infatti, è il paradigma di programmazione sotteso dalla ricorsione, inteso come una metodologia innovativa che consente di progettare algoritmi che, con le tradizionali tecniche iterative, sarebbero difficilmente formalizzabili.

Tale paradigma, inizialmente difficile da padroneggiare, è estremamente utile perchè ampia le capacità progettuali di un programmatore: molti problemi potranno continuare ad essere risolti con le tecniche tradizionali, altri potranno essere affrontati indifferentemente con tale tecnica o in maniera classica, ma, come vedremo, un'ampia varietà di problemi può può essere risolta molto più semplicemente ricorrendo al paradigma ricorsivo.

La progettazione di programmi ricorsivi con il *divide et impera*, affonda le proprie radici in un contesto matematico, e si basa sul ben noto principio dell'induzione matematica.

CURIOSITÀ

La ricorsione è un concetto che abbiamo incontrato anche in tenera età. Non poche sono infatti le storielle, le favole e le filastrocche che abbiamo ascoltato da bambini, e che sono basate su una ricorsione infinita. Vi riportiamo un esempio inedito, frutto della fervida fantasia degli autori:
C'erano una volta due professori, uno di loro decise di scrivere un libro, e dopo tre anni convinse un suo collega a scriverlo con lui.
Il libro riguardava gli algoritmi e le strutture dati, e nel capitolo della ricorsione, veniva presentata, come curiosità, una storiella ricorsiva:
C'erano una volta due professori, uno di loro.....

2.1.1 Ricorsione e il principio di induzione matematica

Prima di analizzare le tecniche di programmazione ricorsiva, è indispensabile richiamare il principio dell'induzione matematica, proponendo alcuni semplici esempi, anche in campi diversi da quello dell'informatica.

A tale scopo, consideriamo l'enunciato del principio di induzione. Sia P una proprietà (espressa da una frase o una formula che contiene la variabile n che varia sui numeri naturali). Supponiamo che:

- $P(k)$ sia vera per $k = 1$, (Base dell'induzione),
- che P sia vera per un valore generico n (Ipotesi Induttiva),
- se a partire dalla verità di $P(n)$ riusciamo a dimostrare la verità di $P(n+1)$, allora $P(k)$ è vera per qualsiasi valore di k.

Osservazione **Vale la pena di sottolineare la grande potenzialità del principio dell'induzione matematica. Le infinite dimostrazioni necessarie per dimostrare la verità di P sugli infiniti termini della successione, si riconducono ad un'unica dimostrazione, basata sull'assunzione che la stessa dimostrazione sia stata già fatta, ma per un termine diverso della successione stessa.**

2.1.2 Definizioni ricorsive di funzioni

È importante osservare che nel campo matematico si fa largo uso di definizioni ricorsive, e che spesso queste vengono usate quando una formalizzazione alternativa sarebbe poco naturale.

Un esempio che viene spesso riportato nei testi di matematica e di informatica, sul tema della ricorsione, è quello del fattoriale. È convincimento degli autori che tale esempio è però fortemente fuorviante per comprendere gli aspetti più rilevanti della ricorsione: useremo quindi la funzione fattoriale per evidenziare che, limitarsi a considerare la ricorsione come la prorietà di una funzione di richiamare se stessa nel calcolo, non consente di cogliere la potenzialità di tale approccio nella risoluzione di problemi.

la funzione fattoriale è matematicamente definita come:

$$n! = \prod_{i=1}^{n} i = 1 * 2 * \cdots * (n-2) * (n-1) * n \tag{2.1}$$

Dalla definizione 2.1 attraverso una semplice dimostrazione, si può verificare che sussiste la seguente proprietà:

$$n! = n * (n-1)! \ se \ n > 1 \tag{2.2}$$

L' equazioni 2.2, essendo stata ottenuta con una semplice derivazione matematica dalla 2.1, può essere considerata matematicamente coincidente con quest'ultima; però, dal punto di vista realizzativo, il procedimento per valutare le due proprietà è profondamente diverso.

La differenza più significativa risiede nel fatto che la 2.2 definisce il fattoriale in termini di se stesso, come risulta evidente nel listato 2.6 contenente il relativo codice.

L'esempio appena riportato, come è forse più chiaro ora, suggerisce al lettore che il problema del calcolo del fattoriale è suscettibile di due possibili realizzazioni, equivalenti dal punto del risultato ottenuto: una formulazione classica, basata su un ciclo iterativo, ed una basata su un modello ricorsivo che definisce una funzione in termini di se stessa. Ovviamente acquisire tale consapevolezza è già di per sé un elemento importante, e tante sono le domande che un lettore curioso potrebbe porsi:

- Esistono problemi che possono essere risolti solo con la tecnica ricorsiva?
- Quali categorie di problemi possono essere affrontati e risolti più semplicemente con la tecnica ricorsiva?
- Un algoritmo ricorsivo è più efficiente o meno dell'equivalente procedurale?

Le implicazioni che tali e tante altre domande hanno nella scelta dell'impiego della tecnica ricorsiva come strumento di risoluzione di un problema sono molto articolate e lo scopo del seguito del capitolo è di far acquisire al lettore una sensibilità e consapevolezza iniziale dei vantaggi di questa nuova tecnica. C'è da dire che tutto il presente testo, per le strutture dati e gli algoritmi che verranno presentati nel seguito, è indirizzato a confrontare sistematicamente la tecnica imperativa classica e quella ricorsiva nella progettazione di un programma; è quindi naturale aspettarsi che lo studio dei successivi capitoli avrà un ruolo di arricchimento e maturazione dell'abilità del programmatore di usare la ricorsione.

2.1.3 Paradigma del divide et impera

La tecnica del *divide et impera*, come il nome stesso suggerisce, consiste nel risolvere un problema mediante un'accorta suddivisione di esso in vari sottoproblemi. Più precisamente, come evidente dalla figura 2.1 si individuano inizialmente k sottoproblemi, del medesimo tipo di quello originario, ma che operano su strutture dati di dimensioni più piccole; successivamente si risolvono i k sottoproblemi individuati e si utilizzano le loro soluzioni per determinare quella del problema originale. La ricorsione si interrompe allorquando un sottoproblema raggiunge una dimensione così piccola da poter essere risolto direttamente, senza ulteriori decomposizioni.

La progettazione degli algoritmi ricorsivi si articola nelle seguenti fasi:

- Divide: a partire dal problema da risolvere P sui dati di ingresso d si individuano k problemi del medesimo tipo di quelli originario, ma aventi dimensioni più piccole. Tale suddivisione avviene in genere ricercando delle opportune divisioni di d, e deve essere tale da giungere, prima o poi, ad istanze di problemi così semplici, da conoscerne la soluzione: tali casi vengono detti casi base;
- Impera: si ritiene, per ipotesi, di essere in grado di risolvere correttamente ciascuno dei sottoproblemi in cui si è decomposto P e di conoscerne la soluzione;
- Combina: a partire dalle soluzioni, ritenute corrette, dei sottoproblemi in cui si è diviso P, si costruisce la soluzione corretta al problema P stesso.

Nella figura 2.1 si riportano gli elementi salienti di tale approccio alla progettazione.

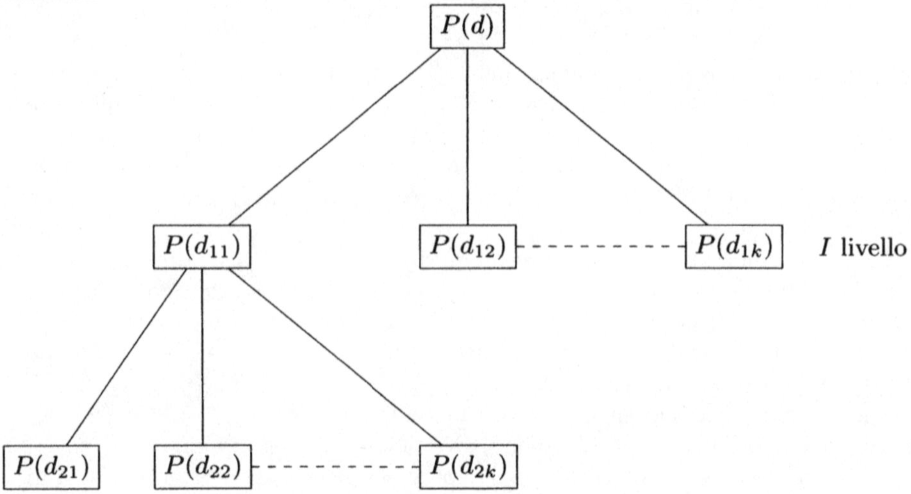

Figura 2.1 Un problema P risolto in accordo al paradigma del divide et impera.

CURIOSITÀ

La ricorsione diventa più interessante, quando non è infinita...
C'erano due professori, che decisero di scrivere tanti libri, e ne scrivevano uno ogni dieci anni. Inaspettatamente il professore più giovane morì e non furono scritti più libri. Ogni libro riguardava gli algoritmi e le strutture dati, e nel capitolo della ricorsione, veniva raccontata una storiella ricorsiva:
C'erano due professori, che decisero di scrivere tanti libri...
Un commento: il professore più giovane si augura che la ricorsione non si chiuda presto!

Per meglio comprendere l'applicazione di tale tecnica facciamo riferimento all'esempio del problema della Torre di Hanoi; il gioco si compone di tre pioli, indicati con O (per Origine), D (per Destinazione) e I (sta per Intermedio), su cui sono disposti n dischi di diametro diverso. I dischi sono inizialmente disposti sul piolo O con ordine crescente di diametro dall'alto verso il basso, e l'obiettivo è quello di attuare la sequenza necessaria a portare, nello stesso ordine, tutti i dischi nel piolo D. Il giocatore può muovere un solo disco alla volta estraendolo dalla cima di un piolo e depositarlo su un altro piolo, a condizione che quest'ultimo sia vuoto o contenga in cima un disco di diametro superiore. Nella figura 2.2 si riporta la sequenza di mosse per risolvere il problema con tre dischi.

Non è difficile convincersi che, usando le tecniche classiche, è complicatissimo trovare un algoritmo per risolvere il problema di Hanoi per un numero di dischi qualsiasi. Invitiamo il lettore a sperimentarlo direttamente, provando a risolvere Hanoi dapprima con tre, poi con quattro e più dischi: dopo aver trovato la sequenza di mosse, che inizialmente avviene per tentativi più o meno illuminati, la difficoltà successiva è quella di esplicitare le regole che generano la sequenza di mosse. Senza voler svelare completamente le motivazioni alla base di tale difficoltà, possiamo

CURIOSITÀ

Secondo alcuni autori, il problema delle Torri di Hanoi deriva da una antica leggenda: "nel grande tempio di Brahma ad Hanoi (Vietnam), su di un piatto di ottone, sotto la cupola che segna il centro del mondo, si trovano 64 dischi d'oro puro che i monaci spostano uno alla volta infilandoli in un ago di diamanti, seguendo l'immutabile legge di Brahma: nessun disco può essere posato su un altro più piccolo.
All'inizio del mondo tutti i 64 dischi erano infilati in un ago e formavano la Torre di Brahma. Il processo di spostamento dei dischi da un ago all'altro è tuttora in corso. Quando l'ultimo disco sarà finalmente piazzato a formare di nuovo la Torre di Brahma in un ago diverso, allora arriverà la fine del mondo e tutto si trasformerà in polvere".
Poiché il numero di mosse al variare del numero n di dischi è $2^n - 1$, per $n = 64$ ci vorranno 18446744073709551615 mosse; se supponiamo che ci voglia un secondo per ogni mossa il tempo complessivo per risolvere il problema è di circa 585 miliardi di anni! Perciò, non dovete preoccuparvi: prima della fine del mondo avete tutto il tempo necessario a studiare questo testo...
Si noti che secondo altri autori, meno suscettibili al fascino dei racconti esotici, sia il problema matematico che la leggenda appena narrata sarebbero stati inventati dal matematico francese Édouard Lucas nel 1883.

sinteticamente anticipare che ogni mossa da effettuare dipende non solo da quelle effettuate sino a quel momento, ma, stranamente, anche da un sottoinsieme di quelle che si effettueranno in futuro. Ciò rende non naturale il processo di analisi con le tecniche tradizionali, e rende praticamente impossibile, già per valori di n superiori a quattro, la determinazione della soluzione.

Indichiamo con $H_{O,D}(n)$ il problema di risolvere la Torre di Hanoi con n dischi tra il piolo O ed il piolo D, usando il piolo I come intermedio; analizziamo come si progetta l'algoritmo in forma ricorsiva utilizzando il principio del *divide et impera*.

- Divide: si riconduce il generico problema di Hanoi con n dischi $H(n)$ a problemi di Hanoi con $n-1$ dischi, $H(n-1)$. Questa divisione permette di giungere, per successive decomposizioni, al caso base rappresentato dal problema con un solo disco $H(1)$; quest'ultimo è facilmente risolvibile in quanto prevede un'unica mossa;

- Caso base: il problema banale di Hanoi con un solo disco $H_{X,Y}(1)$, tra due generici pioli X ed Y, si risolve muovendo il disco da X a Y;

- Impera: si ritiene, per ipotesi, di saper risolvere correttamente un problema con $n-1$ dischi tra due qualsiasi pioli, e di conoscerne la sequenza corretta di mosse;

- Combina: è facile verificare che nella ipotesi di saper risolvere $H_{X,Y}(n-1)$, la soluzione ad $H_{O,D}(n)$ è data dalla sequenza $H_{O,I}(n-1)$, $H_{O,D}(1)$, $H_{I,D}(n-1)$, come si evince dalla figura 2.3.

Nella figura 2.3 si riporta lo schema di progetto della funzione `Hanoi`, e nel listato 2.1 la relativa implementazione in linguaggio C. Nella figura 2.4 viene presentato il risultato dell'esecuzione della funzione ricorsiva, evidenziando la sequenza temporale di attivazione delle diverse istanze ricorsive.

Attenzione! Una importante precisazione è dovuta in riferimento alla decomposizione ricorsiva effettuata. Come risulta evidente dalla figura 2.3, nei passi b) e c) si considerano due problemi di Hanoi di ordine $n-1$, $H_{O,I}$ e $H_{I,D}$; ad un'analisi più attenta la soluzione proposta è affetta da un'imprecisione, che fortunatamente non ha conseguenze sulla correttezza della soluzione trovata. Infatti un problema di Hanoi di ordine k coinvolge, per come è stato definito, solo k dischi, disposti nel piolo di origine; nei casi dei sottoproblemi di ordine $n-1$ presi in considerazione, oltre agli $n-1$ dischi, ne è però presente un rimanente; ad esempio, nel passo a) è disposto il disco più grande di tutti sul piolo O e nel passo b) lo stesso disco è presente sul piolo D. È semplice convincersi che il disco più grande, essendo posizionato in fondo al piolo, non condiziona minimamente la soluzione dei suddetti sottoproblemi, dal momento che non limita gli spostamenti dei rimanenti dischi.
Ovviamente, dal punto di vista generale, nella decomposizione ricorsiva di un problema P, i sottoproblemi ottenuti devono risultare indipendenti da esso, altrimenti si corre il rischio di giungere ad una soluzione errata.

2.2 Progettare con la ricorsione

Il problema della torre di Hanoi rappresenta senza dubbio un ottimo esempio per presentare i concetti di base della progettazione di algoritmi ricorsivi: ciò è legato essenzialmente al fatto che l'unico approccio possibile alla sua risoluzione è quello basato sulla decomposizione ricorsiva.

Il passo successivo, di indubbia utilità pratica per un programmatore, è quello di padroneggiare la tecnica di analisi di un problema mediante il paradigma del *divide et impera*.

Purtroppo nonostante si siano recepiti i concetti di base sottesi dall'analisi ricorsiva, molti programmatori registrano serie difficoltà nella sintesi di algoritmi ricorsivi; in parte ciò è riconducibile al fatto che ogni programmatore è stato abituato sin dall'inizio a risolvere problemi con l'approccio classico, e di fronte ad un generico problema P, la sua attenzione si concentra sull'individuazione della sequenza di azioni elementari che portano alla sua risoluzione. Ben più innaturale risulta il tentativo di risolvere P riconducendolo in problemi del medesimo tipo, come richiesto dal *divide et impera*; eppure una volta superata questa difficoltà iniziale, la risoluzione di problemi con la ricorsione si dimostra complessivamente ben più semplice.

L'obiettivo del presente paragrafo è quello di presentare al lettore le modalità attraverso le quali si affronta e progetta un algoritmo con la tecnica *divide et impera*; a tale scopo abbiamo scelto un problema con caratteristiche del tutto diverse da quelle della torre di Hanoi, estremamente semplice da risolvere e tale da indurre il lettore immediatamente all'uso di una tecnica algoritmica classica. In particolare si è scelto di trovare una soluzione ricorsiva al seguente problema: Dato un vettore v, scrivere una funzione ricorsiva che calcoli la somma degli elementi

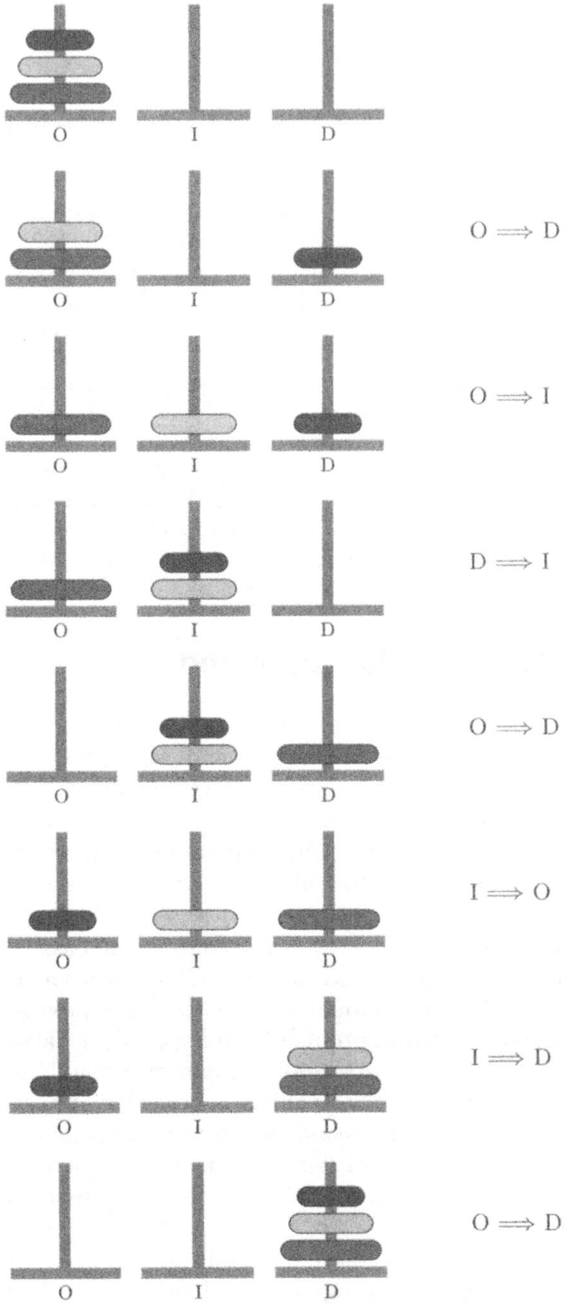

Figura 2.2 Il problema della Torre di Hanoi con $n = 3$, e la sequenza di mosse per risolverlo.

SOLUZIONE ITERATIVA DELLA TORRE DI HANOI

A titolo di curiosità, vale la pena considerare che i programmatori in grado di risolvere il problema della torre di Hanoi con le tradizionali tecniche di analisi, giungono ad una formulazione della soluzione che si dimostra essere una immediata traduzione della versione ricorsiva in termini iterativi. Tipicamente, queste soluzioni richiedono di definire e gestire esplicitamente uno *stack* (vedi il paragrafo 5.3 a pag. 141) che simula il comportamento dello stack dei record di attivazione implicitamente gestito da una funzione ricorsiva.
Ciò conferma quanto questo problema, come tanti altri, sia decisamente più semplice se affrontato con la tecnica del *divide et impera*.

del vettore stesso. Per semplicità riterremo il vettore costituito da elementi di tipo intero, e *riemp* la sua dimensione.

Sia il prototipo della funzione da sviluppare:

```
int somma(int vett[], int riemp);
```

Si ritiene superfluo ribadire che il primo istinto di un programmatore è quello di organizzare un semplice ciclo iterativo che percorra tutti gli elementi del vettore, incrementando ad ogni passo una variabile di conteggio con il valore dell'elemento preso in considerazione. In codice:

```
int somma(int v[], int riemp){
        int i;
        int contatore = 0:
        for(i=0;i<riemp,i++)
                contatore=contatore+v[i];
        return contatore;
}
```

Proviamo ora a risolvere il medesimo problema con la tecnica *divide et impera*, seguendo una traccia metodologica che ci aiuterà anche nel futuro.

Certamente la domanda fondamentale che nasce naturalmente è: come posso dividere il problema in esame in termini di stesso? La risposta non è complicata, e come vedremo tra breve, la divisione può essere effettuata con molteplici criteri, tutti altrettanto corretti ed efficaci ai fini dell'obiettivo che ci siamo posti, ad esempio:

- divido v nell'elemento che occupa l'ultimo posto $v[riemp-1]$ e nel vettore rimanente $v[0..riemp-2]$,
- divido v nell'elemento che occupa il primo posto $v[0]$ e nel vettore rimanente $v[1..riemp-1]$,
- divido v in due parti eguali, con l'introduzione dell'indice $pivot = riemp/2$, ottenendo così $v[0..pivot]$ e $v[pivot+1..riemp-1]$,
- divido v nell'elemento che occupa il primo posto $v[0]$, quello che occupa l'ultimo posto $v[riemp-1]$ e nel vettore rimanente $v[1..riemp-2]$.

È forse superfluo evidenziare che l'elenco riportato non è esaustivo, non rispecchia un ordine di difficoltà, e che programmatori differenti potrebbero ipotizzare

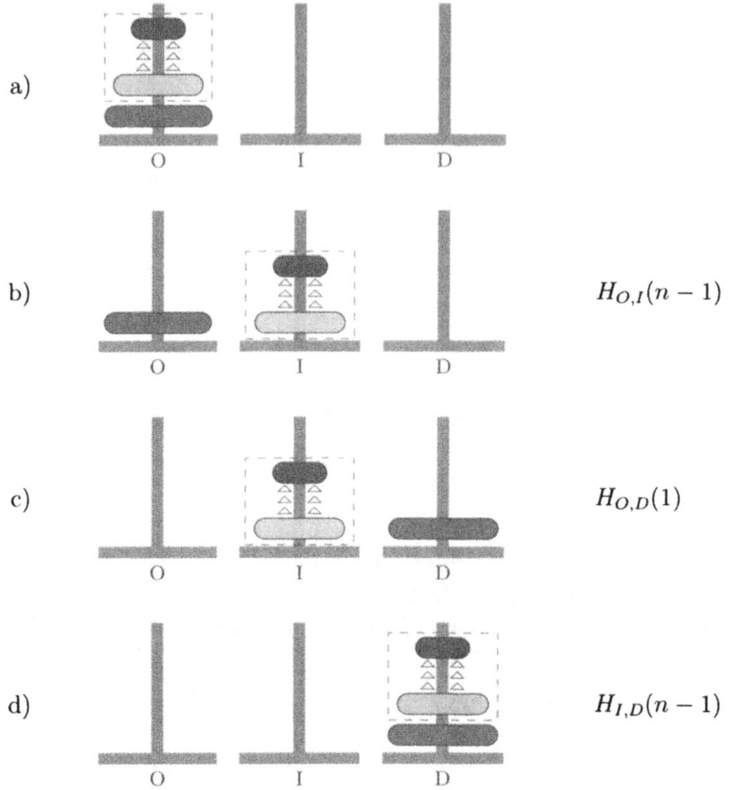

e)

$$H_{O,D}(n) \; : \; \begin{array}{l} H_{O,I}(n-1), \\ H_{O,D}(1), \\ H_{I,D}(n-1). \end{array}$$

Figura 2.3 La risoluzione del problema della Torre di Hanoi $H_{O,D}(n)$ mediante il principio del *divide et impera.* a) La configurazione iniziale, b) la configurazione alla quale si perviene dopo aver, con un numero adeguato di mosse, risolto $H_{O,I}(n-1)$, c) la configurazione alla quale si giunge dopo aver ulteriormente risolto $H_{O,D}(1)$, d) la configurazione alla quale si giunge dopo la risoluzione di $H_{I,D}(n-1)$, e) lo schema della funzione ricorsiva $H_{O,D}(n)$.

decomposizioni diverse da quelle elencate, oppure, nel doverne adottare una delle possibili, effettuerebbero scelte diverse.

L'avere a disposizione più criteri non ci deve preoccupare, perchè se è vero che divisioni differenti possono generare soluzioni con caratteristiche diverse (come

```
/*
Risolve il Problema di Hanoi di ordine n tra il piolo d'origine O
ed il piolo destinazione D, usando il piolo I come intermedio
*/
void hanoi(int n, int O, int D, int I) {
    if (n == 1)
        printf("\nSposto␣il␣disco␣da:␣%d␣a:␣%d\n", O, D);

    else {
        hanoi(n - 1, O, I, D);
        hanoi(1, O, D, I);
        hanoi(n - 1, I, D, O);
    }
}
```

Listato 2.1 La funzione che risolve il problema della torre di Hanoi.

vedremo nel prossimo paragrafo), è pur vero che, acquisita la familiarità necessaria, riusciremo anche a prevedere le caratteristiche delle soluzione in funzione della specifica divisione adottata.

Le divisioni elencate in precedenza, affinchè siano impiegabili nella progettazione ricorsiva, devono necessariamente soddisfare alcuni requisiti teorici ed ingegneristici, che vale la pena di elencare:

- la divisione deve convergere verso i casi banali, e questi devono essere risolvibili senza ulteriori chiamate ricorsive; tale ovvia proprietà garantisce che la ricorsione converga e che in esecuzione il programma ricorsivo prima o poi termini la propria esecuzione,

- i sottoproblemi ottenuti dalla divisione (al limite possiamo averne uno solo), risolvibili correttamente per ipotesi induttiva, devono essere tali che sia agevole, partendo dalla loro soluzione, costruire correttamente la soluzione del problema originario,

- sia possibile usare la medesima interfaccia per la procedura padre e la procedure relative ai sottoproblemi ottenuti; tale aspetto sembra scontato, ma spesso può portare a difficoltà realizzative, peggioramenti prestazionali, o nei casi più gravi, alla irrealizzabilità. È quindi importante attribuirgli la rilevanza applicativa che merita, valutando esplicitamente l'ipotesi di divisione alla luce della sua agevolmente implementabilità.

Con queste premesse possiamo provare a progettare la funzione in esame adottando il primo schema di divisione ipotizzato.

È semplice verificare che, per il caso in considerazione, tutte le proprietà della divisione adottata sono soddisfatte; in primo luogo la divisione ottenuta enucleando l'ultimo elemento del vettore ci porterà al caso banale: quello di un vettore con un unico elemento. In tal caso il problema in esame (calcolare la somma degli elementi di $v[0..riemp]$ è risolto restituendo il valore dell'unico elemento di v. Inoltre, è anche semplice mettere in relazione la soluzione al sottoproblema ottenuto con la soluzione del problema originario; se *somma* è la soluzione al sottoproblema, per ipotesi induttiva, il suo valore sarà pari alla somma di tutti gli elementi del vettore

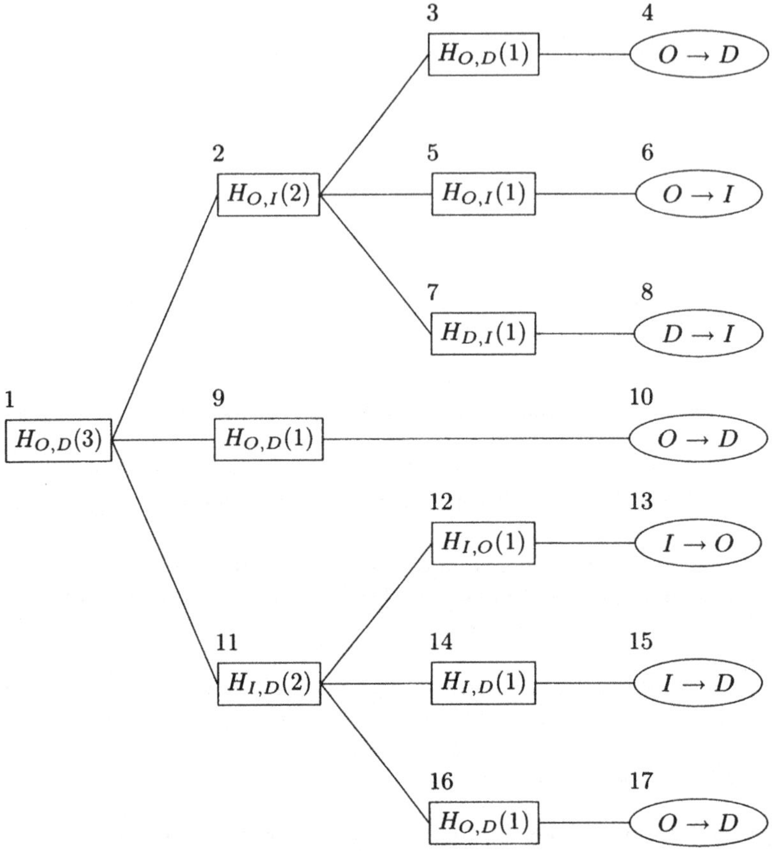

Figura 2.4 Il diagramma di attivazione delle varie istanze della funzione Hanoi, per n=3. La chiamata di ogni istanza è denotata con un rettangolo, mentre in un ovale la soluzione prodotta dall'istanza stessa. Su ogni rettangolo è indicato un numero che rappresenta l'ordine con cui viene attivata l'istanza in questione. Si noti che per n=3, la soluzione al problema di Hanoi richiede sette mosse e nove invocazioni ricorsive.

tranne $v[riemp-1]$. Basterà aggiungere a *somma*, $v[riemp-1]$ per ottenere la soluzione corretta al problema originario.

Anche la considerazione legata all'interfaccia trova un riscontro immediato. Se v e *riemp* rappresentano rispettivamente il vettore di partenza e il numero dei suoi elementi, l'invocazione sul sottoproblema ottenuto enucleando da v il suo ultimo elemento può essere fatta semplicemente su v e $riemp-1$: Basta infatti passare l'intero vettore v, ma lavorare solo sui suoi primi $n-1$ elementi, e ciò può essere fatto riducendo il riempimento di un'unità.

A questo punto le tre fasi risolutive possono essere sintetizzate come segue:

- Divide: il vettore viene diviso nel suo elemento di coda $v[riemp-1]$ ed in un vettore $v[0..riemp-2]$ contenente tutti i $riemp-1$ elementi rimanenti.
- Caso base: il vettore contiene un solo elemento, $v[0]$. In tal caso il risultato è banalmente pari a v[0].
- Impera: si ritiene per ipotesi induttiva che si sappia risolvere correttamente il problema della somma sul vettore $v[0..riemp-2]$.
- Combina: si somma il valore dell'elemento di coda $v[riemp-1]$ con la somma degli elementi del sottovettore $vett[0..riemp-2]$.

Il codice corrispondente è riportato nel listato 2.2.

```
/* Somma degli elementi di un vettore: calcola la somma degli elementi
 * vettore v[0..riemp-1] usando la decomposizione in coda
 * VALORE DI RITORNO: la somma calcolata
*/
int somma(int vett[], int riemp){
    int s;
    /*Caso base*/
    if (riemp == 0)
       return 0;

    /*Fasi di divide et impera*/
    s=somma(v, riemp-1);

    /*Fase di combia*/
    return v[riemp-1]+s;
}
```

Listato 2.2 Implementazione dell'algoritmo ricorsivo di somma degli elementi di un vettore mediante divisione in coda.

Proviamo ora a risolvere il medesimo problema, impiegando la seconda tipologia di divisione.

Il ragionamento che si segue è simile a quello seguito per la precedente divisione adottata; l'articolazione delle tre fasi di progetto è la seguente:

- Divide: il vettore viene diviso nel suo elemento di testa $v[0]$ ed in un vettore $v[1..riemp-1]$ contenente tutti i $riemp-1$ elementi rimanenti.
- Caso base: il vettore contiene un solo elemento, ed in tal caso tal caso il risultato coincide banalmente con il valore di tale elemento.
- Impera: si ritiene per ipotesi induttiva che si sappia risolvere correttamente il problema della somma sul vettore ottenuto a valle della decomposizione, $v[1..riemp-1]$.
- Combina: si somma il valore dell'elemento di testa $v[0]$ con la somma degli elementi del sottovettore $v[1..riemp-2]$.

Purtroppo, nonostante l'impostazione teorica della suddivisione sia particolarmente semplice anche in questo caso, nasce una difficoltà inaspettata in riferimento alla invocazione della funzione sul sottoproblema ottenuto. A partire dal vettore v con riempimento *riemp* dobbiamo invocare la funzione sul vettore che si ottiene enulcleando da v il primo elemento; quest'ultimo vettore non è in genere ottenibile semplicemente da v se non operando una copia che richiede un tempo lineare con il numero di elementi.

Fortunatamente il linguaggio C, che rappresenta i vettori mediante puntatori, in questa circostanza ci aiuta sensibilmente con l'aritmetica dei puntatori. Infatti, se v è un vettore e *riemp* il numero dei suoi elementi, ricordiamo che $v + 1$ rappresenta il vettore che parte da secondo elemento di v e che ovviamente conterrà $riemp - 1$ elementi. Alla luce di tale considerazione, non generalizzabile ad altri linguaggi di programmazione, il codice risultante diventa:

```
/* Somma degli elementi di un vettore: calcola la somma degli elementi
 * di un vettore vett[0..riemp-1] usando la decomposizione in testa
 * VALORE DI RITORNO: la somma calcolata
*/
int somma (int v[], int riemp){
    int s;
    /*Caso base*/
    if (riemp == 1)
       return v[0];

    /*Fasi di divide et impera*/
    s=somma(vett+1, riemp-1);

    /*Fase di combia*/
    return vett[0]+s;
}
```

Listato 2.3 Implementazione dell'algoritmo ricorsivo di somma degli elementi di un vettore mediante divisione in testa.

A questo punto non dovrebbe essere difficile immaginare come condurre il progetto con la tecnica di divisione basata sulla divisione del vettore v in due vettori $v[0..pivot]$ e $v[pivot + 1, riemp - 1]$, essendo $pivot = riemp/2$.

Con considerazioni del tutto simili a quelle effettuate nei precedenti due esempi ci limitiamo a presentare il codice relativo nel listato 2.4.

Altre implementazioni sono lasciate al lettore come utile esercizio.

2.2.1 Classificazione degli algoritmi ricorsivi

Sulla base del numero delle chiamate ricorsive presenti e della loro posizione nel codice, si può articolare un'utile classificazione nelle seguenti categorie:

- Ricorsione lineare;
- Ricorsione multipla;
- Ricorsione mutua;

- Ricorsione annidata.

```
/* Somma degli elementi di un vettore: calcola la somma degli elementi
 * di un vettore vett[0..riemp-1] usando una decomposizione doppia
 * VALORE DI RITORNO: la somma calcolata
*/
int somma(int vett[], int riemp) {
    int somma1=0, somma2=0;
    int pivot;
    /* Caso degenere: il vettore è vuoto*/
    if (riemp == 0)
        return 0;

    /*Caso Base: il vettore è composto da un unico elemento*/
    if (riemp == 1)
        return vett[0];

    /*Fasi di divide et impera*/
    pivot = riemp/2;
    somma1=somma(vett,pivot);
    somma2=somma(&vett[pivot],riemp-pivot);

    /*Fase di combina*/
    return somma1+somma2;
}
```

Listato 2.4 Implementazione dell'algoritmo ricorsivo di somma degli elementi di un vettore mediante divisione in testa.

Ognuna di queste categorie presenta delle caratteristiche comuni che vale la pena di evidenziare. Inoltre nei casi di ricorsione lineare e multipla si distingue il caso della ricorsione in coda, un'importante caratteristica strutturale che rende l'algoritmo ricorsivo trasformabile semplicemente in un algoritmo iterativo. In particolare:

Definizione 2.1 Un algoritmo ricorsivo si dice che è ricorsivo in coda se la chiamata ricorsiva è l'ultima istruzione dell'algoritmo stesso.

2.2.2 Ricorsione Lineare

Definizione 2.2 Un algoritmo si dice ricorsivo lineare se nel suo corpo è presente una sola chiamata a se stesso.

Un classico esempio è la versione ricorsiva del fattoriale, riportata nel listato 2.5.

```
/*
Calcolo del fattoriale: calcola il fattoriale di un numero n
Ritorna il valore calcolato
*/
 long factorial(int n) {
     /* Caso base */
     if (n == 0)
         return 1;

     else
     /* Fasi di divide, impera e combina */
         return factorial(n - 1) * n;
}
```

Listato 2.5 Funzione ricorsiva lineare per il calcolo del fattoriale. Si noti che la funzione presentata non è ricorsiva in coda, in quanto la chiamata ricorsiva non è l'ultima azione svolta dalla funzione stessa.

```
/*
Calcolo del fattoriale: calcola il fattoriale di un numero n
Ritorna il valore calcolato
*/
 long factorial(int n) {
     /* Caso base */
     if (n == 0)
         return 1;

     else
     /* Fasi di divide, impera e combina */
         return n * factorial(n - 1);
}
```

Listato 2.6 Versione alternativa per il calcolo del fattoriale. Anche tale versione non è ricorsiva in coda, in quanto a valle dell'invocazione ricorsiva bisogna effettuare il prodotto riportato nell'ultima istruzione.

Attenzione! È importante osservare che tale implementazione non è ricorsiva in coda: anche se si scambiano i termini nel prodotto, come accade nella versione presentata nel listato 2.6, la funzione continua a non essere ricorsiva in coda. Infatti anche nella seconda versione proposta dopo l'invocazione del fattoriale è necessario effettuare il prodotto.

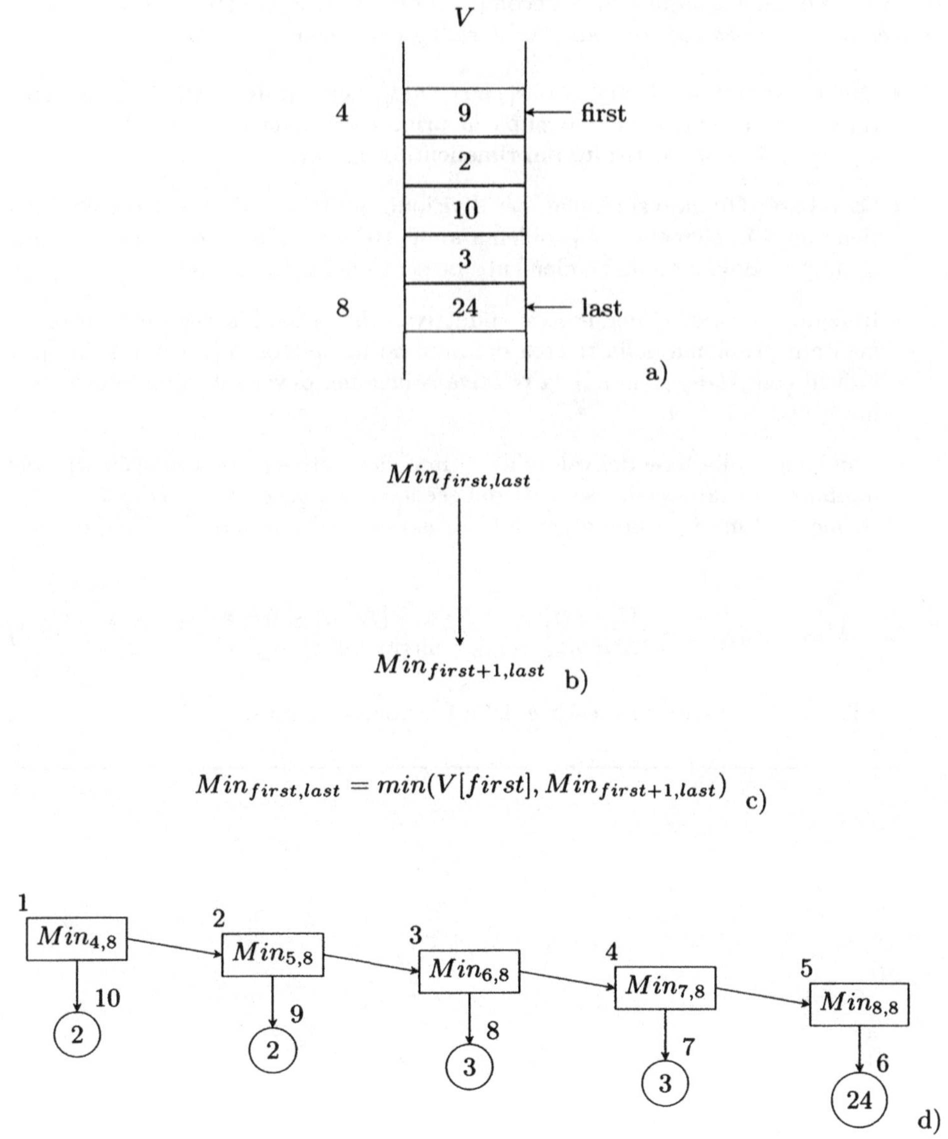

Figura 2.5 L'algoritmo di ricerca del minimo in un vettore $v[first..last]$, con soluzione ricorsiva lineare. a) Il vettore di ingresso, b) lo schema di decomposizione adottato nella fase di divide, c) la combinazione della soluzione induttiva, d) il diagramma di attivazione della funzione definita, in riferimento al vettore considerato.

Come esempio di algoritmo ricorsivo lineare in coda consideriamo il problema di cercare il minimo in un vettore di elementi che è suscettibile di due differenti versioni ricorsive, una lineare ed una doppia, entrambe ricorsive in coda. La prima realizzazione, quella basata sulla decomposizione lineare, si ottiene utilizzando la tecnica del *divide et impera* come la figura 2.5 evidenzia:

- Divide: Il vettore di ingresso $v[first..last]$ viene diviso considerando separatamente l'elemento che occupa la prima posizione $v[first]$ ed il vettore $v[first + 1..last]$ costituito dai rimanenti elementi;

- Caso base: Quando si giunge, per divisioni induttive, ad un vettore che contiene un solo elemento, il problema ammette una soluzione banale, essendo il minimo eguale all'unico elemento presente nel vettore stesso;

- Impera: Si ritiene, per ipotesi induttiva, che si sappia risolvere correttamente il problema della ricerca del minimo nel vettore $v[first + 1..last]$; si indichi con $Min_{first+1,last}$ la relativa soluzione, ovvero il minimo calcolato in $v[first + 1..last]$;

- Combina: Sulla base del valore del primo elemento del vettore $v[first]$ e del minimo calcolato sugli elementi dal secondo in poi, ovvero $Min_{first+1,last}$, si calcola il minimo sull'intero vettore v, dato dal minimo tra i due, ovvero:

$$Min_{first,last} = \begin{cases} V[first] & \text{se } V[first] \leq Min_{first+1,last} \\ Min_{first+1,last} & \text{altrimenti} \end{cases} \quad (2.3)$$

Nel listato 2.7 si riporta il codice della funzione ottenuta.

```
/*
Cerca il minimo nella porzione di vettore v[first..last].
Ritorna il valore dell'indice del vettore corrispondente al minimo
*/
int min_search_rec(int v[], int first, int last) {
    int ris;

    /* Caso Base */
    if (first == last)
        return (first);

    /* Divide e Impera */
    ris = min_search_rec(v, first + 1, last);

    /* Combina */
    if (v[ris] < v[first])
        return ris;

    else
        return first;
}
```

Listato 2.7 La funzione di ricerca del minimo in un vettore, realizzata con ricorsione lineare.

Un altro esempio di funzione con ricorsione lineare in coda è quella della ricerca binaria di un elemento in un vettore ordinato (Ricerca Dicotomica o Binaria). Applicando la tecnica del *divide et impera* si ha:

- Divide: Si suppone di dividere il vettore di ingresso, contenente n elementi in due parti, introducendo la posizione centrale del vettore $(first + last)/2$, detta *pivot*; si identificano di conseguenza i due vettori $v[first..pivot-1]$ e $v[pivot..last]$;

- Caso banale: I casi banali sono due: quando l'elemento che occupa la posizione pivot è proprio quello da ricercare, ed in questo caso la ricerca termina con successo, oppure quando il vettore contiene un solo elemento, per cui la ricerca si limita a verificare che tale elemento sia eguale o meno a quello da ricercare;

- Impera: Per ipotesi si ritiene di saper ricercare un elemento in uno qualsiasi dei due vettori $v[first..pivot-1]$ e $v[pivot..last]$. Si confronta quindi l'elemento da ricercare con l'elemento in posizione pivot $v[pivot]$: a seconda che esso sia minore o maggiore, si continua la sua ricerca rispettivamente in $v[first..pivot-1]$ o $v[pivot..last]$;

- Combina: Se non ci si trova nella situazione del caso banale (in cui l'elemento da ricercare si trova proprio nella posizione centrale), possiamo concludere che:

  - se l'elemento da ricercare è minore di quello centrale ed esiste in $v[first..pivot-1]$, allora esiste ovviamente anche in v;
  - viceversa se non esiste in $v[first..pivot-1]$, l'ipotesi di ordinamento di v ci consente di concludere che esso possa essere presente in $v[pivot..last]$. Pertanto in tal caso l'elemento non sarà presente in v;
  - Analoghe considerazioni si applicano nei due casi duali, quando l'elemento da ricercare è maggiore di quello centrale.

Nel listato 2.8 si riporta il codice della funzione ottenuta.

```
/* Ricerca Binaria: cerca elem nella porzione di vettore v[first,last]
 * VALORE DI RITORNO: -1 se l'elemento non viene trovato, altrimenti
 * il valore dell'indice del vettore, in cui elem e' presente.
 */
int search_bin(int v[], int first, int last, int elem) {
    int pivot;                    /* indice della posizione centrale */
    int ris;
    pivot = (first + last) / 2;

    /* Casi Base */
    if (first == last)
        if (v[first] == elem)
            return (first);

        else
            return -1;
    if (v[pivot] == elem)
        return pivot;

    /* Divide */
    if (v[pivot] < elem)
        first = pivot + 1;

    else
        last = pivot - 1;

    /* Impera */
    ris = search_bin(v, first, last, elem);

    /* Combina */
    return ris;
}
```

Listato 2.8 Funzione di ricerca binaria.

2.2.3 Ricorsione Multipla

Definizione 2.3 Un algoritmo si dice a ricorsione multipla se nel suo corpo sono presenti più chiamate a se stesso. Un caso semplice e molto frequente di ricorsione multipla è quella detta binaria che si presenta allorquando sono presenti due sole chiamate ricorsive.

L'esempio più semplice, ed anche il più classico, è quello che si riferisce alla funzione di Fibonacci; tale funzione è definita già in termini ricorsivi nel seguente modo:

$$Fib(n) = \begin{cases} 0 & \text{per } n = 0 \\ 1 & \text{per } n = 1 \\ Fib(n-2) + Fib(n-1) & \text{per } n \geq 2 \end{cases} \tag{2.4}$$

Nel listato 2.9 si riporta il codice della relativa funzione.

Un possibile ulteriore esempio di ricorsione binaria è quello che si ottiene realizzando una versione alternativa alla ricerca del minimo del vettore, presentato nel precedente paragrafo. Applicando la tecnica del *divide et impera*, ma con una doppia divisione del vettore si ottiene:

- Divide: Il vettore di ingresso $v[first..last]$ viene diviso nella posizione centrale $pivot = (first + last)/2$, ottenendo i due vettori $v[first..pivot]$ e $v[pivot + 1..last]$;
- Caso base: Quando si giunge, per divisioni induttive, ad un vettore che contiene un solo elemento, il problema ammette una soluzione banale, essendo il minimo eguale all'unico elemento presente nel vettore stesso;
- Impera: Si ritiene, per ipotesi induttiva, che si sappia risolvere correttamente il problema della ricerca del minimo in ciascuno dei due vettori $v[first..pivot]$ e $v[pivot + 1..last]$, rispettivamente indicati con Min_H e Min_L;
- Combina: Sulla base dei valori Min_H e Min_L, si calcola il minimo sull'intero vettore v, dato dal minimo tra i due, ovvero:

$$Min_{first,last} = \begin{cases} Min_H & \text{se } Min_H \leq Min_L \\ Min_L & \text{altrimenti} \end{cases} \tag{2.5}$$

Nel listato 2.10 si riporta il codice della funzione ottenuta.

Molti altri esempi di ricorsione multipla vengono riportati ed analiticamente discussi nel seguito del libro. Ad esempio nel capitolo 4 viene presentato un importantissimo algoritmo di ordinamento doppiamente ricorsivo, il quicksort. Inoltre molti altri esempi di ricorsione doppia, più complessi di quelli finora presi in considerazione, si ritrovano nel capitolo 8 sugli alberi binari di ricerca.

Il lettore che volesse sin d'ora approfondire l'argomento della ricorsione multipla può direttamente consultare tali parti.

```
/*
Successione di Fibonacci: calcola l'ultimo valore della successione di
Fibonacci di argomento n
Restituisce il valore calcolato
*/

long fibonacci(long n) {
    /* Casi base */
    if (n == 0 || n == 1)
        return n;

    else
    /* Fasi di divide, impera e combina */
        return fibonacci(n - 1) + fibonacci(n - 2);
}
```

Listato 2.9 Funzione ricorsiva doppia per il calcolo del numero di Fibonacci.

```
/*
Cerca il minimo nella porzione di vettore v[first..last].
Ritorna il valore dell'indice del vettore corrispondente al minimo
*/
int min_search_rec_bin(int v[], int first, int last) {
    int min_h, min_l, pivot;

    /* Caso Base */
    if (first == last)
        return (first);

    /* Divide e Impera */
    pivot = (first + last) / 2;
    min_h = min_search_rec_bin(v, first, pivot);
    min_l = min_search_rec_bin(v, pivot + 1, last);

    /* Combina */
    if (v[ris_h] < v[ris_l])
        return min_h;

    else
        return min_l;
}
```

Listato 2.10 La ricerca del minimo in un vettore: un'implementazione ricorsiva binaria.

2.2.4 Mutua Ricorsione *

Definizione 2.4 Un algoritmo si dice a ricorsione mutua se è composto da una prima funzione che al suo interno ne chiama una seconda che a sua volta richiama la prima.

A titolo di esempio si consideri il problema di determinare se un numero è pari o dispari. Si può immaginare di introdurre due funzioni, denotate con *pari* e *dispari*, che rispettivamente valutano se un numero naturale n è pari o dispari. È semplice immaginare che ognuna di queste funzioni può essere definita in termini dell'altra. Dal listato 2.11, si evince infatti che tali funzioni possono essere definite ed implementate come segue:

$$Pari(n) = \begin{cases} Vero & \text{per } n = 0 \\ Vero & \text{se } Dispari(n) \text{ è Falso} \end{cases} \tag{2.6}$$

$$Dispari(n) = Vero, \text{se } Pari(n) \text{ è Falso} \tag{2.7}$$

CURIOSITÀ

Imbattersi nella mutua ricorsione non è difficile...
C'erano una volta due professori, che decisero di scrivere un libro di algoritmi e strutture dati, dividendosi la scrittura dei capitoli. Il primo professore, cominciò a scrivere il capitolo sugli alberi binari di ricerca, e considerò: Gli alberi sono strutture dati definite ricorsivamente e su cui si applicano algoritmi ricorsivi. Si consiglia al lettore di studiare prima il capitolo sulla ricorsione, e solo dopo affrontare lo studio di questo capitolo
Il secondo professore, cominciò contemporaneamente a scrivere il capitolo sulla ricorsione, e considerò: La ricorsione è un argomento difficile da studiare in astratto. Il modo migliore è quello di presentarlo in riferimento ad un esempio concreto. Poichè gli alberi sono strutture dati definite ricorsivamente, si consiglia al lettore di studiare prima il capitolo sugli alberi, e solo dopo affrontare lo studio di questo capitolo.
Diffusasi la notizia tra gli studenti, i due professori non hanno mai venduto una copia del loro libro... e, cosa ancora più grave nessuno fotocopiò mai una delle poche copie vendute.

```
/*  Funzione per valutare se un numero naturale e' pari.
 *  VALORE DI RITORNO: 1 se il numero e' pari, 0 altrimenti
 */
int pari(unsigned int n) {
    if (n == 0)
        return 1;
    else
        return (dispari(n - 1));
}


/*  Funzione per valutare se un numero naturale e' dispari.
 *  VALORE DI RITORNO: 1 se il numero e' dispari, 0 altrimenti
 */
int dispari(unsigned int n) {
    return (!pari(n));
}
```

Listato 2.11 Funzione mutuamente ricorsiva per determinare se un numero è pari o dispari.

2.2.5 Ricorsione Innestata *

Definizione 2.5 Un algoritmo si dice a ricorsione annidata se è composto da una funzione che ha come argomento una chiamata alla funzione stessa.

Un esempio di un algoritmo con ricorsione annidata è costituito dalla funzione di Ackermann. Tale funzione, denotata con ack, è definita nel seguente modo:

$$ack(m,n) = \begin{cases} n+1 & \text{se } m = 0 \\ ack(m-1,1) & \text{se } m > 0, n = 0 \\ ack(m-1, ack(m,n-1)) & \text{se } m > 0, n > 0 \end{cases} \quad (2.8)$$

Nel listato 2.12 si riporta il codice relativo.

```
/* Funzione ricorsiva che calcola la funzione di Ackermann
 * di due numeri positivi, definita come segue:
 *  A(m,n) = n+1                  se m=0
 *  A(m,n) = A(m-1,1)             se n=0
 *  A(m,n) = A(m-1,A(m,n-1))      altrimenti
 *
 * NOTA: La funzione cresce molto rapidamente. Gia' calcolando
 * ack(4,1) si puo' avere stack overflow!
 */

int ackermann(int m, int n) {
  if (m < 0 || n < 0)
    return -1; /* la funzione non e' definita per negativi! */

  if (m == 0)
    return n+1;
  else
    if (n == 0)
      return ackermann(m-1,1);
    else
      return
        ackermann(m-1,ackermann(m,n-1));
}
```

Listato 2.12 Funzione ricorsiva annidata per calcolare la funzione di Ackermann.

2.3 Esercizi

► **Esercizio 2.1** (★) Scrivere una funzione ricorsiva che, dati due numeri naturale n1 ed n2, restituisca la somma di tutti i numeri naturali compresi tra n1 ed n2; dalla somma si escludano n1 ed n2. La funzione abbia il seguente prototipo:

```
int somma(int n1, int n2);
```

Risposta a pag. 333

► **Esercizio 2.2** (★) Scrivere una funzione ricorsiva che calcola il massimo comune divisore (MCD). Si ricorda al lettore che il MCD tra due numeri è l'intero più grande che li divide entrambi senza resto.

Risposta a pag. 334

► **Esercizio 2.3** (★) Data una stringa (un vettore di char) stringa[First..Last] scrivere una funzione ricorsiva lineare che calcoli il numero di lettere maiuscole nella stringa. La funzione, che restituisce numero di lettere maiuscole, ha il seguente prototipo:

```
int conta_maiuscole (char str[], int First, int Last);
```

Si utilizzi la seguente funzione che restituisce il valore Vero, se il carattere fornito è maiuscolo:

```
isupper(char c);
```

Risposta a pag. 334

► **Esercizio 2.4** (★) Dato un vettore di interi v[First..Last], scrivere una funzione ricorsiva lineare (non ricorsiva in coda) che, dato un valore elem, calcoli il numero di occorrenze di tale valore nel vettore v. La funzione deve avere il seguente prototipo, e restituisce il numero di occorrenze:

```
int conta (int v[], int First, int Last, int elem);
```

Risposta a pag. 335

► **Esercizio 2.5** (★) Dati due vettori v1[First..Last] e v2[First..Last] scrivere una funzione ricorsiva lineare che calcoli il prodotto scalare tra i due vettori. La funzione, che restituisce il valore del prodotto scalare, deve avere il seguente prototipo:

```
int scalare (int v1[], int v2[], int First, int Last);
```

Risposta a pag. 335

► **Esercizio 2.6** (★★) Scrivere una funzione ricorsiva che, dati due vettori ordinati vet1 e vet2, di dimensione r1 ed r2, li fonda, ottenendo un vettore temp, anch'esso ordinato. Sia il prototipo della funzione:

```
int merge(int vet1[], int r1, int vet2[], int r2, int temp[]);
```

Risposta a pag. 336

▶ **Esercizio 2.7** (★★) Svolgere l'esercizio precedente, ma impiegando la ricorsione doppia.

Risposta a pag. 337

▶ **Esercizio 2.8** (★★) Scrivere una funzione ricorsiva che, data una matrice bidimensionale di interi, restituisca la sua trasposta. Si ipotizzi che la matrice trasposta sia stata allocata dal chiamante. La funzione abbia il seguente prototipo:

```
void trasposta(int mat[MAXrighe][MAXcol], int numrighe, int numcol,
int trasp[MAXCOL][MAXRIGHE], int *numrighetrasp, int *numcoltrasp) ;
```

Risposta a pag. 337

▶ **Esercizio 2.9** (★★) Scrivere una funzione ricorsiva che, data una matrice quadrata bidimensionale di interi, restituisca la somma degli elementi della diagonale principale. La funzione abbia il seguente prototipo:

```
int sommadiagonale(int mat[MAXDIM][MAXDIM], int dim);
```

Risposta a pag. 338

▶ **Esercizio 2.10** (★★★) Dato un vettore di interi v[First..Last], scrivere una funzione ricorsiva lineare che inverta il vettore v. La funzione non restituisce alcun valore e deve avere il seguente prototipo:

```
void Inversione(int v[], int First, int Last);
```

Risposta a pag. 339

▶ **Esercizio 2.11** (★★★) Data una stringa (un vettore di char) stringa[First..Last] scrivere una funzione ricorsiva che verifichi se una stringa è palindroma (si ricorda che una stringa si dice palindroma se letta da sinistra verso destra oppure da destra verso sinistra risulta uguale (Ad esempio anna, aia). La funzione, che restituisce 1 se la stringa è palindroma e 0 se non lo è, ha il seguente prototipo:

```
int Palindroma(char stringa[], int First, int Last);
```

Risposta a pag. 339

Capitolo 3

Efficienza degli algoritmi

Ci sono solo due qualità nel mondo:
l'efficienza e l'inefficienza;
e ci sono soltanto due generi di persone:
l'efficiente e l'inefficiente.
George Bernard Shaw

Sommario *In questo capitolo viene trattato il problema della valutazione dell'efficienza di esecuzione degli algoritmi, che rappresenta uno degli aspetti più rilevanti ai fini della realizzazione ed ingegnerizzazione di sistemi software. Il capitolo inizialmente introduce gli aspetti fondanti del problema, arricchendo la presentazione con i dettagli matematici necessari. Successivamente vengono forniti al lettore le metodologie operative per stimare l'efficienza di esecuzione di algoritmi diversi, sviluppati in accordo al paradigma iterativo o ricorsivo.*

3.1 Complessità computazionale

3.1.1 Premessa

Un aspetto importante che non può essere trascurato nella progettazione di un algoritmo è la caratterizzazione dell'efficienza con la quale esso viene eseguito su un elaboratore. L'efficienza deve intendersi non solo come il tempo necessario all'esecuzione dell'algoritmo, ma anche più in generale come una misura dell'utilizzo delle altre risorse del sistema di elaborazione, come, ad esempio, la memoria centrale.

In questo capitolo viene introdotto un modello per la misura dell'efficienza di un programma. Il modello permette di caratterizzare l'efficienza di esecuzione (complessità computazionale o temporale) e l'efficienza in termini di memoria impiegata (complessità spaziale) in maniera indipendente dal sistema di elaborazione sul quale si intende eseguire il programma in oggetto.

3.1.2 Tempi di esecuzione

La valutazione dell'efficienza di un algoritmo è fondamentale per determinarne i limiti di applicabilità in problemi reali. Spesso accade infatti che un algoritmo pur essendo in grado di produrre i risultati corretti, impiega in fase di esecuzione una quantità di tempo così elevata, da non essere utilizzabile in pratica: i risultati potrebbero arrivare dopo anni, secoli o miliardi di secoli, anche su elaboratori velocissimi.

Per rendersene conto si supponga di considerare un algoritmo che richiede un tempo di esecuzione τ. In molti algoritmi reali il tempo τ dipende dalla dimensione n di una struttura dati su cui opera. In seguito vedremo che la funzione τ può anche dipendere, oltre che dalla dimensione n dei dati, anche dagli specifici valori da essi assunti; tuttavia è utile concentrarsi inizialmente sulla sola dipendenza di τ da n.

Esempio L'algoritmo che cerca il minimo in un vettore di n elementi impiega un tempo di esecuzione $\tau(n)$ che dipende dalla sola dimensione n del vettore. Considerati quindi due vettori di eguale lunghezza n, ognuno contenente elementi di valore diverso, la ricerca del minimo impiega il medesimo tempo sui due vettori.

Ovviamente la variazione del tempo di esecuzione $\tau(n)$ al variare di n dipende dalla natura e struttura dell'algoritmo considerato; nel panorama degli algoritmi noti si individuano alcuni andamenti di $\tau(n)$ che ricorrono frequentemente, come quelli riportati nella tabella 3.1.

Da un'analisi della tabella si evince che esistono funzioni $\tau(n)$ che crescono meno che linearmente con n (ad esempio $log(n)$ e $\sqrt{n}$); gli algoritmi che presentano tali andamenti sono conseguentemente poco golosi dal punto di vista computazionale e non pongono particolari problemi applicativi, in quanto al crescere della dimensione della struttura dati il relativo incremento del tempo di esecuzione è molto contenuto.

In un prossimo capitolo vedremo che la ricerca di un valore in albero, in condizioni di *albero bilanciato*, richiede un tempo $\tau(n) = log(n)$ essendo n il numero di elementi presenti nell'albero. Si consideri che, nel passare da un albero di 10 nodi ad uno di 100 il tempo di esecuzione diventa 6.6/3.3=2 volte più grande.

Un andamento molto frequente è quello lineare: un algoritmo di ricerca del minimo in un vettore ha tipicamente questo andamento. Un algoritmo con tale tasso di crescita decuplica il tempo passando da un vettore di $n = 10$ elementi ad uno di 100.

Successivamente si trovano andamenti polinomiali, del tipo $\tau(n) = n^k$, che esibiscono crescite del tempo di esecuzione più che lineari con n; la crescita è tanto più rapida quanto maggiore è il valore di k. Gli algoritmi polinomiali sono in genere usabili in applicazioni reali per piccole strutture dati e con grande accortezza. Ad esempio alcuni algoritmi di ordinamento di un vettore presentano andamenti quadratici: il tempo per ordinare un vettore di $n = 100$ elementi è 1000 volte maggiore rispetto a quello necessario per un vettore di n=10.

La classe di algoritmi esponenziali, con andamenti $\tau(n)=k^n$ sono infine quelli con enorme criticità. Un algoritmo di questo genere, già con $k = 2$, è tale che passando da $n = 10$ a $n = 100$ il tempo diventa 1267 milioni di miliardi di miliardi di volte maggiore.

CURIOSITÀ

Gli algoritmi esponenziali hanno una golosità computazionale tale da renderli inutilizzabili se non su strutture dati di piccole dimensioni. Si consideri ad esempio un algoritmo esponenziale che abbia un tempo di esecuzione $\tau(n) = 2^n$; su un calcolatore che esegue un miliardo di operazioni al secondo, il suo tempo di esecuzione sarà, per una struttura dati di dimensione $n = 10$, pari a circa un milionesimo di secondo. Sullo stesso elaboratore impiegherà, per $n = 100$, un tempo pari a circa 402 miliardi di secoli.
Molto peggiore è un algoritmo esponenziale con tempo di esecuzione $\tau(n) = n!$ In tal caso se il tempo è un miliardesimo di secondo per $n = 10$, per $n = 100$ diventa pari a circa 8155188 miliardi di miliardi di miliardi di miliardi di miliardi di miliardi di miliardi di miliardi di miliardi di miliardi di miliardi di miliardi di miliardi di miliardi di secoli!

n	$log(n)$	$\sqrt{n}$	$nlog(n)$	n^2	n^3	2^n
10	3,3	3,2	33,2	100	1000	1024
20	4,3	4,5	86,4	400	8000	1048576
30	4,9	5,5	147,2	900	27000	1073741824
40	5,3	6,3	212,9	1600	64000	1099511627776
50	5,6	7,1	282,2	2500	125000	1125899906842620
60	5,9	7,7	354,4	3600	216000	1152921504606850000
70	6,1	8,4	429,0	4900	343000	1180591620717410000000
80	6,3	8,9	505,8	6400	512000	1208925819614630000000000
90	6,5	9,5	584,3	8100	729000	1237940039285380000000000000
100	6,6	10,0	664,4	10000	1000000	1267650600228230000000000000000

Tabella 3.1 I tempi di esecuzione al variare di n per diverse funzioni $\tau(n)$. L'unità di misura è normalizzata rispetto al tempo impiegato dall'elaboratore ad eseguire una singola operazione. Pertanto se l'elaboratore impiega 1 μs per eseguire un'operazione i tempi $\tau(n)$ sono anch'essi espressi in μs.

Spesso un algoritmo ha un tempo di esecuzione che dipende dalla dimensione di più strutture dati. Si pensi ad esempio ad un algoritmo che realizza la fusione di due vettori ordinati; in questo caso è evidente che la funzione τ dipende sia dalla lunghezza del primo vettore che dalla lunghezza del secondo e quindi è una funzione di più variabili. Poiché il numero di variabili da cui dipende il tempo di esecuzione τ non condiziona la generalità dei metodi di analisi adottati, nel presente capitolo per semplicità faremo riferimento alla caratterizzazione dell'efficienza nel caso in cui la funzione τ dipende da un'unica variabile.

Un'altra considerazione importante è che il tempo $\tau(n)$ potrebbe dipendere, oltre che dalla dimensione della struttura dati, anche dal suo specifico valore di ingresso; sempre rifacendoci all'algoritmo di ordinamento di un vettore, potrebbe capitare che un algoritmo impieghi un tempo sensibilmente diverso se il vettore in ingresso è già ordinato rispetto al caso in cui tale vettore sia non ordinato (o magari addirittura contrordinato).

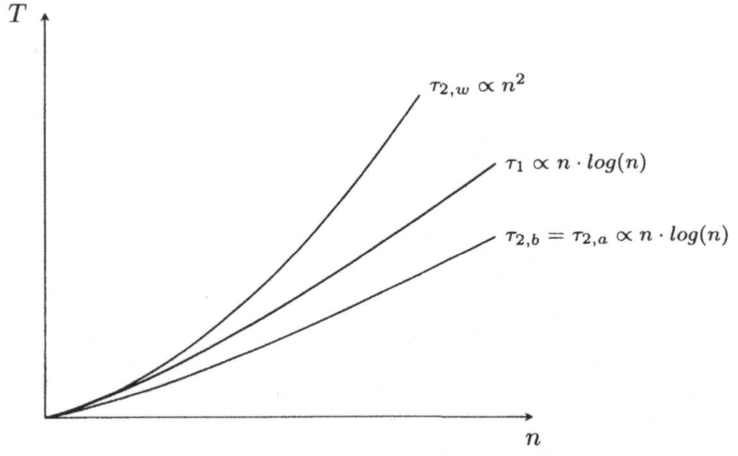

Figura 3.1 Due algoritmi che risolvono lo stesso problema. L'algoritmo A_1 ha un tempo di esecuzione $\tau_1(n)$ eguale nel caso migliore, peggiore e medio, e proporzionale a $n \cdot log(n)$. Viceversa l'algoritmo A_2 ha nel caso migliore e medio un tempo proporzionale a $n \cdot log(n)$ (anche se con una costante di proporzionalità maggiore) e quadratico nel caso peggiore.

Per questo motivo il calcolo del tempo τ è in genere condotto tre casi possibili: il caso migliore (best case), che corrisponde, per una fissata dimensione n della struttura dati d, a quelle (o a quella) configurazioni di d che danno luogo al tempo minimo; il caso peggiore (worst case) che corrisponde a quelle (o a quella) configurazioni della struttura dati d che corrispondono a un massimo del tempo (sempre fissato un valore di n), ed il caso medio (average case), che corrisponde ai valori dei tempi che si ottengono in configurazioni di d ritenute normali (ovvero né migliori, né peggiori) . Pertanto, al variare di n, la funzione $\tau(n)$, in corrispondenza del caso migliore, quello peggiore e quello medio, si particolarizza rispettivamente nelle funzioni $\tau_b(n)$, $\tau_w(n)$, e $\tau_a(n)$. Nella figura 3.1 si riporta, a titolo di esempio, il tempo impiegato da due algoritmi reali che risolvono il medesimo problema sui medesimi insiemi di dati, ed in corrispondenza dei tre casi presi in considerazione. Come vedremo in dettaglio nel capitolo 4 si tratta di algoritmi di ordinamento; in particolare l'algoritmo A1 è il mergesort, mentre A2 è il già citato quicksort.

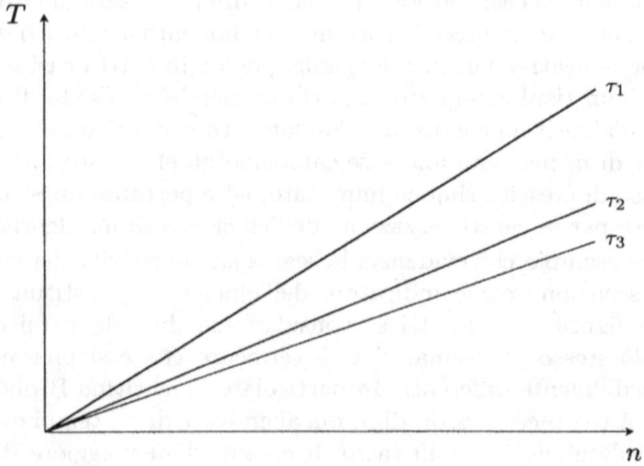

Figura 3.2 I tempi $\tau_1(n)$, $\tau_2(n)$ e $\tau_3(n)$ ottenuti da un programma che calcola la somma dei primi n numeri naturali, tradotto con compilatori diversi ed eseguito su elaboratori diversi. I tre casi sono accomunati dall'andamento asintotico, che è di tipo lineare.

3.1.3 Efficienza e complessità di un algoritmo

Oltre alla dipendenza da n e dai valori assunti dai dati, il tempo $\tau(n)$ è condizionato da un numero elevato di fattori legati al complesso hardware e software prescelto: il linguaggio sorgente utilizzato, il compilatore adottato, il tipo di processore e la sua velocità, la dimensione e la velocità della memoria primaria e secondaria, e via di seguito.

Per poter quindi procedere al calcolo dell'efficienza è indispensabile riferirsi ad un modello di calcolo che prescinda da tutti questi fattori e sia legato esclusivamente a caratteristiche intrinseche e strutturali dell'algoritmo, anche se il medesimo algoritmo impiega tempi assoluti diversi al variare dei fattori succitati.

Per meglio comprendere questo aspetto si consideri il seguente esempio. Sia dato un algoritmo A, codificato in un linguaggio ad alto livello, che effettui la somma dei primi n numeri naturali. Il relativo programma sia compilato impiegando compilatori diversi, e mandato in esecuzione su tre calcolatori diversi: i relativi tempi di esecuzione al variare di n, siano indicati con $\tau_1(n)$, $\tau_2(n)$ e $\tau_3(n)$, come riportato in figura 3.2. Come evidente, su calcolatori reali, essi risultano sensibilmente diversi tra loro, anche se tra le tre versioni non è stata apportata alcuna modifica del codice sorgente. Ovviamente tale risultato rende vano ogni sforzo di usare il tempo di esecuzione di un algoritmo come misura della sua efficienza.

Da un'analisi più approfondita si può evincere però che i tempi ottenuti nei tre casi, sebbene diversi, presentano un andamento comune: sono infatti tutti lineari con n, ovvero rispondono alla legge:

$$\tau(n) = c_1 n + c_2 \tag{3.1}$$

Ovviamente, nei tre casi considerati i valori di c_1 e c_2 saranno diversi (e dipendenti dai fattori elencati in precedenza), ma l'andamento asintotico di $\tau(n)$, ovvero l'andamento per elevati valori di n è eguale, perchè in tutti i casi è proporzionale ad n. Questo è un risultato molto importante perché consente di ipotizzare che la struttura dell'algoritmo condiziona l'andamento asintotico del tempo di esecuzione al variare di n; pertanto anche se cambiano gli elaboratori e/o i compilatori adottati, il tasso di crescita rimane immutato, ed è pertanto quest'ultimo a dover essere impiegato per la caratterizzazione dell'efficienza di un algoritmo.

Un ulteriore esempio che evidenzia la scarsa significatività dei valori dei tempi (assoluti) di esecuzione come indicatore dell'efficienza è costituito dall'esempio riportato nella figura 3.3. Infatti se consideriamo due algoritmi diversi A e B che risolvono lo stesso problema, si può verificare che essi presentino tempi di esecuzione sensibilmente differenti. In particolare l'algoritmo B può risultare più conveniente di A per piccoli valori di n, ma al crescere di n i tempi di B potrebbero aumentare sensibilmente, con un tasso di crescita ben maggiore di quello di A, rendendolo definitivamente non conveniente.

Osservazione È utile considerare che nelle applicazioni pratiche si è interessati ad avere algoritmi che siano efficienti quando eseguiti su strutture dati di grandi dimensioni (elevati valori di n), perché è in tali circostanze che diventano critici i vincoli sui tempi di risposta. Si pensi alle problematiche di gestione di strutture dati contenenti un numero di elementi dell'ordine delle decine di milioni, che sono oggi di normale amministrazione in molti ambiti applicativi.

Avere quindi un algoritmo molto efficiente per bassi valori di n è un pregio al quale si può rinunciare, soprattutto se questo consente di ottimizzare le prestazioni dell'algoritmo stesso per elevati valori di n.

3.1.4 Modello per la valutazione della complessità

Il modello che si assume per la valutazione dell'efficienza è genericamente chiamato modello random-access machine (RAM). In tale modello si assume di impiegare un generico sistema mono-processore in cui tutte le istruzioni sono eseguite una dopo l'altra, senza nessun tipo di parallelismo. Inoltre si ipotizza che le istruzioni semplici del linguaggio (istruzioni di assegnamento, istruzioni con operatori aritmetici, relazionali o logici) richiedano un tempo unitario di esecuzione. Su questa base si considera il tempo complessivo necessario all'esecuzione dell'algoritmo, rendendo esplicita la dipendenza dalla dimensione n dei dati; è importante osservare che, dalla definizione data, il tempo ottenuto usando il modello RAM, che indichiamo con $T(n)$, non è il tempo realmente impiegato dall'algoritmo $\tau(n)$, ma una stima, a meno di fattori di proporzionalità.

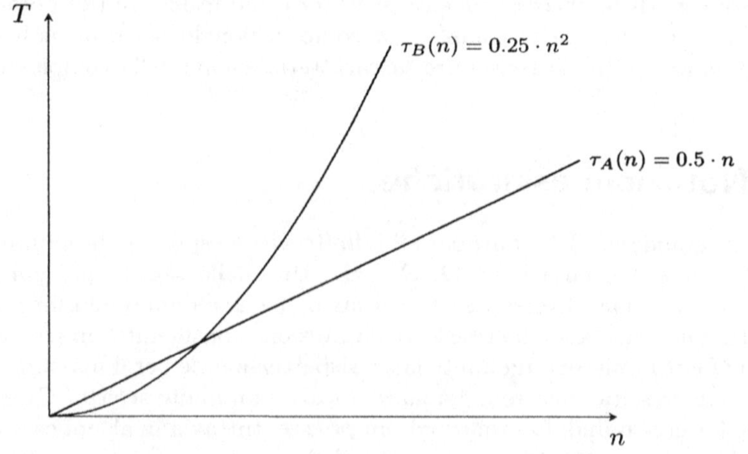

Figura 3.3 Due algoritmi A e B che risolvono il medesimo problema, con tempi $\tau_A(n)$ e $\tau_B(n)$ aventi tassi di crescita diversi. Nonostante l'algoritmo A sia lineare e quindi più conveniente dell'algoritmo B, per bassi valori di n i tempi $\tau_A(n)$ sono più alti.

Osservazione Poichè nel modello RAM tutte le operazioni impiegano per ipotesi un tempo di esecuzione costante, ne deriva che la funzione $T(n)$ rappresenta sia il numero di istruzioni elementari che compongono l'algoritmo che, come anticipato, una stima a meno di fattori moltiplicativi del tempo di esecuzione.

Con questa dovuta precisazione:

Definizione Si definisce complessità computazionale di un algoritmo l'ordine di grandezza della funzione $T(n)$ che rappresenta il numero di istruzioni da eseguire in funzione della dimensione dei dati di ingresso, nel modello RAM.

In accordo alla definizione data, due algoritmi che impiegano tempi di esecuzione diversi in valore assoluto, ma che presentano lo stesso ordine di grandezza al divergere di n hanno la medesima complessità. Questo è il caso riportato in figura 3.1. L'algoritmo A_1, nel caso migliore, medio e peggiore, ha la medesima complessità dell'algoritmo A_2 nel caso medio e migliore (essendo l'andamento asintotico pari a $n \cdot log(n)$), anche se i tempi assoluti sono sensibilmente differenti. Viceversa la complessità di A_2 è più elevata di A_1 nel caso peggiore.

Nel corso dei prossimi paragrafi, si analizzerà dapprima come è possibile caratterizzare con delle opportune notazioni il tasso di crescita di una funzione

$f(n)$ al crescere di n; successivamente si vedrà come utilizzare tali notazioni per rappresentare e calcolare la complessità computazionale dei principali costrutti di programmazione, onde consentire la caratterizzazione della complessità di un algoritmo.

3.2 Notazioni asintotiche

L'ordine di grandezza delle funzioni all'infinito viene espresso, dal punto di vista matematico, con tre notazioni: O, Ω e Θ. Una delle ragioni per cui vengono adottate tre notazioni diverse risiede nel fatto che esse danno informazioni più o meno dettagliate sul tasso di crescita della funzione considerata: in particolare, le notazioni O e Ω forniscono un limite lasco rispettivamente per il massimo ed il minimo tasso di crescita, mentre la terza, Θ, fornisce un limite stretto. Quest'ultima notazione fornisce quindi informazioni più precise, tuttavia in alcuni casi è difficile trovare un limite stretto per l'andamento delle funzioni, e bisogna accontentarsi di un limite meno preciso.

CURIOSITÀ

Tali notazioni furono introdotte in un classico articolo di Knuth del 1976; tuttavia in molti testi viene riportata una sola di queste notazioni, che in genere è la O. Tale scelta è dettata da ragioni di semplicità, sia per non introdurre troppe notazioni (cosa che potrebbe confondere le idee al lettore), sia perché in genere una prima analisi è mirata a trovare una limitazione superiore del tempo impiegato da un dato algoritmo e, in quest'ottica, la notazione O fornisce le informazioni sufficienti.

Vi è inoltre un altro aspetto che vale la pena rimarcare: una notazione asintotica deve essere semplice, consentendo di rappresentare il tasso di crescita di una funzione trascurando i dettagli di scarso interesse, come, ad esempio, le costanti moltiplicative ed i termini di ordine inferiore. Orbene, volendo trovare un limite stretto, è necessario ricorrere a funzioni più complesse di quelle che si potrebbero adottare se ci si limitasse a considerare un limite lasco. Più in generale, se si vuole caratterizzare un algoritmo con un limite stretto può essere necessario dover considerare separatamente il caso migliore e quello peggiore, mentre se ci si limita a cercare un limite superiore basta trovarlo per il solo caso peggiore ed evidentemente tale limite sarà valido per l'algoritmo stesso; quest'ultima considerazione può essere un'ulteriore giustifica all'adozione in alcuni testi di una sola notazione, la O.

Approfondimento Il concetto di tasso di crescita appena introdotto coincide con il concetto matematico di ordine all'infinito della funzione considerata. È noto che quest'ultimo non dipende da fattori moltiplicativi, e che nel suo calcolo, eventuali infiniti di ordine inferiore possono essere trascurati. Tali proprietà si riportano quindi anche sul calcolo di complessità che è trattato con l'adeguato rigore formale, ma descritto con una trattazione semplificata.

Passiamo ora ad introdurre le definizioni delle tre notazioni asintotiche.

Notazione $O(g(n))$

Si dice che una funzione $f(n)$ appartiene all'insieme $O(g(n))$ se, a partire da un certo valore n_0 di n, la funzione $g(n)$, moltiplicata per un'adeguata costante c, maggiora definitivamente la funzione $f(n)$ (vedi figura 3.4). In simboli:

$$f(n) \in O(g(n)) \iff \exists c, n_0 > 0 : \forall n > n_0, 0 \leq f(n) \leq cg(n) \tag{3.2}$$

Possiamo quindi dire che la $g(n)$ rappresenta un limite superiore per la $f(n)$. Come evidente dalla definizione, la notazione O fornisce informazioni non sul tasso di crescita effettivo, bensì sul massimo tasso di crescita, e quindi, in tale accezione, fornisce un limite lasco.

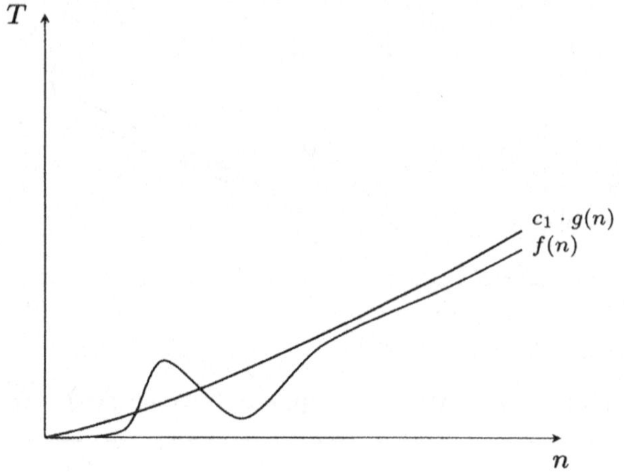

Figura 3.4 La notazione O: un esempio di funzione $f(n) \in O(g(n))$.

Esempio A titolo di esempio si consideri la classe di funzioni che appartengono a $O(n^2)$: dire che una funzione $f(n) \in O(n^2)$, significa affermare che la funzione $f(n)$, da un certo punto in poi, ovvero per valori sufficientemente elevati di n, è maggiorata da una funzione del tipo $c_1 n^2 + c_2$, con c_1 e c_2 adeguatamente scelte.

In generale quando si impiega la notazione O (soprattutto in quei contesti in cui è l'unica notazione presentata) si cerca comunque di individuare un limite superiore il più possibile stretto, in maniera tale da avere informazioni più precise sulla funzione $f(n)$. Si noti inoltre che il comportamento per tutti gli $n < n_0$ non è assolutamente tenuto in conto, per cui potranno esserci dei valori di $n < n_0$ tali che $f(n) > g(n)$, come evidenziato anche nella figura 3.4.

Notazione $\Omega(g(n))$

Si dice che una funzione $f(n)$ appartiene all'insieme $\Omega(g(n))$ se, a partire da un certo valore n_0 di n, la funzione $f(n)$ è definitivamente minorata dalla funzione $g(n)$, moltiplicata per un'opportuna costante c (vedi figura 3.5). Anche in questo caso il limite non è stretto, e valgono sostanzialmente tutte le considerazioni fatte per la notazione $O(n)$. In simboli:

$$f(n) \in \Omega(g(n)) \Longleftrightarrow \exists c, n_0 > 0 : \forall n > n_0, 0 \leq cg(n) \leq f(n) \tag{3.3}$$

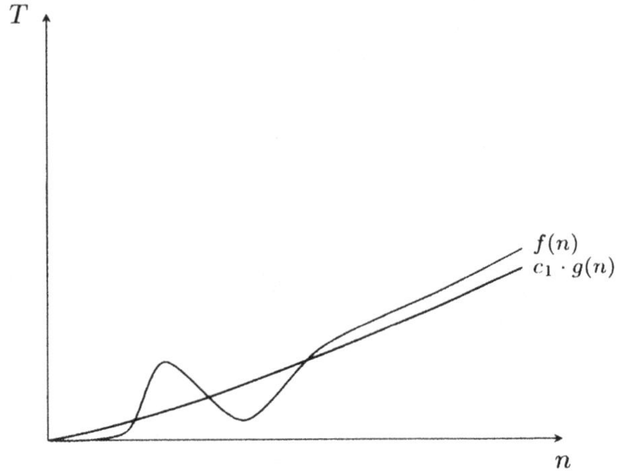

Figura 3.5 La notazione Ω: un esempio di funzione $f(n) \in \Omega(g(n))$.

Notazione $\Theta(g(n))$

Una funzione $f(n)$ appartiene all'insieme $\Theta(g(n))$, se:

$$f(n) \in \Theta(g(n)) \Longleftrightarrow \exists c_1, c_2, n_0 > 0 : \forall n > n_0, c_1g(n) \leq f(n) \leq c_2g(n) \tag{3.4}$$

ovvero a partire da un certo valore n_0 di n, la funzione $f(n)$ è compresa tra $c_1g(n)$ e $c_2g(n)$, con c_1 e c_2 costanti opportune. Informalmente, si può dire che al crescere di n, la $f(n)$ e la $g(n)$ crescono allo stesso modo (vedi figura 3.6).

Attenzione!

Dalla definizione 3.2 è semplice verificare che se una funzione $f(n)$ appartiene a $O(n^2)$, appartiene anche a $O(n^3)$; questo non è però vero per la notazione Θ: se $f(n)$ appartiene a $\Theta(n^2)$, essa sicuramente non appartiene ne a $\Theta(n)$, ne a $\Theta(n^3)$.

Osservazione È semplice dimostrare, partendo dalle definizioni, che se una funzione $f(n)$ appartiene $\Theta(g(n))$, allora appartiene sia a $O(g(n))$ che a $\Omega(g(n))$. Analogamente vale il viceversa: se una funzione $f(n)$ appartiene sia a $O(g(n))$ che a $\Omega(g(n))$, allora f(n) appartiene a $\Theta(g(n))$.

3.2.1 Impiego delle notazioni

L'utilizzo corretto delle notazioni asintotiche prevede espressioni del tipo $f(n) \in O(g(n))$, dal momento che $O(g(n))$ rappresenta un insieme di funzioni. È tuttavia prassi comune ammettere una semplificazione notazionale, impiegando ad esempio espressioni del tipo:

$$f(n) = O(g(n)) \tag{3.5}$$

Questa notazione, affinché risulti corretta, deve però essere interpretata conformemente alla 3.2, ovvero: $f(n)$ è una funzione che asintoticamente, a meno di costanti additive e moltiplicative, è maggiorata dalla $g(n)$. Ovviamente analoghe espressioni, e con il medesimo significato, possono essere introdotte in riferimento alle notazioni $\Omega(n)$ e $\Theta(n)$.

Sempre con lo scopo di rendere snelle ed eleganti le espressioni per confrontare funzioni che rappresentano la complessità degli algoritmi, le notazioni O, Ω e Θ sono anche impiegate all'interno di disequazioni; ad esempio:

$$f(n) > \Theta(g(n)) \tag{3.6}$$

deve essere inteso nel seguente modo: il tasso di crescita della funzione $f(n)$, per valori di n sufficientemente elevati, è superiore al tasso di crescita di una qualunque funzione che abbia tasso di crescita pari a quello di $g(n)$.

L'impiego delle tre notazioni può anche essere esteso, utilizzandole a primo membro di disequazioni. Ad esempio:

$$\Theta(g(n)) < f(n) \tag{3.7}$$

che assume il medesimo significato della 3.6.

Spesso si usa introdurre delle espressioni che contengono il confronto tra due notazioni, con l'obiettivo di esprimere sinteticamente il confronto tra la complessità di algoritmi. Il significato di tali espressioni non è sempre immediato, ma i vantaggi che ne derivano dal punto di vista della notazione sono notevoli. Le espressioni di maggiore chiarezza interpretativa sono quelle che coinvolgono l'uso della notazione Θ, che rappresentando limiti asintotici stretti è, in genere, più familiare al lettore.

La seguente espressione:

$$\Theta(f_1(n)) > \Theta(f_2(n)) \tag{3.8}$$

il cui obiettivo è quello di confrontare il tasso di crescita delle funzioni $f_1(n)$ e $f_2(n)$, sinteticamente denota che il tasso di crescita di $f_1(n)$ è superiore a quello di $f_2(n)$.

Attenzione! È importante non farsi ingannare da espressioni di questo tipo: $\Theta(f(n))$ rappresenta, come già evidenziato in precedenza un insieme di funzioni, mentre nella 3.8 assume il significato di tasso di crescita della funzione $f_1(n)$, assunto come il tasso di crescita di tutte le funzioni appartenenti a $\Theta(f_1(n))$.

Simili espressioni valgono anche per le altre notazioni, ma con un significato meno immediato. Ad esempio:

$$O(f_1(n)) > O(f_2(n)) \tag{3.9}$$

significa che è possibile maggiorare la $f_1(n)$ con una funzione il cui tasso di crescita è superiore a quello con cui è possibile maggiorare $f_2(n)$): ovviamente in questo caso non è possibile mettere in relazione direttamente il tasso di crescita delle due funzioni $f_1(n)$ e $f_2(n)$.

Approfondimento Può infatti accadere che $f_1(n) \in \Theta(n^2)$, e siamo in grado di valutarne un limite lasco e non stretto, e che sia $f_1(n) \in O(n^3)$; supponiamo inoltre che $f_2(n) \in \Theta(n^2)$. In questa specifica situazione possiamo dire che: $O(f_1(n)) > O(f_2(n))$ ma ovviamente il tasso di crescita effettivo di f_1 e f_2 è lo stesso.

3.2.2 Proprietà delle notazioni *

Di grande rilevanza pratica, per l'uso frequente che se ne fa, è anche l'introduzione della somma tra notazioni. In particolare, espressioni del tipo:

$$T(n) = O(f(n)) + O(g(n)) \tag{3.10}$$

consentono di esprimere che la funzione $T(n)$ è uguale alla somma di una qualunque funzione che appartiene all'insieme $O(f(n))$ e di una qualunque funzione che appartiene all'insieme $O(g(n))$. L'utilità di questa espressione è quindi quella di esprimere l'andamento, per elevati valori di n, della funzione $T(n)$, se questa è composta di due contributi.

Osservazione La notazione della somma riveste una grande utilità poiché, come vedremo nel seguito, la complessità computazionale di un algoritmo viene determinata partendo dalla valutazione della complessità di tutte le strutture di controllo di cui si compone. In tal caso, $T(n)$ si ottiene sommando i contributi dei suoi blocchi componenti (la cui complessità è in genere espressa usando una delle tre notazioni O, Ω e Θ); conseguentemente si ottengono espressioni di $T(n)$ che contengono somma di notazioni.

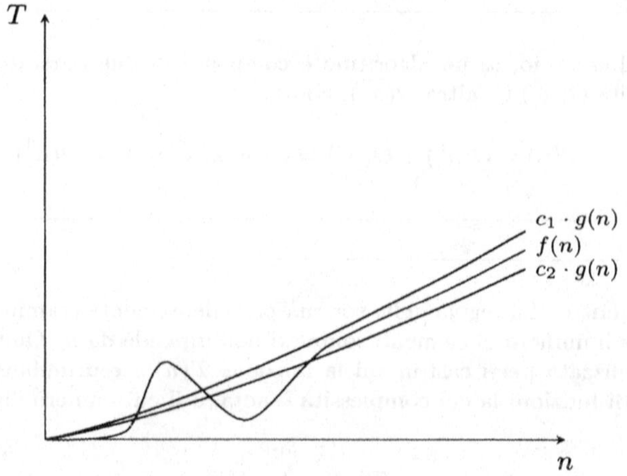

Figura 3.6 La notazione Θ: un esempio di funzione $f(n) \in \Theta(g(n))$.

Tale osservazione consente inoltre di valutare l'importanza della regola dell'assorbimento o della somma delle notazioni:

$$T(n) = \Theta(f_1(n)) + \Theta(f_2(n)) = \Theta(max(f_1(n), f_2(n))) \quad (3.11)$$

La 3.11 può essere dimostrata semplicemente; infatti, chiarita l'interpretazione da dare alla somma di notazioni del tipo 3.10, dall'espressione 3.11 si deduce che la funzione $T(n)$ è composta dalla somma di due contributi, per ognuno dei quali è noto il tasso di crescita (per elevati valori di n):

$$T(n) = T_1(n) + T_2(n),\ con\ T_1(n) \in \Theta(f_1(n))\ e\ T_2(n) \in \Theta(f_2(n))$$

Pertanto, ipotizzando che il tasso di crescita di $f_1(n)$ sia superiore a quello di $f_2(n)$, avvalendoci della 3.8, possiamo scrivere che:

$$se\ T_2(n) \in \Theta(f_2(n))\ e\ \Theta(f_1(n)) > \Theta(f_2(n)) \Rightarrow T(n) \in \Theta(f_1(n))$$

Analoghe derivazioni si possono fare nel caso opposto $\Theta(f_1(n)) < \Theta(f_2(n))$, per cui, in definitiva:

$$T(n) \in \begin{cases} \Theta(f_1(n)) & \text{se } \Theta(f_1(n)) > \Theta(f_2(n)) \\ \Theta(f_1(n)) & \text{se } \Theta(f_1(n)) = \Theta(f_2(n)) \\ \Theta(f_2(n)) & \text{se } \Theta(f_2(n)) > \Theta(f_1(n)) \end{cases} \quad (3.12)$$

La 3.12 viene espressa sinteticamente come la 3.11.

La regola della somma trova analoghe applicazioni alle notazioni O e Ω:

$$T(n) = O(f_1(n)) + O(f_2(n)) = O(max(f_1(n), f_2(n))) \quad (3.13)$$

$$T(n) = \Omega(f_1(n)) + \Omega(f_2(n)) = \Omega(min(f_1(n), f_2(n))) \quad (3.14)$$

Esempio Ad esempio, se un algoritmo è composto di due parti di cui una ha complessità $O(n^3)$ e l'altra $O(n^2)$, allora:

$$T(n) = O(n^2) + O(n^3) = O(\max(n^2, n^3)) = O(n^3)$$

Approfondimento La regola della somma precedentemente esaminata si applica solo se il numero di elementi sommati non dipende da n. Quindi non può essere utilizzata per i casi in cui la funzione $T(n)$ è esprimibile come sommatoria di funzioni la cui complessità è nota, e il cui numero dipende da n, come:

$$T(n) = \sum_{i=1}^{h(n)} f(i)$$

Tuttavia, se $\lim_{n\to\infty} h(n) = \infty$ e $f(i) \in \Theta(g(i))$, si può dimostrare che:

$$T(n) = \sum_{i=1}^{h(n)} f(i) = \Theta(\sum_{i=1}^{h(n)} g(i)) \tag{3.15}$$

Infatti, poiché $f(i) \in \Theta(g(i))$, devono esistere tre costanti positive i_0, c_1 e c_2 tali che:

$$\forall i > i_0, c_1 \cdot g(i) \leq f(i) \leq c_2 \cdot g(i) \tag{3.16}$$

Dal momento che $\lim_{n\to\infty} h(n) = \infty$, deve esistere una costante n_0 tale che:

$$\forall n > n_0, h(n) > i_0$$

Se $n > n_0$, possiamo allora suddividere la sommatoria corrispondente a $T(n)$ nell'eq. 3.15 in due parti come segue:

$$T(n) = \sum_{i=1}^{i_0} f(i) + \sum_{i=i_0+1}^{h(n)} f(i)$$

dove il risultato della prima sommatoria è ovviamente costante rispetto a n, quindi:

$$T(n) = c + \sum_{i=i_0+1}^{h(n)} f(i)$$

Per l'eq. 3.16, deve essere:

$$c_1 \sum_{i=i_0+1}^{h(n)} g(i) \leq \sum_{i=i_0+1}^{h(n)} f(i) \leq c_2 \sum_{i=i_0+1}^{h(n)} g(i)$$

e quindi possiamo porre:

$$T(n) = c + \Theta(\sum_{i=i_0+1}^{h(n)} g(i)) = \Theta(\sum_{i=i_0+1}^{h(n)} g(i)) \tag{3.17}$$

D'altra parte, poiché:

$$\sum_{i=1}^{h(n)} g(i) = \sum_{i=1}^{i_0} g(i) + \sum_{i=i_0+1}^{h(n)} g(i)$$

e il risultato della prima sommatoria del secondo membro è costante rispetto a n, segue che:

$$\Theta(\sum_{i=i_0+1}^{h(n)} g(i)) = \Theta(\sum_{i=1}^{h(n)} g(i))$$

da cui, sostituendo nell'eq. 3.17 si ottiene:

$$T(n) = \Theta(\sum_{i=1}^{h(n)} g(i))$$

e quindi l'eq. 3.15 è dimostrata.
In maniera del tutto analoga all'eq. 3.15 si può dimostrare che, se $\lim_{n\to\infty} h(n) = \infty$, valgono le seguenti proprietà:

$$f(i) \in O(g(i)) \Longrightarrow \sum_{i=1}^{h(n)} f(i) = O(\sum_{i=1}^{h(n)} g(i)) \tag{3.18}$$

$$f(i) \in \Omega(g(i)) \Longrightarrow \sum_{i=1}^{h(n)} f(i) = \Omega(\sum_{i=1}^{h(n)} g(i)) \tag{3.19}$$

Errore frequente Le regole per le serie di funzioni (eq. 3.15, 3.18 e 3.19) si applicano solo se i termini della sommatoria sono diversi valori della medesima funzione f; le regole non possono essere generalizzate al caso in cui i termini sono valori di funzioni diverse, anche se queste funzioni hanno lo stesso andamento asintotico.
Ad esempio, consideriamo la famiglia di funzioni:

$$f_i(n) = i \cdot n \text{ con } i > 0$$

Ovviamente, tutte le funzioni di questa famiglia hanno lo stesso andamento asintotico, come si può banalmente dimostrare:

$$\forall i, f_i(n) \in \Theta(n)$$

Se volessimo calcolare la sommatoria:

$$\sum_{i=0}^{n} f_i(n)$$

potremmo essere tentati di applicare la regola delle serie concludendo che:

$$\sum_{i=0}^{n} f_i(n) = \sum_{i=0}^{n} \Theta(n) = \Theta(\sum_{i=0}^{n} n) = \Theta(n^2) \quad \textit{ERRORE!}$$

Ma se effettuiamo il calcolo usando la definizione delle funzioni f_i troviamo che:

$$\sum_{i=0}^{n} f_i(n) = \sum_{i=0}^{n} i \cdot n = n \cdot \sum_{i=0}^{n} i = n \cdot \frac{n \cdot (n+1)}{2} = \Theta(n^3)$$

In questo caso l'errore è dovuto al fatto che i termini della sommatoria non erano valori della stessa funzione, ma di funzioni diverse (anche se aventi lo stesso andamento asintotico).

È importante conoscere la proprietà transitiva di cui godono le notazioni introdotte, e che noi riportiamo senza dimostrare.

$$Se: \ f(n) \in O(g(n)) \ e \ g(n) \in O(h(n)) \ \Rightarrow \ f(n) \in O(h(n)) \tag{3.20}$$

$$Se: \ f(n) \in \Omega(g(n)) \ e \ g(n) \in \Omega(h(n)) \ \Rightarrow \ f(n) \in \Omega(h(n)) \tag{3.21}$$

$$Se: \ f(n) \in \Theta(g(n)) \ e \ g(n) \in \Theta(h(n)) \ \Rightarrow \ f(n) \in \Theta(h(n)) \tag{3.22}$$

3.3 Complessità dei principali costrutti

Le tre notazioni introdotte consentono di esprimere la complessità computazionale di un algoritmo, ovvero l'andamento asintotico di $T(n)$; tuttavia la determinazione di quest'ultimo è resa complessa dalla presenza, in un algoritmo, di numerosi punti di diramazione, ognuno caratterizzato da una propria complessità computazionale.

Esempio A titolo di esempio si consideri il seguente brano di codice:

```
if(condizione)
    a=b; /* Ramo "then" */
else { /* Ramo "else" */
    somma=0;
    for(i=0;i<n;i++)
        somma=somma+i;
}
```

La caratteristica di avere una complessità diversa in ciascuno dei due rami dell'**if**, ($\Theta(1)$ nel ramo **then** e $\Theta(n)$ nel ramo **else**) rende meno immediata la valutazione della complessità dell'intero codice. A tal fine bisogna infatti ipotizzare che durante l'esecuzione, in funzione dei valori specifici assunti dai dati, si possa percorrere uno dei due rami diversi. Conseguentemente non possiamo valutare un limite stretto nel caso generale, e siamo obbligati ad analizzare il comportamento nel caso migliore e peggiore o, alternativamente, ricorrere alla valutazione della complessità con i limiti laschi. Nell'esempio in esame possiamo affermare che l'algoritmo ha complessità $\Theta(1)$ nel caso migliore (che si verifica quando viene percorso il ramo **then**) e $\Theta(n)$ nel caso peggiore (nell'esecuzione del ramo **else**). In alternativa possiamo affermare, facendo riferimento al caso generale, che la complessità è $O(n)$ ed $\Omega(1)$, precisando di conseguenza il limite superiore e quello inferiore, ma senza indicare il limite stretto.

L'esempio ci consente di comprendere il motivo per il quale si usano le tre notazioni introdotte, di cui due, la Ω e la O di tipo lasco, e la Θ di tipo stretta. Nella sezione seguente analizzeremo nel dettaglio come si articola il calcolo della complessità di un algoritmo non ricorsivo, a partire dalla valutazione delle singole strutture di controllo di cui esso si compone.

3.3.1 Complessità delle istruzioni semplici e delle sequenze

Una volta fissato il modello di costo della macchina RAM, le istruzioni di assegnamento e le espressioni che coinvolgono operatori aritmetici, relazionali o logici hanno tutte un tempo di esecuzione costante, ovvero $\Theta(1)$. Analogamente una sequenza composta da un numero fisso (ovvero indipendente da n) di istruzioni semplici, ognuna con complessità $\Theta(1)$, avrà per la regola della somma 3.11 complessità $\Theta(1)$.

3.3.2 Complessità dei costrutti selettivi

La complessità di un'istruzione del tipo:

```
if(condizione){
   <istruzioni-then>
   }
else {
   <istruzioni-else>
}
```

si valuta considerando il tempo necessario ad eseguire l'intera struttura di controllo: in particolare, bisogna considerare il tempo T_{cond} impiegato a verificare la condizione, che in genere è costante, il tempo T_{then} necessario ad eseguire le istruzioni del ramo `then` e quello T_{else} relativo al ramo `else`, a seconda che la condizione risulti verificata o meno. Nel caso peggiore, la complessità si ottiene valutando la maggiore tra quella dei due rami dell'`if`:

$$T_{if,worst} = O(max(T_{cond} + T_{then}, T_{cond} + T_{else})) \tag{3.23}$$

avendo applicato la ben nota regola della somma.

Analoghe considerazioni valgono per la valutazione nel caso migliore:

$$T_{if,best} = \Omega(min(T_{cond} + T_{then}, T_{cond} + T_{else})) \tag{3.24}$$

Se si conoscono gli andamenti asintotici stretti, allora la 3.23 e la 3.24 diventano rispettivamente:

$$T_{if,worst} = \Theta(max(T_{cond} + T_{then}, T_{cond} + T_{else})) \tag{3.25}$$

$$T_{if,best} = \Theta(min(T_{cond} + T_{then}, T_{cond} + T_{else})) \tag{3.26}$$

3.3.3 Complessità dei costrutti iterativi

Il tempo di esecuzione di un ciclo `for`:

```
for(inizializzazione, condizione, incremento){
  <istruzioni-ciclo>
}
```

si valuta considerando che in ogni iterazione si eseguono le istruzioni previste nel corpo ciclo, l'incremento della variabile di ciclo e la verifica della condizione di terminazione; inoltre, il costrutto prevede l'inizializzazione della variabile di ciclo. Quindi se indichiamo con k il numero delle iterazioni, si ha, rispettivamente nel caso peggiore e migliore:

$$T_{for,worst} = O(T_{iniz} + k(T_{corpo,worst} + T_{cond} + T_{incr})) \tag{3.27}$$

$$T_{for,best} = \Omega(T_{iniz} + k(T_{corpo,best} + T_{cond} + T_{incr})) \tag{3.28}$$

Inoltre se, come nella maggioranza dei casi avviene, i tempi T_{iniz}, T_{cond} e T_{incr} sono costanti allora, le precedenti diventano:

$$T_{for,worst} = O(kT_{corpo,worst}) \tag{3.29}$$

$$T_{for,best} = \Omega(kT_{corpo,best}) \tag{3.30}$$

e nel caso in cui si conosca un limite stretto per la complessità delle istruzioni che costituiscono il corpo del ciclo:

$$T_{for,best} = \Theta(kT_{corpo,best}) \tag{3.31}$$

$$T_{for,worst} = \Theta(kT_{corpo,worst}) \tag{3.32}$$

La complessità di un ciclo `while`:

```
while(condizione){
  <istruzioni-ciclo>
}
```

può essere valutata con analoghe derivazioni, considerando però che, trattandosi di ciclo non predeterminato, sarà necessario distinguere un caso migliore ed un caso peggiore in funzione anche del numero di iterazioni minime e massime k_{min} e k_{max}. Pertanto, detto T_{cond} e T_{corpo} il tempo necessario rispettivamente a valutare la condizione e per eseguire le istruzioni che compongono il corpo del ciclo, avremo che:

$$T_{while,worst} = O(k_{max}(T_{corpo,worst} + T_{cond})) \tag{3.33}$$

$$T_{while,best} = \Omega(k_{min}(T_{corpo,best} + T_{cond})) \tag{3.34}$$

Inoltre se, come nella maggioranza dei casi avviene, il tempo T_{cond} è costante allora, le precedenti diventano:

$$T_{while,worst} = O(k_{max}T_{corpo,worst}) \tag{3.35}$$

$$T_{while,best} = \Omega(k_{min}T_{corpo,best}) \tag{3.36}$$

e nel caso in cui si conosca un limite stretto per la complessità delle istruzioni che costituiscono il corpo del ciclo:

$$T_{while,best} = \Theta(k_{min}T_{corpo,best}) \tag{3.37}$$

$$T_{while,worst} = \Theta(k_{max}T_{corpo,worst}) \tag{3.38}$$

3.3.4 Complessità delle chiamate di funzioni

Il tempo necessario ad eseguire una chiamata di funzione è data dalla somma di due termini: quello relativo alla chiamata e quello associato all'esecuzione della funzione stessa. Per quest'ultimo, si procede a valutare la complessità del codice che costituisce la funzione stessa. Più attenta deve essere, invece, la valutazione del tempo necessario ad effettuare la chiamata, che in genere è $\Theta(1)$, ma talvolta nasconde aspetti insidisiosi.

Esempio A titolo di esempio si consideri una funzione che riceve in ingresso un vettore di dimensione n; se il vettore viene scambiato per riferimento (come ad esempio avviene nel linguaggio C), tra il programma chiamante e quello chiamato viene scambiato l'indirizzo del vettore (in genere quattro byte) e quindi il tempo della invocazione risulta $\Theta(1)$; viceversa se il vettore viene scambiato per valore, la chiamata della funzione ha come effetto quello di copiare l'intero vettore nel corrispondente parametro effettivo: quest'ultima operazione, in funzione di come è implementata a livello di linguaggio macchina, potrebbe anche richiedere un tempo $\Theta(n)$.

3.3.5 Esempio di calcolo di complessità

A titolo di esempio calcoliamo la complessità computazionale dell'algoritmo di ordinamento di un vettore, detto Bubble Sort, descritto nel capitolo 4, il cui codice è:

```
void bubblesort(int v[], int n){
    int i,j,tmp;
    int flag_swap;

    i=0;
    flag_swap=1;
    while ( (flag_swap == 1) && (i<n-1) ) {
        flag_swap=0;
        for(j=0;j<n-1-i;j++){
            if (v[j] > v[j+1]){
                flag_swap=1;
                tmp=v[j];
                v[j]=v[j+1];
                v[j+1]=tmp;
                };
        }
      i=i+1;
    }
}
```

Pur rimandando al capitolo 4 per ulteriori dettagli sul funzionamento dell'algoritmo, analizziamone il comportamento, allorquando siano forniti in ingresso le seguenti tipologie di vettori:

- vettore già ordinato: in questa situazione, che corrisponde al caso più favorevole, l'algoritmo percorre una sola volta il ciclo più esterno, effettua n confronti e termina la sua esecuzione;
- vettore contrordinato (ovvero ordinato in senso decrescente): in questa si-

tuazione, che corrisponde al caso più sfavorevole, l'algoritmo percorre n volte il ciclo esterno, effettua n^2 confronti, e termina quindi la sua esecuzione;

- vettore non è né ordinato né contrordinato: in questa situazione, che corrisponde al caso piú frequente, non è possibile determinare esattamente il numero di passi che l'algoritmo effettua. L'unica certezza che si ha è che il numero di passi sia compreso tra n ed n^2, in funzione del particolare vettore fornito in ingresso.

Al fine di valutare la complessità si faccia riferimento alla figura 3.7 che riporta il diagramma di nesting delle strutture di controllo dell'algoritmo.

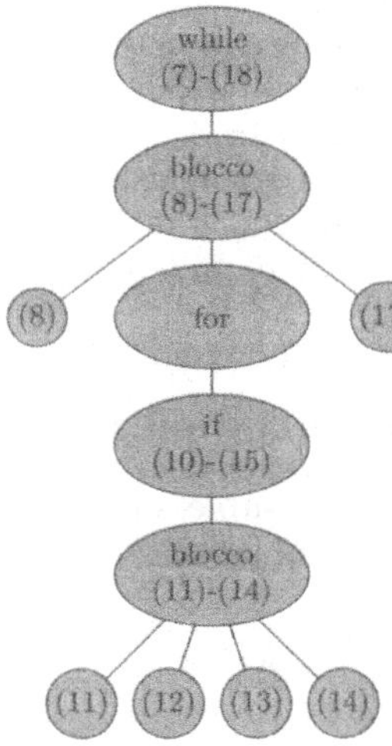

Figura 3.7 L'albero di nesting per l'algoritmo del Bubble Sort; i nodi dell'albero rappresentano le istruzioni composte, mentre le foglie le istruzioni di assegnazione. Quest'ultime sono etichettate con il numero dell'istruzione, mentre i nodi sono etichettati con l'intervallo delle istruzioni che includono. La struttura di tale albero consente una rapida valutazione della complessità dell'algoritmo.

Il tempo complessivamente impiegato dall'algoritmo è dato dalla somma del tempo per eseguire il ciclo `while` e del tempo necessario ad eseguire le istruzioni 5 e 6; per ciascuna di queste ultime il tempo di esecuzione è costante e quindi, il tempo complessivo per la loro esecuzione è $\Theta(1)$. In definitiva, quindi, indicando con T_{bs} il tempo per l'esecuzione dell'intero algoritmo si ha:

$$T_{bs} = T_{while} + \Theta(1)$$

È ora importante osservare che il tempo per l'esecuzione del `while` dipende dal valore di `flag_swap` (ovvero dalla particolare configurazione del vettore di ingresso). Nel caso migliore (che si verifica quando non si entra mai nell'if interno al `for`) il ciclo `while` è percorso esattamente una volta; viceversa nel caso peggiore il ciclo `while` viene eseguito un numero di volte pari al numero di elementi n del vettore. Considerando inoltre che il tempo necessario ad eseguire le istruzioni 8 e 17, che, oltre al **for**, compongono il **while**, è $\theta(1)$, per cui:

$$T_{while,best} = k_{min}(T_{for} + \Theta(1)) = T_{for} + \Theta(1) = T_{for}$$

$$T_{while,worst} = n(T_{for} + \Theta(1)) = n(T_{for} + \Theta(1)) = nT_{for}$$

Poichè il ciclo **for** viene percorso n volte, si ha che:

$$T_{for} = n(T_{if} + \Theta(1)) = n\Theta(1) = \Theta(n)$$

Quindi, in definitiva, nel caso migliore, sostituendo le espressioni in precedenza calcolate, ed applicando la regola della somma, si ha:

$$T_{bs,best} = T_{while,best} + \Theta(1) = T_{for} + \Theta(1) = \Theta(n) + \Theta(1) = \Theta(n)$$

Procedendo analogamente, per il caso peggiore:

$$T_{bs,worst} = T_{while,worst} + \Theta(1) = nT_{for} + \Theta(1) = n\Theta(n) + \Theta(1)) = \Theta(n^2)$$

Attenzione! È importante evidenziare che, sempre in riferimento all'algoritmo di Bubble Sort BS, sulla scorta delle considerazioni appena fatte, le seguenti affermazioni sono corrette:

- $T_{bs} = \Omega(n)$ (infatti, nel caso migliore T(n) è lineare, negli altri casi è più che lineare),
- $T_{bs} = \Omega(1)$ (infatti, in ogni caso T(n) è almeno lineare, e quindi più che costante),
- $T_{bs} = O(n^2)$ (infatti, nel caso peggiore T(n) è quadratico, negli altri casi è meno che quadratico),
- $T_{bs} = O(n^3)$ (infatti, in ogni caso T(n) è al più quadratico, e quindi meno che cubico).

3.4 Calcolo della complessità di funzioni ricorsive

Nel caso in cui la funzione di cui si vuole calcolare la complessità è una funzione ricorsiva, cioè contiene al suo interno una chiamata a se stessa, la tecnica proposta nei precedenti paragrafi non può essere applicata. Infatti, data una generica funzione ricorsiva R, la complessità della chiamata di un'istanza ricorsiva di R, che compare nel corpo di R, dovrebbe essere data dalla somma del costo di chiamata e del costo dell'esecuzione dell'istanza di R. Ma quest'ultimo costo è proprio quello che stiamo cercando di calcolare, ed è quindi incognito. Per risolvere questo problema è necessario esprimere il tempo incognito $T(n)$ dell'esecuzione di R, come somma di due contributi: un tempo $f(n)$ che deriva dall'insieme di tutte le istruzioni che non contengono chiamate ricorsive, ed un tempo $T(k)$ che deriva dalle chiamate ricorsive, invocate su di una dimensione del dato di ingresso più piccola, cioè con $k < n$. Otterremo quindi un'equazione, detta equazione ricorrente o più semplicemente ricorrenza, del tipo:

$$T(n) = \begin{cases} c_1 & \text{per } n = 1 \\ D(n) + C(n) + \sum_{i=0}^{k} T(k_i) & \text{per } n > 1, k_i < n \end{cases} \tag{3.39}$$

dove $D(n)$ rappresenta il tempo necessario ad effettuare la fase di divide, $C(n)$ il tempo necessario ad eseguire la fase di combinazione e la sommatoria si riferisce al tempo necessario ad eseguire ciascuna delle istanze ricorsive sulla relativa struttura dati k_i.

Nonostante esistano diversi metodi per risolvere equazioni ricorrenti, noi riporteremo il più semplice ed utilizzato, il metodo iterativo, che consente di risolvere gran parte delle ricorrenze che si trovano nella pratica; occorre trovare il valore per il quale si chiude la ricorrenza, sostituirlo nella formula generale e calcolare il risultato applicando le regole per limitare le sommatorie. In generale è quindi necessario fare qualche passaggio matematico, in genere non particolarmente complesso.

Esistono alcune formule di ricorrenza che vengono considerate notevoli, in quanto associate ad algoritmi, sviluppati in accordo al paradigma del divide et impera e adoperati frequentemente.

- Divisione della struttura dati in due parti eguali, con invocazione ricorsiva su una sola delle parti e tempo di combinazione e divisione costante (vedi figura 3.8). In questo caso la formula di ricorrenza è:

$$T(n) = \begin{cases} c_1 & \text{per } n = 1 \\ T(\frac{n}{2}) + c_2 & \text{per } n > 1 \end{cases} \tag{3.40}$$

- Divisione della struttura dati in due parti eguali, con invocazione ricorsiva su entrambe le parti e tempo di combinazione e divisione costante (vedi figura 3.9), ottenendo la formula di ricorrenza:

$$T(n) = \begin{cases} c_1 & \text{per } n = 1 \\ 2T(\frac{n}{2}) + c_2 & \text{per } n > 1 \end{cases} \tag{3.41}$$

- Divisione della struttura dati in due parti eguali, con invocazione ricorsiva su una sola delle parti e tempo di combinazione e divisione lineare (vedi figura 3.11), ottenendo la formula di ricorrenza:

$$T(n) = \begin{cases} c_1 & \text{per } n = 1 \\ T(\frac{n}{2}) + nc_2 & \text{per } n > 1 \end{cases} \tag{3.42}$$

- Divisione della struttura dati in due parti eguali, con invocazione ricorsiva su entrambe le parti e tempo di combinazione e divisione lineare (vedi figura 3.10), ottenendo la formula di ricorrenza:

$$T(n) = \begin{cases} c_1 & \text{per } n = 1 \\ 2T(\frac{n}{2}) + nc_2 & \text{per } n > 1 \end{cases} \tag{3.43}$$

- Divisione della struttura dati in due parti di dimensioni 1 ed $n-1$, con un'unica invocazione ricorsiva e tempo di combinazione e divisione costante (vedi figura 3.12), ottenendo la formula di ricorrenza:

$$T(n) = \begin{cases} c_1 & \text{per } n = 1 \\ T(n-1) + c_2 & \text{per } n > 1 \end{cases} \tag{3.44}$$

```
TIPO_RITORNO funz(TIPO_DATI D){
    /* Casi base */
        Istruzioni con complessità Θ(1)
    /* Divisione in sottoproblemi */
        Istruzioni con complessità Θ(1)
    /* Soluzione dei sottoproblemi */
        ris1 = funz(D/2);
    /* Combinazione delle soluzione dei sottoproblemi */
        Istruzioni con complessità Θ(1)
}
```

Figura 3.8 Schema di una funzione ricorsiva che richiede tempi di esecuzione costanti per i casi base, la divisione in sottoproblemi e la combinazione delle soluzioni. La divisione della struttura dati D è realizzata in due parti eguali e la chiamata induttiva è su una sola delle parti.

3.4.1 Risoluzione delle ricorrenze notevoli

La ricorrenza notevole di tipo 1 3.40 può essere risolta semplicemente per sostituzione. Infatti, considerando $\frac{n}{2} > 1$ (ovvero $n > 2$), dalla 3.40 si ha:

$$T(\frac{n}{2}) = T(\frac{n}{4}) + c_2$$

sostituendo nella 3.40 si ha:

$$T(n) = T(\frac{n}{4}) + c_2 + c_2 = T(\frac{n}{4}) + 2c_2 \; per \; n > 2$$

procedendo analogamente con una successiva sostituzione, si ottiene:

$$T(n) = T(\frac{n}{8}) + c_2 + 2c_2 = T(\frac{n}{8}) + 3c_2 \; per \; n > 4$$

ovvero dopo k sostituzioni:

$$T(n) = T(\frac{n}{2^k}) + kc_2 \; per \; n > 2^{k-1}$$

```
TIPO_RITORNO funz(TIPO_DATI D){
  /* Casi base */

     Istruzioni con complessità Θ(1)

  /* Divisione in sottoproblemi */

     Istruzioni con complessità Θ(1) o Θ(n)

  /* Soluzione dei sottoproblemi */

     ris1 = funz(D/2);

  /* Combinazione delle soluzione dei sottoproblemi */

     Istruzioni con complessità Θ(n)

}
```

Figura 3.9 Schema di una funzione ricorsiva che richiede tempi di esecuzione costanti per i casi base, e tempi lineari per la divisione in sottoproblemi o per la combinazione delle soluzioni. La divisione della struttura dati D è realizzata in due parti eguali e la chiamata induttiva è su una sola delle parti.

```
TIPO_RITORNO funz(TIPO_DATI D){
  /* Casi base */

     Istruzioni con complessità Θ(1)

  /* Divisione in sottoproblemi */

     Istruzioni con complessità Θ(1)

  /* Soluzione dei sottoproblemi */

     ris1 = funz(D/2);
     ris2 = funz(D/2);

  /* Combinazione delle soluzione dei sottoproblemi */

     Istruzioni con complessità Θ(1)

}
```

Figura 3.10 Schema di una funzione ricorsiva che richiede tempi di esecuzione costanti per i casi base, la divisione in sottoproblemi e la combinazione delle soluzioni. La divisione della struttura dati D è realizzata in due parti eguali e la chiamata induttiva è su ognuna delle parti.

Osservando che la ricorrenza si chiude quando $n = 2^k$, ovvero quando $k = log_2(n)$, e che in tal caso $T(n) = c_1$, si ottiene:

$$T(n) = c_1 + c_2 log_2(n)$$

```
TIPO_RITORNO funz(TIPO_DATI D){
    /* Casi base */
        Istruzioni con complessità Θ(1)
    /* Divisione in sottoproblemi */
        Istruzioni con complessità Θ(1) o Θ(n)
    /* Soluzione dei sottoproblemi */
        ris1 = funz(D/2);
        ris2 = funz(D/2);
    /* Combinazione delle soluzione dei sottoproblemi */
        Istruzioni con complessità Θ(n)
}
```

Figura 3.11 Schema di una funzione ricorsiva che richiede tempi di esecuzione costanti per i casi base, e tempi lineari per la divisione in sottoproblemi o per la combinazione delle soluzioni. La divisione della struttura dati D è realizzata in due parti eguali e la chiamata induttiva è su entrambe le parti.

```
TIPO_RITORNO funz(TIPO_DATI D){
    /* Casi base */
        Istruzioni con complessità Θ(1)
    /* Divisione in sottoproblemi */
        Istruzioni con complessità Θ(1)
    /* Soluzione dei sottoproblemi */
        ris1 = funz(D-12);
    /* Combinazione delle soluzione dei sottoproblemi */
        Istruzioni con complessità Θ(1)
}
```

Figura 3.12 Schema di una funzione ricorsiva che richiede tempi di esecuzione costanti per i casi base, e tempi lineari per la divisione in sottoproblemi o per la combinazione delle soluzioni. La divisione della struttura dati D è realizzata in due parti eguali e la chiamata induttiva è su una sola delle parti.

ovvero:

$$T(n) \in O(log(n)) \tag{3.45}$$

La ricorrenza di tipo 2 3.41 si risolve con procedimento analogo; considerando

$\frac{n}{2} > 1$ (ovvero $n > 2$), dalla 3.41 si ha:

$$T(n) = 2[2T(\frac{n}{4}) + c_2] + c_2 = 4T(\frac{n}{4}) + 3c_2 \textit{ per } n > 2$$

procedendo analogamente con una successiva sostituzione, si ottiene:

$$T(n) = 4[2T(\frac{n}{8}) + c_2] + 3c_2 = 8T(\frac{n}{8}) + 7c_2 \textit{ per } n > 4$$

analogamente, dopo k sostituzioni:

$$T(n) = 2^k T(\frac{n}{2^k}) + (2^k - 1)c_2 \textit{ per } n > 2^{k-1}$$

Osservando che la ricorrenza si chiude quando $n = 2^k$, ovvero quando $k = log_2(n)$, e che in tal caso $T(n) = c_1$, si ottiene:

$$T(n) = nc_1 + (n-1)c_2$$

ovvero:

$$T(n) \in O(n) \tag{3.46}$$

Per il terzo tipo di ricorrenza 3.43, considerando $\frac{n}{2} > 1$ (ovvero $n > 2$), dalla 3.43 si ha.

$$T(n) = [T(\frac{n}{4}) + \frac{n}{2}c_2] + nc_2 = T(\frac{n}{4}) + \frac{n}{2}c_2 + nc_2 \textit{ per } n > 2$$

analogamente, dopo k sostituzioni:

$$T(n) = T(\frac{n}{2^k}) + nc_2 \sum_{i=0}^{k-1} \frac{1}{2^i} \textit{ per } n > 2^{k-1}$$

Osservando che la ricorrenza si chiude quando $n = 2^k$, ovvero quando $k = log_2(n)$, e che in tal caso $T(n) = c_1$, si ottiene:

$$T(n) = nc_1 + nc_2 \sum_{i=0}^{log(n)-1} \frac{1}{2^i}$$

essendo:

$$\sum_{i=0}^{x} \frac{1}{2^i} = \frac{1}{2^x} \sum_{i=0}^{x} \frac{2^{x-i}}{2^i} = \frac{2^{x+1}-1}{2^x}$$

sostituendo nella precedente con $x = log(n) - 1$, si ha:

$$T(n) = nc_1 + nc_2 \frac{2^{log(n)-1+1} - 1}{2^{log(n)-1}} = nc_1 + nc_2 \frac{2n-1}{n}$$

poichè per elevati valori di n $\frac{2n-1}{n} \approx 2$, si ha:

$$T(n) = nc_1 + 2nc_2$$

ovvero:

$$T(n) \in O(n) \quad (3.47)$$

Per il quarto tipo di ricorrenza 3.42, considerando $\frac{n}{2} > 1$ (ovvero $n > 2$), dalla 3.42 si ha:

$$T(n) = 2[2T(\frac{n}{4}) + \frac{n}{2}c_2] + c_2 = 4T(\frac{n}{4}) + 2nc_2 \; per \; n > 2$$

analogamente, dopo k sostituzioni:

$$T(n) = 2^k T(\frac{n}{2^k}) + knc_2 \; per \; n > 2^{k-1}$$

Osservando che la ricorrenza si chiude quando $n = 2^k$, ovvero quando $k = log_2(n)$, e che in tal caso $T(n) = c_1$, si ottiene:

$$T(n) = nc_1 + nlog_2(n)c_2$$

$$T(n) \in O(nlog_2(n)) \quad (3.48)$$

Per il quinto tipo di ricorrenza 3.44, considerando $n - 1 > 1$ (ovvero $n > 2$), dalla 3.44 si ha:

$$T(n) = T(n-2) + 2c_2$$

ovvero dopo k sostituzioni:

$$T(n) = T(n-k) + kc_2 \; per \; n > k$$

Osservando che la ricorrenza si chiude quando $n - k = 1$, ovvero $n = k$, e che in tal caso $T(n) = c_1$, si ottiene:

$$T(n) = c_1 + nc_2$$

ovvero:

$$T(n) \in O(n) \quad (3.49)$$

3.4.2 Confronto di algoritmi con medesima complessità

Come anticipato in precedenza, poichè le notazioni asintotiche non prendono in considerazione i termini di ordine inferiore e le costanti moltiplicative, il confronto di algoritmi che hanno la medesima complessità presenta alcune sorprese.

Un esempio classico è dato da due importanti algoritmi di ordinamento: il MergeSort ed il QuickSort. Il Mergesort ha in tutti i casi (migliore, medio e peggiore) complessità pari a $\Theta(nlogn)$, mentre il QuickSort ha complessità pari a $\Theta(nlogn)$ nel caso medio e migliore, e $\Theta(n^2)$ nel caso peggiore.

Stando quindi a queste valutazioni, sembrano non esserci motivi per usare l'algoritmo del QuickSort rispetto al MergeSort; pur tuttavia, tale algoritmo è invece quello più comunemente impiegato e decisamente più veloce del MergeSort. Questa scelta ha origine da due ordini di considerazioni: la prima è di carattere tecnico, dovuta al fatto che il QuickSort svolge l'ordinamento sul posto, e che quindi ha minore complessità spaziale del MergeSort, la seconda, invece, è dovuta proprio al fatto che, da un lato la probabilità che per il QuickSort si verifichi il caso peggiore è molto bassa (e quindi considerare anche il QuickSort come un algoritmo di complessità $\Theta(nlogn)$, pur non essendo formalmente corretto, è una assunzione abbastanza prossima alla realtà) dall'altro che le costanti moltiplicative nel caso del QuickSort sono minori rispetto a quelle del MergeSort.

Quindi per scegliere tra due algoritmi che hanno lo stesso ordine di complessità è necessario considerare il peso delle costanti moltiplicative e queste giocano a favore del QuickSort.

Un altro caso in cui non è corretto trascurare i termini nascosti dalla notazione asintotica è il caso in cui siamo interessati a confrontare il comportamento di due algoritmi per un prefissato n. In tal caso è possibile, ad esempio, che un algoritmo A_1 di complessità $\Theta(n^3)$ si comporti meglio di un algoritmo A_2 di complessità $\Theta(n^2)$; per convincersene supponiamo di aver fissato $n = 50$ e che l'algoritmo A_1 abbia un tempo $T(n)$ dato da $n^3/10$ mentre l'algoritmo A_2 abbia $T(n)$ uguale a $10n^2 + 2n + 10$. In tal caso per A_1 avremo $T(50) = 12500$, mentre per A_2 avremo $T(50) = 25110$.

3.5 Esercizi

Per questo capitolo si è fatta la scelta di presentare solo un limitato numero di esercizi di calcolo della complessità, dal momento che, nella parte che segue del libro, ogni funzione presentata al lettore verrà accompagnata anche dalla relativa analisi di complessità.

▶ **Esercizio 3.1** (★) Calcolare la complessità computazionale dell'algoritmo iterativo per il calcolo del fattoriale, nel seguito presentato:

```
long fattoriale(int n){
int k;
long fatt=1;
for(k=2;k<=n;k++)
        fatt=fatt*k;
return fatt;
}
```

▶ **Esercizio 3.2** (★) Si scriva la formula di ricorrenza dell'algoritmo ricorsivo per il calcolo del fattoriale riportato nel listato 2.6 a pagina 30.

▶ **Esercizio 3.3** (★) Si scriva la formula di ricorrenza dell'algoritmo a ricorsione lineare per la ricerca del minimo in un vettore, riportato nel listato 2.7 a pagina 32, valutando il limite asintotico stretto.

▶ **Esercizio 3.4** (★) Si scriva la formula di ricorrenza dell'algoritmo a ricorsione doppia per la ricerca del minimo in un vettore, riportato nel listato 2.10 a pagina 36, valutando il limite asintotico stretto.

▶ **Esercizio 3.5** (★★) Si scriva la formula di ricorrenza dell'algoritmo di ricerca dicotomica (a ricorsione doppia) di un elemento in un vettore ordinato, riportato nel listato 2.8 a pagina 34. Si discuta separatamente il caso migliore, peggiore e medio, valutando il relativo limite asintotico stretto.

▶ **Esercizio 3.6** (★★★) Si scriva la formula di ricorrenza dell'algoritmo risolutivo del problema della torre di Hanoi, presentato nel listato 2.4 a pagina 26; la si risolva dandone il limite asintotico stretto.

▶ **Esercizio 3.7** (★★★) Si scriva la formula di ricorrenza della funzione per il calcolo del numero di Fibonacci, presentata nel listato 2.9 a pagina 35; la si risolva dandone il limite asintotico stretto.

▶ **Esercizio 3.8** (★★★) Si scriva la formula di ricorrenza della funzione di Ackermann, presentata nel listato 2.12 a pagina 38; la si risolva dandone il limite asintotico stretto.

Capitolo 4

Algoritmi di base

I computer non creano ordine da nessuna parte;
piuttosto, rendono visibili delle opportunità.
Alan Perlis

Sommario *In questo capitolo affronteremo due problemi cardine dell'informatica: l'ordinamento di una sequenza di elementi e la ricerca di un elemento all'interno della sequenza. Per ciascuno dei due problemi esamineremo gli algoritmi fondamentali valutando la corrispondente complessità computazionale.*

4.1 Problema della ricerca

In molte applicazioni è necessario accedere a un elemento di una struttura dati senza conoscere la posizione che l'elemento occupa nella struttura; l'elemento deve essere individuato a partire dal suo valore, o piú in generale a partire da una proprietà di cui gode il suo valore.

Si pensi come esempio alla necessità di trovare all'interno di una rubrica telefonica il numero di telefono di una persona di cui conosciamo il nome: in questo caso sarà necessario innanzitutto trovare la posizione dell'elemento caratterizzato dalla proprietà che il nome sia uguale a quello specificato; fatto questo dovremo semplicemente estrarre il numero di telefono da questo elemento.

La formulazione precisa del problema della ricerca dipende da vari fattori, tra cui:

- il modo con cui la struttura dati consente di accedere ai singoli elementi (ad es. accesso sequenziale, accesso casuale ecc.);
- il modo in cui è possibile rappresentare la posizione di un elemento all'interno della struttura dati (ad es. mediante un indice, mediante un puntatore ecc.);

- il modo con cui viene specificata la proprietà che caratterizza l'elemento desiderato.

ACCESSO CASUALE E ACCESSO SEQUENZIALE

Si dice che una struttura dati che contiene un insieme di informazioni consente un *accesso casuale* ai suoi elementi quando il tempo necessario per accedere a un elemento qualsiasi è indipendente dal particolare elemento. Ad esempio, il tempo necessario per accedere a un qualsiasi elemento di un array non dipende dal particolare elemento scelto.
Per contro, in una struttura dati ad *accesso sequenziale*, gli elementi sono disposti in una sequenza $x_1, \ldots, x_n$ (definita dalla struttura dati stessa) e il costo per accedere a un elemento dipende dalla distanza, lungo la sequenza, tra l'elemento desiderato e l'ultimo elemento a cui si è acceduto. Tipicamente, se l'ultimo elemento usato è x_i, il costo per accedere all'elemento x_{i+k} è $\Theta(k)$. Ad esempio, se l'ultimo elemento usato è il quarto della sequenza, il tempo richiesto per accedere al decimo elemento sarà sei volte maggiore del tempo necessario per accedere al quinto.

In questo capitolo utilizzeremo come struttura dati esclusivamente l'array; supporremo quindi che sia possibile effettua un accesso casuale agli elementi della struttura dati, e che l'indice dell'elemento sia usato per rappresentare la sua posizione. Nei capitoli successivi saranno introdotte altre strutture dati con caratteristiche diverse da quelle dell'array, e in tale contesto verranno presentate le corrispondenti soluzioni al problema della ricerca.

Per quanto riguarda il modo attraverso il quale è specificata la proprietà che caratterizza l'elemento desiderato, utilizzeremo la funzione `equal` definita nella sezione 1.1. Formalmente, data una sequenza di elementi: $a_1, \ldots, a_n$ e un valore x, vogliamo trovare un indice i tale che $equal(a_i, x)$ sia verificato.

Ricordiamo che la funzione `equal` non indica necessariamente l'uguaglianza, ma piú in generale una qualunque relazione di equivalenza; questo ci consente di gestire un ampio ventaglio di situazioni (si veda l'esercizio 4.1 per una soluzione ancora piú generale).

Un caso di particolare interesse nella pratica è quello in cui solo una parte delle informazioni contenute nell'elemento viene utilizzata per identificare l'elemento stesso. Ad esempio, nel caso della rubrica telefonica il nome viene utilizzato per identificare l'intero contatto. In questo caso le informazioni usate per l'identificazione dell'elemento formano la cosiddetta *chiave* dell'elemento stesso. Gli esempi di codice presentati in questa sezione possono essere direttamente applicati alla ricerca di un elemento in base alla sua chiave semplicemente definendo la funzione `equal` in modo tale che consideri solo la chiave nel valutare l'equivalenza tra due elementi.

Nel definire le specifiche di un sottoprogramma che risolva il problema della ricerca è importante tenere conto del fatto che l'algoritmo potrebbe non trovare nessun elemento che soddisfi la proprietà desiderata. Questa soluzione può essere gestita in tre modi diversi:

- il sottoprogramma restituisce un'informazione (logica) che indica se la ricerca è andata a buon fine o meno, oltre alla posizione dell'elemento eventualmente trovato;

- in caso di insuccesso il sottoprogramma restituisce la posizione dell'elemento "piú simile" (in un senso dipendente dall'applicazione) a quello desiderato;
- in caso di insuccesso il sottoprogramma segnala un errore usando i meccanismi specifici del linguaggio adottato (ad esempio, le eccezioni in C++ o Java).

In questo volume adotteremo la prima soluzione; quindi gli algoritmi presentati dovranno restituire due informazioni: un valore indicatore di successo e, in caso di successo, l'indice dell'elemento trovato.

Per restituire queste informazioni è possibile utilizzare il valore di ritorno piú un parametro di uscita, come nel seguente esempio di prototipo:

```
/* Cerca un elemento in un array
 * PARAMETRI DI INGRESSO
 *    a    l'array in cui effettuare la ricerca
 *    n    il numero di elementi nell'array
 *    x    l'elemento da cercare
 * PARAMETRI DI USCITA
 *    pos  posizione dell'elemento trovato, in caso di successo
 * VALORE DI RITORNO
 *    true se l'elemento viene trovato nell'array
 */
bool search(TInfo a[], int n, TInfo x, int *pos);
```

oppure è possibile utilizzare due parametri di uscita.

Tuttavia nel linguaggio C si adotta piú frequentemente la convenzione di restituire un'unica informazione che rappresenta la posizione dell'elemento, usando per convenzione un intero non valido come indice (ad es. -1) per segnalare il fallimento della ricerca.

Quindi il prototipo che useremo per gli algoritmi di ricerca sarà il seguente:

```
/* Cerca un elemento in un array
 * PARAMETRI DI INGRESSO
 *    a    l'array in cui effettuare la ricerca
 *    n    il numero di elementi nell'array
 *    x    l'elemento da cercare
 * VALORE DI RITORNO
 *    l'indice dell'elemento trovato, o -1 in caso di fallimento
 */
int search(TInfo a[], int n, TInfo x);
```

Errore frequente L'inconveniente di questa convenzione è che è facile dimenticare di controllare se la ricerca ha avuto successo, scrivendo codice del tipo:

```
i=search(a, n, x);
print_info(a[i]); /* ERRORE!!! */
```

invece del piú corretto:

```
i=search(a, n, x);
if (i>=0)
    print_info(a[i]);
else
    printf("Non␣trovato!");
```

4.1.1 Ricerca Lineare

Il piú semplice tra gli algoritmi di ricerca si basa sull'idea, piuttosto intuitiva, di esaminare in sequenza tutti gli elementi della struttura dati (nel nostro caso, dell'array), confrontandoli con l'elemento desiderato. Tale algoritmo prende il nome di *ricerca lineare* (per motivi che saranno chiari quando ne esamineremo la complessità computazionale) o *ricerca sequenziale*.

Struttura dell'algoritmo

L'algoritmo, che può considerarsi una variazione sul tema della scansione di un array, prevede un ciclo che scorre in sequenza gli elementi dell'array, utilizzando un indice che viene inizializzato a 0 e incrementato ad ogni iterazione.

La condizione di continuazione del ciclo può essere ricavata considerando quali sono le situazioni in cui vogliamo che il ciclo si arresti:

- il ciclo deve terminare se non ci sono altri elementi da esaminare;
- il ciclo deve terminare se l'elemento corrente è equivalente a quello desiderato.

Dal momento che il ciclo deve terminare anche quando una sola di queste due situazioni è vera, la condizione di continuazione del ciclo deve essere che entrambe le situazioni siano false. Quindi la struttura dell'algoritmo sarà del tipo:

```
<inizializza indice>
while ( <altri elementi> && ! <elemento trovato> )
    <incrementa indice>
```

Al termine del ciclo, l'algoritmo deve individuare quale delle due situazioni si è verificata per stabilire se la ricerca ha avuto successo (e quindi bisogna restituire l'indice dell'elemento corrente) oppure è fallita (e quindi bisogna restituire un indicatore di errore).

Implementazione dell'algoritmo

Una possibile implementazione in C dell'algoritmo è riportata nel listato 4.1. La prima parte della funzione contiene il ciclo sull'indice `i` per scorrere gli elementi dell'array fino a che non sono terminati o non viene trovato un elemento che sia equivalente a `x`.

Errore frequente Si potrebbe pensare che l'ordine delle due parti della condizione del ciclo non sia importante, e che quindi il ciclo potrebbe equivalentemente essere scritto come:

```
while (!equal(a[i], x) && i<n) /* ERRORE !!! */
```

In realtà in questo modo si introduce un bug insidioso nella funzione: se l'elemento `x` non viene trovato, la funzione confronta l'elemento `a[n]` con `x` prima di controllare che `i<n`. Questo elemento potrebbe trovarsi al di fuori dell'area di memoria dell'array (se `n` è uguale alla dimensione dell'array), e questo accesso potrebbe causare la terminazione del programma.

```
#define NOT_FOUND (-1)

/* Ricerca lineare.
 * Restituisce l'indice di un elemento di a che sia equal a x,
 * o un valore negativo se l'elemento non viene trovato.
 */
int linear_search(TInfo a[], int n, TInfo x) {
    int i=0;
    while (i<n && !equal(a[i], x))
        i++;

    if (i<n)
        return i;
    else
        return NOT_FOUND;
}
```

Listato 4.1 Implementazione della ricerca lineare.

La seconda parte della funzione controlla il valore di `i` per capire qual è la causa della terminazione del ciclo: se dopo il ciclo è ancora vero che `i<n`, vuol dire che il ciclo non ha esaurito gli elementi da esaminare, e quindi si è fermato perché `a[i]` è equivalente a `x`.

Errore frequente Potrebbe sembrare piú semplice e intuitivo effettuare questo controllo verificando direttamente se `a[i]` è equivalente a `x`, sostituendo l'`if` del listato 4.1 con:

```
if (equal(a[i], x)) /* ERRORE !!! */
```

Cosí facendo si introduce un potenziale problema quando l'elemento non è stato trovato: l'`if` effettua un accesso a `a[n]`, che (oltre al fatto che potrebbe trovarsi al di fuori dell'area di memoria dell'array), potrebbe per coincidenza contenere un valore (che non fa parte dell'array) equivalente a `x`. In questo caso la funzione restituirebbe un valore ≥ 0 invece di un valore negativo, anche se l'elemento cercato non è presente nell'array.

Osservazione Nel caso in cui l'array contenga piú elementi che sono equivalenti a quello desiderato, la funzione cosí formulata restituisce l'indice del primo di questi elementi, ovvero quello che ha l'indice piú piccolo.

In alcune applicazioni potrebbe essere preferibile ottenere invece l'indice dell'ultimo degli elementi equivalenti, ovvero quello che ha l'indice piú grande. In questo caso è semplice modificare la funzione in modo da scorrere gli elementi dell'array a ritroso, cosicché l'elemento trovato per primo sia proprio quello con l'indice piú grande (vedi esercizi 4.2 e 4.4).

Approfondimento L'implementazione presentata deve controllare due condizioni ad ogni iterazione del ciclo. Si noti che la condizione (`i<n`) serve esclusivamente a fermare il ciclo nel caso in cui l'array non contenga l'elemento desiderato.

Un modo per velocizzare l'algoritmo di ricerca lineare (riducendo il tempo di esecuzione, non la complessità computazionale asintotica) è quello di assicurarsi che l'array contenga sempre l'elemento desiderato, inserendone una copia (detta *sentinella*) dopo l'ultimo elemento occupato dell'array (che deve quindi avere una dimensione tale da poter memorizzare un elemento in piú). In questo modo è possibile rimuovere la prima parte della condizione del ciclo. L'esercizio 4.5 esplora in maggiore dettaglio questa idea.

Valutazione della complessità

Valutiamo la complessità computazionale temporale dell'algoritmo in funzione del numero n di elementi dell'array. Tutte le istruzioni del sottoprogramma, a eccezione del ciclo `while`, richiedono un tempo di esecuzione indipendente da n, e quindi sono $\Theta(1)$. Analogamente è $\Theta(1)$ il tempo di esecuzione di una singola iterazione del ciclo, dal momento che sia la condizione che il corpo del ciclo richiedono un tempo che non dipende da n. Quindi, indicando con k il numero di iterazioni del ciclo, abbiamo:

$$T(n) = k \cdot \Theta(1) + \Theta(1) \tag{4.1}$$

Il caso migliore è quello in cui l'algoritmo trova il valore desiderato come primo elemento dell'array: in questo caso $k = 1$ e quindi:

$$T_{best} = \Theta(1) + \Theta(1) = \Theta(1) \tag{4.2}$$

Il caso peggiore è quello in cui l'elemento non viene trovato. In tal caso l'algoritmo esamina tutti gli elementi dell'array, ovvero $k = n$, e:

$$T_{worst} = n \cdot \Theta(1) + \Theta(1) = \Theta(n) + \Theta(1) = \Theta(n) \tag{4.3}$$

Infine, nel caso medio, supponendo equiprobabili tutte le possibili posizioni, si ottiene che $k = n/2$, da cui si ricava:

$$T_{average} = \frac{n}{2} \cdot \Theta(1) + \Theta(1) = \Theta(n/2) + \Theta(1) = \Theta(n) \tag{4.4}$$

Quindi, sia nel caso medio che nel caso peggiore, il tempo di esecuzione cresce linearmente con il numero di elementi dell'array; da ciò deriva il nome di *ricerca lineare.*

4.1.2 Ricerca Dicotomica (Binary Search)

L'algoritmo di ricerca lineare esamina in sequenza tutti gli elementi dell'array fino a che non trova quello desiderato, e richiede in media un numero di operazioni proporzionale alla dimensione dell'array. È difficile fare di meglio senza avere altre informazioni circa la disposizione degli elementi all'interno dell'array; tuttavia in molti casi pratici tali informazioni sono disponibili e possono essere sfruttate per velocizzare la ricerca.

In particolare, considereremo il caso in cui gli elementi dell'array sono ordinati rispetto a una relazione d'ordine `less` (si veda la sezione 1.1.3), ovvero se consideriamo qualsiasi elementi adiacenti a_i e a_{i+1} deve verificarsi:

$$less(a_i, a_{i+1}) \vee equal(a_i, a_{i+1})$$

Come possiamo sfruttare la conoscenza di questa relazione d'ordine nell'algoritmo di ricerca?

Per comprenderlo, esaminiamo quello che succede quando cerchiamo una parola all'interno di un dizionario. Nel momento in cui esaminiamo una parola che non corrisponde a quella desiderata, utilizziamo la conoscenza dell'ordine tra le parole del dizionario: se la parola trovata segue nell'ordine alfabetico quella che stiamo cercando, sappiamo che possiamo escludere anche tutte le parole successive del dizionario, e concentrarci solo su quelle che precedono la parola in esame. Analogamente, se la parola trovata precede quella che stiamo cercando nell'ordine alfabetico, sappiamo che possiamo escludere anche tutte le parole precedenti, e concentrarci solo su quelle successive.

In questo modo, ad ogni parola esaminata, riduciamo drasticamente l'insieme di parole in cui dobbiamo continuare a fare la ricerca, e questo ci consente di arrivare alla parola desiderata esaminando un sottoinsieme molto piccolo delle parole presenti nel dizionario.

L'applicazione di quest'idea al problema della ricerca in una struttura dati porta all'algoritmo di *ricerca dicotomica* (parola derivata dal greco, che significa "che divide in due parti"), detto anche di *ricerca binaria* (in inglese *binary search*).

Struttura dell'algoritmo

L'algoritmo di ricerca dicotomica procede in maniera iterativa, mantenendo traccia ad ogni iterazione di qual è la parte dell'array che dobbiamo ancora tenere in considerazione nella ricerca.

Per rappresentare questa informazione useremo due indici, l'indice del primo elemento utile ($first$) e l'indice dell'ultimo elemento utile ($last$), dove per elementi utili intendiamo quelli che non sono stati ancora esclusi dall'algoritmo.

All'inizio della ricerca, tutti gli elementi sono ancora da considerare, quindi il primo elemento utile coincide con il primo elemento dell'array e l'ultimo elemento utile coincide con l'ultimo elemento dell'array.

Ad ogni iterazione dell'algoritmo, scegliamo un elemento da esaminare tra quelli utili. Se l'elemento scelto è proprio equivalente (nel senso di `equal`) a quello desiderato, allora la ricerca termina con successo. Altrimenti, restringiamo il campo degli elementi utili:

- se l'elemento scelto precede l'elemento desiderato, possiamo escludere non solo l'elemento scelto ma anche tutti quelli che lo precedono; quindi il primo elemento utile diventa quello immediatamente successivo all'elemento scelto;
- viceversa, se l'elemento scelto segue l'elemento desiderato, possiamo escludere non solo l'elemento scelto ma anche tutti quelli che lo seguono; quindi l'ul-

timo elemento utile diventa quello immediatamente precedente all'elemento scelto.

In questo modo abbiamo ristretto l'intervallo di elementi da considerare, e possiamo scegliere un nuovo elemento e ripetere il ciclo.

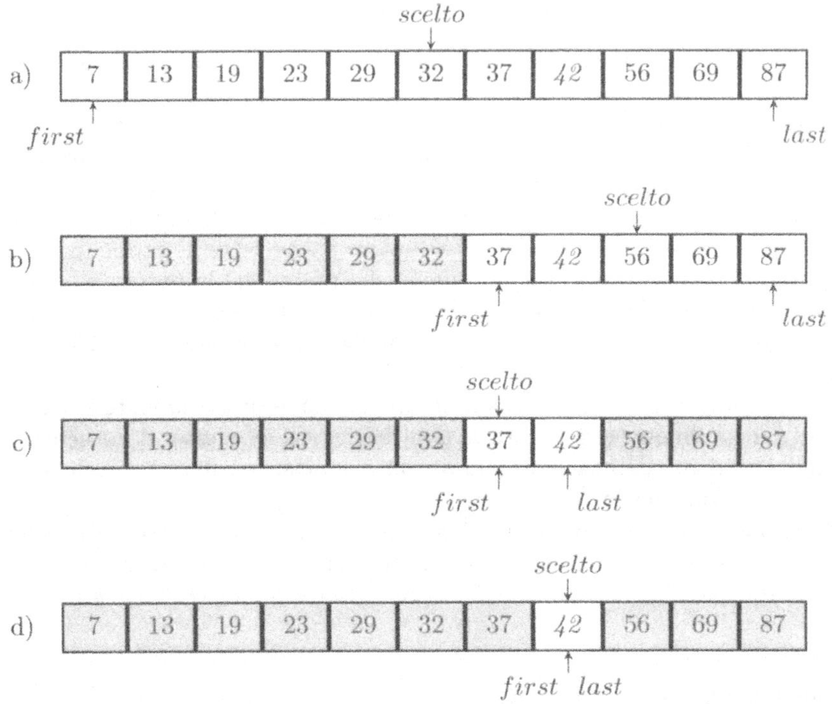

Figura 4.1 Svolgimento dell'algoritmo di ricerca binaria. a) Situazione iniziale: l'elemento da trovare è 42. L'elemento esaminato è 32. b) Prima iterazione: poiché $32 < 42$, tutti gli elementi che precedono 32 sono scartati. Il nuovo elemento da esaminare è 56. c) Seconda iterazione: poiché $56 > 32$, tutti gli elementi che seguono 56 sono scartati. Il nuovo elemento da esaminare è 37. d) Terza iterazione: poiché $37 < 42$, tutti gli elementi che precedono 37 sono scartati. Il nuovo elemento da esaminare è 42. Nella quarta e ultima iterazione, poiché 42 è proprio l'elemento desiderato, l'algoritmo termina.

Ci sono due punti che dobbiamo ancora esaminare: cosa succede se l'elemento desiderato non è presente nell'array, e come facciamo a scegliere un elemento a ogni iterazione.

La risposta alla prima domanda è che, siccome ad ogni iterazione il numero di elementi ancora da considerare viene ridotto sicuramente almeno di uno (anche se generalmente la riduzione è maggiore), l'algoritmo garantisce che dopo un numero finito di iterazioni, se l'elemento non viene trovato, si troverà con un insieme di elementi utili che è l'insieme vuoto. In termini di indici, questa condizione si verifica quando $first > last$, che deve determinare la terminazione del ciclo.

Per la seconda domanda (il criterio con cui scegliere l'elemento da esaminare a ogni iterazione), consideriamo che, a meno che l'elemento scelto non sia proprio quello desiderato, l'algoritmo può scartare (a seconda dell'esito del controllo della relazione) tutti quelli che lo precedono oppure tutti quelli che lo seguono. Siccome non sappiamo *a priori* quale dei due sottoinsiemi verrà scartato, ci porremo nel caso peggiore, ovvero che venga scartato il piú piccolo di questi due sottoinsiemi.

Siccome ci interessa massimizzare il numero di elementi che vengono scartati, dobbiamo scegliere l'elemento da esaminare in modo tale che la piú piccola delle due parti in cui viene diviso l'insieme di elementi sia quanto piú grande è possibile.

Si può facilmente verificare che questo effetto si ottiene quando l'elemento scelto è esattamente l'elemento centrale dell'intervallo di elementi utili, ovvero l'elemento il cui indice è $(first + last)/2$ (o una sua approssimazione se $(first + last)/2$ non è un intero).

Per verificare questa proprietà consideriamo innanzitutto il caso in cui $(first + last/2)$ è un intero, caso che si verifica se e solo se il numero di elementi utili è dispari. In questo caso, sia a destra che a sinistra dell'elemento centrale ci sono esattamente $(last - first)/2$ elementi utili. Se scegliessimo un elemento a sinistra di quello centrale, il sottoinsieme minore sarebbe quello a sinistra dell'elemento scelto, e sarebbe sicuramente piú piccolo di quello ottenuto dall'elemento centrale; analogamente se scegliessimo un elemento a destra di quello centrale il sottoinsieme minore sarebbe quello a destra dell'elemento scelto, e anche in questo caso sarebbe piú piccolo di quello ottenuto dall'elemento centrale.

Se $(first + last)/2$ non è un intero, possiamo scegliere di approssimarlo per difetto o per eccesso, e quindi abbiamo due elementi centrali. Per entrambi, il numero di elementi utili a sinistra differisce di 1 da quello degli elementi utili a destra. Qualunque altro elemento scelto avrebbe il sottoinsieme minore piú piccolo di quello dei due elemènti centrali; i due elementi centrali invece sono equivalenti tra loro, per cui possiamo scegliere una delle due approssimazioni.

In conclusione l'algoritmo ad ogni passaggio divide l'insieme degli elementi utili in tre parti: l'elemento scelto, gli elementi utili alla sua sinistra e gli elementi utili alla sua destra. Queste ultime due parti sono uguali (o al piú differiscono per un elemento, se il numero di elementi utili è pari), e pertanto contengono circa la metà del numero iniziale di elementi utili. Utilizzeremo questa proprietà in seguito per valutare la complessità computazionale dell'algoritmo.

La figura 4.1 illustra attraverso un esempio il funzionamento dell'algoritmo.

Implementazione dell'algoritmo

Una possibile implementazione dell'algoritmo è presentata nel listato 4.2. Dopo l'inizializzazione delle variabili `first`, `last` e `chosen`, usate rispettivamente per l'indice del primo e dell'ultimo elemento utile e dell'elemento che deve essere esaminato, la funzione esegue il ciclo principale.

In questo ciclo l'elemento di indice `chosen` viene esaminato: se è `equal` all'elemento desiderato, la funzione termina immediatamente restituendo il suo indice.

Altrimenti, usando la funzione `less` si verifica se l'elemento scelto precede o segue quello desiderato. Nel primo caso viene modificato `first` per ignorare l'elemento scelto insieme a tutti i suoi predecessori; nel secondo caso viene modificato `last` per ignorare l'elemento scelto insieme a tutti i suoi successori.

Errore frequente Spesso nell'aggiornamento degli indici `first` e `last` si dimentica di escludere anche l'elemento corrispondente a `chosen`, formulando l'aggiornamento come:

```
else if (less(a[chosen], x))
    first=chosen; // ERRORE!
else
    last=chosen; // ERRORE!
```

In questo caso si può verificare facilmente che l'ipotesi che ad ogni iterazione l'algoritmo riduca l'insieme degli elementi utili non sussiste quando `chosen==first` oppure `chosen==last`, e quindi la funzione entra in un ciclo infinito.

Dopo l'aggiornamento di `first` o di `last` la funzione ricalcola il valore di `chosen`, per prepararsi all'iterazione successiva.

Il ciclo può terminare dunque per due ragioni: l'elemento di indice `chosen` è quello desiderato (e in questo caso l'istruzione `return` determina anche l'uscita dalla funzione, oppure si verifica che `first>last`. Quest'ultima condizione indica che l'insieme di elementi da considerare è vuoto, e quindi dopo il termine del `while` c'è un `return` che segnala al chiamante il fallimento della ricerca.

Variazione: ricerca dell'elemento piú vicino

In alcuni casi può essere desiderabile, quando l'elemento desiderato non viene trovato, ottenere dalla funzione di ricerca la posizione in cui l'elemento si sarebbe trovato se fosse stato presente.

Ad esempio questa informazione potrebbe servire per ottenere un elemento che, seppure non uguale, sia abbastanza vicino a quello desiderato; oppure potrebbe essere usata per inserire al posto giusto l'elemento in questione.

Uno dei possibili modi per formalizzare questa variante del problema della ricerca è il seguente: data una sequenza di elementi $a_1, \ldots, a_n$ e un valore x, vogliamo trovare il piú piccolo indice i tale che $equal(a_i, x) \vee greater(a_i, x)$.

Si può facilmente verificare che se la sequenza contiene almeno un elemento che sia *equal* a x, la soluzione trovata è anche una soluzione del problema della ricerca che abbiamo formulato nella sezione 4.1. Nel caso in cui ci siano piú valori equivalenti a x, però, non ci basta avere l'indice di uno qualsiasi di questi elementi, ma vogliamo avere il piú piccolo degli indici.

Si può altrettanto facilmente dimostrare che, se l'elemento x non è presente nella sequenza, l'indice cosí trovato corrisponde alla posizione nella sequenza in cui x dovrebbe essere inserito per mantenere la sequenza in ordine.

C'è una piccola ambiguità in questa formulazione del problema: cosa deve restituire l'algoritmo se tutti gli elementi della sequenza sono strettamente minori di x? Per mantenere la proprietà che l'indice restituito sia l'indice in cui x dovrebbe essere inserito, possiamo specificare che in questo caso il risultato debba essere l'indice dell'ultimo degli elementi della sequenza, aumentato di 1.

Il listato 4.3 mostra una versione modificata dell'algoritmo di ricerca binaria

```
#define NOT_FOUND (-1)
/* Ricerca dicotomica.
 * Restituisce l'indice di un elemento di a che sia equal a x,
 * o un valore negativo se l'elemento non viene trovato.
 * PRE: l'array a e' ordinato rispetto alla relazione less
 */
int binary_search(TInfo a[], int n, TInfo x) {
    int first=0;
    int last=n-1;
    int chosen=(first+last)/2;

    while (first <= last) {
        if (equal(a[chosen], x))
            return chosen;
        else if (less(a[chosen], x))
            first=chosen+1;
        else
            last=chosen-1;
        chosen=(first+last)/2;
    }
    return NOT_FOUND;
}
```

Listato 4.2 Implementazione dell'algoritmo di ricerca dicotomica.

```
/* Ricerca dicotomica dell'elemento piu' vicino.
 * Restituisce l'indice del piu' piccolo elemento di a che sia equal
 * a x, o greater di x; restituisce n se nessun elemento soddisfa
 * questa condizione.
 * PRE: l'array a e' ordinato rispetto alla relazione less
 */
int binary_search_approx(TInfo a[], int n, TInfo x) {
    int first=0;
    int last=n-1;
    int chosen=(first+last)/2;

    while (first <= last) {
        if (less(a[chosen], x))
            first=chosen+1;
        else
            last=chosen-1;
        chosen=(first+last)/2;
    }
    return first;
}
```

Listato 4.3 Implementazione dell'algoritmo di ricerca dicotomica, nella variante che cerca il piú piccolo elemento $\geq x$.

che risolve la variante del problema che stiamo considerando. Ci limiteremo a commentare le differenze rispetto alla versione precedentemente discussa.

Innanzitutto notiamo che nel caso in cui si verifica `equal(a[chosen], x)`, non possiamo piú terminare l'algoritmo e restituire il valore di `chosen`, perché esso potrebbe non essere il piú piccolo degli indici degli elementi $\geq x$. Quindi non trattiamo piú questo caso separatamente nel corpo del ciclo.

Per verificare la correttezza dell'algoritmo, osserviamo che durante lo svolgimento vengono mantenute le seguenti proprietà (invarianti del ciclo):

- tutti gli elementi il cui indice è minore di `first` hanno un valore $< x$;
- tutti gli elementi il cui indice è maggiore di `last` hanno un valore $\geq x$.

Infatti, tali disuguaglianze sono valide banalmente prima di iniziare il ciclo, e il modo in cui vengono aggiornati i valori delle variabili `first` e `last` garantisce che siano valide ad ogni iterazione.

Al termine del `while` deve essere `first>last`. Quindi per la seconda proprietà, o `first` è l'indice di un elemento $\geq x$, oppure è uguale a `n`. D'altra parte, per la prima proprietà nessun elemento di indice minore di `first` può essere $\geq x$, quindi `first` deve essere l'indice del primo elemento $\geq x$, se tale elemento esiste, oppure deve essere uguale a `n`.

Pertanto, `first` è proprio il valore a cui siamo interessati, e viene restituito come risultato della funzione.

Valutazione della complessità

In questa sezione valuteremo la complessità computazionale temporale dell'algoritmo di ricerca binaria rispetto al numero n di elementi dell'array.

Anche in questo caso, la complessità dell'algoritmo dipende dal numero di iterazioni k del ciclo `while`. In particolare, poiché le altre operazioni presenti hanno complessità $\Theta(1)$, possiamo facilmente verificare che

$$T(n) = k \cdot \Theta(1) + \Theta(1)$$

Procediamo dunque a valutare k per il caso migliore, facendo riferimento alla versione dell'algoritmo presentata nel listato 4.2. Il caso migliore è ovviamente quello in cui l'elemento scelto alla prima iterazione è proprio quello desiderato, per cui $k = 1$ e

$$T_{best} = \Theta(1)$$

Valutiamo il numero di iterazioni nel caso peggiore, che è quello in cui l'elemento non viene trovato. A tal fine, indichiamo con n_i il numero di elementi ancora da considerare dopo la i-esima iterazione. Ovviamente, $n_0 = n$. Poiché abbiamo scelto l'elemento da esaminare in modo da dividere a metà l'insieme da considerare nella prossima iterazione, trascurando gli errori dovuti all'arrotondamento possiamo ricavare, per induzione matematica:

$$n_i \approx n_{i-1}/2 \approx n/2^i$$

Perciò il numero massimo di iterazioni si ottiene quando n_i diventa 0, il che significa $2^i > n$. Perciò:

$$k \approx \log_2 n$$

e:

$$T_{worst} = \log_2 n \cdot \Theta(1) + \Theta(1) = \Theta(\log n)$$

Si può dimostrare che anche $T_{average}$ in questo caso è in $\Theta(\log n)$.

Poicé il tempo di esecuzione cresce con il logaritmo di n, l'algoritmo di ricerca dicotomica viene talvolta chiamato anche *ricerca logaritmica*.

4.1.3 Minimo e massimo

Una variazione sul tema della ricerca in un array è la ricerca della posizione dell'elemento minimo o massimo (dove il significato di "minimo" e "massimo" è legato alle funzioni `less` e `greater` introdotte nella sezione 1.1.3).

Sebbene il problema sia superficialmente simile al problema generale della ricerca (si tratta comunque di determinare la posizione di un elemento), la differenza fondamentale è che in questo caso la proprietà che individua l'elemento desiderato è espressa in termini *relativi* e non in termini *assoluti*, ovvero dipende dagli altri elementi dell'array.

Il problema della ricerca del minimo e del massimo diventa ovviamente banale se l'array è ordinato: in tal caso il minimo è l'elemento di indice 0, e il massimo è l'elemento di indice $n-1$. Perciò ora considereremo la ricerca del minimo e del massimo nel caso in cui l'array non sia ordinato.

Il concetto di elemento minimo o massimo dell'array non è definibile nel caso di array vuoto, per cui supporremo che sia una precondizione dell'algoritmo che il numero di elementi sia maggiore di 0.

Struttura dell'algoritmo

Come nel caso della ricerca lineare, l'algoritmo esegue una scansione dell'array. In questo caso però non è possibile terminare la scansione prima di aver esaminato tutti gli elementi.

Esamineremo l'algoritmo in riferimento al problema della ricerca del minimo; dovrebbe risultare semplice modificarlo in modo da trovare la posizione del massimo.

L'algoritmo lavora mantenendo durante la scansione la posizione di un "minimo parziale", che rappresenta il minimo tra tutti gli elementi esaminati fino all'iterazione corrente. Inizialmente si assume come minimo parziale il primo elemento dell'array. Durante la scansione dell'array, l'elemento esaminato viene confrontato con il minimo parziale corrente. Se l'elemento esaminato è minore, diventa il nuovo minimo parziale.

Al termine della scansione dell'array, il minimo parziale rappresenta il minimo dell'intero array, e la sua posizione è il risultato dell'algoritmo.

```
/* Ricerca la posizione del minimo in un array.
 * PRE: n>0
 */
int search_min(TInfo a[], int n) {
    int i, imin;
    imin=0;
    for(i=1; i<n; i++)
        if (less(a[i], a[imin]))
            imin=i;
    return imin;
}
```

Listato 4.4 Ricerca del minimo in un array.

Implementazione dell'algoritmo

Una possibile implementazione della ricerca del minimo è presentata nel listato 4.4. La variabile `imin` è usata per mantenere la posizione del minimo parziale.

Si noti che il ciclo di scansione esamina gli elementi a partire dal secondo (`i` è inizializzata a 1). Dal momento che inizialmente si assume il primo elemento come minimo parziale, sarebbe inutile confrontare questo elemento con se stesso (anche se non cambierebbe il risultato della funzione).

Valutazione della complessità

In questo caso la valutazione della complessità temporale è piuttosto semplice, dal momento che il numero di iterazioni del ciclo è noto (è uguale a $n - 1$). Poiché le altre istruzioni presenti nella funzione sono di complessità $\Theta(1)$, segue che:

$$T(n) = \Theta(n)$$

Questa complessità computazionale vale sia per il caso migliore che per il caso peggiore.

4.1.4 Implementazione degli algoritmi di ricerca in Java

In questa sezione vedremo una possibile implementazione in Java degli algoritmi di ricerca lineare e di ricerca dicotomica descritti nelle sezioni 4.1.1 e 4.1.2.

Poiché in Java tutti i sottoprogrammi devono essere definiti come metodi, definiremo una classe per ciascun algoritmo, in cui è presente un metodo pubblico che attraverso il quale l'algoritmo è utilizzabile dall'esterno. Per rendere gli algoritmi utilizzabili indipendentemente dal tipo base degli array, useremo una classe generica, parametrizzata rispetto al tipo base.

Approfondimento In questa implementazione gli algoritmi sono stati associati a metodi di istanza, in modo da poter utilizzare il polimorfismo. Una soluzione alternativa sarebbe stata quella di definire i metodi come `static`, in modo da non richiedere l'istanziazione di un oggetto prima della invocazione del metodo. Questa scelta è stata seguita dalla libreria standard di Java, che nella classe `java.util.Arrays` contiene il metodo `static binarySearch` che effettua la ricerca dicotomica.

Per utilizzare il polimorfismo del linguaggio Java, cominciamo con il definire un'interfaccia comune ai due algoritmi di ricerca, attraverso l'`interface SearchAlgorithm` illustrata nel listato 4.5. L'interfaccia preved un metodo `search` che ha come parametri l'array e il valore da cercare, e restituisce l'indice dell'elemento in caso di successo, o la costante `NOT_FOUND` in caso di fallimento. Si può osservare che tra i parametri non è necessario specificare il numero di elementi dell'array, in quanto in Java questa informazione è direttamente accessibile usando il campo `length` di una variabile di tipo array.

Approfondimento Si noti che riconducendo la ricerca lineare e la ricerca dicotomica a un'unica interfaccia abbiamo (consapevolmente) commesso un piccolo abuso di generalizzazione: infatti, pur avendo i due algoritmi gli stessi parametri di ingresso e di uscita, la ricerca dicotomica ha una precondizione in piú (sull'ordinamento dell'array).

Piú correttamente avremmo dovuto definire un'interfaccia `SortedSearchAlgorithm` per gli algoritmi di ricerca che richiedono un'array ordinato, e un'interfaccia `SearchAlgorithm` da essa derivata (in quanto un algoritmo che non richiede l'ordinamento funziona comunque anche su un array ordinato) per gli altri algoritmi.

Abbiamo per semplicità preferito ignorare il problema, lasciando quindi all'utilizzatore delle classi la responsabilità di assicurarsi che la ricerca dicotomica venga applicata solo ad array ordinati, in maniera analoga a quanto avviene già per altre classi della libreria standard di Java.

Il listato 4.6 presenta una implementazione in Java dell'algoritmo di ricerca lineare. L'algoritmo ha la stessa struttura dell'implementazione in C. Si noti che è stato utilizzato il metodo `equals` (definito nella classe Object e quindi utilizzabile per gli oggetti di ogni classe) per confrontare l'elemento corrente con il valore cercato.

Il listato 4.7 presenta una implementazione in Java dell'algoritmo di ricerca dicotomica. Si noti che in questo caso abbiamo specificato nella dichiarazione della classe che il tipo `T` degli elementi dell'array deve implementare l'interfaccia `Comparable`, in quanto è richiesta una relazione d'ordine tra gli elementi.

La struttura dell'algoritmo è analoga a quella già vista per l'implementazione in C. Si noti che il confronto viene effettuato usando il metodo `compareTo`, definito nell'interfaccia `Comparable`. Il risultato del confronto viene salvato nella variabile `comparison`, in modo da poter verificare prima se l'elemento scelto è uguale al valore cercato (`comparison==0`) e in caso negativo, se l'elemento scelto è minore (`comparison<0`) senza dover ripetere il confronto.

Un esempio di frammento di codice che usa uno dei due algoritmi di ricerca per cercare un valore in un array di `Integer` è il seguente:

```
SearchAlgorithm<Integer> alg=new LinearSearch<Integer>();
int res=alg.search(array, value);
if (res==alg.NOT_FOUND)
    System.out.println("Non trovato!");
```

4.2 Problema dell'ordinamento

In molti problemi occorre manipolare collezioni di elementi dello stesso tipo; alcune delle operazioni che tipicamente vengono svolte su tali collezioni risultano piú semplici se gli elementi della collezione sono disposti in ordine secondo un criterio di ordinamento opportunamente stabilito.

Si pensi all'esempio classico del dizionario: è facile trovare la definizione di una parola grazie al fatto che le definizioni sono riportate in ordine alfabetico (usando ad esempio la ricerca binaria presentata nella sezione 4.1.2). Un altro esempio

```java
package algorithms;

public interface SearchAlgorithm<T> {
    int NOT_FOUND=-1;
    /**
     * Cerca un elemento che sia uguale a value nell'array a.
     * @return l'indice dell'elemento se esiste; altrimenti
     *         la costante NOT_FOUND
     */
    int search(T a[], T value);
}
```

Listato 4.5 L'Interfaccia **SearchAlgorithm** comune a tutti gli algoritmi di ricerca.

```java
package algorithms;

public class LinearSearch<T> implements SearchAlgorithm<T> {
    public int search(T a[], T value) {
        int i;
        for(i=0; i<a.length && !a[i].equals(value); i++)
            ;
        if (i<a.length)
            return i;
        else
            return NOT_FOUND;
    }
}
```

Listato 4.6 Implementazione in Java della ricerca lineare.

potrebbe essere il confronto tra due elenchi per individuare gli elementi comuni: tale operazione risulta piú semplice se i due elenchi sono ordinati in base allo stesso criterio.

Il problema dell'*ordinamento* (in inglese: *sorting*), in termini informali, consiste quindi nel disporre in ordine secondo un opportuno criterio una sequenza di elementi che inizialmente non rispetta tale criterio.

Definizione Formalmente, se facciamo riferimento alle definizioni introdotte nella sezione 1.1, e utilizziamo per comodità la notazione $a \preceq b$ per indicare la condizione $less(a,b) \vee equal(a,b)$, possiamo formalizzare il problema come segue. Si definisce *ordinamento* di una sequenza $x_1, \ldots, x_n$ la determinazione di una permutazione $p(1), \ldots, p(n)$ degli indici $1, \ldots, n$ tale che:

$$x_{p(1)} \preceq x_{p(2)} \preceq \cdots \preceq x_{p(n)}$$

In altre parole, vogliamo riordinare la sequenza in modo tale che per ogni coppia di elementi adiacenti valga la relazione *less* o la relazione *equal*.

Esempio Supponiamo che gli elementi da rappresentare siano interi, e le funzioni *equal*, *less* e *greater* siano definite in accordo agli operatori <, == e > (come illustrato nel listato 1.2). Se la nostra sequenza è:

$$x_1 = 10, x_2 = 7, x_3 = 42, x_4 = 7, x_5 = 4$$

allora una soluzione al problema dell'ordinamento è la permutazione:

$$p(1) = 5, p(2) = 2, p(3) = 4, p(4) = 1, p(5) = 3$$

Infatti, disponendo gli elementi della sequenza secondo questa permutazione abbiamo la sequenza ordinata:

$$x_{p(1)} \leq x_{p(2)} \leq x_{p(3)} \leq x_{p(4)} \leq x_{p(5)}$$

ovvero:

$$4 \leq 7 \leq 7 \leq 10 \leq 42$$

Nella definizione formale del problema sono volutamente omessi tutti i riferimenti alla struttura dati utilizzata per mantenere la sequenza di elementi e al modo in cui essa viene gestita durante l'operazione di ordinamento. A seconda dei vincoli che l'applicazione impone su questi aspetti possiamo distinguere diverse varianti del problema dell'ordinamento.

Definizione Una prima distinzione dipende da quale dispositivo viene usato per mantenere la sequenza di elementi: si parla di *ordinamento interno* (*internal sorting*) se la sequenza è interamente contenuta in memoria centrale, e di *ordinamento esterno* (*external sorting*) se la sequenza è (almeno in parte) contenuta in un file.

Ovviamente l'ordinamento interno è piú semplice ed efficiente in termini di tempo, ma in alcuni casi (sempre piú rari grazie alla continua crescita della RAM disponibile) risulta necessario l'ordinamento esterno. In questo libro affronteremo esclusivamente il problema dell'ordinamento interno; anche se gli algoritmi per l'ordinamento esterno sono simili a quelli qui presentati, sono necessarie delle modifiche per tenere conto del diverso costo computazionale che alcune operazioni hanno passando dalla memoria centrale all'uso di file.

Definizione Una seconda distinzione riguarda l'uso di memoria addizionale durante l'ordinamento: negli algoritmi di *ordinamento sul posto* (*in-place sorting*), la sequenza ordinata sostituisce la sequenza iniziale, occupando la medesima struttura dati e utilizzando al piú strutture dati aggiuntive la cui occupazione di memoria sia $O(\log n)$. Negli algoritmi di *ordinamento non sul posto* (*out-of-place sorting*) invece è richiesta la creazione di altre strutture dati per memorizzare temporaneamente la sequenza, la cui occupazione di memoria è $\Omega(n)$.

```
package algorithms;

public class BinarySearch<T extends Comparable<T>>
        implements SearchAlgorithm<T> {
    /** PRE: l'array e' ordinato
     */
    public int search(T a[], T value) {
        int first=0;
        int last=a.length-1;
        int chosen, comparison;

        while (first<=last) {
            chosen=(first+last)/2;
            comparison=a[chosen].compareTo(value);
            if (comparison==0)
                return chosen;
            else if (comparison<0)
                first=chosen+1;
            else
                last=chosen-1;
        }
        return NOT_FOUND;
    }
}
```

Listato 4.7 Implementazione in Java della ricerca dicotomica.

Tipicamente per l'ordinamento interno sono preferibili algoritmi sul posto, mentre per l'ordinamento esterno sono preferibili algoritmi non sul posto.

USO DI MEMORIA ADDIZIONALE PER L'ORDINAMENTO

Nella definizione di ordinamento sul posto abbiamo specificato che l'algoritmo possa utilizzare eventualmente strutture dati addizionali che abbiano una complessità spaziale non superiore a $O(n)$.
Questa precisazione è necessaria per poter considerare "sul posto" anche algoritmi che pur non utilizzando un altro array, lavorano in maniera ricorsiva, come il *Quick Sort* presentato nella sezione 4.2.5.
Infatti, per un algoritmo ricorsivo, la complessità spaziale deve anche tener conto dei record di attivazione che devono essere allocati per gestire ciascuna istanza della ricorsione, che possono essere considerati equivalenti a una struttura dati addizionale.

Un'altra distinzione riguarda il posizionamento nella sequenza ordinata dei dati che soddisfano la relazione *equal*. Si può facilmente verificare che nella definizione generale del problema di ordinamento, se due dati a e b soddisfano $equal(a, b)$, è indifferente quale dei due preceda l'altro nella sequenza finale. Ricordiamo però che $equal(a, b)$ non significa necessariamente che a e b sono uguali; potrebbero essere semplicemente equivalenti rispetto al criterio di ordinamento. In alcuni casi può essere utile ai fini dell'applicazione garantire che l'ordine iniziale di elementi equivalenti tra loro venga mantenuto.

Definizione Si parla quindi di *ordinamento stabile* (*stable sorting*) quando si aggiunge il vincolo che nella sequenza finale gli elementi equivalenti mantengano lo stesso ordine relativo. Formalmente:

$$i < j \vee equal(x_i, x_j) \Rightarrow p(i) < p(j)$$

Definizione Infine un'ultima distinzione riguarda il tipo di informazioni su cui si basa l'algoritmo di ordinamento. Si parla di *ordinamento per confronti* (*comparison sort*) se l'algoritmo confronta coppie di elementi e prende delle decisioni in base all'esito di ciascun confronto.

Sebbene questo approccio (che peraltro è il piú intuitivo) sia il piú diffuso e il piú generalmente applicabile, non è l'unica possibilità: alcuni algoritmi esaminano un singolo elemento per volta, sfruttando proprietà specifiche della rappresentazione degli elementi stessi. In questo volume affronteremo esclusivamente algoritmi di ordinamento per confronti, anche se, come dimostreremo nella sezione 4.2.6, esiste un limite inferiore alla complessità computazionale temporale per questa classe di algoritmi che non vale per gli algoritmi che non si basano sui confronti. Quindi questi ultimi, nei casi in cui sono applicabili, potrebbero essere piú efficienti.

Per quanto riguarda la struttura dati utilizzata per la sequenza di elementi da ordinare, in questo capitolo faremo esclusivamente riferimento al caso in cui gli elementi siano contenuti in un array. Successivamente, quando nel capitolo 6 verranno introdotte le liste concatenate, discuteremo il problema dell'ordinamento in relazione a tali strutture dati.

4.2.1 Selection Sort

L'algoritmo di *ordinamento per selezione*, o *Selection Sort*, è basato su un'idea abbastanza semplice e intuitiva: l'algoritmo cerca il minimo dell'array di partenza, e lo posiziona nella prima posizione dell'array ordinato. Quindi sceglie il minimo tra elementi rimanenti, e lo posiziona nella seconda posizione dell'array ordinato, e cosí via.

Questo algoritmo risulta estremamente semplice da implementare e da analizzare, anche se la sua complessità computazionale lo rende utilizzabile in pratica solo per array molto piccoli.

Struttura dell'algoritmo

L'algoritmo procede attraverso un ciclo durante il quale la variabile di ciclo i rappresenta il numero di elementi che sono già sicuramente nella posizione corretta. In altre parole, i primi i elementi dell'array sono già ordinati, e non dovranno piú essere spostati.

Inizialmente, i è uguale a 0, in quanto anche se alcuni elementi potrebbero già essere nella posizione giusta, l'algoritmo non è in grado di dimostrarlo.

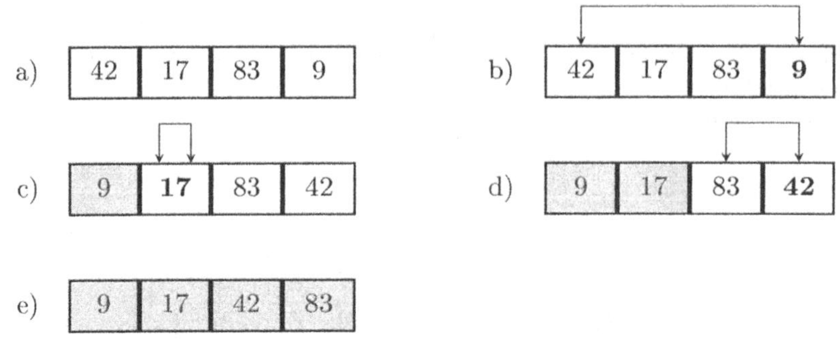

Figura 4.2 Svolgimento dell'algoritmo di ordinamento per selezione. Le celle in grigio rappresentano la parte già ordinata dell'array. a) L'array iniziale. b) Nella prima iterazione, il minimo è il 9, e viene scambiato con il 42. c) Nella seconda iterazione, il minimo è il 17, e rimane nella stessa posizione. d) Nella terza iterazione, il minimo è il 42, e viene scambiato con l'83. e) Al termine della terza iterazione, l'array è ordinato.

Ad ogni iterazione, viene scelto il prossimo elemento da sistemare nella posizione corretta. In particolare, se con n indichiamo il numero di elementi dell'array, l'elemento scelto sarà il minimo tra gli $n-i$ elementi ancora da ordinare. Per individuare tale minimo possiamo utilizzare l'algoritmo presentato nella sezione 4.1.3. Questo elemento dovrà essere posizionato subito dopo gli i elementi già ordinati.

Poiché l'algoritmo deve effettuare l'ordinamento sul posto, è necessario sistemare altrove l'elemento che occupa la nuova posizione del minimo. Per questo motivo si effettua uno scambio di posizione (*swap*) tra il minimo trovato e l'elemento che si trova subito dopo la parte ordinata dell'array.

Le iterazioni procedono in questo modo fino a che i primi $n-1$ elementi sono in ordine; a questo punto sarà automaticamente in ordine anche l'elemento n-esimo, e quindi l'algoritmo può evitare un'ultima iterazione che sarebbe banale.

Un esempio di svolgimento dell'algoritmo è illustrato in figura 4.2.

Implementazione dell'algoritmo

Una possibile implementazione dell'algoritmo è riportata nel listato 4.9. In questa implementazione supporremo di utilizzare la funzione `swap` definita nel listato 4.8, e la funzione `search_min` definita nel listato 4.4 (si veda l'esercizio 4.7 per un'implementazione che non utilizza `search_min`).

La funzione contiene un ciclo `for`, in cui la variabile `i` rappresenta il numero di elementi che costituiscono la parte già ordinata dell'array. Come abbiamo già detto, il ciclo ha bisogno di effettuare solo `n-1` iterazioni.

La prima istruzione del corpo del ciclo richiama la funzione `search_min` per conoscere la posizione del minimo della parte non ordinata dell'array. In riferimento a questa istruzione ci sono alcuni punti da notare:

- abbiamo usato come primo parametro effettivo della funzione l'espressione `a+i`, che rappresenta il puntatore all'elemento di indice `i` dell'array; infatti

```
/* Scambia i valori di due informazioni
 */
void swap(TInfo *a, TInfo *b) {
    TInfo temp=*a;
    *a=*b;
    *b=temp;
}
```

Listato 4.8 La funzione `swap`, usata per scambiare i valori di due elementi di tipo `TInfo`.

```
/* Ordina l'array a con l'algoritmo di ordinamento per selezione
 */
void selection_sort(TInfo a[], int n) {
    int i, imin;
    for(i=0; i<n-1; i++) {
        imin=i+search_min(a+i, n-i);
        if (imin!=i)
            swap(&a[i], &a[imin]);
    }
}
```

Listato 4.9 Una implementazione dell'algoritmo Select Sort; la funzione `search_min` è definita nel listato 4.4.

vogliamo calcolare il minimo della sola parte non ordinata dell'array, che comincia dopo i primi `i` elementi (che costituiscono la parte già ordinata): per questo passiamo l'indirizzo del primo elemento della parte non ordinata;

- il secondo parametro effettivo passato alla funzione è `n-i`, che rappresenta il numero di elementi nella parte non ordinata;
- la funzione restituisce un indice relativo alla sola parte non ordinata dell'array (che è quella che ha ricevuto attraverso i parametri); quindi per ottenere l'indice del minimo rispetto all'array intero dobbiamo aggiungere `i`, che è il numero di elementi della parte ordinata.

Ottenuto nella variabile `imin` l'indice del minimo della parte non ordinata, la funzione deve posizionare il minimo in coda alla parte ordinata dell'array, e quindi nell'elemento di indice `i`. Per questo motivo viene utilizzata la funzione `swap` passando gli indirizzi degli elementi `a[i]` e `a[imin]`.

Osservazione L'algoritmo di ordinamento per selezione produce un ordinamento stabile se la funzione `search_min`, nel caso di piú elementi equivalenti (nel senso di `equal`) seleziona quello con il minimo indice (come avviene nell'implementazione presentata nel listato 4.4).

Valutazione della complessità

Per valutare la complessità temporale dell'algoritmo, dobbiamo innanzitutto valutare la complessità di ciascuna iterazione del ciclo. Indicando con $T^i(n)$ la complessità di una singola iterazione del ciclo in funzione della variabile di ciclo i e del numero di elementi dell'array, abbiamo ovviamente:

$$T(n) = \sum_{i=0}^{n-2} T^i(n)$$

Ora, ricordando che la complessità di `search_min` applicata a un array di n elementi è $\Theta(n)$, e considerando che in questo caso nella generica iterazione del ciclo la `search_min` viene applicata a un array di $n-i$ elementi, possiamo ottenere:

$$T^i(n) = \Theta(n-i) + \Theta(1) = \Theta(n-i)$$

Quindi possiamo dedurre che:

$$T(n) = \sum_{i=0}^{n-2} \Theta(n-i) = \Theta(\sum_{i=0}^{n-2}(n-i))$$

ovvero, utilizzando la sommatoria di una progressione aritmetica,

$$T(n) = \Theta((n-1) \cdot (n+2)/2) = \Theta(n^2)$$

Quindi l'algoritmo ha complessità quadratica rispetto al numero di elementi dell'array. Si noti che il numero di operazioni non dipende dall'ordine degli elementi, e quindi questa complessità vale sia per il caso peggiore che per il caso migliore. Dunque l'algoritmo non migliora il suo tempo di esecuzione se l'array è "quasi" ordinato.

Approfondimento Si noti che anche se il numero di operazioni è $\Theta(n^2)$, le operazioni di scrittura (effettuate all'interno di `swap`) sono solo $\Theta(n)$, in quanto viene effettuato un numero costante di operazioni di scrittura a ogni iterazione del ciclo. Questo fatto potrebbe rendere accettabili le prestazioni dell'algoritmo di selection sort quando il tempo di scrittura del dispositivo in cui è memorizzato l'array è significativamente piú grande del tempo di lettura (come accade, ad esempio, nelle memoria flash) e, per il valore di n utilizzato dall'applicazione, costituisce la parte piú significativa del tempo necessario all'ordinamento.

4.2.2 Insertion Sort

L'algoritmo di *ordinamento per inserimenti successivi*, o *Insertion sort*, si basa sulla riduzione dell'ordinamento a un problema piú semplice: l'*inserimento in ordine*.

Il problema dell'inserimento in ordine può essere formulato come segue: data una sequenza già ordinata di n elementi, $a_0, \ldots, a_{n-1}$ e un nuovo valore x, vogliamo ottenere una nuova sequenza, anch'essa ordinata, di $n+1$ elementi, $a'_0, \ldots, a'_n$, che contenga tutti gli elementi della sequenza iniziale insieme a x.

Una volta trovata una soluzione per questo problema, è semplice utilizzarla per ordinare un array completamente non ordinato: è sufficiente prelevare uno alla volta gli elementi dell'array e inserirli in un nuovo array (inizialmente vuoto) utilizzando l'inserimento in ordine. Poiché l'array vuoto è banalmente ordinato, e l'inserimento in ordine produce un array ordinato se applicato a un array di partenza ordinato, è facile verificare che al termine degli inserimenti otterremo nel nuovo array una versione ordinata dell'intero array di partenza.

Nel seguito vedremo come si realizza l'inserimento in ordine, e come l'algoritmo di Insertion Sort può essere effettuato *sul posto*, senza dover ricorrere a un altro array.

Struttura dell'algoritmo

Cominciamo a esaminare il problema dell'inserimento in ordine. Se indichiamo con $a_0, \ldots, a_{n-1}$ l'array iniziale già ordinato e con x l'elemento da inserire, l'algoritmo può essere formulato come segue:

1. trova l'indice i della posizione in cui inserire x;
2. sposta in avanti gli elementi di indice $i, \ldots, n$ in modo da poter inserire x senza perdere informazioni già presenti nell'array;
3. inserisci x nella posizione i dell'array.

Per quanto riguarda il passo 1, l'indice i della posizione in cui inserire x è il piú piccolo indice tale che $greater(a_i, x)$. Se nessun elemento della sequenza soddisfa la relazione $greater(a_i, x)$, allora x deve essere inserito come ultimo elemento nella sequenza modificata, ovvero $i = n$.

Tale indice può essere determinato utilizzando una versione della ricerca lineare (vedi sezione 4.1.1), modificata in modo tale che la condizione che l'elemento desiderato deve rispettare sia che il suo valore soddisfi la relazione $greater(a_i, x)$ invece di $equal(a_i, x)$. In alternativa è possibile modificare l'algoritmo di ricerca binaria dell'elemento piú vicino, presentato nel listato 4.3 (vedi esercizio 4.8).

Una volta individuato l'indice di inserimento i, tutti gli elementi che hanno un indice minore di i rimangono nella stessa posizione. Invece gli elementi di indice maggiore o uguale di i devono essere spostati nella posizione successiva, in modo da poter inserire x nella posizione i senza perdere informazioni precedenti. Questo spostamento dovrà essere effettuato partendo dal fondo della sequenza: l'elemento di posizione $n-1$ dovrà occupare la posizione n, l'elemento di posizione $n-2$ dovrà occupare la posizione $n-1$ e cosí via, fino all'elemento di posizione i che occuperà la posizione $i+1$.

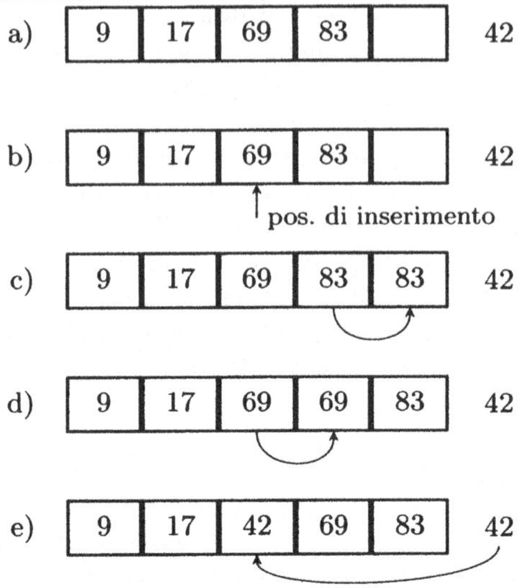

Figura 4.3 Svolgimento dell'algoritmo di inserimento in ordine. a) l'array iniziale e l'elemento da inserire; b) determinazione della posizione di inserimento; c) viene spostato l'ultimo elemento; d) viene spostato il penultimo elemento; e) a questo punto è possibile inserire il nuovo valore nella posizione di inserimento.

Errore frequente Se lo spostamento degli elementi viene fatto partendo dall'indice i anziché da $n - 1$, lo spostamento dell'elemento di indice i nella posizione $i + 1$ sovrascrive il valore precedente dell'elemento di indice $i + 1$ prima che questo sia stato copiato nella posizione $i + 2$, determinando la perdita dell'informazione. Lo stesso vale per gli elementi successivi: alla fine, tutti gli elementi saranno stati sovrascritti da a_i.

Un esempio di svolgimento dell'algoritmo di inserimento in ordine è illustrato nella figura 4.3.

Una volta realizzato l'inserimento in ordine è relativamente semplice effettuare l'ordinamento di un intero array. L'unico aspetto delicato è gestire la struttura dati in modo tale da non aver bisogno di un secondo array di appoggio.

L'algoritmo di ordinamento procede iterativamente, mantenendo ad ogni passo una parte dell'array ordinata e una parte ancora da ordinare. In particolare, la parte ordinata viene mantenuta nella porzione iniziale dell'array, mentre la parte non ordinata è nella porzione finale.

Inizialmente l'algoritmo usa come parte ordinata il primo elemento dell'array (dal momento che una sequenza di un solo elemento è banalmente ordinata).

In generale, all'iterazione i-esima, avremo che i primi i elementi dell'array $a_0, \ldots, a_{i-1}$ costituiscono la parte ordinata, mentre gli elementi $a_i, \ldots, a_{n-1}$ co-

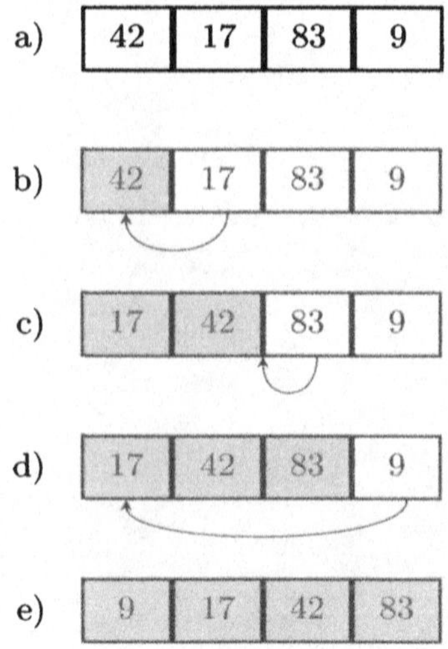

Figura 4.4 Svolgimento dell'algoritmo di Insertion Sort. Le celle in grigio rappresentano la parte già ordinata dell'array. a) l'array iniziale; b) al passo 1, l'elemento 17 viene inserito nella posizione dell'elemento 42; c) al passo 2, l'elemento 83 viene inserito nella posizione finale della parte già ordinata; d) al passo 3, l'elemento 9 viene inserito nella posizione dell'elemento 17; e) alla fine del passo 3 l'array è ordinato.

stituiscono la parte ancora da ordinare. L'algoritmo quindi prende l'elemento a_i (il primo della parte da ordinare) e lo inserisce usando l'inserimento in ordine nella parte ordinata. Al termine dell'inserimento, avremo che la parte ordinata è costituita dagli $i + 1$ elementi $a_0, \ldots, a_i$.

Errore frequente È necessario assicurarsi che l'algoritmo mantenga una *copia* del valore a_i da inserire nella parte ordinata all'i-esima iterazione. Infatti, l'algoritmo di inserimento in ordine assume che l'elemento dell'array successivo all'ultimo elemento usato sia libero, e copia in questa posizione l'ultimo elemento durante lo spostamento in avanti. Quindi, se non venisse effettuata una copia di a_i, questo elemento sarebbe sovrascritto da a_{i-1} prima di essere effettivamente inserito nella parte ordinata dell'array.

L'algoritmo termina dopo l'inserimento dell'ultimo elemento a_{n-1} nella parte ordinata; a questo punto la parte ordinata copre l'intero array, ovvero l'array è completamente ordinato.

La figura 4.4 illustra un esempio dello svolgimento dell'algoritmo.

```
/* Inserisce un elemento in un array gia' ordinato
 * in modo da mantenere l'ordinamento.
 * PRE: - l'array a e' ordinato secondo la funzione less
 *      - l'array e' dimensionato in modo da poter contenere
 *        almeno n+1 elementi
 */
void insert_in_order(TInfo a[], int n, TInfo x) {
    int pos, i;

    /* Cerca la posizione di inserimento */
    for(pos=n; pos>0 && greater(a[pos-1], x); pos--)
        ;

    /* Sposta in avanti gli elementi successivi */
    for(i=n-1; i>=pos; i--)
        a[i+1]=a[i];

    /* Inserisce l'elemento */
    a[pos]=x;
}
```

Listato 4.10 La funzione `insert_in_order`.

```
/* Ordinamento per inserimenti successivi
 */
void insertion_sort(TInfo a[], int n) {
    int i;
    for(i=1; i<n; i++)
        insert_in_order(a, i, a[i]);
}
```

Listato 4.11 Implementazione dell'algoritmo di Insertion Sort.

Implementazione dell'algoritmo

Il listato 4.10 mostra una possibile implementazione della funzione `insert_in_order`. Il primo ciclo `for` esegue la ricerca della posizione di inserimento utilizzando una versione modificata dell'algoritmo di ricerca lineare.

Si noti che introduciamo una variazione rispetto al modo piú semplice di effettuare questa ricerca: anziché cercare l'indice del primo elemento che sia maggiore di `x`, definiamo la posizione di inserimento come quella immediatamente successiva all'ultimo elemento che sia minore o uguale a `x`. È facile verificare che questa nuova definizione è equivalente alla precedente dal punto di vista del risultato; tuttavia formulare la ricerca in accordo a questa definizione ha un impatto sulla complessità computazionale dell'algoritmo, come sarà evidente quando discuteremo di questo argomento.

Dal momento che ci interessa l'ultimo elemento a rispettare una certa proprietà, è conveniente effettuare la ricerca partendo dall'ultimo elemento (come suggerito nell'esercizio 4.2) e tornando indietro a ogni iterazione.

La variabile pos rappresenta l'indice dell'elemento successivo a quello che stiamo controllando, quindi pos è inizializzata al valore di `n`, dal momento che il primo elemento che esamineremo sarà quello di indice `n-1`.

Il ciclo deve terminare se non ci sono altri elementi da esaminare (e quindi pos è uguale a 0) oppure l'elemento correntemente esaminato non è minore o uguale a `x`. Quindi la condizione di continuazione del ciclo è che `pos>0` e l'elemento esaminato è maggiore di `x`.

Si noti che se nessun elemento dell'array è minore o uguale di `x`, il ciclo termina correttamente quando `pos` assume il valore 0. Analogamente, se nessun elemento dell'array è maggiore di `x`, il ciclo non viene mai eseguito, e quindi `pos` ha il valore di `n`. Quindi in ogni caso, al termine del ciclo, `pos` rappresenta la corretta posizione di inserimento.

Il secondo ciclo `for` sposta in avanti gli elementi che si trovano in corrispondenza dell'indice `pos` e successivi. Come già detto, lo spostamento viene effettuato partendo dall'ultimo elemento e tornando indietro. Infine, l'elemento `x` viene inserito in corrispondenza dell'indice `pos`.

Il listato 4.11 mostra una possibile implementazione dell'algoritmo di Insertion Sort. Il sottoprogramma è abbastanza semplice (dal momento che buona parte del lavoro viene svolto da `insert_in_order`), tuttavia vi sono alcuni punti che occorre sottolineare.

Innanzitutto notiamo gli estremi del ciclo sulla variabile `i`: tale variabile rappresenta il numero di elementi che compongono la parte già ordinata dell'array, quindi vale 1 alla prima iterazione, e il ciclo termina quando essa raggiunge il valore di `n`.

Nella chiamata alla funzione `insert_in_order` il secondo parametro effettivo deve rappresentare il numero di elementi dell'array in cui vogliamo effettuare l'inserimento. Poiché noi stiamo effettuando l'inserimento nella parte ordinata dell'array, dobbiamo passare come parametro `i` (e non `n`, che è il numero di elementi dell'intero array).

Infine ricordiamo che abbiamo precedentemente fatto notare che l'algoritmo deve mantenere una copia del valore da inserire (in questo caso `a[i]`). Nell'implementazione proposta la copia è implicita nel fatto che il parametro `x` della funzione `insert_in_order` è passato per valore, e quindi non abbiamo bisogno di effettuare esplicitamente una copia.

Errore frequente Se utilizziamo il passaggio per riferimento per il parametro `x` di `insert_in_order` (ad esempio perché il linguaggio di programmazione in cui stiamo implementando l'algoritmo non supporta il passaggio per valore), non dobbiamo dimenticare di effettuare una copia di `a[i]` in una variabile di appoggio esterna all'array, e usare tale variabile come parametro effettivo nella chiamata a `insert_in_order`.

Osservazione L'algoritmo Insertion Sort produce un ordinamento stabile se la funzione `insert_in_order` garantisce che il valore da inserire `x` venga posizionato dopo gli eventuali elementi equivalenti ad esso (nel senso di `equal`) già presenti nell'array. Si può facilmente verificare che questa condizione sussiste per l'implementazione di `insert_in_order` presentata nel listato 4.10.

Valutazione della complessità

Cominciamo con la valutazione dell'inserimento in ordine. Se indichiamo con n il numero di elementi dell'array e con p la posizione di inserimento, allora è facile verificare che il corpo primo ciclo dell'implementazione presente nel listato 4.10 viene eseguito $n-p$ volte; analogamente, anche il corpo del secondo ciclo viene eseguito $n-p$ volte. Considerando che il corpo di entrambi i cicli ha una complessità che è $\Theta(1)$ ne consegue che la complessità della funzione è:

$$T(n) = (n-p) \cdot \Theta(1) + (n-p) \cdot \Theta(1) = \Theta(n-p)$$

Ovviamente, il caso migliore è quello in cui l'elemento debba essere inserito in coda all'array (e quindi $p = n$), mentre il caso peggiore è quello in cui l'elemento deve essere inserito in testa (e quindi $p = 0$). Ne consegue che:

$$T_{best}(n) = \Theta(1)$$

e

$$T_{worst}(n) = \Theta(n)$$

Si può dimostrare che nel caso medio la complessità computazionale è ancora $\Theta(n)$.

Osservazione Se avessimo implementato la funzione `insert_in_order` in modo da effetturare la ricerca della posizione di inserimento partendo dal primo elemento anziché dall'ultimo, il numero di iterazioni del primo ciclo sarebbe stato p anziché $n-p$. Per conseguenza avremmo avuto anche $T_{best}(n) = \Theta(n)$. Ecco perché abbiamo realizzato il ciclo di ricerca come è stato presentato nel listato 4.10.

Passiamo ora alla valutazione dell'Insertion Sort. Il ciclo viene eseguito per $i = 1, 2, \ldots, n-1$. Poiché il corpo del ciclo contiene una invocazione di `insert_in_order` su un array di i elementi, la sua complessità è $\theta(1)$ nel caso migliore e $\Theta(i)$ nei casi medio e peggiore. Quindi:

$$T_{best}(n) = \sum_{i=1}^{n-1} \Theta(1) = (n-1) \cdot \Theta(1) = \Theta(n)$$

$$T_{worst}(n) = T_{average}(n) = \sum_{i=1}^{n-1} \Theta(i) = \Theta(n \cdot (n-1)/2) = \Theta(n^2)$$

Si noti che il caso migliore si ottiene quando ad ogni inserimento l'elemento da inserire sia piú grande di quelli già presenti nella parte ordinata dell'array, e quindi quando l'array di partenza è già ordinato. L'algoritmo risulta comunque piuttosto efficiente anche quando l'array è "quasi ordinato", ovvero il numero di elementi fuori posto è piccolo e indipendente da n.

4.2.3 Bubble Sort

Mentre gli algoritmi di ordinamento presentati sinora risultano estremamente intuitivi, l'algoritmo illustrato in questa sezione, pur essendo estremamente semplice da realizzare, non è di comprensione altrettanto immediata: in particolare vedremo che non è banale dimostrare che tale algoritmo produce un array ordinato in un numero limitato di passi.

L'algoritmo di cui ci occuperemo prende il nome di *ordinamento a bolle* o *Bubble Sort*. Il nome deriva dalla metafora che ha ispirato l'algoritmo: come le bollicine di anidride carbonica all'interno di una bevanda gasata vengono spinte verso l'alto perché hanno un peso specifico minore del liquido che le circonda (per il principio di Archimede), cosí l'algoritmo sposta verso la fine dell'array gli elementi che hanno un valore piú alto di quelli adiacenti, finché l'array è ordinato.

Nella prossima sezione descriveremo piú in dettaglio la struttura dell'algoritmo e dimostreremo che c'è un limite superiore al numero di passi che esso deve compiere prima che l'array risulti ordinato.

Struttura dell'algoritmo

Nella sua formulazione piú semplice, l'algoritmo esamina in ordine tutte le coppie di elementi dell'array:

$$(a_0, a_1); (a_1, a_2); \ldots ; (a_i, a_{i+1}); \ldots ; (a_{n-2}, a_{n-1})$$

Se nell'esaminare la coppia (a_i, a_{i+1}) si riscontra che vale la relazione $greater(a_i, a_{i+1})$, e quindi la coppia non è localmente ordinata, allora l'algoritmo scambia di posto a_i e a_{i+1} prima di passare alla coppia successiva.

Se nessuna delle coppie è fuori ordine vuol dire che l'array è già ordinato, e l'algoritmo termina. Altrimenti, se è stata trovata almeno una coppia di elementi adiacenti localmente fuori ordine, al termine dell'esame di tutte le coppie l'algoritmo ricomincia da capo.

Possiamo descrivere l'algoritmo un po' piú formalmente come segue:

1. esamina le coppie di elementi (a_i, a_{i+1}) per ogni i da 0 a $n-2$; se $a_i > a_{i+1}$, scambia di posto a_i e a_{i+1};

2. se al passo 1 non è stato fatto nessuno scambio, l'array è ordinato e l'algoritmo termina; altrimenti ricomincia dal passo 1.

La figura 4.5 illustra un esempio di esecuzione dell'algoritmo.

Procediamo ora a verificare che questo algoritmo ci consente di ordinare un array in un numero finito di passi. Innanzitutto possiamo facilmente dimostrare che quando l'algoritmo termina l'array è ordinato: infatti, se l'array non fosse ordinato dovrebbe esistere almeno una coppia (a_i, a_{i+1}) tale che $greater(a_i, a_{i+1})$ sia verificata; in tal caso l'algoritmo durante la scansione dell'array procederebbe a scambiare i due elementi della coppia, e quindi, in base al passo 2, dovrebbe eseguire una nuova scansione anziché terminare. Perciò è sufficiente dimostrare che l'algoritmo termina in un numero finito di passi.

Per dimostrarlo occorre prima dimostrare un'altra proprietà dell'algoritmo: dopo aver completato k scansioni dell'array, i k elementi piú grandi (secondo la relazione `greater`) dell'array occupano le posizioni $a_{n-k}, \ldots, a_{n-1}$ e sono ordinati.

Approfondimento Possiamo dimostrare questa proprietà per induzione matematica: verifichiamo innanzitutto che valga per $k = 1$, e quindi che se vale per un generico k deve valere anche per $k + 1$.

Per semplicità effettueremo la dimostrazione nell'ipotesi aggiuntiva che tutti gli elementi siano distinti; non è difficile estendere la dimostrazione al caso in cui possano esserci elementi tra loro equivalenti nel senso di `equal`.

Verifichiamo il caso $k = 1$. Supponiamo che sia j l'indice iniziale dell'elemento piú grande dell'array. Durante la prima scansione, quando l'algoritmo arriverà a esaminare la coppia (a_j, a_{j+1}), troverà necessariamente che $a_j > a_{j+1}$, e quindi scambierà i due elementi. A questo punto l'elemento a_{j+1} conterrà il massimo dell'array. Nel confronto tra a_{j+1} e a_{j+2} quindi ci sarà di nuovo uno scambio, e questo si verificherà per ogni coppia successiva fino alla fine dell'array. Quindi, al termine della prima scansione completa, il massimo dell'array sarà nell'elemento a_{n-1}, e dunque il caso $k = 1$ verifica la proprietà che stiamo dimostrando.

Adesso assumiamo come ipotesi di induzione che la proprietà sia verificata per un generico $k \geq 1$, e cerchiamo di dimostrarla per $k + 1$. Indichiamo con j la posizione all'inizio della $(k + 1)$-esima scansione dell'array del $(k + 1)$-esimo elemento piú grande, e indichiamo con x il valore di tale elemento. Poiché x è il $(k + 1)$-esimo elemento piú grande dell'array, i soli elementi piú grandi di x si trovano, per ipotesi di induzione, nelle posizioni $a_{n-k}, \ldots, a_{n-1}$. Quindi durante la $(k + 1)$-esima scansione l'elemento x verrà continuamente scambiato, avanzando verso il fondo dell'array, fino a raggiungere la posizione $a_{n-(k+1)}$, in quanto sarà $x < a_{n-k}$. Poiché per ipotesi di induzione gli elementi $a_{n-k}, \ldots, a_{n-1}$ sono già ordinati, la $(k + 1)$-esima scansione non modifica questi elementi. Dunque, al termine della $(k + 1)$-esima scansione avremo che gli elementi $a_{n-(k+1)}, \ldots, a_{n-1}$ sono i $k + 1$ elementi piú grandi dell'array, e inoltre che

$$a_{n-(k+1)} < a_{n-k} < \ldots < a_{n-1}$$

ovvero tali elementi sono ordinati; questa è proprio la proprietà che volevamo dimostrare, e per il principio di induzione matematica essa dovrà essere valida per ogni $k \geq 1$.

In base a questa proprietà possiamo evincere che l'algoritmo produrrà un array ordinato in al piú $n - 1$ scansioni. Infatti dopo la $(n - 1)$-esima scansione avremo che gli elementi $a_1, \ldots, a_{n-1}$ saranno gli $(n - 1)$ elementi piú grandi dell'array, e saranno già ordinati. A questo punto deve essere necessariamente vero che $a_0 < a_1$, e quindi l'intero array è già ordinato.

Ovviamente il numero di scansioni che abbiamo determinato è il massimo necessario per ordinare l'array; l'array potrebbe risultare già ordinato dopo aver effettuato un numero di scansioni inferiore.

Inoltre, la proprietà che abbiamo dimostrato ci consente di restringere le scansioni a un sottoinsieme dell'array: alla $(k+1)$-esima scansione possiamo ignorare gli elementi $a_{n-k}, \ldots, a_{n-1}$ dal momento che sappiamo che non verranno piú spostati; questo ci consente di ridurre il numero di operazioni necessarie per l'ordinamento.

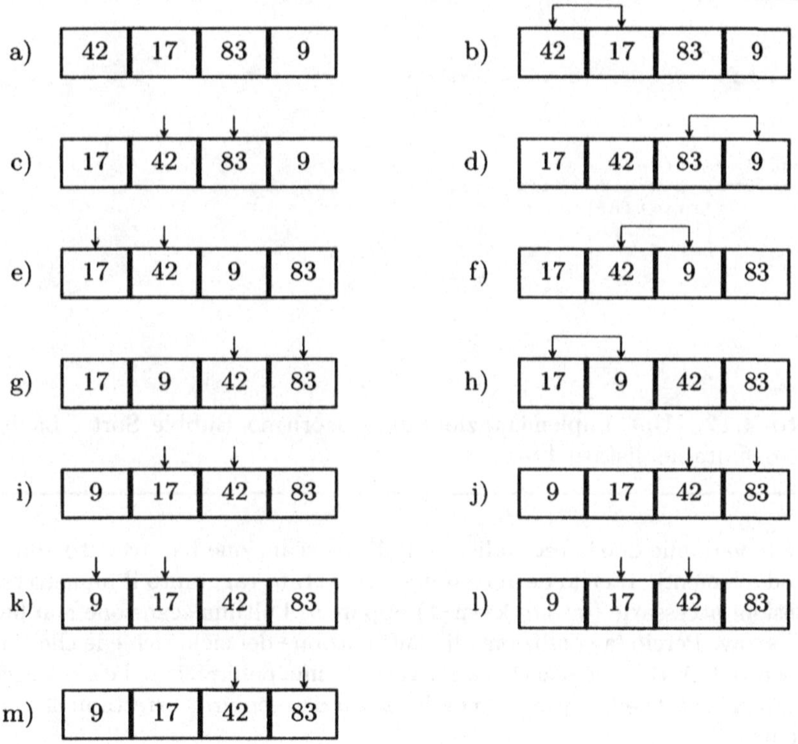

Figura 4.5 Svolgimento dell'algoritmo Bubble Sort. a) l'array iniziale; b) vengono esaminati gli elementi 42 e 17 e vengono scambiati; c) vengono esaminati 42 e 83 e non vengono scambiati; d) vengono esaminati 83 e 9 e vengono scambiati; e) poiché nella precedente scansione dell'array sono stati scambiati degli elementi, si ricomincia da capo: vengono esaminati 17 e 42 e non vengono scambiati; f) vengono esaminati 42 e 9 e vengono scambiati; g) vengono esaminati 42 e 83 e non vengono scambiati; h) poiché nella precedente scansione dell'array sono stati scambiati degli elementi, si ricomincia da capo: vengono esaminati 17 e 9 e vengono scambiati; i) vengono esaminati 17 e 42 e non vengono scambiati; j) vengono esaminati 42 e 83 e non vengono scambiati; k) poiché nella precedente scansione dell'array sono stati scambiati degli elementi, si ricomincia da capo: vengono esaminati 9 e 17 e non vengono scambiati; l) vengono esaminati 17 e 42 e non vengono scambiati; m) vengono esaminati 42 e 83 e non vengono scambiati; poiché nella precedente scansione dell'array non sono stati effettuati scambi, l'algoritmo termina.

Implementazione dell'algoritmo

Il listato 4.12 presenta una possibile implementazione dell'algoritmo Bubble Sort. Il ciclo piú esterno della funzione gestisce il numero di scansioni da effettuare. In particolare, la variabile `k` indica il numero di scansioni dell'array completate,

```
/* Ordinamento a bolle
 */
void bubble_sort(TInfo a[], int n) {
    int i, k;
    bool modified;

    modified=true;
    for(k=0; k<n-1 && modified; k++) {
        modified=false;
        for(i=0; i<n-k-1; i++)
            if (greater(a[i], a[i+1])) {
                swap(&a[i], &a[i+1]);
                modified=true;
            }
    }
}
```

Listato 4.12 Una implementazione dell'algoritmo Bubble Sort. La funzione `swap` è definita nel listato 4.8 .

mentre la variabile `modified` indica se l'ultima scansione ha invertito almeno una coppia di elementi. Il ciclo deve terminare se è stato raggiunto il numero massimo di scansioni necessarie (ovvero `k==n-1`) oppure se l'ultima scansione non ha modificato l'array. Perciò la condizione di continuazione del ciclo richiede che sia `k<n-1` e (nel senso di AND) che `modified` sia vera. Prima dell'inizio del ciclo è necessario inizializzare `modified` al valore `true` in modo da eseguire correttamente la prima iterazione.

Nel corpo del ciclo piú esterno viene innanzitutto posta al valore `false` la variabile `modified`, per segnalare che nella scansione corrente non è (ancora) stata effettuata nessuna modifica dell'array; dopodiché si procede alla scansione attraverso il ciclo interno.

Il ciclo interno esamina tutte le coppie di elementi adiacenti usando `i` come variabile di iterazione. La variabile `i` deve ovviamente partire da 0. Poiché, come abbiamo dimostrato, dopo `k` scansioni possiamo ignorare gli elementi $a_{n-k}, \ldots, a_{n-1}$, l'ultima coppia da considerare nella scansione è (a_{n-k-2}, a_{n-k-1}). Quindi il ciclo si arresta quando `i` raggiunge il valore `n-k-1`.

Il corpo del ciclo interno confronta gli elementi `a[i]` e `a[i+1]` usando la funzione `greater`. Se `a[i]` è maggiore di `a[i+1]`, i due elementi vengono scambiati usando la funzione `swap` presentata nel listato 4.8, e inoltre viene posta al valore `true` la variabile `modified` per segnalare che nell'iterazione corrente è stata effettuata almeno una modifica.

Errore frequente Potrebbe sembrare corretto impostare a `false` la variabile `modified` quando la condizione dell'`if` è falsa, come illustrato nel seguente frammento di codice:

```
if (greater(a[i], a[i+1])) {
    swap(&a[i], &a[i+1]);
    modified=true;
} else
    modified=false; /* ERRORE!!! */
```

Se facessimo cosí, alla fine della scansione la variabile **modified** rifletterebbe solo il confronto effettuato sull'ultima coppia esaminata: sarebbe **true** se l'ultima coppia è stata scambiata, e **false** se l'ultima coppia non è stata scambiata, indipendentemente da ciò che è stato fatto per le coppie precedenti. Noi vogliamo invece che **modified** sia falsa solo se *nessuna* còppia è stata modificata; quindi inizialmente assumiamo che sia falsa, e appena modifichiamo una coppia la rendiamo vera. Una volta che **modified** ha il valore **true** non deve piú diventare **false** durante la scansione.

Osservazione L'algoritmo di Bubble Sort produce un ordinamento stabile se, quando viene incontrata una coppia di elementi adiacenti equivalenti, essi non vengono scambiati di posto (come avviene nell'implementazione presentata nel listato 4.12).

Valutazione della complessità

Per valutare la complessità computazionale temporale del Bubble Sort (facendo riferimento all'implementazione fornita nel listato 4.12), cominciamo con il ciclo piú interno. Poiché il corpo del ciclo ha complessità $\Theta(1)$, e il ciclo viene eseguito $n-k-1$ volte, ne consegue che il ciclo interno ha complessità $\Theta(n-k-1)$, ovvero $\Theta(n-k)$. Supponiamo che il ciclo esterno venga eseguito j volte (e quindi k assume i valori $0,\dots,j-1$). La complessità dell'algoritmo in tal caso è:

$$T(n) = \sum_{k=0}^{j-1} \Theta(n-k)$$

che, applicando la formula per la somma di una progressione aritmetica, si riconduce a:

$$T(n) = \Theta(j \cdot (2n - j + 1)/2)$$

Il caso migliore si verifica quando l'array è già ordinato, e quindi l'algoritmo termina dopo la prima scansione (ovvero, $j = 1$). Quindi:

$$T_{best}(n) = \Theta(n)$$

Nel caso peggiore, l'algoritmo raggiunge il numero massimo di scansioni, ovvero $j = n - 1$. Ne consegue che:

$$T_{worst}(n) = \Theta((n-1) \cdot (n+2)/2) = \Theta(n^2)$$

Si può dimostrare che anche per il caso medio vale una complessità di tipo quadratico.

Alla luce della valutazione della complessità computazionale, la scelta dell'algoritmo Bubble Sort risulta giustificata solo se il numero di elementi fuori posto è piccolo, e quindi il numero di scansioni atteso è basso. In particolare, si noti che mentre la presenza di elementi grandi nella parte iniziale dell'array non crea grossi problemi (perché essi raggiungono la parte finale dell'array in poche scansioni), viceversa la presenza di elementi piccoli nella parte finale ha un impatto significativo sulle prestazioni: tali elementi si sposteranno di poco ad ogni scansione, e quindi sarà necessario un numero elevato di scansioni per raggiungere l'ordinamento.

Approfondimento Una variante dell'algoritmo di ordinamento a bolle, nota come *Bidirectional Bubble Sort*, o coi nomi piú pittoreschi di *Shaker Sort* o *Cocktail Sort*, richiede poche scansioni anche quando ci sono elementi piccoli nella parte finale dell'array.

L'idea è di alternare scansioni che esaminano le coppie di elementi adiacenti dall'inizio verso la fine (come nel Bubble Sort normale) con scansioni che esaminano le coppie dalla fine verso l'inizio, procedendo quindi all'indietro. In questo modo la complessità dell'algoritmo rimane vicina al best case se c'è un numero piccolo (e non dipendente da n) di elementi fuori posto, indipendentemente dalla posizione di questi elementi (si veda l'esercizio 4.9).

4.2.4 Merge Sort

Come per l'algoritmo di Insertion Sort, anche l'algoritmo che presenteremo in questa sezione si fonda sulla riduzione dell'ordinamento a un problema piú semplice.

In particolare, l'*ordinamento per fusione* o *Merge Sort* riconduce il problema dell'ordinamento al problema della *fusione di array ordinati*, che può essere formulato come segue: date due sequenze ordinate $a_0, \ldots, a_{n-1}$ e $b_0, \ldots, b_{m-1}$, vogliamo ottenere una nuova sequenza, anch'essa ordinata, di $n+m$ elementi $c_0, \ldots, c_{n+m-1}$, che contenga tutti gli elementi delle due sequenze di partenza.

Una volta trovata una soluzione per questo problema, possiamo utilizzarla per risolvere il problema dell'ordinamento attraverso una decomposizione ricorsiva: dividiamo la nostra sequenza da ordinare in due parti, che ordiniamo separatamente attraverso la ricorsione; quindi fondiamo le due parti ordinate in un'unica sequenza anch'essa ordinata, come verrà illustrato in maggiore dettaglio nel seguito.

Struttura dell'algoritmo

Cominciamo a definire una soluzione per il problema della fusione di due array ordinati. Un possibile algoritmo può essere ottenuto attraverso le seguenti considerazioni:

- l'array risultato c viene costruito iterativamente, partendo da un array vuoto e aggiungendo ad ogni passo un nuovo elemento;
- affinché l'array c risulti ordinato possiamo aggiungere a ogni passo il piú piccolo degli elementi di a e di b che non sono stati ancora usati;
- il piú piccolo tra gli elementi di a e di b è o il piú piccolo tra gli elementi di a, oppure il piú piccolo tra gli elementi di b; poiché a e b sono ordinati, il piú piccolo tra gli elementi di a è il primo elemento non usato (analogamente per b); quindi possiamo individuare l'elemento da inserire semplicemente confrontando un solo elemento di a e un solo elemento di b.

Applicando queste idee possiamo pervenire alla seguente formulazione di un algoritmo:

1. inizializza l'array c come array vuoto;

2. confronta il primo elemento non utilizzato di a (sia a_i) con il primo elemento non utilizzato di b (sia b_j);

3. se $a_i < b_j$, aggiungi a_i in coda all'array c, altrimenti aggiungi b_j in coda all'array c; in entrambi i casi l'elemento aggiunto a c viene contrassegnato come usato, e alla prossima iterazione verrà confrontato l'elemento successivo dello stesso array;

4. se sia a che b hanno ancora elementi non utilizzati, ricomincia dal passo 2;

5. se a ha ancora elementi non utilizzati, aggiungili in coda a c; altrimenti, se b ha ancora elementi non utilizzati, aggiungili in coda a c.

La figura 4.6 illustra un esempio di svolgimento dell'algoritmo appena delineato.

Osservazione La versione che abbiamo presentato dell'algoritmo di fusione richiede necessariamente che l'array di destinazione sia distinto dai due array di partenza. Come vedremo, questo fatto implica che l'algoritmo di Merge Sort non effettua l'ordinamento sul posto.
Esistono versioni dell'algoritmo di fusione che aggirano questa limitazione, ma la struttura dell'algoritmo diviene decisamente piú complessa. Perciò tali versioni non saranno trattate in questo volume.

Una volta risolto il problema della fusione, vediamo come possiamo ricondurre ad esso il problema dell'ordinamento. A tale scopo possiamo procedere con una decomposizione ricorsiva del problema: se suddividiamo l'array a da ordinare (di n elementi) in due parti, ciascuna di dimensione inferiore a n, possiamo ordinare ricorsivamente le due parti grazie all'ipotesi di induzione. A questo punto possiamo utilizzare l'algoritmo di fusione per ottenere un unico array ordinato.

Piú formalmente, applichiamo la tecnica del *divide et impera* come segue:

- Caso base: se $n \leq 1$ allora l'array a è già ordinato;

- Divide: dividiamo a in due parti, a' e a'' rispettivamente di $m = \lfloor n/2 \rfloor$ elementi e di $n-m$ elementi; se $n > 1$, allora sia m che $n-m$ sono strettamente minori di n;

- Impera: per ipotesi di induzione, siamo in grado di ordinare a' e a'' grazie all'applicazione ricorsiva dell'algoritmo;

- Combina: utilizzando l'algoritmo di fusione, fondiamo gli array ordinati a' e a'' producendo un nuovo array ordinato a''' che contiene gli stessi elementi di a; a questo punto copiamo a''' in a, completando l'ordinamento.

Si noti che mentre gli array a' e a'' possono condividere la stessa area di memoria di a, per a''' abbiamo bisogno di un'area di memoria separata, per cui l'algoritmo non effettua l'ordinamento sul posto.

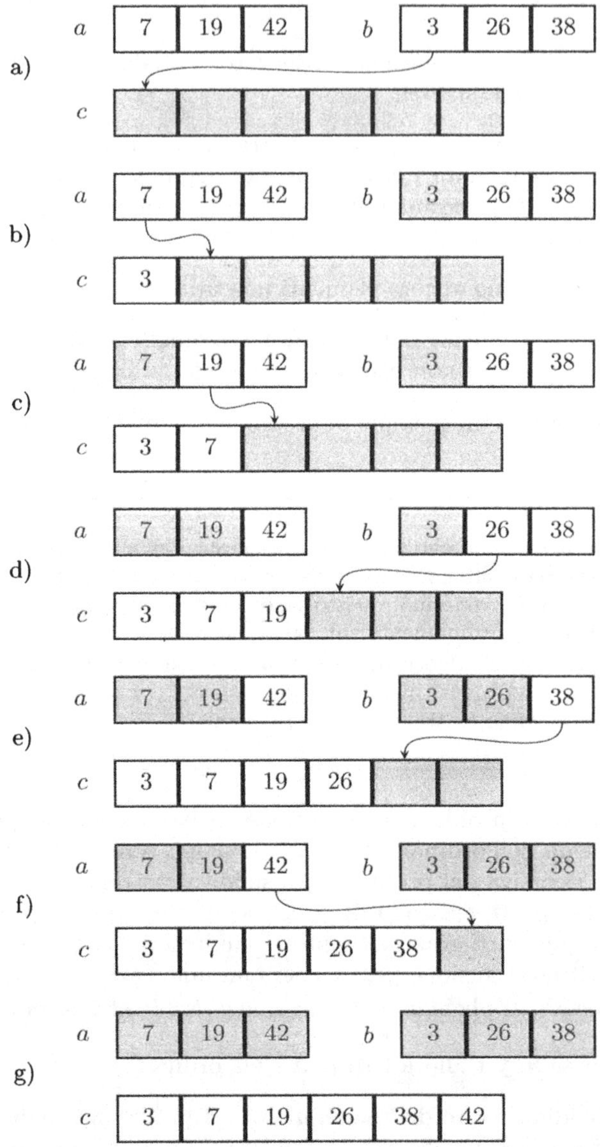

Figura 4.6 Svolgimento dell'algoritmo di fusione. a) Situazione iniziale; *a* e *b* sono i due array da fondere, *c* è l'array di destinazione. Vengono confrontati gli elementi di testa di *a* e *b* (7 e 3), e viene scelto 3. b) Vengono confrontati 7 e 26, e viene scelto 7. c) Vengono confrontati 19 e 26 e viene scelto 19. d) Vengono confrontati 42 e 26, e viene scelto 26. e) Vengono confrontati 42 e 38, e viene scelto 38. f) A questo punto, essendo l'array *b* interamente utilizzato, tutti gli elementi rimanenti di *a* sono inseriti in *c*. g) Risultato finale della fusione.

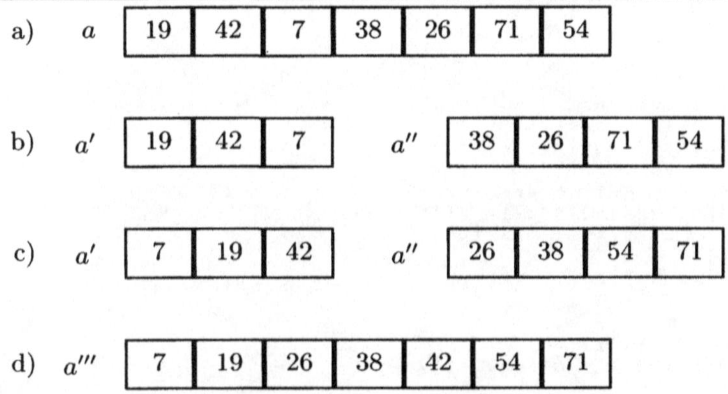

Figura 4.7 Svolgimento dell'algoritmo Merge Sort. a) L'array iniziale a. b) La suddivisione di a in due sottoarray a' e a''. c) Gli array a' e a'' sono ordinati applicando ricorsivamente l'algoritmo. d) Gli array a' e a'' sono fusi producendo l'array ordinato a'''.

La parte finale della combinazione (la copia di a''' in a), poiché garantisce che l'array ordinato occupi la stessa area di memoria dell'array iniziale, semplifica l'invocazione ricorsiva dell'algoritmo.

Un esempio di esecuzione dell'algoritmo è illustrato nella figura 4.7.

Implementazione dell'algoritmo

Il listato 4.13 mostra l'algoritmo di fusione. Le variabili `pos1` e `pos2` sono utilizzate per indicare l'indice del primo elemento non ancora utilizzato di `a1` e di `a2` rispettivamente. La variabile `k` invece rappresenta il numero di elementi già copiati nell'array di destinazione `dest`, e quindi anche l'indice della posizione in cui copiare il prossimo elemento.

Il primo ciclo `while` viene eseguito fintanto che ci sono ancora elementi da utilizzare in entrambi gli array di partenza. Ad ogni iterazione del ciclo il primo elemento non utilizzato di `a1` (`a1[pos1]`) viene confrontato con il primo elemento non utilizzato di `a2` (`a2[pos2]`) usando la funzione `less`. Il minore tra i due elementi viene copiato nell'array `dest` all'indice `k`, dopodiché (usando l'operatore di incremento postfisso del linguaggio C) sia `k` che l'indice dell'elemento copiato (`pos1` o `pos2`) sono incrementati.

Il secondo ciclo `while` viene eseguito se al termine del primo ciclo ci sono ancora elementi di `a1` non utilizzati, e copia tali elementi in coda all'array `dest`. Analogamente il terzo ciclo `while` viene eseguito se al termine del primo ciclo ci sono ancora elementi di `a2` non utilizzati, che vengono aggiunti in coda a `dest`.

Passiamo ora all'implementazione dell'algoritmo Merge Sort, presentata nel listato 4.14. Notiamo innanzitutto che il prototipo della funzione `merge_sort` è diverso da quello degli altri algoritmi di ordinamento visti finora. Dal momento che l'algoritmo non effettua l'ordinamento sul posto, è necessario passare come

```
/* Fonde due array ordinati in un nuovo
 * array che conserva l'ordinamento.
 */
void merge(TInfo a1[], int n1, TInfo a2[], int n2,
           TInfo dest[]) {
    int pos1=0, pos2=0, k=0;

    while (pos1<n1 && pos2<n2) {
        if (less(a2[pos2], a1[pos1]))
            dest[k++] = a2[pos2++];
        else
            dest[k++] = a1[pos1++];
    }

    while (pos1<n1)
        dest[k++] = a1[pos1++];

    while (pos2<n2)
        dest[k++] = a2[pos2++];
}
```

Listato 4.13 Una implementazione dell'algoritmo di fusione.

```
/* Ordinamento con l'algoritmo Merge Sort
 * Nota:
 *   temp e' un array di appoggio delle stesse
 *   dimensioni di a
 */
void merge_sort(TInfo a[], int n, TInfo temp[]) {
    int i, m=n/2;
    if (n<2)
        return;
    merge_sort(a, m, temp);
    merge_sort(a+m, n-m, temp);
    merge(a, m, a+m, n-m, temp);
    for(i=0; i<n; i++)
        a[i]=temp[i];
}
```

Listato 4.14 Una implementazione dell'algoritmo Merge Sort.

parametro aggiuntivo un array di appoggio `temp` delle stesse dimensioni dell'array da ordinare `a`.

Osservazione Sarebbe possibile evitare il passaggio dell'array di appoggio allocando tale array all'interno della funzione mediante allocazione dinamica. Questa scelta però avrebbe un impatto sulla complessità spaziale dell'algoritmo, dal momento che la funzione è ricorsiva e quindi l'allocazione verrebbe ripetuta ad ogni livello della ricorsione. L'esercizio 4.10 presenta in maniera piú dettagliata questa possibilità.

La funzione `merge_sort` comincia con la verifica del caso base: se il numero di elementi è minore di 2, l'array è già ordinato e quindi la funzione termina.

Altrimenti l'array a viene considerato suddiviso in due parti: la prima di `m=n/2` elementi, che occupa le posizioni di indici da 0 a `m-1`, e la seconda di `n-m` elementi che occupa le posizioni di indici da `m` a `n-1`.

La prima chiamata ricorsiva ordina la prima parte dell'array; si noti che viene passato lo stesso array di appoggio `temp` che la funzione ha ricevuto come parametro. Questo non crea un problema, dal momento che l'istanza corrente di `merge_sort` non ha ancora cominciato a usare `temp`, e al termine della sua esecuzione la chiamata ricorsiva non lascia nessuna informazione da conservare nell'array di appoggio (è questo il motivo per cui nell'ultimo passo dell'algoritmo presentato viene ricopiato l'array ordinato nell'area di memoria iniziale). Quindi le diverse istanze di `merge_sort` possono condividere un'unico array di appoggio.

La seconda chiamata ricorsiva ordina la seconda parte dell'array. Si noti che in questo caso come array da ordinare viene passato `a+m`, che in base alle regole dell'aritmetica dei puntatori corrisponde all'indirizzo dell'elemento `a[m]`, il primo elemento della seconda parte di a (ricordiamo che in C gli array sono sempre passati per riferimento, e il parametro effettivo corrisponde all'indirizzo del primo elemento dell'array).

A questo punto la chiamata alla funzione `merge` fonde le due parti ordinate in un unico array, usando `temp` come destinazione. Per il parametro formale `a1` viene passata come parametro effettivo la prima parte di `a`, mentre per il parametro formale `a2` viene passata la seconda parte (quindi di nuovo `a+m`). Dopodiché non resta che copiare, con il ciclo `for` finale, gli elementi contenuti in `temp` di nuovo in `a`.

Osservazione L'algoritmo Merge Sort produce un ordinamento stabile se la funzione `merge`, nel caso in cui gli elementi confrontati siano uguali, sceglie l'elemento del primo array (come avviene nell'implementazione presentata nel listato 4.13).

Valutazione della complessità

Cominciamo a valutare la complessità della funzione `merge` rispetto alle dimensioni n_1 e n_2 dei due array, facendo riferimento all'implementazione presentata nel listato 4.13. È evidente che il corpo di tutti e tre i cicli `while` ha complessità temporale $\Theta(1)$, quindi basta valutare il numero di iterazioni di ciascun ciclo.

Indichiamo con p_1 e p_2 il numero di elementi di ciascuno dei due array che sono inseriti nell'array di destinazione nel corso del primo ciclo `while`. Si noti che p_1 e p_2 corrispondono ai valori delle variabili `pos1` e `pos2` alla fine del primo ciclo.

Poiché il primo ciclo inserisce un singolo elemento ad ogni iterazione, il numero di iterazioni deve ovviamente essere $p_1 + p_2$. Il secondo e il terzo ciclo copiano in `dest` gli eventuali elementi rimanenti degli array di partenza, sempre un elemento alla volta, e quindi è banale verificare che vengono eseguiti rispettivamente $n_1 - p_1$ e $n_2 - p_2$ volte.

Pertanto la complessità della funzione `merge` è:

$$T(n_1, n_2) = (p_1 + p_2) \cdot \Theta(1) + (n_1 - p_1) \cdot \Theta(1) + (n_2 - p_2) \cdot \Theta(1)$$

ovvero:

$$T(n_1, n_2) = (n_1 + n_2) \cdot \Theta(1) = \Theta(n_1 + n_2)$$

che vale sia per il best che per il worst case.

Passiamo ora a valutare la complessità temporale dell'algoritmo di Merge Sort rispetto alla dimensione n dell'array (in riferimento all'implementazione del listato 4.14).

Per il caso base è evidentemente:

$$T(1) = \Theta(1)$$

mentre nel caso generale, poiché l'array viene suddiviso in due parti approssimativamente uguali, abbiamo:

$$T(n) = 2T(n/2) + \Theta(n)$$

dove il termine $\Theta(n)$ tiene conto sia della chiamata alla funzione `merge` che del ciclo `for` finale.

Applicando le formule presentate nella sezione 3.4 possiamo quindi concludere che la complessità del Merge Sort è:

$$T(n) = \Theta(n \log n)$$

indipendentemente dall'array da ordinare. Si noti che tale complessità è notevolmente migliore degli altri algoritmi di ordinamento finora presentati, che avevano tutti nel caso medio e nel caso peggiore complessità $\Theta(n^2)$.

4.2.5 Quick Sort

Come abbiamo visto nella precedente sezione, attraverso un algoritmo di ordinamento ricorsivo è possibile abbassare la complessità dell'ordinamento a $\Theta(n \log n)$. Sfortunatamente l'algoritmo di Merge Sort non effettua l'ordinamento sul posto (almeno per quanto riguarda gli array; vedremo in un capitolo successivo l'applicazione del Merge Sort alle liste concatenate, che lavora sul posto).

L'algoritmo che verrà presentato in questa sezione mantiene la stessa efficienza nel caso medio, ma effettua l'ordinamento sul posto; perciò è particolarmente adatto all'ordinamento di array. Da queste proprietà deriva il suo nome: *Quick Sort*, letteralmente "ordinamento rapido".

CURIOSITÀ

L'algoritmo Quick Sort fu ideato da C. A. R. Hoare nel 1962, mentre lavorava per una piccola azienda inglese che produceva computer per usi scientifici.

Anche il Quick Sort si basa su una decomposizione ricorsiva del problema dell'ordinamento. Mentre il Merge Sort prevede una fase di *Divide* estremamente semplice, e una fase di *Combina* piú complicata, nel Quick Sort è la suddivisione in sottoproblemi ad essere complicata, mentre la combinazione delle soluzioni diventa banale.

In particolare il Quick Sort parte da questa considerazione: se esiste un indice k tale che:

$$\begin{cases} a_i \leq a_k \ \forall i < k \\ a_i \geq a_k \ \forall i > k \end{cases} \tag{4.5}$$

allora gli elementi $a_0, \ldots, a_{k-1}$ dell'array possono essere ordinati separatamente dagli elementi $a_{k+1}, \ldots, a_{n-1}$. Infatti nell'ordinamento tutti gli elementi $a_0, \ldots, a_{k-1}$ rimarranno a sinistra di a_k, mentre tutti gli elementi $a_{k+1}, \ldots, a_{n-1}$ rimarranno a destra di a_k, e quindi non sono necessari scambi di elementi tra i due sottoarray.

L'elemento a_k che soddisfa l'equazione 4.5 viene detto *pivot*, e l'array si dice *partizionato* rispetto al pivot a_k.

Ovviamente in partenza non è detto che l'array da ordinare sia partizionato rispetto a un pivot. Perciò l'algoritmo di Quick Sort prevede nella fase di *Divide* un'operazione, detta *Partition*, che riordina gli elementi dell'array in modo che l'array sia partizionato.

Struttura dell'algoritmo

Cominciamo con l'affrontare il sottoproblema dell'operazione di Partition. Se non avessimo vincoli, quest'operazione potrebbe essere realizzata molto semplicemente con il seguente algoritmo:

- si inizializzano due array di appoggio come array vuoti;
- si sceglie un elemento qualsiasi dell'array di partenza come pivot;
- tutti gli elementi minori del pivot vengono copiati nel primo array di appoggio;
- tutti gli elementi maggiori o uguali del pivot vengono copiati nel secondo array di appoggio;
- gli elementi dei due array di appoggio vengo ricopiati nell'array di partenza in modo da occupare rispettivamente la prima parte e l'ultima parte dell'array, mentre il pivot viene inserito tra le due parti.

Sebbene questo algoritmo sarebbe corretto, la necessità di utilizzare degli array di appoggio renderebbe impossibile l'ordinamento sul posto, che è l'obiettivo del Quick Sort. Perciò abbiamo bisogno di una soluzione meno intuitiva ma che non richieda l'uso di altri array. In tal caso gli spostamenti all'interno dell'array dovranno essere effettuati con operazioni di scambio, come quella implementata dalla funzione `swap` presentata nel listato 4.8.

È possibile definire un algoritmo con queste caratteristiche impostando il problema come segue:

- si considera l'array diviso in tre parti contigue: il pivot, l'insieme a' degli elementi esaminati che siano risultati minori del pivot, e l'insieme a'' dei rimanenti elementi; per comodità scegliamo come pivot il primo elemento dell'array, in modo tale che la sua posizione rimanga fissa durante l'operazione di Partition (alternativamente potremmo scegliere l'ultimo elemento dell'array);

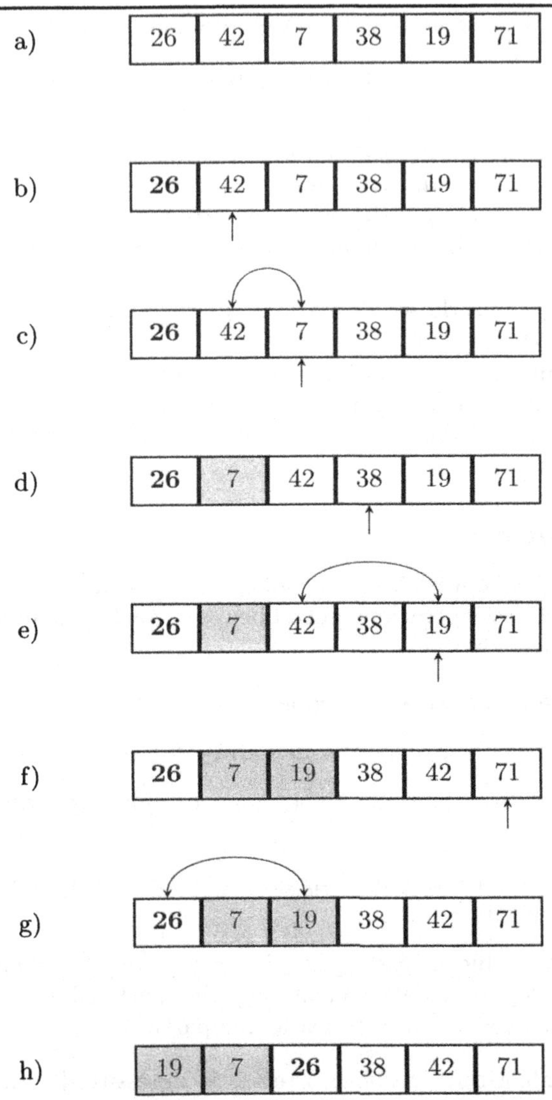

Figura 4.8 Svolgimento dell'algoritmo di Partition. a) L'array iniziale. b) L'elemento 26 è il pivot; si comincia a esaminare l'elemento 42, che essendo maggiore del pivot non viene spostato. c) Si esamina l'elemento 7, che è minore del pivot; 7 viene scambiato con la prima locazione dopo il pivot, che entra a far parte dell'insieme a' (nel seguito gli elementi di a' saranno evidenziati in grigio). d) Si esamina l'elemento 38, che non viene spostato. e) Si esamina l'elemento 19, che viene scambiato con 42 e incluso in a'. f) Si esamina l'elemento 71, che non viene spostato. g) A questo punto il pivot viene scambiato con l'ultimo elemento di a' (il 19) h) L'array finale, partizionato rispetto all'elemento 26.

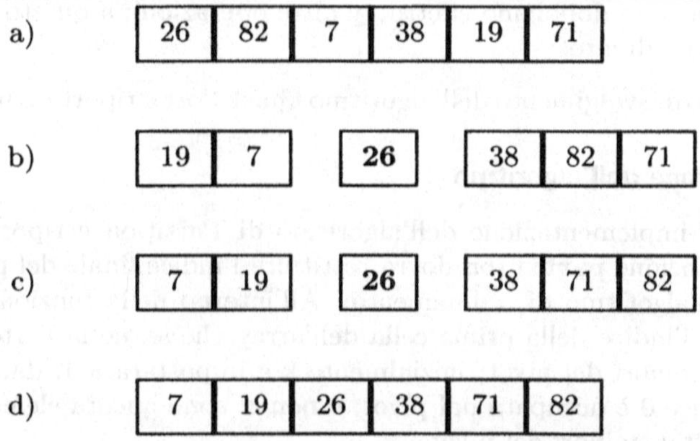

Figura 4.9 Svolgimento dell'algoritmo Quick Sort. a) L'array iniziale. b) Il risultato dell'operazione di Partition. c) I sottoarray vengono ordinati attraverso l'applicazione ricorsiva dell'algoritmo. d) L'array finale ordinato.

- inizialmente a' è un sottoarray vuoto, e a'' è il sottoarray costituito da tutti gli elementi tranne il pivot;
- esaminiamo gli elementi di a'' partendo dall'inizio dell'array; se l'elemento esaminato è minore del pivot, lo spostiamo in a' effettuando uno scambio tra l'elemento esaminato e l'elemento che occupa la prima locazione successiva agli elementi di a' (o la prima locazione dopo il pivot, se a' è ancora vuoto) e includendo tale locazione in a' stesso;
- al termine della scansione di a'' sappiamo che tutti gli elementi che sono rimasti in a'' sono maggiori o uguali del pivot; a questo punto scambiamo di posto il pivot con l'ultimo elemento di a' (se a' non è vuoto); in questo modo otteniamo che l'array è costituito da tutti gli elementi di a', seguiti dal pivot, seguito da tutti gli elementi di a'', e quindi è partizionato rispetto al pivot.

La figura 4.8 illustra un esempio di esecuzione dell'algoritmo di Partition.

Una volta risolto il problema dell'operazione di Partition, vediamo come risolvere il problema dell'ordinamento. In particolare, possiamo applicare la tecnica del divide et impera come segue:

- Caso base: se $n \leq 1$ allora l'array è già ordinato;
- Divide: applichiamo l'algoritmo di Partition all'array a; sia k l'indice del pivot al termine di questa operazione;
- Impera: per ipotesi di induzione siamo in grado di ordinare i sottoarray costituiti da $a_0, \ldots, a_{k-1}$ e da $a_{k+1}, \ldots, a_{n-1}$, in quanto contengono al piú $n-1$ elementi;

- Combina: non dobbiamo effettuare altre operazioni; a questo punto l'intero array a è ordinato.

Un esempio di svolgimento dell'algoritmo Quick Sort è riportato nella figura 4.9.

Implementazione dell'algoritmo

Una possibile implementazione dell'algoritmo di Partition è riportata nel listato 4.15. La funzione `partition` dovrà restituire l'indice finale del pivot, che sarà utilizzato dall'algoritmo di ordinamento. All'interno della funzione, la variabile `k` rappresenta l'indice della prima cella dell'array che segue la parte che contiene solo elementi minori del pivot; inizialmente `k` è impostata a 1, dal momento che la cella di indice 0 è occupata dal pivot, e non ci sono ancora elementi esaminati che siano risultati minori del pivot.

```
/* Suddivide l'array a in tre parti:
 * - nella prima ci sono tutti elementi minori del pivot;
 * - nella seconda c'e' solo il pivot;
 * - nella terza ci sono tutti elementi maggiori o uguali
 * del pivot.
 * Come pivot viene scelto il primo elemento dell'array
 * iniziale.
 * VALORE DI RITORNO
 *     L'indice della parte centrale (che contiene il
 *     solo pivot)
 * PRE
 *     L'array contiene almeno un elemento
 */
int partition(TInfo a[], int n) {
    int i, k=1;
    for(i=1; i<n; i++)
        if (less(a[i], a[0]))
            swap(&a[i], &a[k++]);
    swap(&a[0], &a[k-1]);
    return k-1;
}
```

Listato 4.15 Implementazione dell'algoritmo di Partition. La funzione `swap` è definita nel listato 4.8.

Il ciclo `for` esamina in sequenza gli elementi successivi al pivot. Ciascun elemento è confrontato con il pivot nell'istruzione `if`, e se risulta minore (nel senso della funzione `less`) viene spostato in coda alla parte iniziale dell'array (scambiandolo con l'elemento di indice `k`); in tal caso il valore di `k` è incrementato in modo da estendere la parte dell'array di cui è noto che contenga solo elementi minori del pivot.

Al termine del ciclo `for`, il pivot viene scambiato con l'ultimo degli elementi minori del pivot (indice `k-1`). Si noti che nel caso in cui non vi siano elementi minori del pivot, `k` vale 1 e quindi il pivot è scambiato con se stesso (operazione che non modifica l'array). Viene quindi restituito il nuovo indice del pivot, che è proprio `k-1`.

Passiamo ora all'algoritmo Quick Sort, di cui il listato 4.16 mostra una implementazione. L'istruzione `if` verifica la condizione del caso base: se `n<2` l'array è già ordinato, e la funzione termina subito la sua esecuzione.

```
/* Ordina un array con il Quick Sort
 */
void quick_sort(TInfo a[], int n) {
    int k;
    if (n<2)
        return;
    k=partition(a, n);
    quick_sort(a, k);
    quick_sort(a+k+1, n-k-1);
}
```

Listato 4.16 Implementazione dell'algoritmo di Quick Sort.

Altrimenti, viene richiamata la funzione `partition`, e il valore di ritorno (che rappresenta l'indice del pivot) è inserito nella variabile `k`. A questo punto viene effettuata la chiamata ricorsiva per ordinare la prima parte dell'array: come array da ordinare viene passato l'indirizzo del primo elemento dell'array, e come numero di elementi `k-1` (tutti gli elementi a sinistra del pivot). Infine viene effettuata la chiamata ricorsiva per ordinare la parte finale dell'array: come array da ordinare viene passato l'indirizzo dell'elemento successivo al pivot (`a+k+1`) e come numero di elementi `n-k-1` (tutti gli elementi a destra del pivot).

Osservazione L'algoritmo Quick Sort non produce un ordinamento stabile, dal momento che nella fase di Partition può capitare che, nel corso degli scambi, la posizione di due elementi equivalenti venga invertita.

Valutazione della complessità

Cominciamo con la valutazione della complessità temporale dell'operazione di Partition, facendo riferimento all'implementazione presentata nel listato 4.15. Le istruzioni al di fuori del ciclo `for` hanno tutte complessità $\Theta(1)$; poiché il corpo del ciclo `for` ha anch'esso complessità $\Theta(1)$, e il ciclo viene eseguito $n-1$ volte, ne consegue che:

$$T^{partition}(n) = (n-1) \cdot \Theta(1) + \Theta(1) = \Theta(n)$$

che vale sia per il best che per il worst case.

Ora passiamo alla valutazione della funzione `quick_sort` presentata nel listato 4.16. In questo caso la complessità dipende dalla dimensione dei due sottoarray prodotti dall'operazione di Partition. Cominciamo con il caso migliore, in cui supponiamo che l'array venga suddiviso in due parti approssimativamente uguali. In tal caso:

$$T_{best}(1) = \Theta(1)$$
$$T_{best}(n) = \Theta(n) + 2T_{best}(n/2)$$

ovvero, applicando le formule presentate nella sezione 3.4:

$$T_{best}(n) = \Theta(n \log n)$$

Nel caso peggiore, invece, l'elemento pivot risulta essere il primo o l'ultimo elemento dell'array al termine del partizionamento; quindi l'applicazione ricorsiva dell'algoritmo viene effettuata su un sottoarray di lunghezza 0 e su uno di lunghezza $n-1$. Ne consegue che:

$$\begin{aligned} T_{worst}(1) &= \Theta(1) \\ T_{worst}(n) &= \Theta(n) + T_{worst}(n-1) + T_{worst}(1) \end{aligned}$$

ovvero,

$$T_{worst}(n) = \Theta(n^2)$$

Si può dimostrare che il caso medio è di complessità $\Theta(n \log n)$ come il best case. Quindi l'algoritmo di Quick Sort ha la stessa complessità asintotica del Merge Sort nel caso migliore e nel caso medio; tuttavia nel caso peggiore ha una complessità quadratica come gli algoritmi che abbiamo visto precedentemente.

Il caso peggiore si verifica quando l'elemento scelto come pivot nell'operazione di Partition è il massimo oppure il minimo dell'array da partizionare (non solo nella chiamata iniziale, ma anche in tutte le chiamate ricorsive dell'algoritmo di Quick Sort). Ricordando che l'implementazione proposta per l'operazione di Partition sceglie come pivot il primo elemento dell'array, è evidente che se l'array è in partenza già ordinato, oppure se è in ordine esattamente inverso a quello desiderato, si verifica il caso peggiore.

Paradossalmente, mentre algoritmi come Insertion Sort o Bubble Sort risultano molto efficienti se l'array è già ordinato o quasi, il Quick Sort risulterebbe estremamente inefficiente proprio in questa situazione.

Osservazione Un modo per rimediare a questo problema è cambiare la scelta del pivot nella Partition: ad esempio, si può scegliere come pivot l'elemento centrale dell'array, o meglio ancora un elemento a caso. L'esercizio 4.12 discute in maggiore dettaglio le semplici modifiche necessarie per realizzare questa idea. Si noti che con tali modifiche non viene alterata la complessità nel caso peggiore; piuttosto, il caso peggiore diventa una situazione diversa da un array inizialmente ordinato o quasi, e si riduce la probabilità che questo caso possa essere incontrato durante l'uso tipico dell'algoritmo.

4.2.6 Limite inferiore alla complessità degli algoritmi di ordinamento

La maggior parte degli algoritmi di ordinamento presentati nelle precedenti sezioni hanno una complessità temporale asintotica che nel caso peggiore è $\Theta(n^2)$, ma abbiamo visto che con l'algoritmo Merge Sort si riesce ad abbassare tale complessità a $\Theta(n \log n)$.

È naturale chiedersi se sia possibile fare di meglio, ovvero se con un diverso algoritmo di ordinamento si possa ottenere una complessità temporale asintotica (nel caso peggiore) che sia ancora piú bassa di $\Theta(n \log n)$.

Se limitiamo la nostra attenzione agli algoritmi di ordinamento per confronti (categoria alla quale appartengono tutti gli algoritmi che abbiamo esaminato finora), è possibile dare una risposta a questa domanda. In particolare, la risposta è negativa: nessun algoritmo di ordinamento per confronti può avere una complessità computazionale nel caso peggiore inferiore a $\Theta(n \log n)$. Nel seguito di questa sezione dimostreremo come si giunge a questa conclusione, per poi discutere brevemente alcune delle sue implicazioni.

Per cominciare, è conveniente riformulare il problema dell'ordinamento in modo lievemente diverso da quello visto finora, ma ad esso del tutto equivalente.

In particolare, data una sequenza di n elementi $a_0, \ldots, a_{n-1}$, definiamo come obiettivo dell'ordinamento trovare una *permutazione* (vedi la sezione 1.2.4) $p_0, \ldots, p_{n-1}$ dell'insieme degli indici della sequenza tale che

$$a_{p_0} \leq a_{p_1} \leq \ldots \leq a_{p_{n-1}}$$

Infatti una permutazione degli indici contiene ciascun indice una e una sola volta, e quindi la nuova sequenza $a_{p_0}, \ldots, a_{p_{n-1}}$ contiene gli stessi elementi della sequenza iniziale, eventualmente in un ordine diverso.

Supporremo che tutte le permutazioni siano possibili, il che equivale a dire che non vi sono vincoli sull'ordine iniziale degli elementi. Se ci fossero dei vincoli sull'ordine degli elementi (ad esempio, nell'array c'è un solo elemento fuori ordine), sarebbe possibile trovare un algoritmo piú efficiente di quanto previsto dal limite alla complessità che stiamo dimostrando.

Per semplificare la dimostrazione, supporremo da questo momento che gli elementi della sequenza siano tutti distinti. Nel caso in cui la sequenza contiene elementi equivalenti, il limite inferiore alla complessità non cambia; tuttavia la dimostrazione risulta leggermente piú laboriosa. Nell'ipotesi che gli elementi siano distinti, il confronto tra due elementi a_i e a_j può avere solo due esiti: $a_i < a_j$, oppure $a_i > a_j$.

In termini astratti, possiamo considerare che ogni algoritmo di ordinamento per confronti esegua una serie di iterazioni; ad ogni iterazione viene effettuato un confronto tra due elementi della sequenza da ordinare, e in base al risultato del confronto l'algoritmo può escludere alcune delle possibili permutazioni dall'insieme delle soluzioni del problema. Quando rimane una sola permutazione compatibile con i confronti effettuati fino a quel momento, allora essa sarà la soluzione, e l'algoritmo può terminare.

Per illustrare questo concetto, supponiamo di avere una sequenza di tre elementi: a_0, a_1, a_2. Inizialmente, prima di effettuare qualsiasi confronto, un algoritmo deve ipotizzare che tutte le permutazioni sono possibili soluzioni. Quindi le permutazioni da considerare sono: (a_0, a_1, a_2), (a_0, a_2, a_1), (a_1, a_0, a_2), (a_1, a_2, a_0), (a_2, a_0, a_1), (a_2, a_1, a_0).

Supponiamo ora che un ipotetico algoritmo, nella prima iterazione decida di confrontare a_0 e a_2. A seconda del risultato del confronto, l'algoritmo potrà escludere alcune delle precedenti permutazioni dalle soluzioni candidate. Ad esempio, se $a_0 > a_2$, l'insieme delle soluzioni candidate si restringe a: (a_1, a_2, a_0), (a_2, a_0, a_1), (a_2, a_1, a_0).

L'algoritmo continua in questo modo ad ogni iterazione, finché non rimane un'unica soluzione candidata, e quindi l'algoritmo può terminare.

Si noti che questa è una visione astratta di un algoritmo di ordinamento; un algoritmo reale non mantiene esplicitamente memoria dell'insieme delle possibili soluzioni candidate (dal momento che questo insieme farebbe diventare esponenziale la complessità spaziale dell'algoritmo). Tuttavia almeno in linea di principio possiamo calcolare questo insieme in ogni punto dell'esecuzione di un algoritmo concreto, dato l'elenco dei confronti che l'algoritmo ha effettuato fino a quel punto, e se l'insieme contiene piú di una permutazione siamo sicuri che l'algoritmo non può terminare, perché non ha ancora abbastanza informazioni per fornire la soluzione al problema. Quindi questo algoritmo astratto ci consente di individuare un limite inferiore al numero di confronti (e quindi, al numero di operazioni) che un algoritmo concreto ha bisogno di effettuare prima di terminare la sua esecuzione.

Ovviamente, la scelta del confronto da effettuare incide sul numero di permutazioni che vengono scartate ad ogni passo, e quindi sul numero di passi necessari prima della terminazione.

Poiché stiamo cercando un limite *inferiore* alla complessità, supporremo che il nostro algoritmo scelga ad ogni passo il confronto che dà il maggiore beneficio. Però, poiché stiamo cercando un limite inferiore alla *complessità nel caso peggiore*, dobbiamo anche supporre che il risultato del confronto sia sempre quello meno favorevole al nostro algoritmo.

In queste condizioni, il confronto piú conveniente da fare ad ogni passo è quello che divide in due parti uguali l'insieme delle soluzioni candidate in modo da massimizzare il numero di permutazioni scartate nel caso meno favorevole. Se il numero di soluzioni candidate è dispari la divisione avviene in due parti la cui cardinalità differisce di 1 se; per semplificare la notazione, nel seguito ignoreremo il caso in cui il numero non sia pari.

Indicando con $\mathcal{P}(k)$ il numero di permutazioni ancora valide dopo k confronti, deve quindi essere:

$$\mathcal{P}(k+1) = \mathcal{P}(k)/2 \text{ per } k \geq 0$$

ovvero, procedendo per sostituzione:

$$\mathcal{P}(k) = \mathcal{P}(0)/2^k \text{ per } k \geq 0$$

L'algoritmo si ferma dopo un numero m di confronti tale che $\mathcal{P}(m) = 1$. Perciò il numero minimo di confronti necessario nel caso peggiore è:

$$m = \log_2 \mathcal{P}(0)$$

Essendo $\mathcal{P}(0)$ il numero delle permutazioni valide all'inizio (prima di effettuare ogni confronto), dovrà essere uguale al numero di tutte le possibili permutazioni di n elementi, ovvero:

$$\mathcal{P}(0) = n!$$

e quindi:

$$m = \log_2 n!$$

Per valutare m possiamo usare la formula di Stirling (vedi la sezione 1.2.3), che esprime un'approssimazione del fattoriale in termini di funzioni analitiche:

$$n! \approx \sqrt{2\pi n}\left(\frac{n}{e}\right)^n$$

da cui segue che:

$$\log_2 n! \approx \log_2 \sqrt{2\pi} + \frac{1}{2}\log_2 n + n\log_2 n - n\log_2 e$$

e quindi, trascurando i termini meno significativi:

$$m = \log 2n! \in \Theta(n \log n)$$

Dunque, abbiamo dimostrato che la complessità temporale asintotica nel worst case di un algoritmo basato su confronti deve essere almeno pari a $\Theta(n \log n)$.

Osservazione Il limite inferiore appena presentato vale solo per algoritmi che si basano sul confronto di coppie di elementi della sequenza da ordinare. Sono possibili algoritmi di ordinamento che si basano su altri tipi di operazioni; tipicamente questi algoritmi sfruttano proprietà specifiche della rappresentazione del tipo di dato degli elementi della sequenza, e quindi non sono di applicabilità generale. Tuttavia, nei casi in cui sono applicabili, possono portare a una complessità nel caso peggiore anche inferiore a $\Theta(n \log n)$ (ad esempio diversi algoritmi di questo tipo hanno una complessità lineare).

L'algoritmo Merge Sort ha una complessità asintotica nel caso peggiore che è proprio pari al limite inferiore. Si potrebbe pensare quindi che l'algoritmo Merge Sort sia sempre preferibile agli altri algoritmi presentati in questo capitolo. Tale conclusione sarebbe però eccessivamente precipitosa, perché non tiene conto dei seguenti fattori:

- la versione di Merge Sort che abbiamo presentato per gli array non effettua l'ordinamento sul posto; in alcune applicazioni questa limitazione non è accettabile (si noti però che il Merge Sort può effettuare l'ordinamento sul posto usando strutture dati diverse dall'array, come le liste concatenate; è persino possibile l'ordinamento sul posto di array, anche se questo renderebbe estremamente piú complicata la fase di Merge);

- in molti casi pratici è la complessità nel caso medio che conta dal punto di vista di chi usa un algoritmo; Quick Sort ha la stessa complessità nel caso medio di Merge Sort, e potrebbe essere piú veloce grazie a un fattore costante piú basso;

- la complessità asintotica è rappresentativa del reale onere computazionale se il valore di n tende all'infinito; ma per piccoli valori di n un algoritmo di complessità $\Theta(n^2)$ potrebbe risultare sensibilmente piú veloce di un algoritmo $\Theta(n \log n)$;

- infine, in alcuni casi l'ordine iniziale degli elementi non è completamente casuale; in queste situazioni alcuni algoritmi potrebbero esibire un comportamento piú vicino al best case che non al caso peggiore o al caso medio (si consideri per esempio il bubble sort quando l'array di partenza è quasi ordinato).

In conclusione, la scelta dell'algoritmo di ordinamento piú efficiente per risolvere un determinato problema non è necessariamente univoca. Perciò è importante conoscere i diversi algoritmi e le loro caratteristiche fondamentali.

```
package algorithms;

public interface SortAlgorithm<T extends Comparable<T>> {
        /**
         * Ordina gli elementi dell'array a
         */
        void sort(T a[]);
}
```

Listato 4.17 L'interfaccia `SortAlgorithm` comune a tutti gli algoritmi di ordinamento.

4.2.7 Implementazione degli algoritmi di ordinamento in Java

Esaminiamo ora l'implementazione in Java degli algoritmi di ordinamento Selection Sort e Quick Sort, già presentati nelle sezioni 4.2.1 e 4.2.5.

Come per gli algoritmi di ricerca, in questa implementazione si è deciso di utilizzare per ciascun algoritmo una classe Java, impiegando la genericità per parametrizzare la classe rispetto al tipo base dell'array. Il listato 4.17 illustra l'interfaccia `SortAlgorithm`, che definisce le caratteristiche comuni a tutti gli algoritmi di ordinamento.

Poiché è richiesta una relazione d'ordine tra gli elementi, `SortAlgorithm` specifica che il tipo base deve implementare l'interfaccia `Comparable`. Un implementazione di `SortAlgorithm` deve definire il metodo pubblico `sort`, che riceve un array come parametro e ne ordina gli elementi. Si noti che non è necessario passare il numero di elementi dell'array, in quanto in Java esso è accessibile utilizzando il campo `length` della variabile di tipo array.

Il listato 4.18 presenta una implementazione dell'algoritmo Selection Sort. Il metodo pubblico `sort`, attraverso il quale è possibile effettuare l'ordinamento, ha una struttura simile alla funzione `selection_sort` presentata nel listato 4.9. Per la ricerca del minimo in un sottoinsieme dell'array e per lo scambio di due elementi, si utilizzano i metodi privati `searchMin` e `swap`.

Si noti che il metodo `searchMin` riceve come parametri i due indici `first` e `last` degli elementi che sono agli estremi del sottoarray in cui deve essere effettuata la ricerca. Questo è necessario perché in Java non è possibile usare come in C l'aritmetica dei puntatori per passare di volta in volta un sottoinsieme dell'array. Per conseguenza, l'indice restituito è relativo all'inizio dell'array completo, e non del solo sottoarray, e quindi non è necessario sommare ad esso il valore di `i` come veniva fatto nell'implementazione in C. Si noti che `searchMin` usa il metodo `compareTo`, definito nell'interfaccia `Comparable`, per confrontare ciascun elemento con il minimo corrente.

Il metodo `swap` è meno generale della funzione `swap` definita nel listato 4.8, in quanto può scambiare di posto due elementi dello stesso array, ma non due variabili qualsiasi. Ciò dipende dal fatto che in Java non è possibile passare come

```
package algorithms;

public class SelectionSort<T extends Comparable<T>>
        implements SortAlgorithm<T> {
    public void sort(T a[]) {
        int i;
        for(i=0; i<a.length-1; i++) {
            int imin=searchMin(a, i, a.length-1);
            if (imin!=i)
                swap(a, i, imin);
        }
    }

    private void swap(T a[], int i, int j) {
        T tmp=a[i];
        a[i]=a[j];
        a[j]=tmp;
    }

    private int searchMin(T a[], int first, int last) {
        int imin, i;
        imin=first;
        for(i=first+1; i<=last; i++)
            if (a[i].compareTo(a[imin]) < 0)
                imin=i;
        return imin;
    }
}
```

Listato 4.18 Implementazione in Java dell'algoritmo Selection Sort.

parametro il riferimento a una variabile. Se il metodo **swap** fosse definito come segue:

```
// ERRATO!
private void swap(T a, T b) {
    T tmp=a;
    a=b;
    b=tmp;
}
```

esso sarebbe inutile in quanto modificherebbe il valore di due variabili locali al metodo, e non delle variabili del chiamante. D'altra parte, poiché per i tipi strutturati (come gli array) le variabili contengono un riferimento a un oggetto allocato dinamicamente, è possibile modificare il contenuto di un oggetto passato come parametro (in questo caso, il contenuto degli elementi dell'array) anche se non viene modificata la variabile che contiene il riferimento all'oggetto.

Il listato 4.19 presenta una implementazione in Java dell'algoritmo Quick Sort. Il metodo pubblico `sort` richiama semplicemente il metodo privato `sort`, che ha lo stesso nome ma differisce nei parametri (usando l'*overloading* dei metodi del linguaggio Java). In particolare, il metodo `sort` privato richiede l'indicazione degli indici estremi del sottoarray da ordinare, in quanto deve essere applicato ricorsivamente a sottoinsiemi dell'array. In C non era necessario specificare gli estremi in quanto si faceva uso dell'aritmetica dei puntatori per richiamare la funzione `quick_sort` (vedi listato 4.16) su un sottoinsieme dell'array.

In maniera analoga, anche per il metodo privato `partition` è necessario specificare gli estremi del sottoinsieme dell'array da partizionare. Si noti che `partition`

```
package algorithms;

public class QuickSort<T extends Comparable<T>>
        implements SortAlgorithm<T> {
    public void sort(T a[]) {
        sort(a, 0, a.length-1);
    }

    private void sort(T a[], int first, int last) {
        if (first>=last)
            return;
        int pivot=partition(a, first, last);
        sort(a, first, pivot-1);
        sort(a, pivot+1, last);
    }

    private int partition(T a[], int first, int last) {
        int i, k=first+1;
        for(i=first+1; i<=last; i++)
            if (a[i].compareTo(a[first]) < 0)
                swap(a, i, k++);
        swap(a, first, k-1);
        return k-1;
    }

    private void swap(T a[], int i, int j) {
        T tmp=a[i];
        a[i]=a[j];
        a[j]=tmp;
    }
}
```

Listato 4.19 Implementazione in Java dell'algoritmo Quick Sort.

utilizza il metodo **compareTo**, definito nell'interfaccia **Comparable**, per confrontare ciascun elemento con il pivot (**a[first]**).

Infine, per il metodo privato **swap** valgono le stesse considerazioni effettuate discutendo l'implementazione dell'algoritmo di Selection Sort.

Per concludere, di seguito è mostrato un frammento di codice che utilizza uno dei due algoritmi per ordinare un array di stringhe:

```
String words[]={"la", "vispa", "teresa", /* etc etc etc */};
SortAlgorithm<String> alg=new QuickSort<String>();
alg.sort(words);
// Ora stampa l'array ordinato
for(int i=0; i<words.length; i++)
    System.out.println(words[i]);
```

Approfondimento Nella libreria di classi standard di Java è presente, all'interno della classe **java.util.Arrays**, il metodo **static sort** che effettua l'ordinamento di un array. L'algoritmo utilizzato è una versione modificata del Merge Sort.

4.3 Esercizi

► **Esercizio 4.1** (★★) Generalizzare la funzione `linear_search` presentata nel listato 4.1 in modo che la condizione di ricerca non sia semplicemente l'equivalenza a un valore assegnato, ma possa essere specificata attraverso un parametro della funzione.

Suggerimento: utilizzare un puntatore a una funzione che abbia un parametro di tipo `TInfo` e un valore di ritorno di tipo `bool` per rappresentare il predicato che deve essere soddisfatto dall'elemento desiderato.

Risposta a pag. 340

► **Esercizio 4.2** (★) Modificare la funzione `linear_search` presentata nel listato 4.1 in modo tale che se l'array contiene piú elementi che soddisfano la condizione di ricerca, la funzione restituisce l'indice dell'ultimo di essi.

► **Esercizio 4.3** (★) Modificare la funzione `linear_search` presentata nel listato 4.1 in modo che, invece di conoscere il numero di elementi usati dall'array, vi sia nell'array un elemento speciale che funga da "terminatore" posto subito dopo l'ultimo elemento effettivamente utilizzato. Il valore del terminatore deve essere diverso da tutti i valori che l'utente può inserire nell'array. Ad esempio, per provare la funzione, si può usare un array di interi positivi terminato da -1.

Il prototipo della funzione sarà quindi:

```
int linear_search(TInfo a[], TInfo terminatore, TInfo x);
```

► **Esercizio 4.4** (★★) Si modifichi la funzione realizzata per l'esercizio 4.3 in modo che nel caso siano presenti piú elementi uguali a quello cercato, la funzione restituisca l'indice dell'ultimo di tali elementi.

La funzione deve esaminare una sola volta gli elementi dell'array.

Risposta a pag. 341

► **Esercizio 4.5** (★★) La funzione `linear_search` presentata nel listato 4.1 esegue per ogni iterazione del ciclo due controlli:

- verifica che l'array non sia terminato;
- verifica che l'elemento corrente non sia quello cercato.

È possibile rimuovere il primo dei due controlli, nell'ipotesi che l'array effettivamente allocato contenga spazio per almeno $n+1$ elementi, utilizzando una tecnica detta *ricerca con sentinella.* L'idea è di posizionare subito dopo l'ultimo elemento dell'array una copia del valore da cercare; in tal modo l'algoritmo troverà sicuramente tale valore, e non è necessario quindi controllorare che si raggiunga la fine dell'array.

Implementare la ricerca con sentinella, e discutere delle implicazioni di questa variante dell'algoritmo sulla complessità computazionale e sulla generalizzabilità ad altre condizioni di ricerca.

Risposta a pag. 341

▶ **Esercizio 4.6** (★★) Realizzare in forma ricorsiva l'algoritmo di ricerca dicotomica presentato nella sez. 4.1.2. Verificare se l'implementazione proposta è ricorsiva in coda. *Risposta a pag. 342*

▶ **Esercizio 4.7** (★) Realizzare la funzione `selection_sort` del listato 4.9 senza utilizzare la funzione `search_min`, includendo direttamente nel corpo della `selection_sort` l'algoritmo per la ricerca del minimo.

Risposta a pag. 342

▶ **Esercizio 4.8** (★★) Modificare la funzione `insert_in_order` presentata nel listato 4.10 in modo da usare la funzione `binary_search_approx` del listato 4.3 a per individuare la posizione di inserimento.

Discutere delle implicazioni di questa modifica sulla complessità computazionale dell'algoritmo di inserimento in ordine e dell'algoritmo di Insertion Sort.

▶ **Esercizio 4.9** (★★) Modificare l'algoritmo Bubble Sort presentato nel listato 4.12 in modo che alterni iterazioni in cui scorre l'array dall'inizio verso la fine a iterazioni in cui scorre l'array dalla fine verso l'inizio. L'algoritmo risultante prende il nome di *Shaker Sort*.

Risposta a pag. 342

▶ **Esercizio 4.10** (★★) Modificare l'algoritmo di Merge Sort presentato nel listato 4.14 in modo che non richieda il passaggio come parametro di un array di appoggio, ma allochi dinamicamente tale array.

Suggerimento: è conveniente realizzare una funzione di comodo che effettui l'allocazione (una sola volta) e poi chiami la `merge_sort` passando l'array di appoggio come parametro, piuttosto che modificare la `merge_sort` in modo da introdurre l'allocazione dinamica a ogni livello della ricorsione, in quanto nel secondo caso le operazioni di allocazione e deallocazione dell'array avrebbero un impatto significativo sul tempo di esecuzione dell'algoritmo.

▶ **Esercizio 4.11** (★★★) Realizzare un'implementazione dell'algoritmo di Merge Sort presentato nel listato 4.14 in cui non sia necessario effettuare la copia dell'array ordinato al termine della fusione.
Suggerimento: impostare la funzione in modo che l'array ordinato possa essere restituito attraverso il parametro `a` oppure attraverso il parametro `temp`, usando il valore di ritorno per passare il puntatore a quello tra i due array che è stato effettivamente utilizzato. Il prototipo quindi diventa:

```
TInfo * merge_sort(TInfo a[], int n, TInfo temp[]);
```

Nota Bene: nel caso ricorsivo non è detto che tutte e due le chiamate restituiscano il risultato nello stesso array; dimostrare che la soluzione trovata gestisca correttamente il caso in cui le due chiamate restituiscono un puntatore a due array diversi (es. la prima mette il risultato in una parte di `a` e la seconda in una parte di `temp`).

▶ **Esercizio 4.12** (★) Modificare la funzione `partition` presentata nel listato 4.15 in modo che il pivot sia scelto casualmente, anziché essere sempre il primo elemento dell'array. In questo modo risulta meno probabile che l'algoritmo di Quick Sort rientri nel worst case. *Risposta a pag. 343*

Capitolo 5

Strutture dati di base

Se riusciamo a scacciare l'illusione che imparare l'informatica
significa imparare a maneggiare gli indici degli array,
possiamo concentrarci sulla programmazione come fonte di idee.
Harold Abelson

Sommario *In questo capitolo introdurremo il concetto di struttura dati dinamica e la piú semplice tra tali strutture: l'array dinamico. Inoltre presenteremo due strutture dati fondamentali, la pila e la coda, e la loro realizzazione a partire dall'array.*

5.1 Strutture dati dinamiche

In numerose applicazioni occorre effettuare delle operazioni che coinvolgono *collezioni* di dati, ovvero strutture dati che contengono un insieme di elementi dello stesso tipo. Si pensi ad esempio a una rubrica telefonica, che deve gestire una collezione di contatti; a un correttore ortografico, che utilizza una collezione di vocaboli; a un programma di navigazione, che contiene una collezione di strade...

Il linguaggio C, come la maggior parte dei suoi predecessori e dei linguaggi ad esso contemporanei, mette a disposizione del programmatore un'unica struttura dati per gestire collezioni: l'array. Gli array sono semplici da implementare per chi sviluppa un compilatore, e le operazioni di base su un array sono estremamente efficienti (entrambe le cose sono conseguenza del fatto che praticamente tutti i processori hanno istruzioni o modi di indirizzamento speciali per realizzare l'accesso a un elemento di un array); inoltre si adattano molto bene alla soluzione di problemi di calcolo numerico, in cui spesso bisogna elaborare vettori o matrici.

Sfortunatamente, per alcune applicazioni, gli array non costituiscono la struttura dati ideale, perché presentano due problemi:

- il numero di elementi dell'array deve essere noto nel momento in cui il programma viene compilato;
- mentre l'operazione fondamentale sugli array, l'accesso a un elemento di cui è noto l'indice, è molto efficiente (ha complessità $\Theta(1)$ con costanti moltiplicative molto basse), altre operazioni, come l'inserimento di un nuovo elemento in una posizione arbitraria o l'accesso a un elemento in base al suo contenuto (che per gli array hanno complessità $\Theta(n)$) possono essere realizzate con una complessità significativamente minore ricorrendo ad altre strutture dati.

Del secondo problema ci occuperemo nei capitoli successivi. Nel seguito invece esamineremo piú in dettaglio il primo problema, e presenteremo una possibile soluzione nella sezione 5.2.

Abbiamo affermato che il numero di elementi dell'array deve essere noto nel momento in cui il programma viene compilato. Infatti per le variabili di tipo array il programmatore deve specificare la dimensione, che deve essere una costante o un'espressione che contiene solo operandi costanti, in modo da poter calcolare il suo valore al momento della compilazione.

Stabilire la dimensione della collezione a tempo di compilazione non è sempre possibile, dal momento che il numero di elementi della collezione può dipendere dai dati che l'utente fornisce durante l'esecuzione del programma, e può variare durante l'esecuzione del programma stesso (ad esempio perché l'utente richiede l'aggiunta o la rimozione di elementi dalla collezione).

Approfondimento In realtà lo standard C99 del linguaggio C consente di utilizzare qualunque espressione come dimensione per una variabile *locale* di tipo array, come nel seguente esempio:

```
void myfunc(int n) {
    char arr[n*2+1]; /* valido solo in C99 ! */
    /* etc etc etc */
}
```

in cui la dimensione della variabile `arr` è decisa a tempo di esecuzione (in base al valore del parametro `n`).

Sebbene questo risolva il problema (per i soli compilatori conformi allo standard C99, come `gcc`) quando la dimensione della collezione può essere stabilita prima della creazione della collezione stessa, il problema rimane se il numero di elementi può variare *durante* l'uso della collezione.

Tradizionalmente, nei linguaggi di programmazione che non supportano altri meccanismi di allocazione che l'allocazione statica (all'avvio del programma) e l'allocazione automatica (all'avvio di un sottoprogramma, usando lo stack dei record di attivazione), la soluzione al problema del dimensionamento degli array consiste nell'usare una dimensione pari al massimo numero di elementi che si suppone possano essere inseriti nella collezione, e tenere traccia in una variabile separata (detta *riempimento* dell'array) del numero di elementi effettivamente utilizzati. Tale soluzione però presenta due inconvenienti:

- non sempre è facile stabilire un limite massimo al numero di elementi che il programma dovrà elaborare; se il limite è troppo alto, il programma potrebbe non girare su macchine che hanno poca memoria, mentre se è troppo basso potrebbe rifiutarsi di elaborare un numero maggiore di elementi anche quando la memoria necessaria sarebbe disponibile;

- il programma occupa sempre una quantità di memoria corrispondente al numero massimo di elementi anche quando il numero effettivo è molto piú piccolo, quando questa memoria "sprecata" potrebbe essere utilizzata da altri programmi attivi sullo stesso computer, o anche da altre strutture dati presenti nello stesso programma.

Definizione Una struttura dati che (come gli array del linguaggio C) richiede al programmatore di specificare il numero di elementi al momento della sua creazione si definisce *statica*.

Definizione Per contro, una struttura dati che consente di modificare il numero di elementi durante il suo uso si definisce *dinamica*.

Osservazione L'implementazione di una struttura dati dinamica generalmente richiede che il linguaggio offra delle funzionalità di allocazione dinamica della memoria (come la funzione `malloc` del linguaggio C). In assenza di queste funzionalità, una struttura dati dinamica può essere implementata "simulando" l'allocazione dinamica con una variabile dimensionata per il numero massimo di elementi, ma in questo caso si perdono alcuni dei benefici di una struttura dati dinamica.
D'altra parte è importante osservare che non è sufficiente che una struttura dati sia allocata dinamicamente perché sia una *struttura dati dinamica*: è necessario che la struttura dati consenta di modificare il numero di elementi contenuti durante l'esecuzione del programma.

5.1.1 Convenzioni per l'uso dell'allocazione dinamica

Nel seguito di questo capitolo e nei capitoli successivi realizzeremo alcune strutture dati dinamiche in linguaggio C; a tale scopo dovremo utilizzare le funzioni che il C mette a disposizione per gestire la memoria dinamica. Supponiamo che il lettore sia già familiare con l'allocazione dinamica in C, tuttavia per brevità riportiamo qui le funzioni in questione, definite nell'header `<stdlib.h>`:

- `void *malloc(size_t size)` alloca un blocco di memoria di dimensione `size` (in bytes); restituisce il puntatore al blocco allocato;
- `void free(void *ptr)` dealloca un blocco di memoria puntato da `ptr`;
- `void *realloc(void *ptr, size_t new_size)` rialloca il blocco di memoria puntato da `ptr` in modo che abbia come nuova dimensione `new_size`;

restituisce il puntatore al blocco riallocato (che può non coincidere con il vecchio puntatore `ptr`); garantisce che i contenuti del vecchio blocco siano copiati nel nuovo compatibilmente con la dimensione di quest'ultimo; risulta piú efficiente delle tre operazioni di allocazione del nuovo blocco, copia dei contenuti e deallocazione del vecchio blocco eseguite separatamente, perché in alcune situazioni può ridimensionare il blocco "sul posto" evitando la copia.

Le funzioni `malloc` e `realloc` restituiscono il puntatore nullo `NULL` se l'allocazione non è possibile per mancanza di memoria (oppure se è stato richiesto un blocco di 0 bytes).

Errore frequente Ogni volta che viene richiamata una di queste funzioni, occorre *sempre* controllare il valore di ritorno, e gestire opportunamente l'eventuale condizione di errore in cui viene restituito `NULL`.
Dimenticare questo controllo può portare a programmi che si comportano in maniera impredicibile nelle (oggi sempre piú rare) situazioni in cui la memoria non è sufficiente.

Per evitare di appesantire il codice presentato con le istruzioni per gestire la mancanza di memoria come in questo esempio:

```
p=malloc(sizeof(TInfo));
if (p==NULL) {
    printf("Memoria␣insufficiente␣nella␣funzione␣myfunc\n");
    exit(1);
}
```

useremo la macro `assert` definita nell'header `<assert.h>`. L'istruzione:

```
assert(condizione);
```

non fa nulla se la condizione risulta essere vera, mentre se la condizione è falsa stampa un messaggio di errore che contiene la condizione, il file sorgente e il numero di linea dell'istruzione, e quindi termina l'esecuzione del programma. Con `assert` l'esempio precedente diventa:

```
p=malloc(sizeof(TInfo));
assert(p!=NULL);
```

Per semplicità assumeremo che gli elementi da inserire nelle nostre strutture dati appartengano al tipo `TInfo` definito nella sezione 1.1 . Nel caso in cui il programma debba utilizzare piú strutture dati con elementi di tipo diverso, sarà ovviamente necessario duplicare le funzioni corrispondenti per ogni tipo di elemento.

5.2 Array dinamici

Il primo tipo di struttura dati dinamica che verrà presentato è la naturale estensione in senso dinamico del familiare array: l'*array dinamico*. Un array dinamico, a differenza di un array tradizionale, può cambiare la sua dimensione durante l'esecuzione del programma.

5.2.1 Struttura dati, allocazione e deallocazione

Per rappresentare un array dinamico abbiamo bisogno di almeno due informazioni: il puntatore all'area di memoria (da allocare dinamicamente) che contiene gli elementi dell'array, e la dimensione corrente.

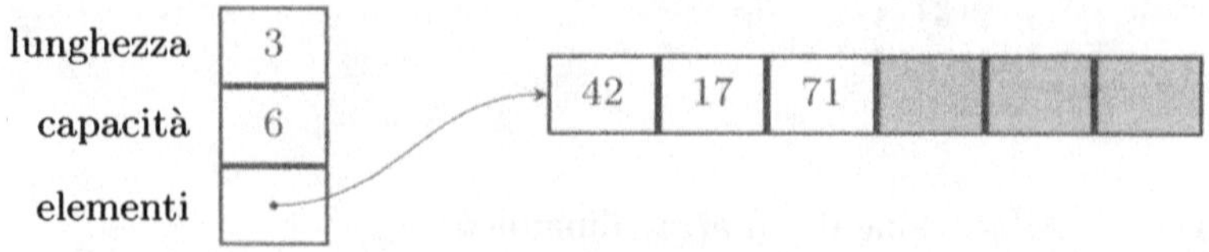

Figura 5.1 Rappresentazione di un array dinamico. Gli elementi in grigio sono allocati ma non correntemente utilizzati; consentono di espandere la lunghezza dell'array senza effettuare una nuova allocazione se la nuova lunghezza è minore della capacità.

In realtà, come vedremo piú in dettaglio nella sezione 5.2.2, non è conveniente dover riallocare l'array ogni volta che cambia la sua dimensione. Per ridurre il numero di riallocazioni, assumeremo che durante l'uso l'array possa avere un numero di elementi allocati maggiore del numero di elementi effettivamente utilizzati, in modo da poter essere espanso senza effettuare una nuova allocazione.

Perciò la rappresentazione dell'array dinamico userà tre informazioni, come illustrato nella fig. 5.1:

- il puntatore all'area di memoria che contiene gli elementi dell'array;
- il numero di elementi effettivamente inseriti nell'array, che chiameremo *lunghezza* o *riempimento* dell'array;
- il numero di elementi allocati, che chiameremo dimensione o *capacità* dell'array.

Il listato 5.1 mostra una possibile definizione della struttura dati, che useremo per illustrare le operazioni sugli array dinamici.

```
struct SArray {
        TInfo *item;  /* elementi dell'array */
        int length;   /* riempimento */
        int size;     /* dimensione allocata */
};
typedef struct SArray TArray;
```

Listato 5.1 Definizione della struttura dati *array dinamico*.

Il listato 5.2 mostra l'allocazione di un array dinamico. La funzione `array_create` richiede come parametro la lunghezza iniziale dell'array, che costituisce anche la capacità iniziale dello stesso.

```
/* Crea un array dinamico.
 * PRE:
 *   initial_length >= 0
 */
TArray array_create(int initial_length) {
    TArray a;
    a.item = (TInfo *)malloc(initial_length*sizeof(TInfo));
    assert(initial_length==0 || a.item!=NULL);
    a.length=initial_length;
    a.size=initial_length;
    return a;
}
```

Listato 5.2 Allocazione di un array dinamico.

```
/* Dealloca un array dinamico.
 */
void array_destroy(TArray *a) {
    free(a->item);
    a->item=NULL;
    a->length=0;
    a->size=0;
}
```

Listato 5.3 Deallocazione di un array dinamico.

Il listato 5.3 mostra la deallocazione di un array dinamico. La funzione `array_destroy` riceve l'array da deallocare per riferimento, in quanto oltre a deallocare l'area di memoria usata per gli elementi, imposta a 0 la lunghezza e la capacità dell'array dinamico, in modo da ridurre il rischio di errori dovuti all'uso dell'array dopo la deallocazione.

5.2.2 Ridimensionamento di un array dinamico

L'operazione che caratterizza un array dinamico è il ridimensionamento, che cambia il numero di elementi che possono essere contenuti nell'array. Se l'area di memoria allocata per contenere gli elementi non è sufficiente per contenere il nuovo numero di elementi, è necessaria un'operazione di *riallocazione*. La riallocazione è costituita, concettualmente, da tre passi:

- allocazione di una nuova area di memoria per gli elementi;
- copia degli elementi dalla vecchia area di memoria alla nuova;
- deallocazione della vecchia area di memoria.

Poichè l'operazione di riallocazione è un'operazione costosa, in quanto richiede un tempo che è $\Theta(n)$ (dove n è la lunghezza dell'array), è importante ridurre il numero di tali operazioni.

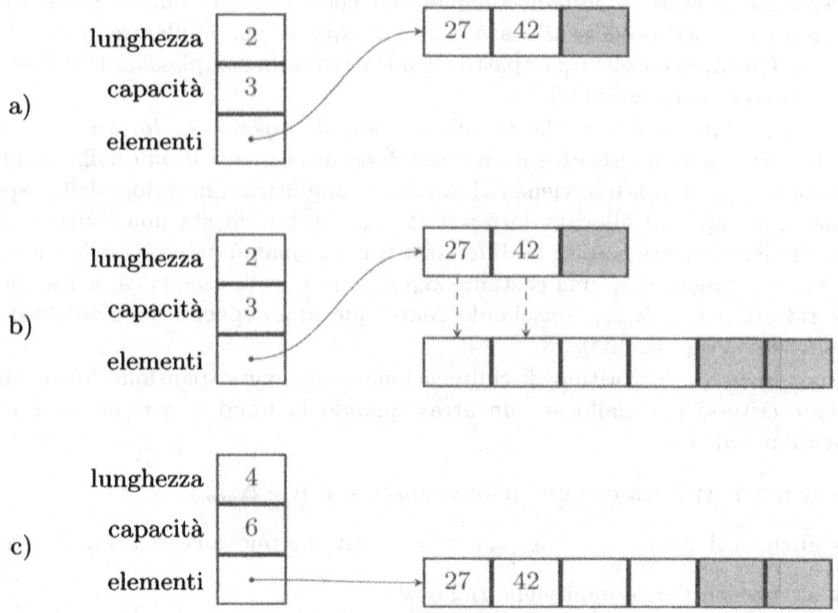

Figura 5.2 Ridimensionamento di un array dinamico. La dimensione deve passare da 2 a 4, superando la capacità; è quindi necessaria una riallocazione. a) L'array iniziale. b) Viene allocato un nuovo blocco di memoria, e gli elementi presenti nell'array vengono copiati nel nuovo blocco. c) Il vecchio blocco di memoria viene deallocato, e i campi della struttura dati vengono aggiornati.

Questo obiettivo si può ottenere combinando due idee:

- quando l'array viene espanso, ovvero la sua lunghezza viene aumentata, viene allocata una capacità maggiore della lunghezza richiesta;
- quando l'array viene contratto, ovvero la sua lunghezza viene ridotta, la memoria allocata (e quindi la capacità) viene ridotta solo se la differenza tra la lunghezza e la capacità è superiore a una certa soglia.

In questo modo, una successiva espansione che rientra nella capacità supplementare può essere effettuata senza una nuova allocazione. È questo il motivo per cui nella definizione della struttura dati abbiamo mantenute distinte la lunghezza e la capacità dell'array. Per contro, se il ridimensionamento richiede una lunghezza che non rientra nella capacità allocata, è necessaria una riallocazione. La figura 5.2 illustra questa operazione.

Sebbene non sia strettamente necessaria una riallocazione quando si effettua una riduzione della lunghezza dell'array, potrebbe essere desiderabile effettuarla per evitare che la differenza tra la lunghezza e la capacità dell'array diventi eccessiva, e quindi lo spreco della memoria allocata e non utilizzata.

Per implementare il ridimensionamento occorre decidere quanta capacità supplementare l'algoritmo deve allocare in fase di espansione, o tollerare in fase di contrazione. Questa scelta ha un impatto significativo sulla complessità dell'algoritmo, come vedremo nella sezione 5.2.4.

Una possibile strategia, che prende il nome di *espansione lineare*, prevede in caso di espansione di riservare un numero fisso di elementi in piú della lunghezza richiesta, Δ_{grow}. Quindi se viene richiesta una lunghezza n maggiore della capacità attuale c, la capacità allocata sarà $n + \Delta_{grow}$. Se è richiesta una contrazione, la capacità viene ridotta solo se la differenza tra la capacità attuale c e la lunghezza richiesta n è maggiore di una costante Δ_{shrink}; in questo caso la capacità allocata viene ridotta a $n + \Delta_{grow}$ (lasciando comunque una capacità supplementare per una successiva espansione).

Riassumendo, l'algoritmo di ridimensionamento con espansione lineare usa il seguente criterio per riallocare un array quando la lunghezza richiesta è n e la capacità attuale è c:

- se $n > c$, rialloca con una nuova capacità di $n + \Delta_{grow}$;
- altrimenti, se $n < c - \Delta_{shrink}$, rialloca con una nuova capacità di $n + \Delta_{grow}$;
- altrimenti, l'array non viene riallocato.

Si noti che deve essere $\Delta_{shrink} \geq \Delta_{grow}$, altrimenti la seconda delle condizioni sopra riportate risulterà sempre vera, comportando una riallocazione ad ogni ridimensionamento.

```
#define GROWING_DELTA 10
#define SHRINKING_DELTA 20

/* Ridimensiona un array dinamico.
 * PRE:
 *    new_length>=0
 */
void array_resize(TArray *a, int new_length) {
    if (new_length > a->size ||
            new_length < a->size - SHRINKING_DELTA) {
        int new_size=new_length+GROWING_DELTA;
        a->item=realloc(a->item, new_size*sizeof(TInfo));
        assert(new_size==0 || a->item!=NULL);
        a->size=new_size;
    }
    a->length=new_length;
}
```

Listato 5.4 Ridimensionamento di un array dinamico con espansione lineare. *Nota*: come spiegato nella sezione 5.2.4, è preferibile usare l'algoritmo di ridimensionamento con espansione geometrica presentato nel listato 5.5.

Abbiamo già visto che la riallocazione dell'array concettualmente richiede l'allocazione di una nuova area di memoria per contenere gli elementi, la copia del contenuto della vecchia area di memoria nella nuova, e la deallocazione della vecchia area di memoria. Un modo immediato per tradurre nel linguaggio C queste operazioni sarebbe:

```
    /* Alloca una nuova area di memoria */
    TInfo *new_item=malloc(new_size*sizeof(TInfo));
    assert(new_size==0 || new_item!=NULL);

    /* Copia i vecchi elementi */
    for(i=0; i<a->length && i<new_length)
        new_item[i] = a->item[i];

    /* Dealloca la vecchia area di memoria */
    free(a->item);
    a->item=new_item;
    a->size=new_size;
    a->length=new_length;
```

Tuttavia in C queste tre operazioni possono essere piú semplicemente realizzate con la funzione `realloc` precedentemente descritta. il vantaggio di questa funzione non è solo la maggiore semplicità, ma anche l'efficienza: se la vecchia area di memoria è seguita da un'area di memoria libera di dimensioni sufficienti, `realloc` modifica semplicemente i confini dell'area di memoria senza dover effettuare la copia del contenuto. Quindi la complessità computazionale diventa $\Theta(1)$ nel caso migliore (rimanendo $\Theta(n)$ nel caso peggiore).

Una possibile implementazione dell'algoritmo di ridimensionamento con espansione lineare, che tiene conto di queste osservazioni, è presentata nel listato 5.4.

```
#define GROWING_FACTOR 2
#define SHRINKING_FACTOR 4

/* Ridimensiona un array dinamico.
 * PRE:
 *    new_length>=0
 */
void array_resize(TArray *a, int new_length) {
    if (new_length > a->size ||
            new_length < a->size/SHRINKING_FACTOR) {
        int new_size=new_length*GROWING_FACTOR;
        a->item=realloc(a->item, new_size*sizeof(TInfo));
        assert(new_size==0 || a->item!=NULL);
        a->size=new_size;
    }
    a->length=new_length;
}
```

Listato 5.5 Ridimensionamento di un array dinamico con espansione geometrica.

L'espansione lineare alloca una capacità supplementare fissa, indipendente dalla lunghezza dell'array. Una strategia alternativa, che prende il nome di *espansione geometrica*, prevede invece che la capacità supplementare sia proporzionale alla lunghezza richiesta.

Piú precisamente, si definisce un fattore di proporzionalità $\rho_{grow} > 1$, e la capacità allocata in fase di espansione viene calcolata come $n \cdot \rho_{grow}$. Analogamente, per decidere quando ridurre la memoria allocata, si definisce un fattore di proporzionalità $\rho_{shrink} > 1$; la capacità viene effettivamente ridotta solo se il rapporto tra c e n è maggiore di ρ_{shrink}. Riassumendo, l'algoritmo di ridimensionamento con espansione geometrica può essere formulato come segue:

- se $n > c$, rialloca con una nuova capacità di $n \cdot \rho_{grow}$;
- altrimenti, se $n < c/\rho_{shrink}$, rialloca con una nuova capacità di $n \cdot \rho_{grow}$;
- altrimenti, l'array non viene riallocato.

Si noti che deve essere $\rho_{shrink} \geq \rho_{grow}$, altrimenti la seconda delle condizioni sopra riportate risulterà sempre vera, comportando una riallocazione ad ogni ridimensionamento.

Il listato 5.5 mostra una possibile implementazione in C del ridimensionamento con espansione geometrica.

5.2.3 Esempio d'uso

Supponiamo di voler risolvere il seguente problema: ottenere l'elenco dei numeri primi compresi tra 1 e 10000.

Verificare se un numero è primo è semplice (per numeri piccoli, come quelli nell'intervallo tra 1 e 10000): proviamo tutti i divisori compresi tra 2 e la radice quadrata del numero, fino a che non ne troviamo uno che divida esattamente il numero (e quindi il numero non è primo) oppure esauriamo l'elenco dei divisori (e quindi il numero è primo).

In questo caso però non sappiamo a priori quanti sono i numeri primi tra 1 e 10000, e quindi è conveniente utilizzare un array dinamico per memorizzare i numeri primi man mano che li individuiamo.

Il listato 5.6 riporta un programma che risolve il problema usando un array dinamico.

Si noti in particolare il modo con cui gli elementi vengono aggiunti uno per volta all'array. Per ciascun elemento da aggiungere, viene prima ridimensionato l'array per aumentare di 1 la sua lunghezza:

```
array_resize(&primes, primes.length+1);
```

Quindi l'elemento `num` da aggiungere viene inserito nell'ultima posizione dell'array (quella di indice `length-1`):

```
primes.item[primes.length-1]=num;
```

Questo modo di riempire l'array è piuttosto comune in diversi algoritmi; è questo il motivo per cui nel ridimensionamento abbiamo fatto in modo da riservare una capacità supplementare quando viene eseguita la riallocazione.

5.2.4 Valutazione della complessità computazionale

Cominciamo con il valutare la complessità spazionale di questa struttura dati rispetto al numero n di elementi contenuti nell'array. La struttura dati richiede un insieme di campi fisso per la lunghezza, la capacità e il puntatore all'area di memoria che contiene gli elementi, e un'area di dimensione variabile per gli elementi stessi. La parte fissa ha complessità spaziale $\Theta(1)$ in quanto non dipende da n; passiamo quindi a valutare la complessità spaziale della parte variabile.

La quantità di memoria allocata per gli elementi è pari alla capacità c per la dimensione del singolo elemento. Poiché sappiamo che $c \geq n$, dobbiamo stabilire un

```
/* Verifica se un numero e' primo,
 * ovvero non ha altri divisori che 1 e se stesso.
 */
bool is_prime(int n) {
    int div;
    if (n>2 && n%2 == 0)
        return false;
    for(div=3; div*div<=n; div+=2)
        if (n%div == 0)
            return false;
    return true;
}

/* Calcola i numeri primi da 1 a 10000.
 */
int main() {
    int i, num;
    /* definisce e alloca l'array */
    TArray primes=array_create(0);

    /* riempie l'array */
    for(num=1; num<=10000; num++)
        if (is_prime(num)) {
            array_resize(&primes, primes.length+1);
            primes.item[primes.length-1]=num;
        }

    /* stampa il risultato */
    for(i=0; i<primes.length; i++)
        printf("%d␣", primes.item[i]);

    /* dealloca l'array */
    array_destroy(&primes);

    return 0;
}
```

Listato 5.6 Esempio d'uso degli array dinamici. Si assume che `TInfo` sia definito come `int`.

limite superiore per c come funzione di n per poter definire la complessità spaziale. Tale limite dipende dal modo in cui effettuiamo l'algoritmo di ridimensionamento.

Per il ridimensionamento con espansione lineare, sappiamo che:

$$c \leq n + \Delta_{shrink}$$

e quindi la complessità spaziale è:

$$S(n) = \Theta(c) = \Theta(n + \Delta_{shrink}) = \Theta(n)$$

Per il ridimensionamento con espansione geometrica, sappiamo che

$$c \leq n \cdot \rho_{shrink}$$

e quindi la complessità spaziale è:

$$S(n) = \Theta(c) = \Theta(n \cdot \rho_{shrink}) = \Theta(n)$$

Per quanto riguarda la complessità temporale, l'array dinamico consente di effettuare tutte le operazioni degli array statici con la stessa complessità. L'unica operazione aggiuntiva è il ridimensionamento di cui dobbiamo perciò valutare la complessità temporale.

Nel caso migliore il ridimensionamento ha complessità $\Theta(1)$, in quanto non è necessario effettuare una riallocazione; nel caso peggiore invece la complessità diventa $\Theta(n)$, dal momento che la riallocazione comporta due operazioni eseguite in tempo costante (l'allocazione di un nuovo blocco di memoria e la deallocazione del vecchio blocco) e un'operazione che richiede un tempo proporzionale a n (la copia degli elementi dal vecchio blocco di memoria al nuovo).

Tuttavia è interessante valutare la complessità piú che per una singola operazione di ridimensionamento, per una successione di operazioni, dal momento che in molti algoritmi l'array viene riempito aggiungendo un elemento alla volta (come nell'esempio della sezione 5.2.3).

Supponiamo di avere quindi un array di lunghezza iniziale 0 e di espanderlo aggiungendo un elemento alla volta fino a raggiungere la lunghezza n. Vogliamo valutare la complessità temporale $T_{tot}(n)$ per questa operazione. Ricordiamo che il ridimensionamento ha un costo che dipende dal fatto che venga effettuata o meno la riallocazione.

Se l'algoritmo di ridimensionamento usa l'espansione lineare, eseguiremo una riallocazione ogni Δ_{grow} ridimensionamenti. Supponendo per semplicità che $n = k \cdot \Delta_{grow}$, avremo k ridimensionamenti, e applicando l'equazione 3.15, si ottiene quindi un costo:

$$\sum_{i=0}^{k-1} \Theta(i \cdot \Delta_{grow}) = \Theta\left(\frac{k \cdot (k-1)}{2} \cdot \Delta_{grow}\right)$$

e $n - k$ ridimensionamenti con costo $(n - k) \cdot \Theta(1)$.

Essendo k proporzionale a n ed essendo Δ_{grow} costante, segue che:

$$T_{tot}(n) = \Theta(n^2)$$

Si noti quindi che la strategia di espansione lineare non cambia la complessità computazionale asintotica T_{tot} rispetto a un algoritmo di ridimensionamento che effettui ogni volta la riallocazione. Però la costante di proporzionalità viene divisa per Δ_{grow}, e quindi il tempo di esecuzione effettivo può risultare considerevolmente minore.

Passiamo ora al caso di ridimensionamento con espansione geometrica. In questo caso, ad ogni riallocazione la capacità precedente viene moltiplicata per ρ_{grow}, avremo che, supponendo di partire da 1, dopo k riallocazioni la capacità sarà ρ_{grow}^k. Quindi il numero di riallocazioni da effettuare per arrivare a n elementi sarà il minimo numero k tale che $\rho_{grow}^k > n$, ovvero:

$$k = \lceil \log_{\rho_{grow}}(n) \rceil$$

Degli n ridimensionamenti, k comporteranno una riallocazione con un costo, ottenuto semplicemente applicando l'equazione 3.15:

$$\sum_{i=0}^{k-1} \Theta(\rho_{grow}^i) = \Theta\left(\frac{\rho_{grow}^k - 1}{\rho_{grow} - 1}\right)$$

e gli altri $n - k$ avranno un costo $(n - k) \cdot \Theta(1)$.

Essendo $\rho_{grow}^k \approx n$, segue che in questo caso la complessità computazionale complessiva è:

$$T_{tot}(n) = \Theta(n)$$

È evidente che l'espansione geometrica ha ridotto drasticamente la complessità temporale necessaria per effettuare n operazioni di espansione dell'array.

Approfondimento Un altro modo di presentare questo risultato passa attraverso l'introduzione del concetto di *complessità computazionale ammortizzata*: la complessità di un operazione di ridimensionamento, ammortizzata su n ridimensionamenti consecutivi che aumentano di 1 la lunghezza dell'array, si calcola dividendo per n la complessità totale degli n ridimensionamenti.
Per il ridimensionamento con espansione lineare la complessità ammortizzata è:

$$T_{amm}(n) = T_{tot}(n)/n = \Theta(n^2/n) = \Theta(n)$$

mentre per l'espansione geometrica:

$$T_{amm}(n) = T_{tot}(n)/n = \Theta(n/n) = \Theta(1)$$

La complessità ammortizzata non riflette il tempo di esecuzione di una singola operazione, ma fornisce un'utile indicazione sul tempo di esecuzione *medio* quando l'operazione viene eseguita all'interno di una sequenza che corrisponde a quella considerata.

5.2.5 Implementazione di array dinamici in Java

Il listato 5.7 riporta una possibile implementazione di un array dinamico in Java, usando la strategia di espansione geometrica. Si noti che la libreria standard di questo linguaggio include già la classe `ArrayList`, nel package `java.util`, che offre le funzionalità di un array dinamico. L'implementazione descritta in questa sezione è presentata solo al fine di illustrare alcuni aspetti implementativi caratteristici del linguaggio Java.

La classe `Array` è una classe generica, parametrizzata rispetto al tipo `T` degli elementi dell'array. Le costanti private `GROWING_FACTOR` e `SHRINKING_FACTOR` corrispondono ai fattori ρ_{grow} e ρ_{shrink} dell'espansione geometrica.

Un oggetto della classe contiene due variabili di istanza, l'array `a` in cui sono effettivamente memorizzati gli elementi, e l'intero `n` che rappresenta la lunghezza corrente dell'array dinamico.

Il costruttore della classe `Array` ha come parametro la lunghezza iniziale. Dopo aver memorizzato questa informazione nella variabile di istanza `n`, il costruttore procede all'allocazione dell'array `a`. Si noti che per una limitazione delle classi generiche in Java, non è possibile allocare l'array direttamente come array di `T`, ma occorre allocare un array di `Object` e convertire il risultante riferimento in riferimento a un array di `T`.

Il metodo `length` restituisce la lunghezza corrente dell'array dinamico, usando il valore della variabile di istanza `n`.

```
package basicstructures;

public class Array<T> {
    private static final int GROWING_FACTOR=2,
                             SHRINKING_FACTOR=4;
    private T a[];
    private int n;

    public Array(int initialLength) {
        n=initialLength;
        a=(T[])new Object[n];
    }

    public int length() {
        return n;
    }

    public void resize(int newLength) {
        if (newLength > a.length ||
            newLength < a.length/SHRINKING_FACTOR) {
            int newSize=newLength*GROWING_FACTOR;
            T a2[]=(T[])new Object[newSize];
            int n2=(n>newLength)? newLength: n;
            int i;
            for(i=0; i<n2; i++)
                a2[i]=a[i];
            a=a2;
        }
        n=newLength;
    }

    public T get(int index) {
        assert index<n;
        return a[index];
    }

    public void put(int index, T value) {
        assert index<n;
        a[index]=value;
    }
}
```

Listato 5.7 Esempio di implementazione di un array dinamico in Java.

Il metodo `resize` implementa il ridimensionamento utilizzando la strategia di espansione geometrica. Si noti che non essendo disponibile in Java un equivalente della funzione `realloc` del C, occorre allocare un nuovo array `a2`, copiare gli elementi dal vecchio array `a`, e poi sostituire il riferimento al nuovo array al posto del riferimento al vecchio array come valore della variabile di istanza `a`. Il numero di elementi copiati (`n2`) è pari al minimo tra la vecchia e la nuova lunghezza dell'array.

Infine, i metodi `get` e `put` consentono l'accesso agli elementi dell'array. Si noti l'uso dell'istruzione `assert` per controllare la condizione che l'indice `index` sia minore della lunghezza corrente dell'array dinamico, lanciando un'eccezione se essa non è verificata. La precondizione che l'indice sia ≥ 0 è controllata implicitamente dalle istruzioni che accedono all'array `a`.

5.3 Pile

Una *pila* o *stack* è una collezione di elementi che restringe le modalità di accesso a una logica *Last In First Out* (*LIFO*; letteralmente, l'ultimo a entrare è il primo a uscire): è possibile accedere solo all'elemento inserito per ultimo tra quelli ancora presenti nella pila, e per accedere ad un elemento generico è necessario prima rimuovere tutti quelli che sono stati inseriti successivamente ad esso.

La metafora su cui si basa questa struttura dati è quella di una pila di oggetti sovrapposti (ad esempio, una pila di libri), in cui è possibile prelevare solo l'oggetto che si trova in cima alla pila: per accedere a un altro oggetto, occorre rimuovere tutti quelli che si trovano sopra di esso. L'aggiunta di un nuovo oggetto può solo essere effettuata mettendolo in cima alla pila, al di sopra dell'ultimo oggetto precedentemente inserito.

Diversi algoritmi hanno bisogno di accedere a una collezione di oggetti secondo una logica LIFO. In questi casi, l'uso di una pila invece di una struttura dati piú generale che consenta anche altri tipi di accesso agli elementi presenta i seguenti vantaggi:

- non è necessario indicare esplicitamente a quale elemento si vuole accedere quando si legge un elemento, né qual è la posizione in cui un elemento deve essere inserito, dal momento che queste informazioni sono implicite nella logica LIFO;
- si evita il rischio che una parte del programma per errore acceda agli elementi in un ordine sbagliato, dal momento che l'ordine di accesso è vincolato dalla struttura dati;
- il testo del programma riflette in maniera piú chiara e piú leggibile le intenzioni del programmatore, rendendo evidente l'ordine di accesso delle informazioni.

CURIOSITÀ

La logica LIFO corrisponde all'ordine con cui devono essere creati e distrutti i record di attivazione dei sottoprogrammi: il primo record di attivazione ad essere distrutto, al termine di un sottoprogramma, deve essere quello che era stato creato per ultimo (all'inizio dello stesso sottoprogramma). Per questo motivo l'area di memoria in cui sono allocati i record di attivazione è tipicamente organizzata in uno stack.
La maggior parte dei processori dispone di istruzioni apposite e di registri dedicati per gestire questo stack in maniera piú efficiente.

5.3.1 Operazioni su una pila

Le operazioni necessarie perché una collezione sia utilizzabile come pila sono le seguenti:

- *creazione*, in cui viene allocata una pila che inizialmente non contiene alcun elemento (pila vuota);

- *distruzione*, che dealloca la memoria occupata dalla struttura dati;
- *push* o *inserimento*, che aggiunge un nuovo elemento in cima alla pila;
- *pop* o *prelievo*, che rimuove l'elemento che si trova in cima alla pila (corrispondente all'elemento inserito per ultimo tra quelli ancora presenti nella pila);
- *top* o *consultazione della cima*, che fornisce il valore dell'elemento in cima alla pila senza rimuoverlo dalla stessa;
- *controllo pila vuota*, che verifica se la pila è vuota, ovvero non contiene nessun elemento.

Se la rappresentazione scelta per la pila ha una capacità limitata, è necessario aggiungere un'altra operazione:

- *controllo pila piena*, che verifica se la pila è piena, ovvero contiene il massimo numero di elementi compatibile con la rappresentazione della struttura dati.

Le operazioni *pop* e *top* possono essere effettuate solo se la pila non è vuota. Per le pile a capacità limitata, l'operazione *push* può essere effettuata solo se la pila non è piena.

5.3.2 Realizzazione di una pila mediante array

La rappresentazione di una pila deve conservare l'ordine in cui sono inserite le informazioni, per poter gestire la logica LIFO. Sia gli array che le liste (che saranno presentate nel capitolo 6 godono di questa proprietà e quindi possono essere usati come base per la rappresentazione di una pila. Nel seguito di questa sezione vedremo come implementare una pila mediante array, mentre l'implementazione mediante una lista sarà affrontata dopo aver esaminato tale struttura dati, e piú precisamente nella sezione 9.6.2.

L'idea su cui si basa l'implementazione di una pila mediante array consiste nel mantenere gli elementi della pila all'interno dell'array in ordine di inserimento. Quando dovrà essere inserito un nuovo elemento, esso verrà aggiunto come ultimo elemento dell'array, in coda a quelli già presenti. Analogamente, quando dovrà essere rimosso un elemento verrà scelto l'ultimo elemento dell'array.

Per poter effettuare queste operazioni, l'unica informazione necessaria è il numero di elementi presenti nello stack (o, equivalentemente, l'indice della posizione dell'array successiva a quella dell'ultimo elemento), da cui si ricava immediatamente la posizione di inserimento o prelievo.

Se indichiamo con n il numero di elementi nello stack, e con $a_0, a_1, \ldots$ gli elementi dell'array, le operazioni precedentemente descritte possono essere realizzate come segue:

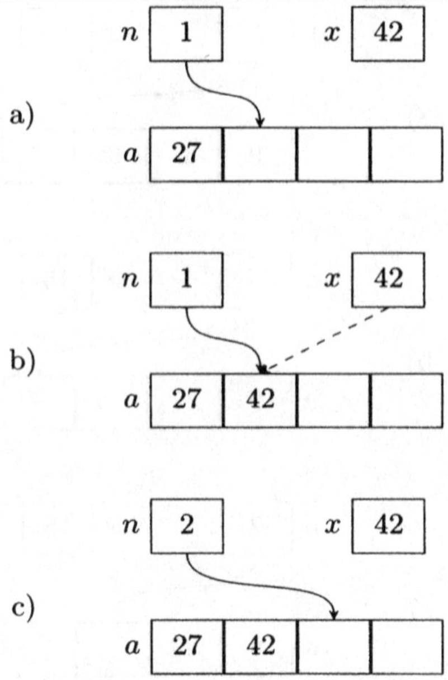

Figura 5.3 Inserimento di un elemento in uno stack. a) Lo stack iniziale. b) Il valore x viene copiato in a_n. c) n viene incrementato.

push:

1. $a_n \leftarrow x$, dove x è l'elemento da inserire
2. $n \leftarrow n + 1$

pop:

1. $x \leftarrow a_{n-1}$, dove x è l'elemento rimosso
2. $n \leftarrow n - 1$

top: $x \leftarrow a_{n-1}$, dove x è l'elemento restituito
controllo pila vuota: se $n = 0$, la pila è vuota

Se l'array non è dinamico, ma ha una capacità massima MAX, allora la pila avrà una capacità limitata. In questo caso dovremo aggiungere anche l'operazione:

controllo pila piena: se $n = MAX$, la pila è piena

Le figure 5.3 e 5.4 mostrano un'operazione di push e un'operazione di pop su uno stack realizzato attraverso un array.

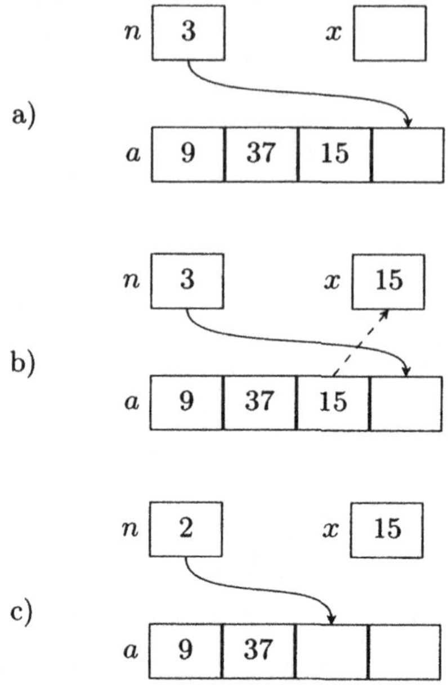

Figura 5.4 Prelievo da uno stack. a) Lo stack iniziale. b) Il valore di a_{n-1} viene copiato in x. c) n viene decrementato.

CURIOSITÀ

Nello stack che il processore usa per i record di attivazione tipicamente la memoria (che può essere considerata equivalente all'array dell'implementazione proposta) è riempita "al contrario" rispetto allo schema qui presentato: le celle vengono riempite a partire dall'ultimo indirizzo dell'area riservata allo stack, e ogni nuovo elemento viene inserito nella cella immediatamente precedente (anziché in quella successiva) a quella dell'elemento inserito per ultimo.
Quindi lo stack "cresce verso il basso", nel senso che l'elemento che si trova in cima allo stack è quello che ha l'indirizzo piú basso, mentre l'elemento che si trova sul fondo dello stack è quello che ha l'indirizzo piú alto.

5.3.3 Implementazione con un array a dimensione fissa

Una possibile implementazione di una pila con un array a dimensione fissa è presentata nel listato 5.8. In questo caso la capacità massima della pila è definita attraverso la costante `CAPACITY`.

Utilizzando per l'array l'allocazione dinamica avremmo potuto definire uno stack a dimensione fissa ma definita al momento della creazione; l'esercizio 5.1 esplora questa possibilità.

Si noti che avremmo potuto formulare in modo leggermente piú compatto le operazioni di push e di pop utilizzando in maniera appropriata gli operatori di

```
/* Definizione della struttura dati */
#define CAPACITY 100
struct SStack {
        int n;
        TInfo a[CAPACITY];
};
typedef struct SStack TStack;

/* Crea uno stack
 */
TStack stack_create(void) {
        TStack s;
        s.n=0;
        return s;
}
/* Distrugge uno stack
 */
void stack_destroy(TStack *stack) {
        stack->n=0;
}

/* Inserisce un elemento
 * PRE:
 *   lo stack non e' pieno
 */
void stack_push(TStack *stack, TInfo x) {
    stack->a[stack->n]=x;
    stack->n++;
}

/* Preleva un elemento
 * PRE:
 *   lo stack non e' vuoto
 */
TInfo stack_pop(TStack *stack) {
    TInfo x=stack->a[stack->n-1];
    stack->n--;
    return x;
}

/* Elemento in cima
 * PRE:
 *   lo stack non e' vuoto
 */
TInfo stack_top(TStack *stack) {
    TInfo x=stack->a[stack->n-1];
    return x;
}

/* Verifica se lo stack e' vuoto
 */
bool stack_is_empty(TStack *stack) {
    return stack->n == 0;
}

/* Verifica se lo stack e' pieno
 */
bool stack_is_full(TStack *stack) {
    return stack->n == CAPACITY;
}
```

Listato 5.8 Implementazione di uno stack con un array a dimensione fissa.

incremento prefisso e postfisso del linguaggio C, che restituiscono un valore utilizzabile in un'espressione oltre a modificare la variabile usata come operando. In particolare, nella funzione **stack_push** avremmo potuto sostituire le due istruzioni:

```
stack->[stack->n] = x;
stack_>n ++;
```

con:

```
stack->[stack->n ++] = x;
```

e similmente nella **stack_pop** avremmo potuto sostituire:

```
TInfo x=stack->[stack->n-1];
stack_>n --;
```

con:

```
TInfo x=stack->[-- stack->n];
```

5.3.4 Implementazione con un array dinamico

Una possibile implementazione di una pila con un array dinamico è presentata nel listato 5.9. In questo caso la pila non ha una capacità limitata, e quindi non è presente la funzione `stack_is_full`.

Rispetto alla versione con array a dimensione fissa, possiamo notare due differenze:

- la struttura `SStack` contiene solo un campo, l'array dinamico (di tipo `TArray`); non c'è bisogno di un campo per memorizzare il numero di elementi nello stack, in quanto l'array dinamico già contiene l'informazione sulla lunghezza effettiva;
- nella **stack_push** l'aumento del numero di elementi (che in questo caso è realizzato tramite **array_resize**) è effettuato *prima* di copiare il valore `x` nell'array; è necessario procedere in quest'ordine perché in questo modo siamo sicuri che l'elemento di indice `n` sia effettivamente allocato quando andiamo a effettuare la copia.

5.3.5 Implementazione di una pila in Java

Il listato 5.10 presenta una possibile implementazione di una pila in Java. Si noti che la libreria standard di Java include già la classe `Stack` nel package `java.util`. L'implementazione descritta in questa sezione ha il solo scopo di presentare alcuni aspetti implementativi specifici del linguaggio Java.

Per semplicità si è scelto di realizzare uno stack con un array a dimensione fissa, anche se l'array (come sempre in Java) è allocato dinamicamente. La classe `Stack` è una classe generica, parametrizzata rispetto al tipo `T` degli elementi contenuti nella pila. Gli oggetti della classe contengono due variabili di istanza: un array `a` usato per mantenere gli elementi dello stack, e un intero `n` che rappresenta il numero di elementi correntemente inseriti.

Il costruttore di `Stack` ha come parametro la capacità della pila, e provvede a inizializzare il numero di elementi `n` a 0 e ad allocare l'array `a` in base alla capacità richiesta. Anche in questo caso, a causa di una limitazione delle classi generiche di Java, è necessario allocare un array di `Object` e convertirlo al tipo array di `T`.

```
/* Definizione della struttura dati */
struct SStack {
        TArray array;
};
typedef struct SStack TStack;

/* Crea uno stack
 */
TStack stack_create(void) {
        TStack s;
        s.array=array_create(0);
        return s;
}
/* Distrugge uno stack
 */
void stack_destroy(TStack *stack) {
    array_destroy(&stack->array);
}

/* Inserisce un elemento
 * PRE:
 *    lo stack non e' pieno
 */
void stack_push(TStack *stack, TInfo x) {
    int n=stack->array.length;
    array_resize(&stack->array, n+1);
    stack->array.item[n]=x;
}

/* Preleva un elemento
 */
TInfo stack_pop(TStack *stack) {
    int n=stack->array.length;
    TInfo x=stack->array.item[n-1];
    array_resize(&stack->array, n-1);
    return x;
}

/* Elemento in cima
 * PRE:
 *    lo stack non e' vuoto
 */
TInfo stack_top(TStack *stack) {
    int n=stack->array.length;
    TInfo x=stack->array.item[n-1];
    return x;
}

/* Verifica se lo stack e' vuoto
 */
bool stack_is_empty(TStack *stack) {
    return stack->array.length == 0;
}
```

Listato 5.9 Implementazione di uno stack con un array dinamico. Il tipo `TArray` e le operazioni ad esso relative sono definiti nella sezione 5.2.

I metodi `isEmpty` e `isFull` verificano se lo stack è vuoto o pieno rispettivamente, confrontando il valore di `n` con 0 e con la dimensione dell'array `a.length`. Infine, i metodi `push`, `pop` e `top` consentono di inserire e rimuovere elementi, e di ottenere l'elemento in cima allo stack. Il metodo `pop` imposta a `null` l'elemento dell'array corrispondente al valore appena rimosso, per rimuovere un riferimento a

```
package basicstructures;

public class Stack<T> {
    private T a[];
    private int n;

    public Stack(int capacity) {
        n=0;
        a=(T[]) new Object[capacity];
    }

    public boolean isEmpty() {
        return n==0;
    }

    public boolean isFull() {
        return n==a.length;
    }

    public void push(T x) {
        a[n++]=x;
    }

    public T pop() {
        T tmp=a[--n];
        a[n]=null;
        return tmp;
    }

    public T top() {
        return a[n-1];
    }
}
```

Listato 5.10 Implementazione di uno stack in Java.

tale valore che potrebbe impedirne la deallocazione da parte del *garbage collector* di Java.

5.4 Code

Una *coda* (indicata anche con il termine inglese *queue*) è una collezione di oggetti che restringe le modalità di accesso a una logica *First In First Out* (*FIFO*; letteralmente, il primo a entrare è il primo a uscire): è possibile accedere solo all'elemento inserito per primo tra quelli ancora presenti nella coda, e per accedere a un elemento generico è necessario prima rimuovere tutti quelli che sono stati inseriti precedentemente ad esso.

La metafora su cui si basa questa struttura dati è quella della classica coda di persone in attesa di accedere a un servizio: quando il servizio diventa disponibile, è la prima persona della coda ad accedervi; quando arriva una nuova persona, si posiziona in fondo alla coda e dovrà aspettare che tutte le persone arrivate precedentemente siano servite.

Diversi programmi hanno bisogno di accumulare una serie di elementi da elaborare in una collezione, per poi procedere successivamente alla loro elaborazione:

- a volte, per motivi di efficienza, è preferibile acquisire piú elementi da elaborare con un'unica operazione di input (ad esempio nella lettura di un file), per poi procedere alla loro elaborazione;
- in altri casi, un nuovo elemento può essere prodotto prima che sia terminata l'elaborazione degli elementi precedenti (ad esempio, se gli elementi da elaborare sono inviati al programma dall'esterno attraverso una connessione di rete, oppure se nuovi elementi sono prodotti dal programma stesso durante l'elaborazione di un elemento precedente); quindi occorre conservare il nuovo elemento fino a quando il programma non sarà pronto per trattarlo.

Una struttura dati che serve a questo scopo viene comunemente detta *buffer*. È conveniente usare una coda per realizzare un buffer per le seguenti ragioni:

- il fatto che gli elementi siano elaborati in ordine di arrivo rende piú facilmente predicibile il comportamento del sistema; ad esempio è piú semplice mettere in corrispondenza gli output del sistema con i suoi input;
- se l'elaborazione di un singolo elemento richiede un tempo finito, allora una coda garantisce che ogni elemento dovrà attendere un tempo finito prima di essere elaborato; un elemento non può essere indefinitamente rimandato perché continuamente scavalcato da elementi arrivati successivamente.

5.4.1 Operazioni su una coda

Le operazioni necessarie perché una collezione sia utilizzabile come coda sono le seguenti:

- *creazione*, in cui viene allocata una coda che inizialmente non contiene alcun elemento (coda vuota);
- *distruzione*, che dealloca la memoria occupata dalla struttura dati;
- *add* o *accodamento*, che aggiunge un nuovo elemento in fondo alla coda;
- *remove* o *prelievo*, che rimuove l'elemento che si trova all'inizio della coda (l'elemento inserito per primo tra quelli ancora presenti nella coda);
- *front* o *consultazione del primo elemento*, che fornisce il valore del primo elemento senza rimuoverlo dalla coda;
- *controllo coda vuota*, che verifica se la coda è vuota, ovvero non contiene nessun elemento.

Anche per la coda come per la pila è possibile che la rappresentazione scelta abbia una capacità limitata. In questo caso è necessario aggiungere un'altra operazione:

- *controllo coda piena*, che verifica se la coda è piena, ovvero contiene il massimo numero di elementi compatibile con la rappresentazione della struttura dati.

Le operazioni *front* e *remove* possono essere effettuate solo se la coda non è vuota. Per le code a capacità limitata, l'operazione *add* può essere effettuata solo se la coda non è piena.

5.4.2 Realizzazione di una coda mediante array

Come per la pila, anche la coda può essere rappresentata attraverso qualunque struttura dati consenta di mantenere l'ordine di inserimento delle informazioni. In particolare, in questo capitolo vedremo come implementare una coda mediante array.

Il modo piú semplice e diretto per rappresentare una coda mediante un array consiste nel mantenere gli elementi in ordine di inserimento. Se la coda contiene n elementi, e indichiamo con $a_0, a_1, \ldots$ gli elementi dell'array, allora possiamo usare a_0 per l'elemento inserito per primo nella coda, a_1 per il successivo e cosí via, fino a a_{n-1} che rappresenterà l'elemento inserito per ultimo.

Se questa rappresentazione rende particolarmente semplice l'operazione di accodamento (l'elemento accodato sarà inserito in a_n, dove n è il numero di elementi già presenti nella coda), non altrettanto semplice è il prelievo: infatti, dopo aver letto l'elemento a_0, occorrerà spostare di una posizione tutti gli altri elementi come segue:

$$\begin{array}{ccc} a_0 & \longleftarrow & a_1 \\ a_1 & \longleftarrow & a_2 \\ & \ldots & \\ a_{n-2} & \longleftarrow & a_{n-1} \end{array}$$

per fare in modo che a_0 continui ad essere l'elemento inserito per primo tra quelli ancora presenti nella coda. Questo spostamento rende la complessità del prelievo pari a $\Theta(n)$, che non è accettabile.

Per evitare la necessità di operazioni di copia, dobbiamo rinunciare all'idea che il primo elemento della coda sia in a_0. A tale scopo possiamo mantenere un indice f (per *front*) che rappresenta la posizione del primo elemento della coda. Inizialmente $f = 0$; dopo il prelievo del primo elemento della coda, f viene incrementato in modo da puntare all'elemento successivo, che sarà il prossimo ad essere prelevato.

In questo caso, se ci sono n elementi nella coda, occuperanno le posizioni $a_f, a_{f+1}, \ldots, a_{f+n-1}$ dell'array. Il prossimo elemento da accodare verrà inserito nella posizione a_{f+n}; per semplicità possiamo definire un altro indice b (per *back*) che rappresenta la posizione di inserimento del prossimo elemento. La figura 5.5 illustra alcune operazioni su una coda rappresentata in questo modo.

È evidente che in questo caso l'operazione di prelievo non richiede piú lo spostamento degli elementi dell'array. Però ora abbiamo un nuovo problema, esemplificato dalla figura 5.5e: una volta che l'indice b ha superato la fine dell'array, non possiamo accodare altri elementi, anche se (nella parte iniziale dell'array) ci sono delle locazioni non utilizzate.

Un modo semplice ed elegante per risolvere questo problema consiste nell'utilizzare l'array come una *coda circolare*: l'array viene considerato come una struttura ciclica in cui l'elemento successivo a quello di indice massimo è l'elemento di indice 0, come illustrato nella figura 5.6.

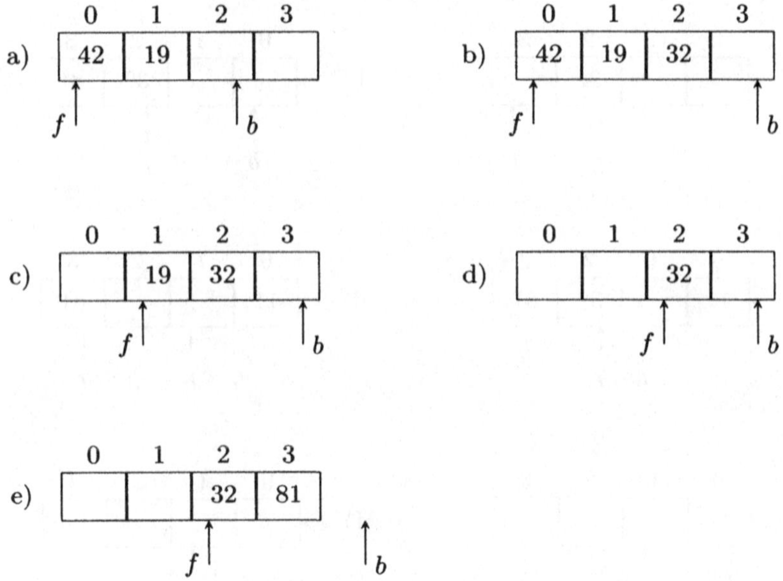

Figura 5.5 Rappresentazione di una coda attraverso un array. a) Una coda che contiene i valori 42 e 19. b) La coda dopo l'accodamento di 32. c) La coda dopo il prelievo di 42. d) La coda dopo il prelievo di 19. e) La coda dopo l'accodamento di 81.

Una potenziale ambiguità nella rappresentazione di una coda circolare riguarda i casi di coda vuota e coda piena. Come esemplificato nella figura 5.6f, nel caso di coda vuota gli indici f e b puntano allo stesso elemento; la figura 5.7 mostra che anche nel caso di coda piena si ha $f = b$.

Per risolvere questa ambiguità sono possibili due approcci:

- mantenere, oltre agli indici f e b, anche il conteggio n degli elementi effettivamente presenti nella coda; in questo caso le due situazioni si distinguono controllando se $n = 0$ (coda vuota) oppure (indicando con $CAPACITY$ la dimensione dell'array) $n = CAPACITY$ (coda piena);

- imporre che la coda possa contenere al piú $CAPACITY - 1$ elementi; in questo caso la coda si considera piena se b punta all'elemento immediatamente precedente a quello puntato da f.

Nel seguito faremo riferimento alla prima delle due ipotesi.

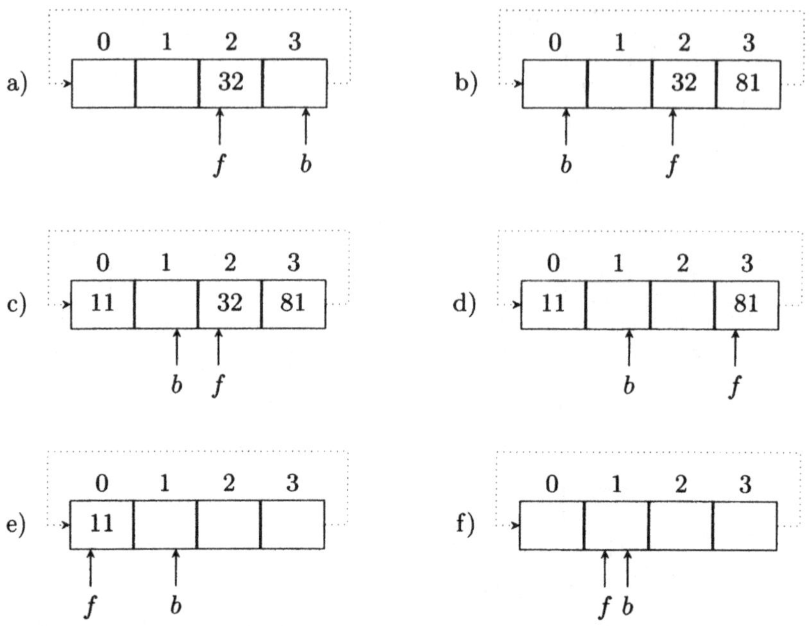

Figura 5.6 Rappresentazione di una coda attraverso un array. a) Una coda che contiene il valore 32. b) La coda dopo l'accodamento di 81; l'indice *b*, avendo superato l'ultimo elemento dell'array, si sposta su 0. c) La coda dopo l'accodamento di 11. d) La coda dopo il prelievo di 32. e) La coda dopo il prelievo di 81; l'indice *f*, avendo superato l'ultimo elemento dell'array, si sposta su 0. f) La coda dopo il prelievo di 11; la coda è vuota.

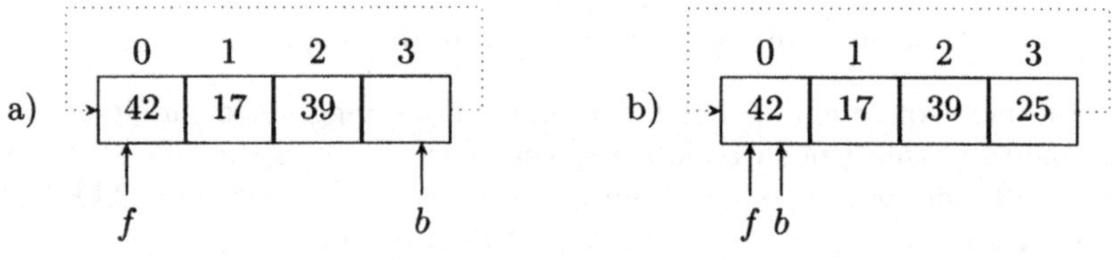

Figura 5.7 Rappresentazione di una coda circolare piena. a) Una coda che contiene i valori 42, 17 e 39. b) La coda dopo l'accodamento di 25; l'indice *b*, avendo superato l'ultimo elemento dell'array, si sposta su 0, divenendo uguale a *f*.

In conclusione, le operazioni su una coda circolare possono essere realizzate come segue:

creazione: $f \leftarrow 0, b \leftarrow 0, n \leftarrow 0$

add:

1. $a_b \leftarrow x$, dove x è l'elemento da accodare
2. $n \leftarrow n+1$
3. $b \leftarrow b+1$ se $b < MAX - 1$; $b \leftarrow 0$ altrimenti

remove:

1. $x \leftarrow a_f$, dove x è l'elemento rimosso dalla coda
2. $n \leftarrow n-1$
3. $f \leftarrow f+1$ se $f < MAX - 1$; $f \leftarrow 0$ altrimenti

front: $x \leftarrow a_f$, dove x è l'elemento restituito

controllo lista vuota: se $n = 0$, la lista è vuota

controllo lista piena: se $n = MAX$, la lista è vuota

5.4.3 Implementazione con un array a dimensione fissa

I listati 5.11 e 5.12 mostrano l'implementazione di una coda attraverso un array a dimensione fissa allocato dinamicamente.

Poiché la dimensione (e quindi la capacità della coda) è specificata come parametro della funzione `queue_create`, essa deve essere memorizzata all'interno della struttura dati; a tal fine è stato introdotto il campo `capacity`. Gli altri campi corrispondono all'array a, al numero di elementi n e agli indici f e b precedentemente descritti.

Per quanto riguarda le operazioni `queue_add` e `queue_remove`, si noti il modo in cui sono stati incrementati gli indici:

```
// in queue_add
queue->back = (queue->back+1) % queue->capacity;

// in queue_remove
queue->front = (queue->front+1) % queue->capacity;
```

L'uso dell'operatore `%` (che restituisce il resto della divisione) fa sí che tali indici vengano riportati a 0 se raggiungono il valore di `queue->capacity`.

5.4.4 Implementazione con array dinamico *

La coda circolare si adatta particolarmente bene alla rappresentazione mediante un array a dimensione fissa (che sia allocato staticamente o dinamicamente). Per realizzare code a capacità non limitata, risulta preferibile usare strutture dati diverse dall'array, come le liste che saranno introdotte nel capitolo 6.

Volendo utilizzare un array dinamico, occorre fare attenzione al problema evidenziato nella figura 5.8. Nella figura, estendendo semplicemente l'array, si intro-

```
/* Definizione della struttura dati */
struct SQueue {
        int n;
        int front;
        int back;
        int capacity;
        TInfo *a;
};
typedef struct SQueue TQueue;

/* Crea una coda
 * PRE:
 *      capacity>0
 */
TQueue queue_create(int capacity) {
        TQueue s;
        s.n=0;
        s.front=0;
        s.back=0;
        s.capacity=capacity;
        s.a=malloc(sizeof(TInfo)*capacity);
        assert(s.a!=NULL);
        return s;
}
/* Distrugge una coda
 */
void queue_destroy(TQueue *queue) {
        queue->n=0;
        queue->capacity=0;
        free(queue->a);
        queue->a=NULL;
}
```

Listato 5.11 Implementazione di una coda con un array a dimensione fissa allocato dinamicamente (prima parte). Le altre funzioni sono nel listato 5.12.

ducono degli elementi spuri nella coda. Infatti, mentre nella coda iniziale l'elemento successivo al 9 (che ha indice 3) è il 27 (che ha indice 0, dal momento che 3 è l'ultimo indice dell'array), nella versione estesa l'elemento successivo al 9 è quello che si trova nella posizione di indice 4, che ora è un indice valido.

Il problema si verifica solo se per passare dall'indice f all'indice b occorre attraversare la fine dell'array e tornare indietro, o in altre parole se $f \geq b$. Si può verificare facilmente che se $f < b$ non vengono introdotti elementi spuri.

Per ripristinare correttamente la sequenza di elementi nella coda occorre spostare tutti gli elementi che si trovano tra f e la fine dell'array iniziale in modo che occupino le ultime posizioni dell'array esteso.

I listati 5.13 e 5.14 mostrano una possibile implementazione di questa idea, che usa il tipo `TArray` definito nella sezione 5.2. Si noti che nella struttura `SQueue` non è piú necessario il campo `capacity`, in quanto la dimensione dell'array è già memorizzata nel campo `length` di `TArray`.

Si osservi il cambiamento nella funzione `queue_add`: la prima parte verifica se l'array è pieno, e in tal caso provvede a espanderlo usando la funzione `array_resize`. Per semplicità si è scelto di definire la nuova dimensione come il doppio della dimensione precedente, aggiungendo 1 per gestire correttamente il caso in cui la capacità iniziale dell'array fosse pari a 0.

Dopo l'espansione dell'array, si verifica se vi sono elementi da spostare; in tal

```
/* Accoda un elemento
 * PRE:
 *   la coda non e' piena
 */
void queue_add(TQueue *queue, TInfo x) {
    queue->a[queue->back]=x;
    queue->back=(queue->back+1)%queue->capacity;
    queue->n++;
}

/* Preleva un elemento
 * PRE:
 *   la coda non e' vuota
 */
TInfo queue_remove(TQueue *queue) {
    TInfo x=queue->a[queue->front];
    queue->front=(queue->front+1)%queue->capacity;
    queue->n--;
    return x;
}

/* Primo elemento
 * PRE:
 *   la coda non e' vuota
 */
TInfo queue_front(TQueue *queue) {
    return queue->a[queue->front];
}

/* Verifica se la coda e' vuota
 */
bool queue_is_empty(TQueue *queue) {
    return queue->n == 0;
}

/* Verifica se la coda e' piena
 */
bool queue_is_full(TQueue *queue) {
    return queue->n == queue->capacity;
}
```

Listato 5.12 Implementazione di una coda con un array a dimensione fissa allocato dinamicamente (seconda parte). Le altre funzioni sono nel listato 5.11.

caso gli elementi compresi tra gli indici `q->front` e `old_length-1` sono spostati nelle posizioni finali dell'array espanso con il ciclo `for`, e il valore di `q->front` viene aggiornato in modo da puntare alla nuova posizione in cui è stato spostato il primo elemento della coda.

5.4.5 Implementazione di una coda in Java

Il listato 5.15 presenta una possibile implementazione di una coda in Java. Si noti che la libreria standard di Java include già l'interfaccia `Queue` nel package `java.util`, che descrive le operazioni comuni a ogni tipo di coda, e diverse classi che implementano questa interfaccia, tra cui `ArrayBlockingQueue` e `LinkedBlockingQueue`. L'implementazione descritta in questa sezione ha il solo scopo di presentare alcuni aspetti implementativi specifici del linguaggio Java.

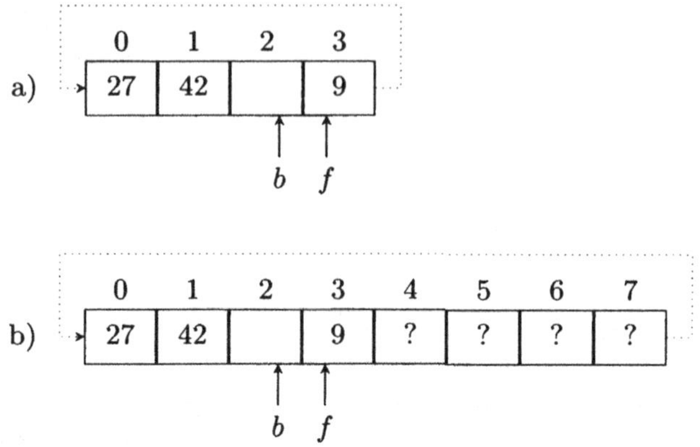

Figura 5.8 Estensione di una coda circolare. a) Una coda che contiene i valori 9, 27 e 42. b) La coda dopo l'estensione dell'array; si noti che in questo caso ci sono apparentemente degli elementi spuri dopo il 9.

```
/* Definizione della struttura dati */
struct SQueue {
        int n;
        int front;
        int back;
        TArray a;
};
typedef struct SQueue TQueue;

/* Crea una coda
 * PRE:
 *    initial_capacity>=0
 */
TQueue queue_create(int initial_capacity) {
        TQueue s;
        s.n=0;
        s.front=0;
        s.back=0;
        s.a=array_create(initial_capacity);
        return s;
}
/* Distrugge una coda
 */
void queue_destroy(TQueue *queue) {
        queue->n=0;
        array_destroy(&queue->a);
}
```

Listato 5.13 Implementazione di una coda con un array dinamico (prima parte). Le altre funzioni sono nel listato 5.14.

Per semplicità si è scelto di realizzare una coda circolare con un array a dimensione fissa, anche se l'array (come sempre in Java) è allocato dinamicamente. La classe **Queue** è una classe generica, parametrizzata rispetto al tipo **T** degli elementi contenuti nella coda. Gli oggetti della classe contengono tre variabili di istanza: un

```
/* Accoda un elemento
 */
void queue_add(TQueue *queue, TInfo x) {
    if (queue->n == queue->a.length) {
        int i, j, old_length=queue->a.length;
        array_resize(&queue->a, old_length*2+1);
        if (queue->n>0 && queue->front>=queue->back) {
            j=queue->a.length-1;
            for(i=old_length-1; i>=queue->front; i--)
                queue->a.item[j--]=queue->a.item[i];
            queue->front=j+1;
        }
    }
    queue->a.item[queue->back]=x;
    queue->back=(queue->back+1)%queue->a.length;
    queue->n++;
}

/* Preleva un elemento
 * PRE:
 *   la coda non e' vuota
 */
TInfo queue_remove(TQueue *queue) {
    TInfo x=queue->a.item[queue->front];
    queue->front=(queue->front+1)%queue->a.length;
    queue->n--;
    return x;
}

/* Primo elemento
 * PRE:
 *   la coda non e' vuota
 */
TInfo queue_front(TQueue *queue) {
    return queue->a.item[queue->front];
}

/* Verifica se la coda e' vuota
 */
bool queue_is_empty(TQueue *queue) {
    return queue->n == 0;
}
```

Listato 5.14 Implementazione di una coda con un array dinamico (seconda parte). Le altre funzioni sono nel listato 5.13.

array a usato per mantenere gli elementi dello stack, e due interi `front` e `back` che rappresentano rispettivamente gli indici del primo elemento inserito nella coda, e della prima posizione libera. A differenza dell'implementazione in C, si è scelto di non mantenere anche l'informazione relativa al numero di elementi inseriti. Quindi, per evitare l'ambiguità descritta nella sezione 5.4.2 tra la condizione di coda piena e di coda vuota, assumeremo che il numero di elementi dell'array sia uno in piú rispetto alla capacità effettiva della coda. Anche in questo caso, a causa di una limitazione delle classi generiche di Java, è necessario allocare un array di `Object` e convertirlo al tipo array di `T`.

Il costruttore di `Queue` ha come parametro la capacità della coda, e provvede a inizializzare a 0 `front` e `back` e ad allocare l'array `a` in base alla capacità richiesta (aggiungendo un elemento in piú per le ragioni sopra descritte).

Il metodo `isEmpty` verifica se la coda è vuota controllando se l'indice `front`

```
package basicstructures;

public class Queue<T> {
    int front, back;
    T a[];
    public Queue(int capacity) {
        a=(T[]) new Object[capacity+1];
        front=0;
        back=0;
    }

    public boolean isEmpty() {
        return front==back;
    }

    public boolean isFull() {
        return front==(back+1) % a.length;
    }

    public void add(T x) {
        assert !isFull();
        a[back]=x;
        back=(back+1) % a.length;
    }

    public T remove() {
        assert !isEmpty();
        T tmp=a[front];
        a[front]=null;
        front=(front+1) % a.length;
        return tmp;
    }
}
```

Listato 5.15 Implementazione di una coda in Java.

coincide con l'indice `back`. Il metodo `isFull`, per verificare se la coda è piena, controlla se l'indice `back` corrisponde alla posizione immediatamente precedente a quella di `front`, usando l'operatore `%` per gestire il fatto che la coda è circolare.

Infine, i metodi `add` e `remove` effettuano rispettivamente l'aggiunta e la rimozione di un elemento. Il metodo `remove` imposta a `null` l'elemento dell'array corrispondente alla posizione del valore appena rimosso dalla coda, per evitare di mantenere un riferimento a tale valore che potrebbe impedirne la deallocazione da parte del *garbage collector* di Java. Si noti l'uso dell'istruzione `assert` per verificare che siano soddisfatte le precondizioni dei metodi.

5.5 Esercizi

► **Esercizio 5.1** (★) Modificare l'implementazione dello stack con array a dimensione fissa presentata nel listato 5.8 in modo che l'array venga allocato dinamicamente all'atto dell'inizializzazione dello stack. La dimensione dell'array deve essere specificata attraverso un parametro della funzione `stack_create`.

► **Esercizio 5.2** (★★) Utilizzando l'implementazione dello stack mediante array dinamico presentata nel paragrafo 5.3.4 a pag. 146, realizzare una implementazione del concetto di coda introdotto nel paragrafo 5.4 a pag. 148 basata sulla seguente idea:

- la struttura dati è costituita da due stack, A e B;
- l'aggiunta di un elemento alla coda si effettua mediante *push* sullo stack B;
- il prelievo di un elemento dalla coda si effettua mediante *pop* dallo stack A; se lo stack A è vuoto, prima di fare il prelievo si trasferiscono tutti gli elementi dallo stack B allo stack A (mediante *push* e *pop*);
- la coda si considera vuota se e solo se sono vuoti entrambi gli stack A e B.

Verificare sperimentalmente che la struttura cosí definita segue una logica di tipo *First In First Out*.

► **Esercizio 5.3** (★★★) Realizzare una versione iterativa della soluzione del problema della Torre di Hanoi presentato nel paragrafo 2.1.3 a pag. 18.

L'algoritmo può essere realizzato in forma iterativa mantenendo uno stack i cui elementi contengono una descrizione dei sottoproblemi che rimangono da risolvere (ciascun sottoproblema è descritto da piolo di partenza, piolo di arrivo e numero di dischi da spostare).

L'algoritmo, dopo una opportuna inizializzazione dello stack, deve semplicemente ripetere, finché lo stack non è vuoto, le seguenti operazioni:

1. prelevare la descrizione di un sottoproblema dallo stack;
2. se il sottoproblema è immediatamente risolvibile, stampare la soluzione;
3. altrimenti, suddividere il sottoproblema in parti piú semplici e inserire le descrizioni di queste parti nello stack, nell'ordine opportuno.

Capitolo 6

Liste dinamiche

Questo libro è una Lista *di capitoli,*
che sono Liste *di paragrafi,*
che sono Liste *di frasi,*
che sono Liste *di parole,*
che sono Liste *di lettere.*
Autocitazione, *Lista di Considerazioni*

Sommario *In molte applicazioni informatiche sussiste la necessità di rappresentare insiemi di elementi organizzati linearmente: l'ordine lineare richiede che gli elementi siano disposti uno successivamente all'altro, individuando un elemento dell'insieme da cui parte questa sequenza, fino all'ultimo. La struttura dati che realizza tale rappresentazione è detta lista ed è caratterizzata da un'elevata efficienza di memorizzazione, anche se l'accesso al generico elemento si rende possibile scorrendo l'intera lista, a partire dalla testa, fino a raggiungere l'elemento desiderato.*
In questo capitolo viene presentata la struttura dati lista, descrivendone le principali varianti presenti in letteratura, e gli algoritmi di base per la ricerca, la visita, l'inserimento e la cancellazione di un elemento, sia nella versione iterativa che ricorsiva.

6.1 Liste: tipologie ed aspetti generali

Rappresentare un insieme di elementi in un programma è uno degli aspetti più ricorrenti nell'Informatica, e sebbene si possano individuare una molteplicità di contesti applicativi in cui tale esigenza si manifesta anche in maniera molto diversificata, è possibile identificare delle situazioni comuni. In particolare la ricerca, l'inserimento e la cancellazione di un elemento da un insieme sono tipiche operazioni.

La *lista* è una struttura dati per rappresentare insiemi di elementi e, nel prosieguo di questo libro saranno introdotte anche altre strutture dati, che sebbene più complesse, sono finalizzate tutte al medesimo scopo: rappresentare e gestire una collezione di elementi.

La lista adotta uno schema di rappresentazione molto semplice anche se con evidenti limiti di efficienza computazionale, come sarà più chiaro nel seguito. In una lista, cosí come in ogni altra struttura dati, sono contemporaneamente rappresentate due differenti tipologie di informazioni: l'*informazione utile* ovvero quella che si intende realmente rappresentare e l'*informazione strutturale* che serve a realizzare l'intera collezione, ovvero a vedere come unico l'insieme degli elementi considerati singolarmente.

Esempio A titolo di esempio, se dobbiamo rappresentare un elenco di nominativi, l'informazione utile è l'insieme di ogni singolo nominativo a nostra disposizione, e l'informazione strutturale è quell'informazione aggiuntiva che serve per stabilire quale sia l'ordine con il quale gli elementi dell'elenco sono disposti: in tal modo si individua il primo elemento e, per ogni elemento generico della lista, l'elemento che segue.

Un semplice schema per rappresentare una lista consiste nell'introdurre degli elementi informativi, detti *nodi*, in numero pari al numero di nominativi dell'insieme, in ognuno dei quali viene rappresentata oltre all'informazione utile, ovvero il singolo nominativo dell'elenco, anche l'informazione che consente di individuare il successivo nominativo dell'elenco (vedi figura 6.1a).

Definizione 6.1 Una *lista concatenata* è una collezione di elementi informativi memorizzati in strutture dette nodi; ogni nodo contiene, oltre l'informazione utile, anche il *collegamento*, denotato con `link` ad un altro nodo considerato come suo *successore*. Il primo nodo della lista è detto *testa*, e generalmente è noto un suo *riferimento*.

Dalla precedente definizione risulta evidente che i collegamenti esistenti tra i vari nodi consentono di identificare un ordine lineare; il primo elemento della collezione, la testa, per definizione non è successore di nessun altro nodo della lista. Dalla testa, accessibile mediante `list`, è possibile conoscere il riferimento al nodo successore che occupa la seconda posizione, e da questi, in maniera analoga, il terzo nodo, e così via (vedi figura 6.1b). L'impiego dei collegamenti permette quindi di scorrere l'intera lista attraversando, per passi successivi, tutti gli elementi di cui essa si compone. L'ultimo elemento della lista, la *coda*, è per definizione l'unico elemento della lista che non possiede un successore. Simbolicamente si denota con `NULL` il successore inesistente della coda.

Errore frequente È importante osservare che esistono due possibili definizioni di coda di una lista, e ciò crea spesso confusione. Mentre comunemente per coda di una lista si intende il suo ultimo elemento, in alcune fonti, e in taluni linguaggi di programmazione, per coda di una lista si intende la sottolista ottenuta eliminando il suo primo elemento. La differenza notazionale è ancora pù rilevante soprattutto se si considera che in un caso la coda è un elemento, nell'altro è a sua volta una lista.

Definizione 6.2 Una *lista doppia* è una lista nella quale ogni nodo contiene oltre al collegamento al nodo successore, anche il collegamento al nodo *predecessore*. Generalmente per una lista doppia, è noto sia il riferimento alla testa *first*, che il riferimento alla coda *last*.

Una lista doppia non presenta significative differenze concettuali rispetto alla lista singola; è importante però evidenziare che, dal punto di vista realizzativo, il poter effettuare lo scorrimento della lista sia in avanti, dalla testa alla coda, che all'indietro, dalla coda alla testa, consente di ottenere notevoli vantaggi sia in termini algoritmici che in termini di efficienza. Nella figura 6.2b) è presente un esempio di lista doppia.

Definizione 6.3 Una *lista circolare* è una lista in cui l'ultimo elemento, la *coda* ha come successore la *testa* stessa della lista. In questo caso, è noto il riferimento *list* alla testa della lista.

Dalla definizione scaturisce che ogni nodo della lista, anche la coda, ha un proprio successore. Anche per una lista circolare, come per le liste, è possibile avere una concatenazione singola o doppia tra i propri nodi, potendo così distinguere le liste circolari semplici dalle liste circolari doppie.

Ad ogni lista è associato implicitamente un *ordine fisico* inteso come la relazione esistente tra le posizioni occupate dai nodi nella struttura dati. In particolare, considerati due nodi N_i e N_j della lista, si ritiene che $N_i > N_j$, secondo l'ordine fisico, se il nodo N_i precede il nodo N_j nella lista, percorsa a partire dalla testa.

Se sulla informazione `info` è definita una relazione d'ordine R, si può anche definire un *ordine logico*; in questo caso diremo che N_i è maggiore di N_j, secondo R se il valore info associato al nodo N_i è maggiore del valore `info` associato al nodo N_j.

In virtú di detta relazione d'ordine, una lista può risultare ordinata o meno (vedi figura 6.3):

Definizione In particolare, per una *lista ordinata* l'ordine fisico coincide con l'ordine logico: in tal caso, quindi il nodo con il valore minimo di `info` occuperà la prima posizione, il nodo con il valore di `info` immediatamente maggiore la seconda posizione, e così via.

Nell'impiego delle liste è spesso uno specifico requisito quello di mantenere la lista ordinata in quanto, in tale situazione, alcune operazioni possono essere eseguite con maggiore efficienza.

6.1.1 Definizione della struttura dati

In generale il nodo è un'informazione strutturata che contiene l'informazione da rappresentare, che indicheremo con `info`, ed il *collegamento* al nodo successivo (tale riferimento è denotato con `link`). Il campo `info` può essere semplice o, come più comunemente avviene, a sua volta strutturato.

Attenzione! Da questo punto in poi, nella trattazione delle liste faremo riferimento ad un nodo in cui il campo `info` non è strutturato ed è di un generico tipo `TInfo`. Tale assunzione ha il vantaggio di non far perdere di generalità la trattazione, ma ha l'evidente scopo di semplificare la scrittura dei programmi.

Una delle rappresentazioni più semplici di una lista è quella che fa impiego di un vettore i cui elementi sono proprio i nodi della lista (vedi figura 6.4); tale rappresentazione ha una rilevanza storica in quanto largamente impiegata nelle implementazioni in linguaggi che non consentono l'allocazione dinamica. In questo caso il campo `link` presente in ogni nodo per denotare il nodo successivo, è di tipo intero, e rappresenta l'indice o cursore dell'elemento successivo della lista stessa.

Sebbene la rappresentazione introdotta sia particolarmente semplice da realizzare, nella pratica si dimostra spesso inadatta, dal momento che richiede l'allocazione preventiva di un vettore la cui dimensione deve essere stabilita una tantum, anche eventualmente a tempo di esecuzione, ma prima dell'utilizzo della lista stessa. Eventuali necessità di inserire elementi in numero superiore a quello previsto creano notevoli disagi realizzativi.

La realizzazione più comunemente impiegata è quella che fa uso dei meccanismi di allocazione dinamica del linguaggio; in questo caso, ogni volta che si ha necessità di inserire un nuovo nodo nella lista, si provvede ad allocarne lo spazio necessario, cosí come si libera la memoria occupata da un nodo, allorquando quest'ultimo viene cancellato dalla lista.

La realizzazione di una lista in accordo a tale principio è detta *dinamica*, e gode della ovvia proprietà che la dimensione fisica della lista è proporzionale al numero dei nodi di cui si compone la lista stessa, è stabilita a tempo di esecuzione e può cambiare durante l'esecuzione. La realizzazione di una lista dinamica riveste una fondamentale importanza nelle applicazioni informatiche in quanto gode della proprietà di richiedere una occupazione di memoria che è funzione della dimensione del problema, vincolata superiormente dalla dimensione fisica della memoria stessa. La struttura dati di una lista viene generalmente dichiarata ricorsivamente. Il

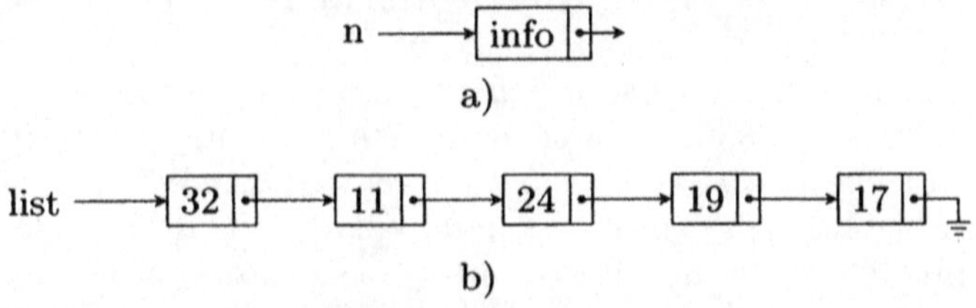

Figura 6.1 a) La rappresentazione di un generico nodo n della Lista, e b) di una lista che rappresenta l'insieme dinamico S=32,11,24,19,17. Si noti come, nella rappresentazione il campo `link` è rappresentato da un rettangolo da cui si diparte una freccia, che graficamente indica il collegamento al nodo successivo.

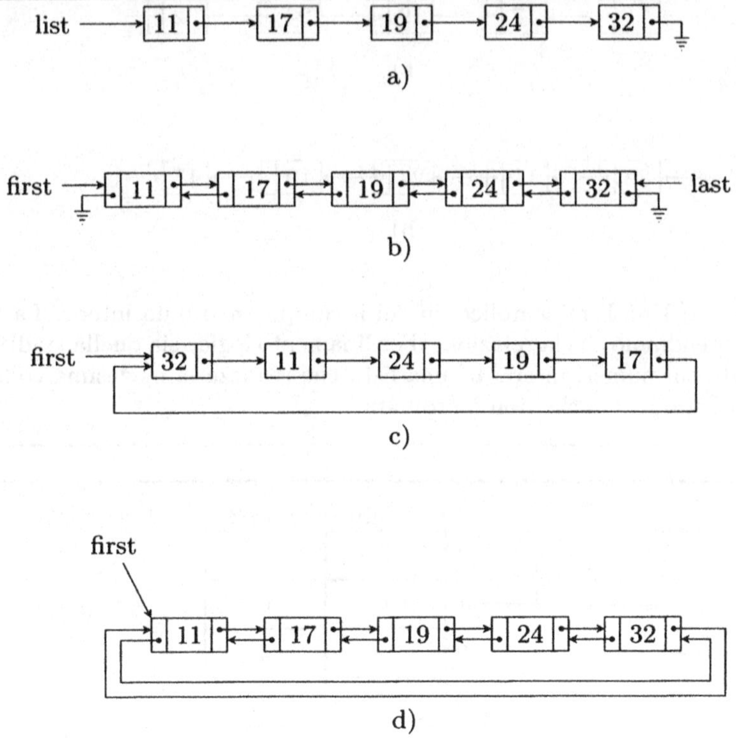

Figura 6.2 a) Una lista semplice, in cui il campo `info` è un intero. b) Una lista doppia, che contiene gli stessi elementi della lista a). c) Una lista circolare, anch'essa contenente gli stessi elementi di a), e d) la sua versione doppia.

nodo viene realizzato mediante una struttura che contiene un campo `info` del tipo `TInfo`, che può risultare a sua volta strutturato, ed un riferimento al nodo successivo, indicato con `link`. Nell'esempio che segue, ipotizzando di avere già

CURIOSITÀ

Trovarsi nella lista giusta... Oskar Schindler, industriale tedesco, arriva a Cracovia nel 1939, poco dopo che la comunità ebraica è stata costretta al ghetto. Schindler riesce a farsi assegnare molti ebrei, sfruttandoli come manodopera nella propria fabbrica di pentole. Colpito dalla ferocia della persecuzione razziale nazista, l'industriale decide di sfruttare la sua posizione per farsi assegnare ancora altri operai, prelevandoli dalla lista dei deportati, questa volta, però, per salvarli. Grazie all'aiuto del suo contabile Itzhak Stern, anche lui ebreo, sfrutta le sue industrie come copertura per salvare e proteggere i suoi ebrei. Alla fine della guerra, Schindler è ormai ridotto in miseria, per aver speso tutti i suoi averi per corrompere i militari e acquistare gli operai, ed è costretto alla fuga all'estero. Grazie a lui, più di mille ebrei sopravviveranno all'Olocausto.

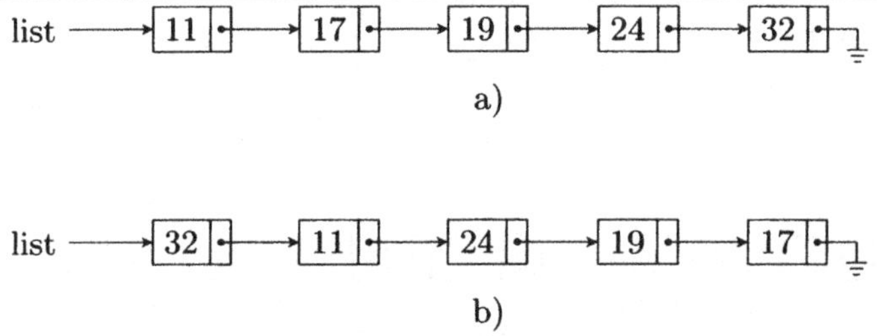

Figura 6.3 a) Una lista semplice, in cui il campo `info` è un intero. La lista è ordinata se intendiamo che la relazione d'ordinamento logica sia quella tradizionalmente definita sui numeri interi. b) una lista che realizza la medesima collezione di nodi della lista a), ma che non è ordinata.

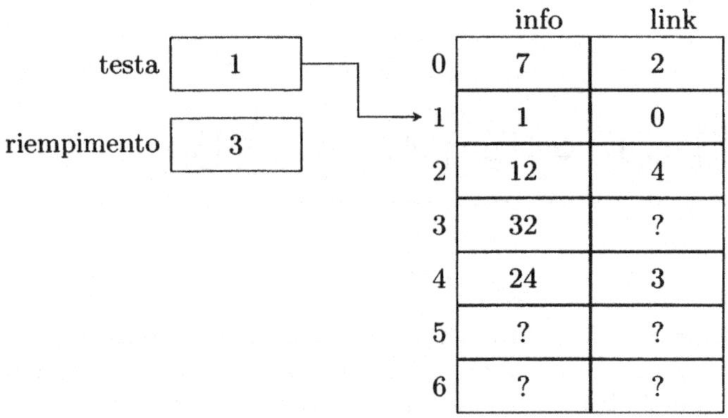

Figura 6.4 Una lista semplice, rappresentata mediante un vettore.

dichiarato il tipo `Tinfo` del generico nodo, possiamo definire il tipo `TList` della lista.

La definizione può essere data nel seguente modo:

Definizione 6.4 Una lista è una struttura dati, definita su un insieme di nodi, che:

- non contiene nessun nodo (lista vuota), oppure
- contiene un nodo che ha, come suo successore, una struttura di tipo lista.

Una lista dinamica viene gestita introducendo il riferimento alla sua testa; noto infatti il riferimento alla testa, come già anticipato, si può accedere a tutti gli altri nodi sequenzialmente. Pertanto se si accetta dal punto di vista realizzativo e non concettuale, di identificare la lista con il suo riferimento alla testa, possiamo ritenere che il tipo lista `TList` coincida con il tipo del riferimento ad un generico nodo. Quindi se `TNode` è il tipo del generico nodo, allora `TList`, dal punto di vista sintattico, sarà del tipo riferimento a `TNode` (ovvero `TNode *`).

È utile considerare che la quantità di memoria impegnata per la memorizzazione di una lista, determinata solo a tempo di esecuzione, è proporzionale alla cardinalità della lista. Indicata con η l'efficienza di rappresentazione, intesa come il rapporto tra la dimensione totale della struttura e la dimensione dell'informazione utile (la dimensione del campo `info`), si ottiene:

$$\eta = \frac{D_u}{D_u + D_p} \tag{6.1}$$

essendo D_u la dimensione in byte del campo `info`, e D_p la dimensione in byte del riferimento al generico nodo, ovvero del campo `link`.

È evidente dalla precedente che l'efficienza è tanto maggiore quanto più grande è la dimensione del campo `info` rispetto a quella del campo `link`.

Nella figura 6.1 si riporta la dichiarazione della struttura del generico nodo della lista `SNode`, il tipo del generico nodo `TNode` ed infine il tipo della lista `TList`.

```
struct SNode {
    TInfo info;
    struct SNode *link;
};
typedef struct SNode TNode;
typedef TNode *TList;
```

Listato 6.1 Dichiarazione delle strutture dati per una lista.

6.1.2 Operazioni su una lista

Le operazioni di base che si possono definire su una lista ordinata, sono quelle tipicamente definite su una collezione di elementi, come l'inserimento, la ricerca, la visita e la cancellazione; è inoltre utile introdurre delle funzioni predicative (ovvero funzioni che restituiscono un valore Booleano), che hanno lo scopo di conoscere lo stato corrente della lista (vedi figura 6.5).

- Creazione di un nodo (`node_create`): crea un nodo, allocandone dinamicamente la memoria richiesta;
- Distruzione di un nodo (`node_destroy`): distrugge un nodo, deallocando la memoria occupata;
- Creazione di una lista (`list_create`): crea e restituisce una lista vuota;
- Distruzione di una lista (`list_destroy`): distrugge la lista, deallocando tutti gli elementi di cui si compone;
- Ricerca di un determinato elemento (`list_search`): cerca un elemento nella lista, restituendone il riferimento;
- Inserimento di un nuovo elemento (`list_insert`): inserisce un nuovo elemento nella lista, preservandone l'ordinamento;
- Eliminazione di un elemento (`list_delete`): elimina un elemento dalla lista, se presente, deallocando la memoria occupata;
- Stampa dell'intera lista (`list_print`): visita in sequenza tutti i nodi, dalla testa alla coda, applicando su ogni nodo una generica funzione, che nel caso presentato, è quella di stampa;
- Verifica che la lista sia vuota (`list_is_empty`): che restituisce il valore `TRUE` se la lista non contiene elementi.

Figura 6.5 Funzioni di base definite su una lista.

Nel seguito del capitolo verranno presentate nel dettaglio le funzioni appena introdotte, proponendo una realizzazione che fa uso di costrutti iterativi e operando direttamente sulla struttura dati fisica che realizza la lista. Si ipotizza di impiegare l'approccio funzionale, con funzioni che quindi scambiano i propri parametri per valore. È importante evidenziare che, essendo la lista identificata dal riferimento alla sua testa, tutte le operazioni che comportano una variazione della testa, come l'inserimento o la cancellazione dell'elemento che occupa la prima posizione della lista, comportano che il riferimento `list` cambi valore; in queste circostanze è quindi necessario che le operazioni di inserimento, e cancellazione restituiscano il valore aggiornato del riferimento di testa `list`.

Errore frequente Un errore frequentemente commesso in riferimento a tale problematica, è quella di definire le funzioni di inserimento e cancellazione (o più in generale tutte le funzioni che comportano una variazione della testa), con interfaccia funzionale e che non restuituiscono alcun parametro. In tal caso, nelle circostanze in cui la funzione aggiorna la lista, alla sua uscita il riferimento a `list` sarà quello non aggiornato, con un evidente corruzione della lista.

Altro errore altrettanto frequente è quello che si commette quando, pur avendo definito tali funzioni prevedendo il ritorno di `list`, la funzione chiamante invoca la funzione senza impiegarne il valore di ritorno. Gli effetti di tale errore sono ovviamente analoghi a quelli che si riferiscano nella precedente situazione.

Nel listato 6.2 è riportata l'interfaccia delle funzioni considerate, progettate in accordo ad uno schema funzionale.

Ovviamente le funzioni di gestione di una lista possono essere anche progettate scambiando per riferimento (ovvero il puntatore nell'implementazione C) la testa alla lista. Questa tecnica conduce però ad un codice poco leggibile, di cui se ne consiglia l'adozione solo in casi particolari. A titolo di curiosità si riportano nel listato 6.3 le relative interfacce.

6.2 Liste dinamiche semplici: algoritmi iterativi

In questa sezione si presentano le funzioni di gestione di una lista introdotte nel listato 6.2, sviluppate usando una tecnica iterativa ed in riferimento a liste dinamiche semplici. Le funzioni di gestione della lista usano le due funzioni di base per la creazione e la distruzione di un nodo, riportate rispettivamente nei listati 6.4 e 6.5.

6.2.1 Creazione e distruzione di una lista

La funzione di creazione di una lista crea una lista vuota, restituendone il riferimento. Il codice relativo, particolarmente immediato, è riportato nel listato 6.6.

La funzione di distruzione di una lista ha l'obiettivo di eliminare la lista, deallocando tutti i nodi di cui si compone. Il codice della funzione è riportato nel listato 6.7; il relativo algoritmo impiega un ciclo nel quale al generico passo viene deallocato l'elemento correntemente visitato. L'unica osservazione da fare riguarda l'introduzione di una variabile `succ` che viene impiegata per riferirsi all'elemento successivo a quello corrente: È importante osservare che se non avessimo introdotto `succ` non avremmo potuto accedere, dopo la deallocazione del nodo corrente, al suo campo `link` indispensabile per accedere al nodo successivo della lista.

6.2.2 Visita di una lista

La funzione di visita consiste nello scorrimento sequenziale della lista, a partire dalla testa, applicando su ciascun nodo una preassegnata funzione $f(.)$. Una delle operazioni più comuni consiste nella visita finalizzata alla stampa del valore del campo `info` degli elementi, o al conteggio degli stessi. Dal punto di vista algoritmico la visita viene realizzata introducendo un riferimento `curr` al nodo correntemente visitato, inizializzato al riferimento alla testa della lista `list` e aggiornato, al generico passo, con il riferimento al nodo successivo a quello corrente. Lo scorrimento termina quando `curr` si posiziona oltre l'ultimo elemento della lista, assumendo quindi il valore `NULL`.

```
/* Crea ed alloca un nodo
 * PRE: nessuna
 */
TNode *node_create(Tinfo value);

/* Distrugge e dealloca un nodo
 * PRE: nessuna
 */
void node_destroy(TNode *node);

/* Crea e restituisce una lista vuota
 * PRE: nessuna
 */
TList list_create();

/* Distrugge la lista list, deallocandone tutti gli elementi
 * PRE: nessuna
 * NOTA: consuma il parametro list
 */
TList list_destroy(TList list);

/* Visita la lista list dalla testa alla coda stampando gli elementi
 * PRE: nessuna
 */
void list_print(TList list);

/* Cerca l'elemento di valore info nella Lista list. Ritorna il
 * riferimento all'elemento se e' presente, altrimenti ritorna NULL.
 * PRE: list e' ordinata
 */
TNode *list_search(TList list, TInfo info);

/* Inserisce l'elemento di valore info nella lista list, preservando
 * l'ordinamento; restituisce la lista risultante.
 * PRE: list e' ordinata
 * NOTA: consuma il parametro list; inoltre se l'elemento da inserire
 *     e' gia' presente, esso viene duplicato.
 */
TList list_insert(TList list, TInfo info);

/* Cancella l'elemento di valore info nella lista list, preservando
 * l'ordinamento; restituisce la lista risultante.
 * PRE: list e' ordinata
 * NOTA: consuma il parametro list; se l'elemento da cancellare non
 *    e' presente, la lista resta inalterata.
 */
TList list_delete(TList list, TInfo info);

/* Ritorna il valore TRUE se la lista non contiene elementi
 * PRE: nessuna
 */
int list_is_empty(TList list);
```

Listato 6.2 Dichiarazione dei prototipi delle funzioni

Implementazione dell'algoritmo

Nel listato 6.8 si riporta il codice per realizzare la visita, finalizzata alla stampa. L'algoritmo si compone di un ciclo non predeterminato che partendo dalla testa fino alla coda, percorre tutti gli elementi della lista, stampandoli. La stampa

```
/* Interfacce con scambio della lista per riferimento*/

void node_create(TInfo info, Tnode *);
void node_destroy(TNode *);
void list_create(TList * list);
void list_destroy(TList * list);
void list_print(TList list);
TNode * list_search(TList list, TInfo info);
void list_insert(TList * list, TInfo info);
void list_delete(TList * list, TInfo info);
bool list_is_empty(TList list); bool list_is_full(TList list);
```

Listato 6.3 Dichiarazione dei prototipi delle funzioni, in accordo al modello procedurale. Si noti che, rispetto all'approccio funzionale, cambiano solo le interfacce delle funzioni che richiedono la restituzione dei riferimenti aggiornati.

```
/* Crea ed alloca un nodo
 * PRE: nessuna
 */
TNode *node_create(TInfo info) {
    TNode *new;

    new=(TNode *) malloc(sizeof(TNode));
    if (new==NULL)
        return NULL;
    new->info = info;
    new->link = NULL;
    return new;
}
```

Listato 6.4 Funzione per la creazione di un nodo.

```
/* Distrugge e dealloca un nodo
 * PRE: nessuna
 */
void node_destroy(TNode *node) {
    free(node);
}
```

Listato 6.5 Funzione per la distruzione di un nodo.

```
/* Crea e restituisce una lista vuota
 * PRE: nessuna
 */
TList list_create() {
    return NULL;
}
```

Listato 6.6 Funzione per la creazione di una lista vuota.

del campo `info` del generico nodo avviene invocando la funzione `print_info()` definita nella figura 1.1.

```
/* Distrugge la lista list, deallocandone tutti gli elementi
 * PRE: nessuna
 * NOTA: consuma il parametro list
 */
TList list_destroy(TList list) {
    TNode *curr, *succ;
    curr = list;
    while (curr != NULL) {
        succ = curr->link;
        node_destroy(curr);
        curr = succ;
    }
    return NULL;
}
```

Listato 6.7 Funzione iterativa per distruggere una lista.

```
/* Visita la lista list dalla testa alla coda stampando gli elementi
 * PRE: nessuna
 */
void list_print(TList list) {
    TNode *curr;
    curr = list;
    while (curr != NULL) {
        print_info(curr->info);
        curr = curr->link;
    }
}
```

Listato 6.8 Funzione iterativa per stampare una lista

Valutazione della complessità computazionale

La complessità computazionale dell'algoritmo di visita si valuta considerando che la lista viene interamente percorsa in ogni caso. Pertanto il ciclo principale viene percorso n volte, essendo n il numero di elementi della lista; considerato che nel ciclo vengono eseguite operazioni che richiedono una complessità $\theta(1)$, ed indicando T_w, T_b, T_a rispettivamente la complessità nel caso peggiore, migliore e in quello medio, si ottiene immediatamente che:

$$T_w = T_a = T_b = n\theta(1) = \theta(n). \qquad (6.2)$$

6.2.3 Ricerca di un elemento in una lista ordinata

La funzione di ricerca ha l'obiettivo di cercare un elemento, segnalandone l'esito; in caso positivo, la funzione restituisce il riferimento al nodo che contiene il valore cercato, o un valore convenzionale `NULL` per indicare che la ricerca si è dimostrata infruttuosa.

Implementazione dell'algoritmo di inserimento in una lista ordinata

Nella versione iterativa, la ricerca si realizza mediante un ciclo, in cui al generico passo si confronta il valore di `info` dell'elemento da cercare con il valore `info` dell'elemento della lista correntemente analizzato, individuato dal riferimento `curr`. Ovviamente l'iterazione parte con la testa della lista e procede scorrendone in sequenza gli elementi.

Il ciclo termina quando l'elemento corrente della lista ha un valore di `info` eguale a quello da cercare, concludendo pertanto la ricerca con successo. Alternativamente, la ricerca si conclude quando si raggiunge la fine della lista o quando l'elemento corrente ha un valore di `info` superiore a quello da ricercare: in tal caso, infatti, la condizione di ordinamento ci dà garanzia che gli elementi successivi avranno valori di `info` ancora maggiori di quello corrente, e quindi l'elemento da ricercare non è presente. La figura 6.6 evidenzia la casistica che si può presentare e nel listato 6.9 se ne riporta il codice, nel caso di lista ordinata. Se la lista è disordinata la ricerca può concludersi solo quando si raggiunge la fine della lista, o quando si è trovato l'elemento cercato. L'implementazione della relativa funzione è lasciata al lettore come esercizio.

Valutazione della complessità computazionale

Nella valutazione della complessità computazionale della funzione di ricerca su una lista ordinata bisogna tenere conto che lo scorrimento della lista può concludersi anticipatamente in alcune situazioni. In particolare:

- $C1$) l'elemento da cercare è presente nella lista ed occupa la posizione di testa, oppure non è presente nella lista ed ha un valore inferiore a quello della testa. In tal caso lo scorrimento della lista si ferma già al primo elemento e l'algoritmo termina quindi in tempo $\theta(1)$;

- $C2$) l'elemento da cercare ha valore compreso tra quello di testa e quello di coda; indipendentemente dal fatto che venga trovato o meno, lo scorrimento della lista avviene parzialmente fermandosi all'elemento il cui valore è eguale o immediatamente maggiore a quello ricercato. In questo caso, tenendo conto che nel generico passo del ciclo la complessità è $\theta(1)$ si ottiene:

$$T_a = n\theta(1) = \theta(n) \tag{6.3}$$

- $C3$) l'elemento da cercare non esiste ed ha valore superiore a quello di coda; la complessità si calcola considerando che la lista viene interamente percorsa ed il ciclo principale viene percorso n volte, essendo n il numero di elementi della lista; considerato che nel ciclo vengono eseguite operazioni che richiedono una complessità $\theta(1)$, la complessità è $\theta(n)$:

$$T_w = n\theta(1) = \theta(n) \tag{6.4}$$

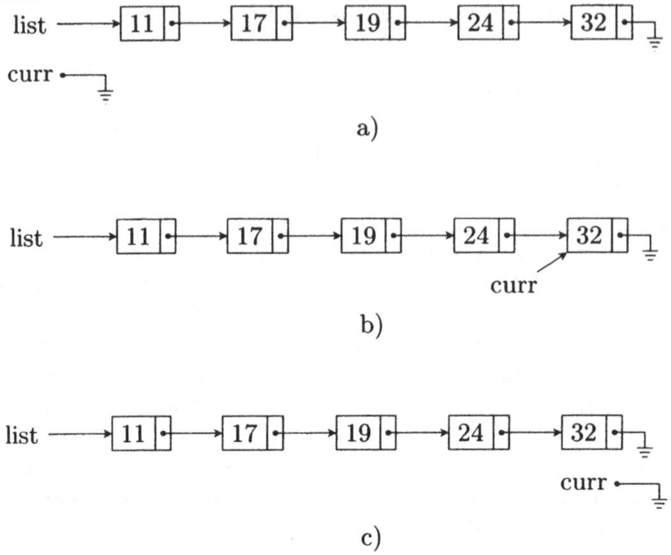

Figura 6.6 La ricerca di un elemento in una lista dinamica semplice ed ordinata: la posizione di curr all'uscita del ciclo di ricerca nei vari casi. a) caso $P1$ in cui l'elemento da cercare ha un valore di `info` inferiore a quello della testa (ad esempio il valore 8), b) caso $P2$ in cui l'elemento da cercare ha un valore di `info` compreso tra quello di testa e inferiore a quello di coda, ma non esiste oppure esiste e viene trovato (ad esempio il valore 25 o il valore 32), e c) caso $P3$ in cui l'elemento da cercare ha un valore di `info` maggiore di tutti quelli degli elementi della Lista (ad esempio il valore 45).

6.2.4 Inserimento di un elemento in una lista ordinata

In generale l'operazione di un inserimento di un elemento in una lista si articola nelle seguenti fasi:

- $F1$) Ricerca della posizione nella quale inserire il nuovo elemento;
- $F2$) Creazione di un nuovo nodo, destinato ad ospitare l'elemento da inserire;
- $F3$) Aggiornamento della catena dei collegamenti per l'inclusione del nodo creato.

La prima fase $F1$ richiede che si percorra la lista a partire dalla sua testa, confrontando, al generico passo, il valore dell'elemento correntemente analizzato (riferito da `curr`) con il valore dell'elemento da inserire. Nell'ipotesi in cui la lista risulta ordinata, il suo scorrimento termina quando si raggiunge un elemento il cui valore è immediatamente più grande di quello da inserire; come caso particolare, si può verificare la situazione che il valore dell'elemento da inserire è più piccolo

```
/* Ricerca l'elemento di valore info nella lista list, preservando
 * l'ordinamento; restituisce la lista risultante.
 * PRE: list e' ordinata
 * NOTA: consuma il parametro list; inoltre se l'elemento da inserire
 *       e' gia' presente, esso viene duplicato.
 */
TNode *list_search_ordered(TList list, TInfo info) {

    /* PRE: la lista list e' ordinata */
    TNode * curr;
    curr = list;

    /*P1: l'elemento da cercare ha un valore info inferiore a quello
     *    dell'elemento di testa della lista
     *P2: l'elemento da cercare ha un valore info compreso tra quello
     *    della testa e quello della coda della lista
     *P3: l'elemento da cercare ha un valore info maggiore di tutti
     *    quelli degli elementi della lista
     */

    while ((curr != NULL) && greater(info,curr->info)) {
        curr = curr->link;
    }

    /* Analisi delle post-condizioni
       C1: valore da cercare piu' piccolo della Testa
       C2: valore da cercare maggiore della Coda
       C3: valore da cercare compreso tra quello di Testa e quello di
           Coda
     */
    if ((curr != NULL) && equal(curr->info, info))
        /* Elemento trovato */
        return curr;
    else
        return NULL;
}
```

Listato 6.9 Funzione iterativa per cercare un elemento in una lista ordinata. Si noti come nell'if le due condizioni non possono essere invertite. La seconda si può valutare senza errore solo se curr non assume il valore NULL, e può essere formulata come riportato solo se il linguaggio prevede la valutazione con il cortocircuito delle espressioni logiche.

del primo elemento della lista, dovendo cosí realizzare l'inserimento dell'elemento in testa.

La fase $F2$ consiste nell'allocazione del nuovo nodo e nell'inserimento nel relativo campo `info` del valore da inserire.

Infine la terza fase $F3$ comporta l'aggiornamento dei collegamenti per includere il nodo appena creato. I nodi interessati a questa operazione sono due; in particolare bisogna modificare il collegamento del nodo che occupa la posizione immediatamente precedente a quella nella quale bisogna inserire il nuovo nodo affinché punti al nodo appena inserito, e il collegamento del nodo appena creato affinché punti al successore che gli compete.

Nel caso particolare di inserimento in testa, bisogna invece modificare il solo collegamento del nodo appena creato (non esistendo un nodo che precede il nodo appena inserito) e aggiornare il riferimento alla testa della lista, che diventa il nodo appena creato.

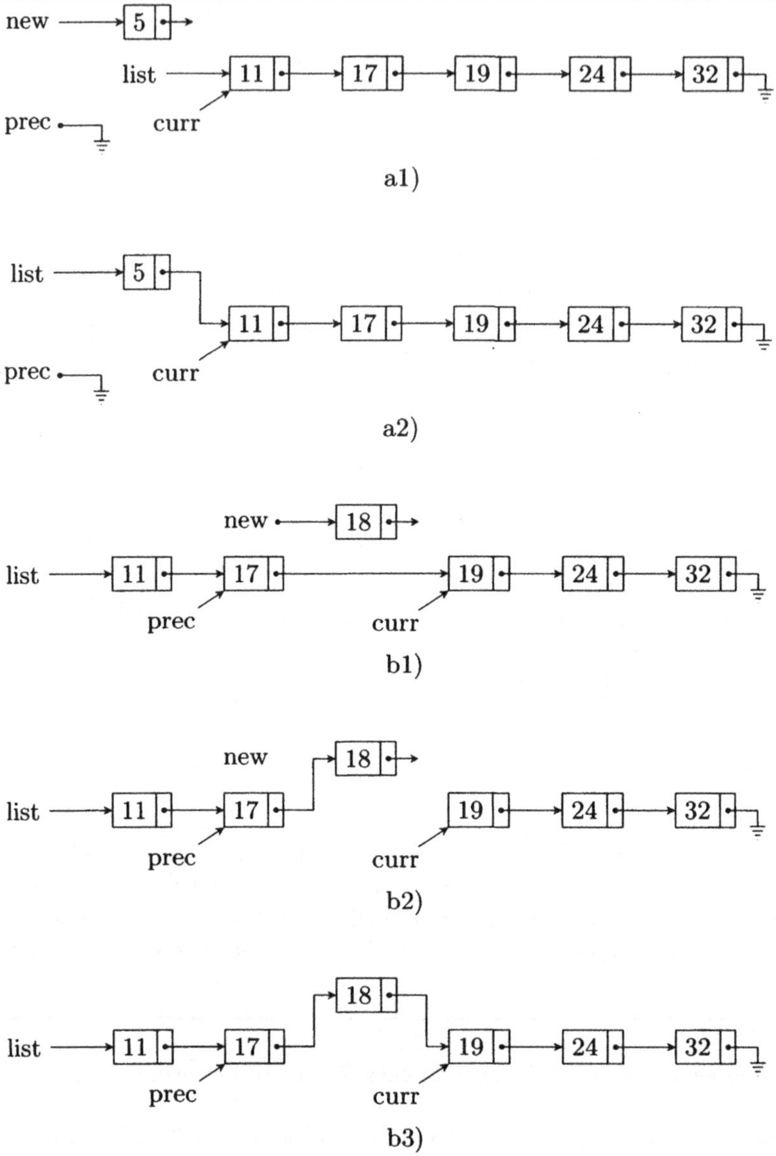

Figura 6.7 L'inserimento in una lista ordinata. a1) il valore di prec e `curr` al termine della fase $F1$ di ricerca della posizione nel caso di inserimento in testa e a2) al termine della conseguente fase $F3$ di aggiornamento dei collegamenti; b1) il valore di **`prec`** e **`curr`** al termine di $F1$ nel caso di inserimento non in testa; b2) l'aggiornamento del collegamento del nodo precedente a quello da inserire e b3) l'aggiornamento del collegamento nel nodo appena inserito.

Implementazione dell'algoritmo

La realizzazione della funzione di inserimento di un elemento `new` nella lista con tecnica iterativa non presenta significative difficoltà; è opportuno solo sottolineare che la ricerca della posizione di inserimento è realizzabile con un ciclo non predeterminato (nell'esempio un while) che scorra la lista fin quando non viene raggiunta la fine della lista o si è raggiunto un elemento il cui valore è maggiore di quello da inserire. Nel ciclo si impiegano due riferimenti `prec` e `curr` che vengono rispettivamente inizializzati a `NULL` e al puntatore di testa della lista; all'uscita del ciclo `curr` e `prec` puntano rispettivamente al primo elemento della lista il cui valore è maggiore di `new` (se esiste) e all'elemento immediatamente precedente. La necessità di adottare il puntatore `prec` scaturisce dall'esigenza di aggiornare il campo `link` dell'elemento che occupa la posizione immediatamente precedente a quella d'inserimento. Si osserva che, all'uscita del ciclo per la determinazione della posizione di inserimento, si distinguono le seguenti postcondizioni:

- $P1$) `prec` = `NULL` e `curr` = `NULL`, che si verifica quando la lista è vuota;
- $P2$) `prec` = `NULL` e `curr` ≠ `NULL`, che si verifica quando l'elemento da inserire è minore o eguale al primo elemento della lista e si deve quindi inserire l'elemento in testa;
- $P3$) `prec` ≠ `NULL` e `curr` = `NULL`, che si verifica quando l'elemento da inserire è più grande dell'ultimo elemento della lista e si deve quindi inserire l'elemento in coda;
- $P4$) `prec` ≠ `NULL` e `curr` ≠ `NULL`, che si verifica quando l'elemento da inserire ha valore superiore a quello di testa ed inferiore a quello di coda, dovendo quindi inserire l'elemento in una posizione intermedia della lista.

Per l'aggiornamento dei collegamenti si distinguono due casi differenti. Il primo caso $C1$ è quello associato alle postcondizioni $P1$ e $P2$ e presuppone l'inserimento del nuovo elemento in testa alla lista; un secondo caso $C2$, associato alle postcondizioni $P3$ e $P4$, in cui l'elemento deve essere inserito in una posizione intermedia o in coda. Avendo denotato rispettivamente con `prec`, `curr` il riferimento al nodo che occupa la posizione immediatamente precedente a quella in cui va inserito il nuovo nodo e la posizione immediatamente successiva, l'aggiornamento della catena dei collegamenti si realizza come indicato nel listato 6.10.

Nel caso $C2$ si ha invece la necessità di aggiornare sia il successore del nodo `new` che quello del nodo riferito da `prec`, come evidente nella stessa figura. È importante osservare che quest'ultimo caso funziona anche se si deve inserire in coda; infatti in tal caso `succ` avrà valore `NULL`, e quindi verrà posizionato a `NULL` il successore del nuovo nodo, come corretto.

Valutazione della complessità computazionale

Ai fini della valutazione della complessità computazionale della funzione di inserimento, è importante osservare che i blocchi $F2$ e $F3$, realizzano un numero fisso di operazioni ed hanno quindi una complessità computazionale pari a $\theta(1)$, mentre il blocco $F1$ contiene un ciclo iterativo non predeterminato che viene persorso un

```
/* Inserisce l'elemento di valore info nella lista list, preservando
 * l'ordinamento; restituisce la lista risultante.
 * PRE: list e' ordinata
 * NOTA: consuma il parametro list; inoltre se l'elemento da inserire
 * e' gia' presente, esso viene duplicato.
 */
TList list_insert(TList list, TInfo info) {
    TNode * prec, *succ, *new;
    prec = NULL;
    succ = list;

    /*P1: prec==NULL e succ==NULL, la lista e' vuota*/
    /*P2: prec==NULL e succ!=NULL, l'elemento da inserire e' non
     *    maggiore del primo elemento della lista */
    /*P3: prec!=NULL e succ==NULL, l'elemento da inserire e' maggiore
     *    dell'ultimo elemento della lista */
    /*P4: prec!=NULL e succ!=NULL, l'elemento da inserire e' maggiore
     *    del nodo di testa e minore di quello di coda.*/

    /* F1: ricerca della posizione di inserimento */
    while ((succ != NULL) && greater(info, succ->info)) {
        prec = succ;
        succ = succ->link;
    }

    /* F2: allocazione del nuovo nodo */
    new = node_create(info);
    if (new == NULL){              /* Errore: allocazione fallita */
        printf("Errore␣di␣allocazione␣della␣memoria");
        exit(1);
    }
    /* F3: aggiornamento della catena dei collegamenti */
    if (prec == NULL) {

        /* C1: inserimento in Testa */
        new->link = list;
        return new;
    } else {

        /* C2: inserimento in posizione centrale o in coda */
        new->link = succ;
        prec->link = new;
        return list;
    }
}
```

Listato 6.10 Funzione iterativa per inserire un elemento in una lista ordinata.

numero di volte che dipende dalla posizione dell'elemento da inserire. L'analisi della complessità si concentra quindi sull'analisi del blocco $F1$. Nel caso peggiore, che si verifica quando l'elemento da inserire è più grande di tutti gli elementi della lista, il blocco $F1$, realizzato mediante un ciclo non predeterminato, è iterato n volte, essendo n il numero di elementi contenuti nella lista. Considerando inoltre che il corpo del ciclo contiene due assegnazioni la cui complessità è $\theta(1)$, la complessità di $F1$, e quindi dell'intero algoritmo nel caso peggiore è:

$$T_w = n\theta(1) = \theta(n) \tag{6.5}$$

Nel caso migliore, che si verifica invece quando bisogna inserire in testa, il blocco $F1$ ha complessità $\theta(1)$, in quanto la ricerca si arresta immediatamente e quindi:

$$T_b = \theta(1) \quad (6.6)$$

Nel caso medio, il blocco $F1$ comporta un numero di iterazioni, statisticamente proporzionale ad n, e quindi:

$$T_a = n\theta(1) = \theta(n) \quad (6.7)$$

6.2.5 Cancellazione di un elemento da una lista ordinata

La funzione di cancellazione, analogamente a quella di inserimento, si articola nei seguenti passi:

- $F1$) Ricerca dell'elemento da cancellare;
- $F2$) Aggiornamento della catena dei collegamenti per scalvacare il nodo da cancellare;
- $F3$) Deallocazione dell'elemento da cancellare.

La fase $F2$ produce quella che in gergo tecnico viene detta *cancellazione logica* dell'elemento. Infatti, dopo aver aggiornato la catena dei collegamenti l'elemento da cancellare non è più raggiungile da nessun nodo della lista e appare a tutti gli effetti come se non fosse più presente nella lista, pur occupando ancora memoria. La *cancellazione fisica* avviene liberando la memoria occupata dal nodo cancellato logicamente.

La fase $F1$ di ricerca dell'elemento da eliminare si effettua percorrendo la lista a partire dal primo elemento fino a trovare l'elemento da cancellare; in virtú della ipotesi di ordinamento della lista, se durante la ricerca viene raggiunta la fine della lista o si è raggiunto un elemento il cui valore è maggiore di quello da cancellare, si ha la certezza che l'elemento da cancellare non è presente nella lista, in quanto tutti gli elementi hanno valori senz'altro maggiori di quello da cancellare. Se l'elemento da cancellare viene trovato, si passa alla fase successiva di aggiornamento dei collegamenti.

Nella fase $F2$ di aggiornamento dei collegamenti, analogamente alla funzione di inserimento, si distingue il caso in cui l'elemento da cancellare è il primo della lista, dal caso in cui esso sia un nodo interno alla lista stessa. È importante osservare che l'aggiornamento dei collegamenti richiede di intervenire sull'elemento precedente a quello da cancellare, affinchè dopo la cancellazione, questo punti al successore del nodo cancellato; per tale motivo è necessario mantenere una copia (alias) del puntatore all'elemento logicamente cancellato ai fini di poter procedere alla sua successiva deallocazione.

Nella fase $F3$ si effettua la deallocazione dell'elemento logicamente cancellato, di cui si è mantenuto un alias. Nella figura 6.8 si riportano le fasi in cui si articola la cancellazione.

Approfondimento Se la lista è disordinata la ricerca dell'elemento da cancellare impone lo scorrimento esaustivo dell'intera lista a fino a trovare l'elemento da cancellare; in questo caso la ricerca può essere arrestata soltanto se l'elemento viene trovato e si è sicuri che esso è presente una sola volta volta nella lista.

Implementazione dell'algoritmo

La realizzazione della funzione di cancellazione di un elemento con tecnica iterativa parte con la ricerca dell'elemento da cancellare che si realizza con un ciclo non predeterminato (nell'esempio un while), la cui condizione di terminazione prevede che si sia trovato l'elemento da cancellare, o che sia stata raggiunta la fine della lista o ancora, si sia raggiunto un elemento il cui valore è maggiore di quello da inserire. La necessità di conoscere anche il riferimento dell'elemento precedente a quello da cancellare, impone di effettuare la ricerca impiegando due riferimenti `prec` e `succ`, rispettivamente inizializzati a `NULL` e al puntatore di testa della lista.

All'uscita del ciclo, si possono verificare le seguenti postcondizioni:

- $P1$) `curr` $=$ `NULL` o `info` $\neq$ `curr->info`, che si verifica quando l'elemento da cancellare non è presente; in tal caso non bisogna effettuare alcuna operazione e la funzione termina,
- $P2$) la condizione precedente non è verificata, ovvero l'elemento da cancellare esiste nella lista, e risulta `prec` $=$ `NULL`; in tal caso bisogna cancellare l'elemento di testa,
- $P3$) la condizione $P1$ non è verificata, ovvero l'elemento da cancellare esiste nella lista, e risulta `curr` $\neq$ `NULL`; in tal caso l'elemento da cancellare si trova in una posizione intermedia della lista.

Nella figura 6.8 sono riportati i valori di `prec` e `curr` rispettivamente nel caso $C2$ di cancellazione in testa e $C3$ di cancellazione in posizione intermedia.

L'aggiornamento dei collegamenti, nel caso $C2$ di cancellazione dell'elemento di testa, si effettua imponendo che il nuovo elemento di testa sia il successore del nodo da cancellare, come evidenziato nella figura 6.8)a2, e ciò corrisponde alla cancellazione logica dell'elemento.

Viceversa nel caso $C3$, come mostrato nella figura 6.8)b2, bisogna che il nodo precedente a quello da cancellare, riferito da `prec`, sia collegato al successore del nodo da cancellare, riferito da `succ`; è importamte osservare che queste operazioni sono applicabili anche se si deve cancellare la coda della lista; infatti in tal caso `succ` avrà valore `NULL`, e quindi verrà posizionato a `NULL` il successore del nuovo nodo, come corretto.

Valutazione della complessità computazionale

Si osserva che i blocchi $F2$ e $F3$ realizzano un numero fisso di operazioni ed hanno una complessità computazionale pari a $\theta(1)$; il blocco $F1$ invece contiene un ciclo iterativo non predeterminato che viene persorso un numero di volte che dipende dalla posizione dell'elemento da cancellare. L'analisi di complessità si concentra quindi sull'analisi di tale blocco. Nel caso peggiore, che si verifica quando l'elemento da cancellare si trova in coda o è più grande di tutti gli elementi della lista, Il blocco $F1$ è iterato n volte, essendo n il numero di elementi della lista.

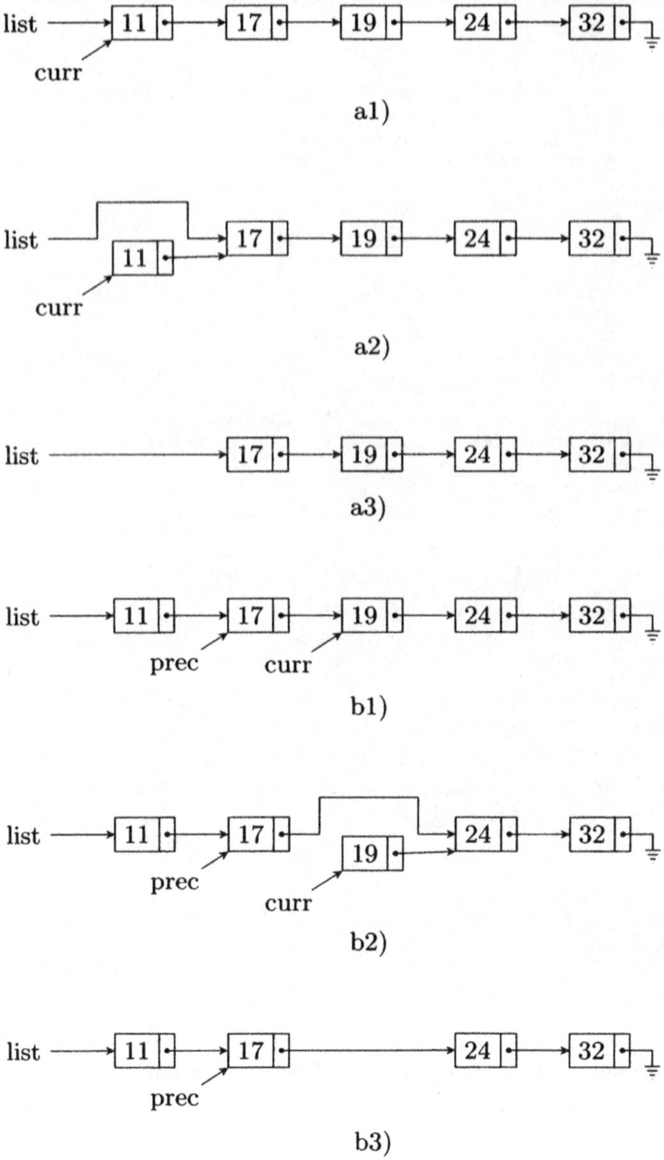

Figura 6.8 La cancellazione in testa e al centro di una lista ordinata. a1) il valore di curr al termine della fase $F1$ di ricerca dell'elemento da cancellare nel caso in cui quest'ultimo è in testa; a2) la cancellazione logica dell'elemento di testa della lista e a3) la successiva cancellazione fisica. b1) b2) e b3) le analoghe situazioni di a1) a2) e a3) ma sviluppate nel caso in cui l'elemento da cancellare non occupa la posizione di testa nella lista.

Considerando inoltre che il corpo del ciclo ha complessità $\theta(1)$, la complessità di

```
/* Cancella un elemento di valore info dalla lista list, preservando
 * l'ordinamento; restituisce la lista risultante.
 * PRE: list e' ordinata
 * NOTA: consuma il parametro list; inoltre se l'elemento da inserire
 *       e' duplicato cancella la prima occorrenza.*/
TList list_delete(TList list, TInfo info) {
    TNode *prec, *curr, *alias;
    prec = NULL;
    curr = list;

    /*P1: curr==NULL o info!=curr->info, l'elemento da cancellare
     *    non e' presente
     *P2: la condizione P1 non e' verificata, e prec==NULL va
     *    cancellato l'elemento di testa
     *P3: la condizione P1 non e' verificata, e prec!=NULL e
     *    curr!=NULL va cancellato un elemento in posizione
     *    intermedia della lista */

    /* F1: ricerca dell'elemento da cancellare */
    while ((curr != NULL) && greater(info, curr->info)) {
        prec = curr;
        curr = curr->link;
    }

    /* Analisi delle post-condizioni */
    if ((curr != NULL) && equal(curr->info, info)) {
/* Elemento trovato */

        /* F2: aggiornamento della catena dei collegamenti */
        if (prec == NULL) {

            /* CASO C2: Cancellazione della Testa */
            list = curr->link;
        } else {

            /* CASO C3: Cancellazione da una posizione intermedia */
            alias = curr->link;
            prec->link = alias;
        }

        /* F3: Deallocazione del Nodo cancellato logicamente */
        node_destroy(curr);
        return list;
    }
    return list;
}
```

Listato 6.11 Funzione iterativa per cancellare un elemento.

$F1$, e quindi dell'intero algoritmo, nel caso peggiore è:

$$T_w = n\theta(1) = \theta(n) \tag{6.8}$$

Nel caso migliore, che si verifica invece quando bisogna cancellare l'elemento di testa, il blocco $F1$ ha complessità $\theta(1)$, in quanto la ricerca si arresta immediatamente, e quindi:

$$T_b = \theta(1) \tag{6.9}$$

Nel caso medio, il blocco $F1$ comporta un numero di iterazioni, statisticamente proporzionale ad n, e quindi:

$$T_a = n\theta(1) = \theta(n) \tag{6.10}$$

6.3 Liste dinamiche semplici: algoritmi ricorsivi

Nella presente sezione verrà presentata la realizzazione ricorsiva delle funzioni di visita, inserimento, ricerca e cancellazione di un elemento in una lista ordinata.

6.3.1 Visita ricorsiva di una lista

L'implementazione ricorsiva della visita, si ottiene con il metodo del divide et impera già descritto in dettaglio nella sezione 2.1.3.

A tal fine si osserva che:

- Divide: la divisione del problema deve essere realizzata in modo tale da raggiungere il caso base. Quest'obiettivo è conseguito riducendo ricorsivamente la lista l alla lista l' ottenuta eliminando da l il suo elemento di testa. Quindi, nel caso induttivo la visita di l è decomposta nel più semplice problema della visita di l';
- Caso Base: il caso base è quello che si riferisce alla stampa di una lista vuota; in questo caso non bisogna effettuare alcuna operazione;
- Impera: si ipotizza che il problema figlio, consistente nella visita di l', fornisca il risultato corretto;
- Combina: la soluzione al problema padre è ottenuta visitando il primo elemento della lista l e poi visitando la lista l', invocando quindi la soluzione del problema figlio, corretta per l'ipotesi della fase precedente.

```
/* Visita la lista list dalla testa alla coda stampando gli elementi
 * PRE: nessuna
 */
void list_print_recursive(TList list) {
    if (list != NULL){
        print_info(list->info);
        list_print_recursive(list->link);
    }
}
```

Listato 6.12 Funzione ricorsiva per stampare una lista.

Valutazione della complessità computazionale

La formula di ricorrenza, identica per il caso migliore, peggiore e quello medio, tra loro coincidenti, è data da:

$$T(n) = \begin{cases} \theta(1) & \text{per } n = 1 \\ \theta(1) + T(n-1) & \text{per } n > 1 \end{cases} \tag{6.11}$$

la cui soluzione è riportata nella sezione 3.4 (vedi formula 3.49):

$$T_w = T_a = T_b = \theta(n) \tag{6.12}$$

Implementazione dell'algoritmo

L'algoritmo è riportato nella figura 6.12. È importante evidenziare che nel caso degenere, ovvero in presenza della lista vuota ϕ la visita non deve effettuare alcuna operazione; questo caso è quindi assimilabile al caso base.

6.3.2 Ricerca ricorsiva di un elemento in una lista ordinata

I passi per la realizzazione ricorsiva della ricerca sono riassunti nel seguito:

- Divide: la divisione del problema deve essere realizzata in modo tale da raggiungere il caso base. Quest'obiettivo è conseguito riducendo ricorsivamente la lista l alla lista l' ottenuta eliminando da l il suo elemento di testa. Quindi, nei casi non banali, il problema della ricerca di un elemento in l è decomposto nel più semplice problema della ricerca dell'elemento in l';
- Caso Base: il problema della ricerca è banale quando la lista è vuota, quando il primo elemento della lista è più grande di quello da cancellare o ancora quando l'elemento ricercato è proprio il primo elemento della lista. Nei primi due casi la ricerca può terminare in quanto l'elemento ricercato certamente non esiste. Anche nel terzo caso la ricerca termina, ma stavolta con successo;
- Impera: Come già detto in precedenza, si ritiene, per ipotesi induttiva, che il problema figlio consistente nella ricerca dell'elemento in l', fornisca il risultato corretto;
- Combina: La soluzione al problema padre è allora ottenuta verificando che il primo elemento di l non sia quello cercato; in caso negativo, se l'elemento è presente in l' lo sarà anche in l e quindi, sempre in tal caso, la soluzione del problema padre coincide con quella del problema figlio.

Implementazione dell'algoritmo

La codifica dell'algoritmo è riportata nella figura 6.13.

Valutazione della complessità computazionale

La complessità computazionale, nel caso migliore, che si verifica quando l'elemento da cercare è al primo posto, è semplicemente data da:

$$T_b = \theta(1) \tag{6.13}$$

Viceversa, nel caso medio medio o peggiore, si ottiene mediante la seguente formula di ricorrenza:

$$T(n) = \begin{cases} \theta(1) & \text{per } n = 1 \\ \theta(1) + T(n-1) & \text{per } n > 1 \end{cases} \tag{6.14}$$

```
/* Cerca l'elemento di valore info nella Lista list. Ritorna il
 * riferimento all'elemento se e' presente, altrimenti ritorna NULL.
 * PRE: list e' ordinata
 */
TNode *list_search_recursive(TList list, TInfo info) {

  if (list == NULL || greater(list->info, info))
        return NULL;

     else {
        if (equal(list->info, info))
            return list;

        else
            return list_search_recursive(list->link, info);
     }
}
```

Listato 6.13 Funzione ricorsiva per cercare un elemento.

la cui soluzione è riportata nella sezione 3.4 (vedi formula 3.49):

$$T_w = T_a = \theta(n) \tag{6.15}$$

6.3.3 Inserimento ricorsivo di un elemento in una lista ordinata

La realizzazione ricorsiva della funzione di inserimento si basa sull'applicazione del principio divide-et-impera

- Divide: la divisione del problema è realizzata come nelle funzioni precedentemente illustrate;
- Caso Base: è da premettere che il problema dell'inserimento di un elemento in una lista ordinata è banale quando la lista è vuota o quando il primo elemento della lista è maggiore dell'elemento da inserire; in queste circostanze l'inserimento va effettuato in testa alla lista, allocando opportunamente un nuovo nodo, che avrà come successore la lista iniziale;
- Impera: per ipotesi induttiva il problema dell'inserimento dell'elemento in l' è risolto correttamente;
- Combina: Se non ci troviamo nei casi base, vuol dire che l'elemento di testa di l, se esiste, è più piccolo dell'elemento da inserire e quindi la soluzione del problema padre è ricondotta all'inserimento nella lista l'; quest'ultimo problema, per ipotesi induttiva, è risolto correttamente. Bisogna osservare che l'inserimento in l' può aver cambiato il puntatore di testa della lista, e pertanto la soluzione al problema padre consiste semplicemente nell'aggiornamento del campo `link` dell'elemento di testa di l.

Implementazione dell'algoritmo

La codifica dell'algoritmo è riportata nel listato 6.14.

```
/* Inserisce l'elemento di valore info nella lista list, preservando
 * l'ordinamento; restituisce la lista risultante.
 * PRE: list e' ordinata
 * NOTA: consuma il parametro list; inoltre se l'elemento da inserire
 *       e' gia' presente, esso viene duplicato.
 */
TList list_insert_recursive(TList list, TInfo info) {

  if (list==NULL || greater(list->info,info) )
  {
    TNode* newnode;
    newnode = node_create(info);
    if (newnode==NULL){
        printf ("Errore␣di␣allocazione␣della␣memoria\n");
        exit(1);
    }
    newnode->link = list;
    return newnode;
  }
  else {
    TList l2;
    l2 = list_insert_recursive(list->link,info);
    list->link = l2;
    return list;
  }
}
```

Listato 6.14 Funzione ricorsiva per inserire un elemento in una lista.

Valutazione della complessità computazionale

La complessità computazionale di questa funzione è identica a quella di ricerca, sia nel caso migliore che per quello medio e peggiore:

$$T_b = \theta(1) \tag{6.16}$$

$$T_a = T_w = \theta(n) \tag{6.17}$$

6.3.4 Cancellazione ricorsiva di un elemento da una lista ordinata

- Divide: la divisione del problema è realizzata come nelle funzioni precedentemente illustrate. Quest'obiettivo è conseguito riducendo ricorsivamente la lista l alla lista l' ottenuta eliminando il suo elemento di testa. Quindi, nei casi non banali, la cancellazione in l è decomposto nel più semplice problema della cancellazione l'.

- Caso Base: il problema della cancellazione è banale quando la lista è vuota, oppure quando il primo elemento della lista è più grande di quello da cancellare o ancora quando l'elemento da cancellare è proprio il primo elemento della lista. Nei primi due casi la cancellazione non può essere effettuata in quanto l'elemento da cancellare non esiste, e di conseguenza la lista rimane inalterata. Nel terzo caso, invece, la cancellazione viene effettuata in testa, prima logicamente e poi fisicamente.

- Impera: si ritiene, per ipotesi induttiva, che il problema della cancellazione in l' sia risolto correttamente e, sulla base della soluzione corretta a tale problema si ricava la soluzione al problema della cancellazione dell'elemento nella lista l.

- Combina: Se non ci troviamo nei casi banali vuol dire che l'elemento di testa di l, se esiste, è più piccolo dell'elemento da cancellare e quindi la soluzione del problema padre è ricondotta alla cancellazione nella lista l'. Quest'ultimo problema è risolto correttamente nella fase di impera; l'elemento da cancellare, se esiste, è cancellato correttamente in l'. Bisogna solo osservare che la cancellazione in l' può aver cambiato il puntatore di testa a `l'`, e pertanto la soluzione al problema padre consiste semplicemente nell'aggiornamento del campo `link` dell'elemento di testa di l con il nuovo valore del puntatore a l'. La lista risultante dalla cancellazione è ovviamente l.

Implementazione dell'algoritmo

Il codice della funzione è riportato nel listato 6.15.

```
/* Cancella l'elemento di valore info nella lista list, preservando
 * l'ordinamento; restituisce la lista risultante.
 * PRE: list e' ordinata
 * NOTA: consuma il parametro list; se l'elemento da cancellare non
     e' presente,   la lista resta inalterata.
 */
TList list_delete_recursive(TList list, TInfo info) {
    if (list == NULL || greater(list->info, info))
        return NULL;

    else
        {
        if (equal(list->info, info)) { /* cancellazione in testa */
            TNode *alias = list->link;
            node_destroy(list);
            return alias;
        }

        else {
            TList l2;
            l2 = list_delete_recursive(list->link, info);
            list->link = l2;
            return list;
        }
    }
}
```

Listato 6.15 Funzione ricorsiva per cancellare un elemento.

Valutazione della complessità computazionale

La formula ricorrente associata alla funzione, è identica a quella della funzione di inserimento:

$$T_w(n) = \begin{cases} \theta(1) & \text{per } n = 1 \\ \theta(1) + T_w(n-1) & \text{per } n > 1 \end{cases} \quad (6.18)$$

e quindi, anche in questo caso, per il caso peggiore, la soluzione è (vedi 3.49):

$$T_w = \theta(n) \tag{6.19}$$

6.4 Implementazione delle liste in Java

In questa sezione vedremo una possibile implementazione in linguaggio Java delle liste concatenate, con riferimento alle funzioni principali nella loro versione ricorsiva.

Si noti che la libreria standard del linguaggio Java include la classe `LinkedList`, definita nel package `java.util`, che implementa una lista concatenata, e che dovrebbe essere preferibilmente usata dagli sviluppatori invece di reimplementare questa struttura dati. L'implementazione presentata in questa sezione ha il solo scopo di illustrare alcuni aspetti realizzativi caratteristici del linguaggio Java.

```
package list;

abstract class Node<T extends Comparable<T>> {
    abstract boolean isEmpty();
    abstract Node<T> insert(T x);
    abstract Node<T> delete(T x);
    abstract Node<T> search(T x);
    abstract void print();

    // PRE: il nodo e' vuoto
    abstract T getValue();
}
```

Listato 6.16 Definizione della classe astratta `Node`.

Useremo delle classi generiche per realizzare la nostra struttura dati in maniera che sia indipendente dal tipo di informazione contenuto nella lista. Poiché faremo riferimento alle versioni degli algoritmi di inserimento, cancellazione e ricerca che assumono che la lista sia ordinata, imporremo il vincolo che il tipo degli elementi implementi l'interfaccia `Comparable`.

Dal momento che le operazioni ricorsive sulle liste solitamente trattano in modo diverso il caso di lista vuota da quello di lista non vuota, possiamo sfruttare il polimorfismo di Java per gestire questa differenza, semplificando cosí la struttura degli algoritmi. Per questo motivo definiremo una classe astratta `Node` in cui sono presenti i metodi corrispondenti alle operazioni fondamentali. Da `Node` deriveremo due sottoclassi concrete: `EmptyNode` per rappresentare una lista vuota e `FullNode` per rappresentare una lista non vuota.

Il listato 6.16 contiene la definizione della classe astratta `Node`. I metodi di `Node` adottano un'interfaccia di tipo funzionale, in modo da semplificare la formulazione ricorsiva degli algoritmi. Alla fine della sezione definiremo però una classe `List` da usare come "facciata" per ottenere un'interfaccia di tipo procedurale, per semplificare l'utilizzo della struttura dati. Il significato dei metodi di `Node` dovrebbe essere sufficientemente intuitivo; ricordiamo solo che i metodi `insert`, `delete` e `search` assumono che la lista sia ordinata.

```
package list;

class EmptyNode<T extends Comparable<T>> extends Node<T> {
    boolean isEmpty() {
        return true;
    }

    Node<T> insert(T x) {
        return new FullNode<T>(x, this);
    }

    Node<T> delete(T x) {
        return this;
    }

    Node<T> search(T x) {
        return this;
    }

    void print() {
    }

    T getValue() {
        throw new RuntimeException("Value␣of␣an␣empty␣node!");
    }
}
```

Listato 6.17 Definizione della classe `EmptyNode`.

Il metodo `search` restituisce il nodo che contiene il valore cercato, se presente; altrimenti restituisce un nodo che rappresenta una lista vuota (a differenza della versione C, che restituiva un puntatore nullo). Il metodo `getValue` restituisce il valore contenuto nel nodo, se il nodo è pieno, altrimenti lancia un'eccezione.

Il listato 6.17 contiene la definizione della classe `EmptyNode`, che rappresenta un nodo corrispondente a una lista vuota. Il metodo `isEmpty` restituisce sempre `true`, come è ovvio.

Il metodo `insert` restituisce un nuovo nodo di tipo `FullNode`; i parametri del costruttore di `FullNode`, che sarà presentato nel listato 6.18, corrispondono al valore contenuto nel nodo e al nodo successivo della lista. In questo caso si usa `this` come nodo successivo, che corrisponderà quindi alla lista vuota. In altre parole, il metodo `insert` restituisce una nuova lista contenente un solo elemento, ovvero il valore inserito.

Il metodo `delete` restituisce il nodo corrente non modificato, dal momento che la lista vuota sicuramente non contiene il valore da cancellare. Analogamente, il metodo `search` restituisce il nodo corrente (e quindi la lista vuota) per indicare che il valore `x` non è stato trovato.

Il metodo `print` non esegue alcuna azione. Infine, il metodo `getValue`, essendo applicato a una lista vuota, lancia un'eccezione di tipo `RuntimeException`.

Il listato 6.18 contiene la definizione della classe `FullNode`, che rappresenta il primo nodo di una lista (o una sottolista) non vuota. Un oggetto di tipo `FullNode` contiene una variabile di istanza `value`, che mantiene il valore della testa della lista, e una variabile di istanza `next` che mantiene il riferimento al nodo successivo. Il costruttore della classe ha come parametri i valori da assegnare alle due variabili di istanza.

```
package list;

class FullNode<T extends Comparable<T>> extends Node<T> {
    private T value;
    private Node<T> next;

    public FullNode(T value, Node<T> next) {
        this.value=value;
        this.next=next;
    }

    boolean isEmpty() {
        return false;
    }

    Node<T> insert(T x) {
        int cmp=value.compareTo(x);
        if (cmp>0)
            return new FullNode<T>(x, this);
        else {
            next=next.insert(x);
            return this;
        }
    }

    Node<T> delete(T x) {
        int cmp=value.compareTo(x);
        if (cmp==0)
            return next;
        else if (cmp<0)
            next=next.delete(x);
        return this;
    }

    Node<T> search(T x) {
        int cmp=value.compareTo(x);
        if (cmp==0)
            return this;
        else if (cmp<0)
            return next.search(x);
        else
            return new EmptyNode<T>();
    }

    void print() {
        System.out.print(value);
        System.out.print("␣");
        next.print();
    }

    T getValue() {
        return value;
    }
}
```

Listato 6.18 Definizione della classe `FullNode`.

Il metodo `isEmpty` restituisce ovviamente sempre il valore `false`. Il metodo `insert` confronta il valore contenuto nel nodo (`value`) con il valore da inserire (`x`) usando il metodo `compareTo` (definito nell'interfaccia `Comparable`); il risultato del confronto è memorizzato nella variabile locale `cmp`. Se `cmp>0`, ovvero il valore del nodo è maggiore del valore da inserire, il metodo restituisce un nuovo nodo che contiene come valore `x` e che ha come nodo successivo il nodo corrente. Altrimenti, viene effettuato ricorsivamente l'inserimento sul nodo successivo, e il risultato diventa il nuovo valore di `next`; quindi, viene restituito il nodo corrente.

In maniera analoga, il metodo `delete` memorizza in `cmp` il risultato del confronto. Se `cmp==0`, ovvero il valore del nodo corrente è uguale a quello da cancellare, viene restituito il valore del nodo successivo (ovviamente non è necessario in Java effettuare la deallocazione del nodo corrente). Se `cmp<0`, ovvero il nodo corrente contiene un valore che precede quello da cancellare, la cancellazione viene effettuata ricorsivamente sul nodo successivo, e il risultato diviene il nuovo valore di `next`. Infine, sia nel caso in cui sia stata effettuata la cancellazione ricorsiva che nel contrario, il metodo restituisce il nodo corrente come risultato.

Il metodo `search` ha una struttura analoga a `delete`, ma non modifica la lista. Se il valore cercato viene trovato, restituisce il nodo corrente; se il valore cercato è successivo a quello corrente, la ricerca viene effettuata ricorsivamente sul nodo successivo; altrimenti, poiché si può concludere che il valore cercato non è presente, viene restituito un nodo di tipo `EmptyNode`.

Il metodo `print` stampa il valore corrente e poi effettua ricorsivamente la stampa del nodo successivo. Si noti che la stampa del valore corrente, effettuata con `System.out.print`, usa implicitamente il metodo `toString` della classe `Object`, che può essere ridefinito dalla classe usata per gli elementi della lista se questa non è una delle classi della libreria standard di Java. Infine, il metodo `getValue` si limita a restituire il valore contenuto nel nodo corrente.

Il listato 6.19 contiene la definizione della classe `List`, che può essere usata per offrire un'interfaccia procedurale piú comoda per gli utilizzatori della struttura dati implementata da `Node` e dalle classi derivate.

Un oggetto di tipo `List` mantiene nella variabile di istanza `head` il riferimento al nodo iniziale della lista. I metodi di `List` si limitano quasi esclusivamente a richiamare i corrispondenti metodi di `Node` sul primo nodo della lista, ed eventualmente ad assegnare il valore restituito alla variabile di istanza `head`. L'unico metodo lievemente diverso è `search`, per evitare di esporre un riferimento a un oggetto di tipo `Node`. Il metodo `search` di `List` restituisce il valore trovato, se presente nella lista, oppure un riferimento nullo (`null`) se non è presente.

Per concludere, mostriamo come esempio un breve frammento di codice che illustra come usare la classe list per stampare in ordine alfabetico un elenco di stringhe:

```
// Crea una lista di stringhe
List<String> list=new List<String>();

// Inserisce delle stringhe in ordine
list.insert("la");
list.insert("vispa");
list.insert("teresa");
// etc etc

// Stampa la lista
list.print();
System.out.println(); // Aggiunge un a capo
```

```
package list;

public class List<T extends Comparable<T>> {
    private Node<T> head;

    public List() {
        head=new EmptyNode<T>();
    }

    public boolean isEmpty() {
        return head.isEmpty();
    }

    public void insert(T x) {
        head=head.insert(x);
    }

    public void delete(T x) {
        head=head.delete(x);
    }

    public T search(T x) {
        Node<T> node=head.search(x);
        if (node.isEmpty())
            return null;
        else
            return node.getValue();
    }

    public void print() {
        head.print();
    }

    // PRE: la lista non e' vuota
    public T getFirst() {
        return head.getValue();
    }
}
```

Listato 6.19 La classe `List`, che funge da “facciata” procedurale ai metodi definiti nella classe `Node`.

6.5 Riepilogo della complessità computazionale

Nella tabella 6.1 si riporta un utile riepilogo della complessità computazionale delle funzioni di gestione di una lista nei vari casi di interesse, e per liste sia ordinate che disordinate.

Operazione	Lista ordinata			Lista disordinata		
	Best	Average	Worst	Best	Average	Worst
`creazione`	$\Theta(1)$	$\Theta(1)$	$\Theta(1)$	$\Theta(1)$	$\Theta(1)$	$\Theta(1)$
`inserimento`	$\Theta(1)$	$\Theta(n)$	$\Theta(n)$	$\Theta(1)$	$\Theta(1)$	$\Theta(n)$
`ricerca (elem. presente)`	$\Theta(1)$	$\Theta(n)$	$\Theta(n)$	$\Theta(n)$	$\Theta(n)$	$\Theta(n)$
`ricerca (elem. assente)`	$\Theta(1)$	$\Theta(n)$	$\Theta(n)$	$\Theta(n)$	$\Theta(n)$	$\Theta(n)$
`cancellazione`	$\Theta(1)$	$\Theta(n)$	$\Theta(n)$	$\Theta(1)$	$\Theta(n)$	$\Theta(n)$
`visita`	$\Theta(n)$	$\Theta(n)$	$\Theta(n)$	$\Theta(n)$	$\Theta(n)$	$\Theta(n)$
`distruzione`	$\Theta(n)$	$\Theta(n)$	$\Theta(n)$	$\Theta(n)$	$\Theta(n)$	$\Theta(n)$

Tabella 6.1 Confronto tra le complessità computazionali delle funzioni di gestione di una lista nei casi in cui questa sia ordinata o meno.

6.6 Esercizi

▶ **Esercizio 6.1** (★★) Data una lista singola ordinata l, scrivere una funzione iterativa che restituisca la lista l invertita, ovvero con gli elementi disposti in controordine. La funzione deve realizzare l'inversione senza creare e distruggere nodi, ma semplicemente effettuando operazioni sui collegamenti. Sia il prototipo:

```
List list_reverse(TList l);
```

Risposta a pag. 344

▶ **Esercizio 6.2** (★) Scrivere una funzione che data una lista singola disordinata l, restituisca la lista ottenuta portando l'elemento più grande all'ultimo posto della lista stessa. Sia il prototipo:

```
TList list_max_at_end(TList l);
```

▶ **Esercizio 6.3** (★★★) Scrivere una funzione iterativa che data una lista semplice ordinata l di interi ed un intero k, restituisca una lista l' ottenuta da l considerando tutti gli elementi con valori inferiori o eguali a k. La funzione produce come effetto collaterale l'eliminazione da l di tutti gli elementi di valori superiori a k. La funzione non deve creare e distruggere nodi, ma semplicemente effettuare operazioni sui collegamenti. Sia il prototipo:

```
TList list_extract_greater(Tlist *l, int k);
```

Risposta a pag. 344

▶ **Esercizio 6.4** (★★★) Risolvere l'esercizio precedente, ma adottando una soluzione ricorsiva.

Risposta a pag. 344

▶ **Esercizio 6.5** (★) Scrivere una funzione ricorsiva che conti il numero degli elementi di una lista semplice l di interi. Sia il prototipo:

```
int list_length(TList l);
```

Risposta a pag. 345

▶ **Esercizio 6.6** (★) Scrivere una funzione ricorsiva che restituisca il riferimento all'ultimo elemento della lista. Sia il prototipo:

```
TNode *list_last_node(TList list);
```

Risposta a pag. 345

▶ **Esercizio 6.7** (★) Scrivere una funzione ricorsiva che restituisca la somma degli elementi di una lista l di interi. Sia il prototipo:

```
int list_sum_nodes(TList l);
```

Risposta a pag. 345

▶ **Esercizio 6.8** (★) Scrivere una funzione iterativa che ricerchi un elemento in una lista non ordinata. Sia il prototipo:

```
TNode *list_search_unordered(TList list, TInfo info);
```

Risposta a pag. 345

▶ **Esercizio 6.9** (★) Scrivere una funzione iterativa che ricerchi il posto occupato da un elemento in una lista a partire dal posto di indice k. Convenzionalmente il primo elemento della lista occupa il posto di indice 0. Sia il prototipo:

```
TNode *list_search_at_index(TList list, int index);
```

Risposta a pag. 346

▶ **Esercizio 6.10** (★★) Scrivere una funzione iterativa che cancelli l'elemento al posto k di una lista semplice. Per convenzione il primo elemento della lista è associato al valore 0 dell'indice. Sia il prototipo:

```
TList list_delete_at_index(TList l, int k);
```

Risposta a pag. 346

▶ **Esercizio 6.11** (★★) Scrivere una funzione iterativa che inserisca un elemento al posto k di una lista semplice. Per convenzione il primo elemento della lista è associato al valore 0 dell'indice. Inoltre se viene specificato un valore di k maggiore o eguale alla lunghezze della lista l'inserimento avviene comunque in coda. Si osservi che tale funzione può far perdere l'ordinamento. Sia il prototipo:

```
list_insert_at_index(TList l, TInfo info, int k);
```

Risposta a pag. 346

▶ **Esercizio 6.12** (★★) Svolgere l'esercizio 6.11, ma utilizzando la ricorsione.

Risposta a pag. 347

▶ **Esercizio 6.13** (★★) Scrivere una funzione che inserisca un nodo, successivamente ad un altro nodo, di cui sia noto il riferimento. Da specifica la funzione inserisce in testa se `prev` assume il valore `NULL`. Sia il prototipo:

```
TList list_insert_at_node(TList list, TNode *prev, TInfo info);
```

Risposta a pag. 347

▶ **Esercizio 6.14** (★★) Scrivere una funzione che cancelli un nodo, di cui sia noto il riferimento. Da specifica la funzione cancella dalla testa se tale riferimento sssume il valore `NULL`. Sia il prototipo:

```
TList list_detete_at_node(TList list, TNode *prev, TInfo info);
```

▶ **Esercizio 6.15** (★) Scrivere una funzione iterativa che, data una lista semplice disordinata, restituisca il riferimento al nodo con il valore minimo. Sia il prototipo:

```
TNode * list_get_min(TList l);
```

Risposta a pag. 347

▶ **Esercizio 6.16** (★★) Scrivere una funzione iterativa che, data una lista semplice disordinata *l*, la ordini in accordo all'algoritmo del bubble-sort. Si impieghi la funzione definita nell'esercizio precedente. Sia il prototipo:

```
TList list_sort(TList l);
```

▶ **Esercizio 6.17** (★★) Scrivere una funzione iterativa che, data una lista semplice disordinata *l*, restituisca una lista ottenuta da *l* scambiando il nodo con il valore minimo con il nodo di testa. Sia il prototipo:

```
list_swap_min_with_head(TList l);
```

Risposta a pag. 348

▶ **Esercizio 6.18** (★★) Scrivere una funzione ricorsiva che riceve in ingresso due liste ordinate *l*1 e *l*2, e produca in uscita una lista *l*3 ottenuta fondendo gli elementi di *l*1 con quelli di *l*2. Non è richiesto che si mantengano le liste originarie, per cui all'uscita della funzione *l*1 ed *l*2 risultano essere vuote. Sia il prototipo:

```
TList list_merge(TList l1, TList l2);
```

Risposta a pag. 348

▶ **Esercizio 6.19** (★) Scrivere una funzione ricorsiva che riceve in ingresso una lista *l* e ne restituisce una copia. La lista ottenuta deve provvedere ad allocare tutti i nodi necessari. Sia il prototipo:

```
TList list_copy(TList l);
```

Risposta a pag. 349

▶ **Esercizio 6.20** (★★) Si implementi una procedura con il prototipo:

```
void listsplice(TList *l1, TNode* node1, TList *l2, TNode * node2);
```

che effettui la seguente operazione: aggiunge alla lista *l*1, prima del nodo *node*1, gli elementi della lista *l*2 fino al nodo *node*2 escluso, rimuovendo questi elementi da *l*2 senza allocare/deallocare nodi.

Capitolo 7

Tabelle hash

La conoscenza scientifica non gode
di un accesso immediato
alla realtà di cui parla,
non è come aprire gli occhi e
constatare che si è fatto giorno.
Albert Einstein

Sommario *L'obiettivo del presente capitolo è quello di presentare una struttura dati concreta che risulti particolarmente efficace nella realizzazione di insiemi dinamici sui quali vengono prevalentemente effettuate operazioni di ricerca, inserimento e cancellazione: pur essendo possibile anche l'operazione di visita, quest'ultima risulta molto costosa dal punto di vista computazionale a tutto vantaggio delle operazioni in precedenza citate che sono invece realizzate con complessità costante.*

7.1 Aspetti generali

La tabella è una struttura dati che consente di realizzare un insieme dinamico. A differenza delle liste l'obiettivo è quello di ricercare i singoli elementi dell'insieme con una complessità $\Theta(1)$ ma, come vedremo nel seguito della trattazione, questa grande efficienza temporale viene compensata da una pesante necessità di spazio di memorizzazione che limita sensibilmente il suo campo di applicabilità. Un compromesso si ottiene impiegando una metodologia di accesso, detta hashing, che consente di mantenere ancora costanti i tempi di accesso, con complessità $\Theta(k)$, ma limitando sensibilmente i requisiti di memoria impiegata. Prima di addentrarci nella trattazione, diamo una definizione formale di tabella:

Definizione Una tabella è un insieme di elementi E_i ciascuno dei quali costituito da una coppia chiave-valore $Ei = (K_i, V_i)$; la chiave K_i ha l'obiettivo di identificare univocamente l'elemento in questione, e V_i la corrispondente informazione utile. Se le chiavi sono scelte in un insieme U (detto universo delle chiavi) e i corrispondenti valori sono contenuti in un insieme V, la tabella T può essere definita come:

$$T = \{(K_i, V_i) : K_i \in U, V_i \in V\} \tag{7.1}$$

La figura 7.1 riporta lo schema logico di una tabella.

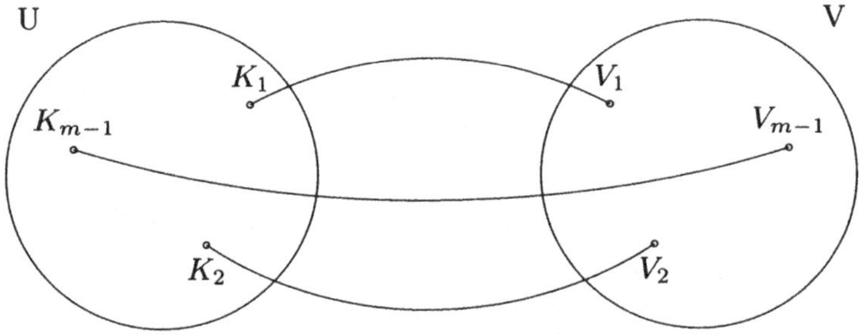

Figura 7.1 Lo schema di una generica tabella dal punto di vista logico. L'insieme U che contiene le chiavi di valore K_1, K_2, K_{m-1} e il corrispondente insieme V dei valori ad essi associati: V_1, V_2 V_{m-1}. La tabella rappresentata è $T = \{(K_1, V_1), (K_2, V_2), (K_{m-1}, V_{m-1})\}$.

È importante considerare che in generale la chiave è un'informazione che ha un particolare significato nell'ambito dell'applicazione che fa uso della tabella stessa: può essere una stringa di caratteri, un codice numerico, una sequenza di bit, o altro ancora. La tipologia della chiave è pertanto una costante di progetto, che condiziona quest'ultimo, e sulla quale spesso non è semplice intervenire.

Esempio Si pensi a un ipermercato che vende una grande varietà di prodotti: questi ultimi arrivano dai fornitori al supermercato direttamente corredati da un codice a barre che identifica univocamente il prodotto. La cosa più semplice da fare è quella di adottare tale codice, come chiave di una tabella T dei prodotti. Se per motivi organizzativi il gestore del supermercato volesse usare una tipologia di codice diversa da quella apposta dal fornitore su ogni prodotto, si renderebbe necessaria la stampa e l'apposizione, su ciascun prodotto, di una nuove etichetta riportante il nuovo codice. Si pensi all'aggravio che tale procedura comporterebbe nella gestione ordinaria del carico merci, con personale addetto esclusivamente alla generazione ed apposizione di tali etichette.

Esistono due possibili implementazioni di una tabella: ad indirizzamento diretto e a indirizzamento indiretto.

7.1.1 Tabelle a indirizzamento diretto

È immediato considerare che se la chiave è un numero intero, una tabella può essere realizzata semplicemente attraverso un array: in tale situazione la chiave viene impiegata come indice del vettore nel quale risiede l'informazione relativa all'elemento considerato.

Per comprendere meglio questa tecnica, che viene detta ad indirizzamento diretto, si ipotizzi di dover gestire un insieme dinamico i cui elementi abbiamo una chiave di tipo numerico definita nell'insieme U = {0, . . . , m-1}, e che non esistano chiavi duplicate. Si immagini inoltre, per semplicità di trattazione, che l'insieme delle chiavi sia ordinato, risultando in tal modo che la chiave $(m-1)-esima$ abbia il valore maggiore. La pratica realizzazione dell'insieme dinamico in questione può avvenire adoperando un vettore T di m elementi, facendo in maniera tale che nella generica posizione i del vettore sia contenuto il valore V_i dell'elemento di chiave K_i.

La figura 7.2 illustra il principio realizzativo di una tabella ad accesso diretto.

0010	Sale
0011	Pepe
0012	Pane
...	...
3201	Soia
3202	Latte
...	...
9896	Burro
9897	Acqua

Figura 7.2 Una implementazione mediante tabella ad accesso diretto della tabella T={(0010,Sale), (0011,Pepe), (0012,Pane), (3201,Soia), (3202,Latte), (9896,Burro), (9897,Acqua)}.

Nonostante la grande semplicità realizzativa è ovvio che la possibilità di ricorrere ad una tabella ad indirizzamento diretto è strettamente legata alla possibilità di avere delle chiavi numeriche; trovarsi in tale circostanza garantisce l'ottenimento di una tabella con elevata efficienza computazionale, anche se spesso con una pesante occupazione spaziale.

Esempio A tal proposito, si consideri il supermercato di cui prima che vende prodotti etichettati con un codice univoco composto di 4 cifre; la realizzazione di una tabella ad indirizzamento diretto comporta la definizione di un vettore, composto da 10.000 elementi, che conterrà al posto $j - esimo$ l'informazione relativa al prodotto di codice j. La grande inefficienza di questa implementazione risiede nel fatto che se i codici associati a prodotti rispetto a tutti quelli disponibili sono pochi, il vettore conterrà tante posizioni vuote. Se il supermercato ha in magazzino 500 prodotti distinti, tali saranno le posizioni realmente occupate nel vettore, mentre 9500 rimarranno inutilizzate, con un coefficiente di utilizzo della memoria pari a $500/9500 = 5/95$.

Più formalmente, la complessità spaziale η_m della tabella ad indirizzamento diretto è valutabile considerando la cardinalità $m = |U|$ dell'universo U delle chiavi e il numero K di chiavi effettivamente impiegate. Il vettore V dovrà contenere K elementi di cui solo m sono realmente impiegate. Ne risulta quindi che:

$$\eta_m = k/m \tag{7.2}$$

Analogamente è semplice verificare che la complessità computazionale η_c delle operazioni di inserimento, ricerca e cancellazione su una tabella ad accesso diretto è $\Theta(1)$: infatti, dalla chiave si ottiene in tempo costante la posizione del vettore nel quale è contenuta l'informazione da ricercare, inserire o cancellare.

$$\eta_c = \Theta(1) \tag{7.3}$$

7.1.2 Tabelle a indirizzamento indiretto

Le tabelle ad indirizzamento indiretto nascono con l'obiettivo di preservare l'elevata efficienza computazionale delle tabelle ad accesso diretto, ma risparmiando sensibilmente sulla memoria occupata. L'idea di base è quella di introdurre una funzione h, detta di hash, che a partire dalla chiave K_i sia in grado di generare la posizione del vettore nel quale è memorizzata l'informazione ad essa associata. Formalmente:

$$h : U \to [0, 1, ...m' - 1]. \tag{7.4}$$

È importante fare alcune considerazioni sullo schema di principio appena introdotto, le cui proprietà fondamentali dipendono ovviamente dalla specifica funzione di hash h impiegata.

Anzitutto, tale funzione deve godere della proprietà matematica di essere iniettiva, ovvero non deve generare lo stesso indice per due chiavi diverse. Se ciò avviene, si dice che si genera una collisione tra le chiavi. Per meglio comprendere la problematica che si manifesta in presenza di collisioni tra le chiavi, si consideri la situazione in cui la chiave K_i collide con K_j, ovvero $h(K_i) = h(K_j)$, essendo $i \neq j$. L'occorrenza della collisione non rende possibile la memorizzazione dei valori associati alle chiavi collidenti in un'unica cella del vettore; pertanto, le informazioni non rappresentabili in una cella unica sono V_i e V_j, associate alle chiavi K_i e K_j.

Il requisito di iniettività della funzione h è quindi un requisito imprescindibile, e quando sussiste, si parla di hash perfetto. In figura 7.3 è illustrato il principio realizzativo di tali tabelle.

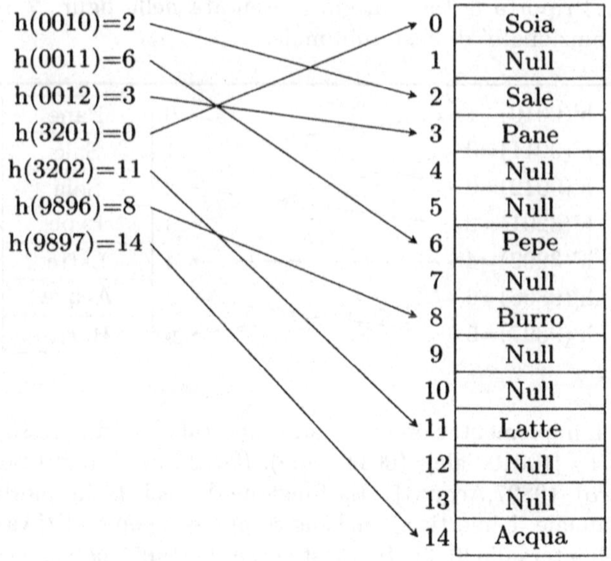

Figura 7.3 L'implementazione mediante una tabella ad accesso indiretto della struttura dati T={(0010,Sale), (0011,Pepe), (0012,Pane), (3201,Soia), (3202,Latte), (9896,Burro), (9897,Acqua)}. La funzione di hash perfetto h globalmente non genera indici tutti consecutivi: i valori non generati dalla funzione h corrispondono a posizioni inutilizzate del vettore, denotate simbolicamente con Null. L'efficienza di memoria, nel caso reale presentato è η_m =7/15.

Supposto, quindi, di aver individuato una funzione di hash che goda di tali proprietà e che sia calcolabile in tempo $\Theta(1)$, è semplice valutare la complessità temporale $\eta_{h,c}$ e quella spaziale $\eta_{h,m}$.

$$\eta_{h,c} = \Theta(1) \quad \eta_{h,m} = k/m' \tag{7.5}$$

Ovviamente l'introduzione della funzione di hash deve essere mirata ad ottenere un valore di m' quanto più vicino possibile alla cardinalità m dell'insieme delle chiavi, con un notevole vantaggio in termini di efficienza di memorizzazione. In particolare, rispetto alle tabelle ad indirizzamento diretto, si ha $m' << m$, e quindi $\eta_{h,m} >> \eta_m$.

Una condizione estremamente favorevole, ma decisamente rara, si manifesta allorquando la funzione di hash h, oltre al requisito di iniettività, è in grado di generare un numero di indici diversi e consecutivi per quanto è il numero delle chiavi. In questo caso, si parla di hash perfetto minimale (o più sinteticamente hashing minimale), e si potrà definire un vettore T di cardinalità pari a $m' = |U|$, e l'ipotesi di iniettività garantirà l'assenza di collisioni delle chiavi. Purtroppo, il problema fondamentale che si manifesta nella pratica realizzazione dell'hashing minimale, è la determinazione di una funzione di hash che goda di tali requisiti. Tale funzione dipenderà dalla specifica applicazione, e, ancora più in particolare dall'insieme dei valori delle chiavi che si hanno a disposizione.

La figura 7.4 riporta la tabella, già presentata nella figura 7.3, ma realizzata mediante una funzione h' di hash minimale.

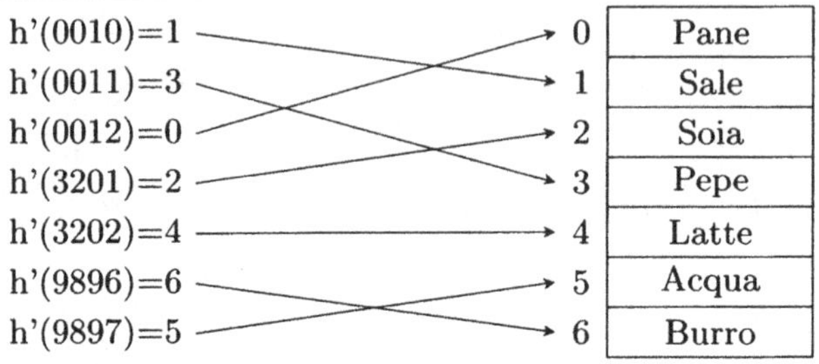

Figura 7.4 L'implementazione mediante una tabella ad accesso indiretto della struttura dati T={(0010,Sale), (0011,Pepe), (0012,Pane), (3201,Soia), (3202,Latte), (9896,Burro), (9897,Acqua)}. La funzione di hash h' in questo caso realizza un hashing minimale: è iniettiva e, nel suo complesso, genera $|U|$ valori consecutivi degli indici, nell'intervallo [0..6]. In questo caso, pertanto nessuna cella del vettore rimane inutilizzata.

È semplice intuire che trovare una funzione di hash h' perfetto, e che conduca ad una buona occupazione della memoria attribuita alla tabella, richiede da parte del progettista dell'applicazione grande investimento di tempo, e spesso con scarsi risultati. Per capire meglio quanto sia difficile tale compito pensiamo a cosa accade allorquando, dopo aver faticosamente trovato la funzione che gode da tali caratteristiche in riferimento ad un insieme U, si abbia la necessità di aggiungere una nuova chiave; tale aggiunta potrebbe far perdere l'iniettività di h', generando le collisioni conseguenti, o far cambiare sensibilmente la complessità spaziale. È proprio la difficoltà di determinare una funzione di hashing perfetto, vicina alle condizioni di minimalità, che ha determinato la nascita di un approccio del tutto differente a quello finora descritto, talmente differente da apparire in contraddizione con esso.

7.1.3 Problema delle collisioni

Per meglio comprendere il principio di funzionamento a cui si accennava, e che rappresenta l'accezione più comune di tabella hash, si ipotizza di utilizzare una struttura dati, che possa consentire la rappresentazione di eventuali chiavi collidenti. Nel corso degli anni si sono consolidati due metodi classici:

- Liste di collisione, detto anche indirizzamento chiuso. In tal caso, gli elementi collidenti sono contenuti all'interno di liste esterne alla tabella stessa;
- Indirizzamento aperto: tutti gli elementi sono contenuti nella tabella; eventuali collisioni sono gestite mediante l'occupazione di posizioni successive.

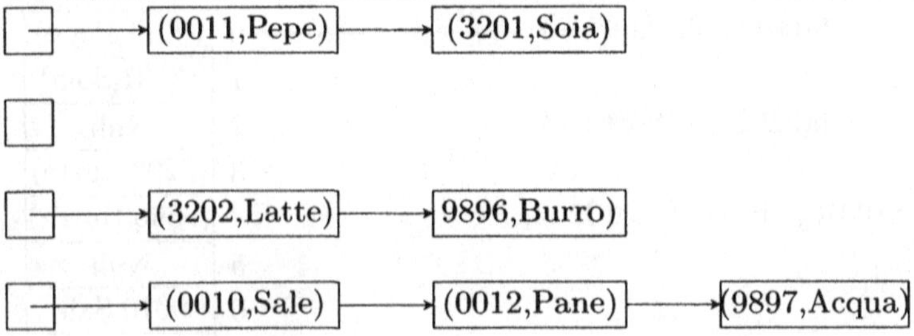

Figura 7.5 Una tabella ad accesso indiretto ad indirizzamento chiuso, che realizza la tabella T={(0010,Sale), (0011,Pepe), (0012,Pane), (3201,Soia), (3202,Latte), (9896,Burro), (9897,Acqua)}. Ci sono 3 insiemi di chiavi che collidono, ed in particolare (0011, 3201), (3202, 9896), (0010, 0012, 9897). Sul primo insieme la funzione di hash impiegata assume il valore 0, sul secondo il valore 2 e sul terzo il valore 3.

Nella figura 7.5 è riportato lo schema di principio di una tabella di hash ad indirizzamento chiuso.

Nelle tabelle hash *a indirizzamento chiuso*, dette anche *con concatenamento*, le collisioni sono gestite mediante un vettore B, detto bucket, ed associando a ciascun suo elemento una struttura dati dinamica che contiene l'insieme delle chiavi (e dei relativi valori) che hanno lo stesso valore di hash. In particolare, la scelta piú comune consiste nell'associare a ciascun bucket una lista concatenata (vedi il capitolo 6), detta lista di collisione; pur essendo tale scelta la più comune, è ovviamente possibile ricorrere all'impiego di altre strutture dati (ad esempio gli array dinamici visti nel capitolo 5).

Per meglio comprendere il funzionamento dell'hashing ad indirizzamento chiuso, si faccia riferimento all'esempio riportato nella precedente figura 7.5, nel quale si ricorre all'impiego di liste di collisione. La prima lista contiene gli elementi (0011, Pepe) e (3201,Soia), dal momento che la funzione di hash presa in considerazione, è tale che h(0011)=h(3201)=0. Analoghe considerazioni valgono per gli elementi inclusi nelle altre liste di collisione.

È semplice verificare che la struttura dati introdotta consente un accesso semplice agli elementi contenuti. Infatti, data una chiave K_i, $h(K_i)$ rappresenta l'indice del vettore che consente di accedere alla lista di collisione nella quale è contenuto l'elemento; $B[h(K_i)]$ sarà il riferimento a tale lista, e quindi la ricerca di un elemento nella tabella si riconduce alla ricerca di un elemento nella lista di collisione puntata da $B[h(K_i)]$.

Nell'indirizzamento aperto tutti gli elementi sono invece contenuti nella tabella T; la funzione di hash in questo caso consente di determinare la posizione di inizio, a partire dalla quale sono collocati tutti gli elementi collidenti: applicata la funzione di hash alla chiave, si ottiene infatti la posizione nella quale è presente l'elemento. Se tale cella risultasse occupata, se ne cercherebbe un'altra libera, con una tecnica particolare di scansione. La scansione più semplice è quella lineare che prevede la scansione in celle consecutive a quella di partenza.

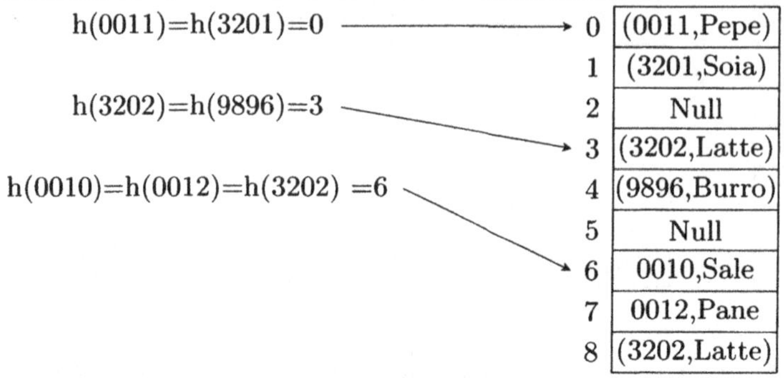

Figura 7.6 Una tabella a indirizzamento aperto, che realizza la tabella T={(0010,Sale), (0011,Pepe), (0012,Pane), (3201,Soia), (3202,Latte), (9896,Burro), (9897,Acqua)}. Anche in questo caso ci sono 3 insiemi di chiavi che collidono, ed in particolare (0011, 3201), (3202, 9896), (0010, 0012, 9897). Sul primo insieme la funzione di hash impiegata assume il valore 0, sul secondo il valore 2 e sul terzo il valore 3.

Nella figura 7.6 è riportato lo schema di principio di una tabella di hash ad indirizzamento aperto.

Confrontando i due approcci presentati finora, è semplice concludere che il principale vantaggio dell'indirizzamento aperto è quello di evitare completamente l'impiego dei puntatori; lo svantaggio più significativo è quello di non consentire in alcun modo di aggiungere elementi ulteriori alla tabella una volta raggiunta la sua capienza. Nell'indirizzamento chiuso, accettando un degrado prestazionale, è sempre possibile aggiungere ulteriori elementi che trovano comunque posto nelle liste di collisione, essendo quest'ultime strutture dinamiche e quindi espandibili all'occorrenza. dal punto di vista computazionale i due approcci sono equivalenti.

Una volta compresa l'importanza della funzione di hash ai fini di una corretta ed efficace implementazione della tabella hash è utile riassumere le proprietà più rilevanti dal punto di vista progettuale:

- essere facile da calcolare (costo costante), dovendo essere calcolata su ogni chiave;
- soddisfare il requisito di uniformità semplice: ogni chiave deve avere la stessa probabilità di vedersi assegnata una qualsiasi posizione ammissibile, indipendentemente da altri valori hash già assegnati.

Tale requisito ha un'importante conseguenza pratica nell'efficienza delle operazioni di gestione della tabella. Per rendersene conto una operazione di iserimento, ricerca o cancellazione richiede lo scorrimento della lista di collisione associata alla chiave (nel caso di indirizzamento chiuso) o dell'intera sequenza di scansione (nel caso di indirizzamento chiuso). Se la tabella contiene n chiavi e il bucket, o la sequenza di scansione, ha dimensione m, e la distribuzione è uniforme, tutte le liste di collisione hanno la medesima lunghezza, pari a n/m, e conseguentemente $\Theta(n/m)$

sarà la complessità nel worst case; in tal caso andrà infatti considerata la sfortunata evenienza di scorrere l'intera lista di collisione o l'intera sequenza di scansione per trovare l'elemento cercato. Se la distribuzione non sarà uniforme, capiterà che alcune liste sono più lunghe ed altre più corte della media; ovviamente la lunghezza l_{max} della più lunga lista di collisione (o sequenza di scansione) sarà maggiore di n/m, determinando un peggioramento della complessità computazionale nel worst case cha passerà da $\Theta(n/m)$ a $\Theta(l_{max})$.

Data una funzione di hash, è difficile verificarne il requisito di uniformità perchè la funzione di distribuzione di probabilità con cui vengono estratte le chiave non è conosciuta, e la sua determinazione matematica comporta procedimenti di dimostrazione che esulano dalle competenze del progettista dell'applicazione informatica. Nella pratica si usano quindi delle semplici funzioni euristiche che consentono di ottenere delle funzioni hash con buone prestazioni, come il metodo per divisione e moltiplicazione, che approfondiremo nel corso dei prossimi paragrafi.

7.2 Tabelle hash a indirizzamento chiuso

Come già detto nel paragrafo precedente, le tabelle hash a indirizzamento chiuso prevedono che a ciascun bucket sia associata una struttura dati dinamica, contenente tutte le informazioni che per effetto delle collisioni sono collegate allo stesso bucket.

Le operazioni di accesso e modifica di una tabella ad indirizzamento chiuso sono pertanto svolte in due fasi:

- innanzitutto si applica la funzione di hash alla chiave per individuare il bucket interessato dall'operazione;
- quindi si effettua l'operazione sulla struttura dati dinamica contenuta nel bucket.

In questo capitolo useremo le liste concatenate come struttura dati associata a ciascun bucket; la manipolazione delle liste verrà effettuata utilizzando le funzioni definite nel capitolo 6.

7.2.1 Definizione della struttura dati

La struttura dati per una tabella hash a indirizzamento chiuso richiede un vettore di bucket, in cui ciascun bucket contiene una lista concatenata. Per consentire la scelta a tempo di esecuzione del numero di bucket, il vettore sarà allocato dinamicamente; quindi nella struttura dati sarà contenuto il puntatore al primo elemento del vettore di bucket, e il numero di bucket effettivamente allocati (necessario per calcolare l'indice del bucket a partire dalla funzione di hash).

Implementazione in C

Il tipo `TInfo` degli elementi delle liste dovrà contenere una coppia *chiave-valore*. Supporremo che siano definiti un tipo `TKey` corrispondente alla chiave, e un tipo `TValue` per il valore associato. Le funzioni `equal`, `less` e `greater` per il tipo `TInfo` dovranno essere realizzate in modo da confrontare il solo campo chiave. A

```
#include <stdbool.h>
#include <stdio.h>

typedef int TKey;
typedef int TValue;
typedef struct SInfo {
    TKey key;
    TValue value;
} TInfo;

void print_info(TInfo info) {
    printf("%d: %d ", info.key, info.value);
}

bool equal(TInfo a, TInfo b) {
    return a.key == b.key;
}

bool less(TInfo a, TInfo b) {
    return a.key < b.key;
}

bool greater(TInfo a, TInfo b) {
    return a.key > b.key;
}
```

Listato 7.1 Esempio di definizione del tipo TInfo, nel caso in cui sia la chiave che il valore associato siano interi.

```
#ifndef CHAINED_HASHTABLE_H
#define CHAINED_HASHTABLE_H

#include "list.h"

typedef struct SHashTable {
    int bucket_number;
    TList *bucket;
} THashTable;

THashTable *hashtable_create(int buckets);
void hashtable_destroy(THashTable *ht);
void hashtable_insert(THashTable *ht, TKey key, TValue value);
void hashtable_delete(THashTable *ht, TKey key);
TValue *hashtable_search(THashTable *ht, TKey key);
void hashtable_print(THashTable *ht);

#endif
```

Listato 7.2 Struttura dati per le tabelle hash a indirizzamento chiuso.

titolo di esempio, il listato 7.1 mostra una possibile definizione di `TInfo` nel caso che sia la chiave che il valore associato siano valori interi.

Il listato 7.2 mostra la definizione in C della struttura dati per la tabella hash, e i prototipi delle funzioni corrispondenti alle principali operazioni sulla tabella.

In particolare, la tabella è rappresentata attraverso una struttura con due campi: `bucket_number` che indica il numero di bucket effettivamente allocati, e

bucket, che contiene il puntatore al primo elemento del vettore di bucket. Si noti che gli elementi del vettore saranno di tipo `TList`.

Per le funzioni di gestione della tabella hash, si è scelto di utilizzare un'interfaccia di tipo procedurale.

7.2.2 Inizializzazione di una tabella hash

L'inizializzazione della tabella hash richiede innanzitutto l'allocazione della struttura che rappresenta la tabella, quindi l'allocazione del vettore di bucket, con una dimensione scelta attraverso un parametro, e infine l'inizializzazione di ciascuna delle liste associate ai bucket.

```
/* PRE: buckets > 0
 */
THashTable *hashtable_create(int buckets) {
    int i;
    THashTable *p=(THashTable *)malloc(sizeof(THashTable));
    assert(p!=NULL);

    assert(buckets>0);
    p->bucket_number = buckets;
    p->bucket = (TList *) malloc(sizeof(TList)*buckets);
    assert(p->bucket!=NULL);

    for(i=0; i<buckets; i++)
        p->bucket[i]=list_create();

    return p;
}
```

Listato 7.3 Inizializzazione di una tabella hash a indirizzamento chiuso.

Implementazione dell'algoritmo

Il listato 7.3 mostra una implementazione in C dell'operazione di inizializzazione (realizzata dalla funzione `hashtable_create`). Come nei capitoli precedenti, viene utilizzata la macro `assert` per verificare che l'allocazione dinamica sia andata a buon fine, oltre che per controllare se le precondizioni della funzione sono soddisfatte.

Il parametro `buckets` rappresenta il numero di bucket desiderati, e va scelto in modo da avere una lunghezza media delle liste che sia piccola. Se indichiamo con n il numero di elementi che prevediamo di inserire nella tabella, la lunghezza media delle liste sarà $n/buckets$; come vedremo analizzando la complessità computazionale delle operazioni di ricerca e di inserimento, è conveniente che questo rapporto sia mantenuto basso (idealmente, < 1).

La funzione alloca dinamicamente la memoria per la struttura di tipo `THashTable`, associandola al puntatore `p`. Quindi alloca il vettore di bucket (`p->bucket`). Infine, ciascun bucket è inizializzato con una lista vuota creata attraverso la funzione `list_create` (definita nel paragrafo 6.2). Infine, restituisce il puntatore `p` come valore di ritorno.

7.2.3 Deallocazione di una tabella hash

La deallocazione di una tabella hash a indirizzamento chiuso richiede preliminarmente la deallocazione di ciascuna delle liste associate ai bucket. Compiuta questa operazione, è possibile deallocare il vettore di bucket e quindi la struttura che rappresenta la tabella stessa.

```
void hashtable_destroy(THashTable *ht) {
    int i;
    for(i=0; i<ht->bucket_number; i++)
        ht->bucket[i]=list_destroy(ht->bucket[i]);
    free(ht->bucket);
    ht->bucket_number=0;
    free(ht);
}
```

Listato 7.4 Deallocazione di una tabella hash a indirizzamento chiuso.

Implementazione dell'algoritmo

Il listato 7.4 riporta la funzione `hashtable_destroy`, che implementa l'algoritmo di deallocazione. Il ciclo `for` effettua la deallocazione delle liste associate ai bucket, usando a tale scopo la funzione `list_destroy` (definita nel paragrafo 6.2). Quindi usa `free` per deallocare prima il vettore di bucket (puntato da `ht->bucket`), e poi la struttura `ht`. Si noti che viene assegnato a 0 il campo `ht->bucket_number`, a scopo puramente precauzionale: in questo modo, se il programma dovesse per errore usare la tabella dopo la sua deallocazione, si troverebbe a effettuare una divisione per 0 nel calcolo dell'indice del bucket, provocando un messaggio di errore.

7.2.4 Definizione della funzione di hash

Poiché nelle implementazioni presentate in questo capitolo il numero di bucket di una tabella hash viene deciso a tempo di esecuzione, il calcolo dell'indice del bucket dovrà essere effettuato in funzione della specifica istanza di tabella su cui l'algoritmo deve operare.

Per evitare di vincolare le funzioni che corrispondono alle diverse operazioni su una tabella hash alla scelta di una particolare definizione della funzione di hashing, suddivideremo il calcolo dell'indice in due parti:

- innanzitutto, la chiave verrà trasformata in un intero di tipo `unsigned`, usando possibilmente tutto l'intervallo di rappresentabilità di questo tipo; tale trasformazione verrà effettuata da una funzione denominata `hash`, la cui definizione dipende dal tipo della chiave, ma non dalla dimensione del vettore di bucket;
- quindi tale numero verrà convertito in un indice valido calcolando il resto della divisione tra esso e il numero di bucket della tabella; questa operazione, svolta per mezzo dell'operatore `%` del C, sarà inserita direttamente nel codice che implementa ciascuna singola operazione sulla tabella, e che ha quindi accesso al numero di bucket effettivamente allocati.

```
unsigned hash(TKey key) {
        return (unsigned) key;
}
```

Listato 7.5 Definizione di una funzione di hash per interi.

Nel seguito vedremo alcuni esempi di possibili definizioni della funzione `hash`.

Funzione di hash per interi

Il listato 7.5 mostra una semplice funzione di hash utilizzabile quando il tipo `TKey` è definito come uno dei tipi interi del linguaggio. In questo caso la chiave viene convertita in un `unsigned` usando un'operazione di cast.

Si noti che questa funzione potrebbe non produrre un buon valore di hash se il tipo `TKey` è un intero con un numero di bit maggiore di `unsigned` (ad esempio, se `TKey` è un intero a 64 bit mentre `unsigned` è a 32 bit). In questo caso, infatti, la conversione ignora i bit piú a sinistra della chiave, che quindi non contribuiscono al valore di hash; di solito è invece desiderabile che tale valore sia influenzato da tutti i bit della chiave.

```
unsigned hash(TKey key) {
        unsigned h=0;
        int i;
        for(i=0; key[i]!='\0'; i++)
                h=h*33+key[i];
        return h;
}
```

Listato 7.6 Definizione di una funzione di hash per stringhe.

Funzione di hash per stringhe di caratteri

Il listato 7.6 mostra una possibile funzione di hash nell'ipotesi che il tipo `TKey` sia definito come stringa di caratteri. In particolare si può verificare che questa funzione calcola il valore di un polinomio in cui i coefficienti sono i caratteri della stringa (o meglio, il valore numerico dei loro codici) e la variabile indipendente è fissata al valore 33. L'uso di una funzione polinomiale garantisce che la funzione restituisce un valore diverso per due stringhe che contengono gli stessi caratteri in posizione diversa (es. `"prato"` e `"porta"`).

Approfondimento La scelta del valore 33 è dovuta al fatto che tale valore non è una potenza di due (il che avrebbe creato una funzione di hash che ignora i caratteri iniziali per stringhe lunghe) e il prodotto di un numero per 33 può essere calcolato in modo molto efficiente (con uno shift e una somma) anche su calcolatori in cui la moltiplicazione è un'operazione relativamente lenta.

Altri tipi di dato

La definizione di una funzione di hash per altri tipi di dato, e in particolare per dati strutturati, può essere effettuata interpretando la rappresentazione del tipo di dato come una sequenza di byte, e applicando a tale sequenza un algoritmo analogo a quello visto per le stringhe. Occorre tuttavia tenere presenti le seguenti considerazioni:

- se il tipo di dato prevede che possano esistere valori concettualmente equivalenti ma con una rappresentazione diversa (ad esempio, la lunghezza "4.2 metri" deve essere considerata equivalente a "42 centimetri"), la funzione di hash deve restituire lo stesso risultato se applicata a valori equivalenti; un modo per ottenere questo effetto è stabilire univocamente una forma canonica per la rappresentazione, e convertire il dato in tale forma prima di calcolare la funzione di hash;
- se la struttura dati utilizzata si basa sull'uso di puntatori, il calcolo deve essere effettuato sulla sequenza di byte corrispondente all'area di memoria puntata, e non all'area di memoria che contiene il puntatore. Ad esempio, se il tipo `TPersona` è definito come:

```
typedef struct SPersona {
        char *nome;     /* Allocato dinamicamente */
        char *cognome; /* Allocato dinamicamente */
        int eta;
} TPersona;
```

  per il calcolo della funzione `hash` occorrerà esaminare il contenuto delle aree di memoria puntate da `nome` e da `cognome`, e non il contenuto dei corrispondenti campi, che rappresentano gli indirizzi di tali aree (per il campo `eta` va invece esaminato direttamente il contenuto del campo stesso).

7.2.5 Ricerca di un elemento

La ricerca del valore associato a una chiave in una tabella a indirizzamento chiuso si effettua semplicemente individuando il bucket corrispondente alla chiave (tramite la funzione di hashing), e quindi effettuando la ricerca nella lista contenuta nel bucket.

```
TValue *hashtable_search(THashTable *ht, TKey key) {
    unsigned h=hash(key) % ht->bucket_number;
    TInfo info;
    info.key=key;
    TNode *node=list_search_unordered(ht->bucket[h], info);
    if (node==NULL)
        return NULL;
    else
        return &node->info.value;
}
```

Listato 7.7 Ricerca in una tabella hash a indirizzamento chiuso.

Implementazione dell'algoritmo

Il listato 7.7 riporta l'implementazione in C della funzione `hashtable_search`. L'interfaccia di questa funzione prevede come valore di ritorno l'indirizzo del campo `value` dell'informazione associata alla chiave di ricerca. La scelta di restituire il puntatore al valore, anziché il valore stesso, ha due vantaggi:

- è possibile segnalare che la chiave non è stata trovata utilizzando il puntatore `NULL` come valore di ritorno;
- il chiamante può usare il puntatore restituito per modificare il valore associato alla chiave.

La funzione inizia con il calcolo dell'indice `h` del bucket corrispondente alla chiave cercata. Come indicato precedentemente, il calcolo viene effettuato determinando prima un valore indipendente dalla dimensione del vettore di bucket attraverso la funzione `hash`; quindi tale valore viene ricondotto all'intervallo degli indici validi per i bucket usando l'operazione di resto della divisione (operatore `%`).

Una volta determinato il bucket da utilizzare, `hashtable_search` effettua la ricerca nella lista corrispondente usando la funzione `list_search_unordered` (definita nell'esercizio 6.8 a pag. 194). Si noti che la funzione `list_search_unordered` richiede un valore di tipo `TInfo` per specificare il dato da cercare; per questo motivo la funzione `hashtable_search` definisce una variabile `info` di tipo `TInfo` e inizializza il relativo campo `key` con la chiave da cercare.

Valutazione della complessità computazionale

Le operazioni necessarie per la determinazione del bucket da usare non dipendono dal numero n di elementi presenti nella tabella; quindi la relativa complessità temporale è $\Theta(1)$.

Per la ricerca nella lista associata al bucket, abbiamo visto nel capitolo 6 che la complessità è dell'ordine della lunghezza della lista. Quindi se indichiamo con m il numero di bucket, assumendo che la funzione di hash produca una distribuzione uniforme delle chiavi, avremo che la lunghezza media della lista è n/m, e quindi la complessità nel caso medio è:

$$T_{avg}(n) = \Theta(1) + \Theta(\frac{n}{m}) = \Theta(\frac{n}{m})$$

Se scegliamo il numero di bucket in modo che sia proporzionale al massimo numero di elementi che prevediamo di inserire nella tabella, allora avremo:

$$T_{avg}(n) = \Theta(1)$$

Approfondimento Nell'implementazione proposta, la scelta di un valore appropriato di m richiede una conoscenza a priori del numero massimo di elementi contenuti nella tabella. Una strategia alternativa consiste nel definire un limite massimo al rapporto n/b (detto *fattore di carico* o *load factor*), e ridimensionare il vettore di bucket quando il numero di elementi nella tabella è tale da superare questo limite.

Per le tabelle hash a indirizzamento chiuso, l'implementazione di tale strategia è lasciata come esercizio al lettore. Vedremo invece una implementazione per le tabelle a indirizzamento aperto, trattate in un paragrafo successivo.

Per quanto riguarda il caso peggiore, esso si verifica quando in base alla funzione di hash scelta, tutti gli n elementi inseriti nella tabella sono associati a un unico bucket, e la chiave cercata appartiene al medesimo bucket. In questo caso, la lista del bucket ha lunghezza n, e quindi l'operazione di ricerca richiederà un tempo:

$$T_{worst}(n) = \Theta(n)$$

Va notato comunque che con una scelta ragionevole della funzione di hash (ad esempio escludendo funzioni che usano solo un sottoinsieme dei bit della chiave), la probabilità che si verifichi il worst case sono estremamente basse.

7.2.6 Inserimento di un elemento

L'inserimento nella tabella hash, come la ricerca, prevede innanzitutto l'individuazione del bucket interessato, e quindi l'inserimento nella lista associata al bucket.

L'unica peculiarità degna di nota è che occorre verificare, prima di creare un nuovo nodo nella lista, che essa non contenga già un elemento con la stessa chiave: in quest'ultimo caso infatti l'operazione di inserimento deve semplicemente sostituire il valore associato all'interno del nodo esistente, per garantire la proprietà che esiste al piú un unico valore in corrispondenza di una determinata chiave.

```
void hashtable_insert(THashTable *ht, TKey key, TValue value) {
    TInfo info;
    info.key=key;
    info.value=value;

    unsigned h=hash(key) % ht->bucket_number;

    TNode *node=list_search_unordered(ht->bucket[h], info);
    if (node==NULL)
        ht->bucket[h]=list_insert_at_index(ht->bucket[h], 0, info);
    else
        node->info=info;
}
```

Listato 7.8 Inserimento in una tabella hash a indirizzamento chiuso.

Implementazione dell'algoritmo

Il listato 7.8 contiene una possibile implementazione della funzione `hashtable_insert`. La prima parte di questa funzione coincide con la funzione `hashtable_search` vista nel listato 7.7: viene determinato l'indice `h` del bucket a cui fare riferimento, e viene cercata la chiave `key` nella lista associata al bucket.

A questo punto la funzione `hashtable_insert` si differenzia dalla `hashtable_search`: se il nodo contenente la chiave `key` non è stato trovato, viene aggiunto un nuovo nodo in testa alla lista, usando la funzione `list_insert_at_index` (definita nell'esercizio 6.11 a pag. 195). Se invece il nodo è stato trovato, l'informazione corrispondente viene sostituita usando un'assegnazione al campo `info`.

Valutazione della complessità computazionale

In maniera del tutto analoga a quanto visto per l'operazione di ricerca, si può dimostrare che, nell'ipotesi di scegliere un numero m di bucket proporzionale al massimo numero di elementi della tabella hash, e se la funzione di hash produce una distribuzione uniforme degli indici, la complessità temporale media dell'inserimento è:

$$T_{avg}(n) = \Theta(1)$$

mentre quella nel caso peggiore è:

$$T_{worst}(n) = \Theta(n)$$

7.2.7 Cancellazione di un elemento

La cancellazione di un elemento richiede semplicemente l'individuazione del bucket corrispondente alla chiave, e quindi la rimozione dalla lista corrispondente.

```
void hashtable_delete(THashTable *ht, TKey key) {
    TInfo info;
    info.key=key;
    unsigned h=hash(key) % ht->bucket_number;

    ht->bucket[h]=list_delete(ht->bucket[h], info);
}
```

Listato 7.9 Cancellazione da una tabella hash a indirizzamento chiuso.

Implementazione dell'algoritmo

Il listato 7.9 presenta un'implementazione della funzione `hashtable_delete`. La funzione calcola l'indice `h` del bucket corrispondente alla chiave `key`, e poi rimuove il nodo corrispondente dalla lista (se presente) usando la funzione `list_delete` (introdotta nel listato 6.11 a pag. 182).

Valutazione della complessità computazionale

Analogamente alla ricerca e all'inserimento, nell'ipotesi di scegliere un numero m di bucket proporzionale al massimo numero di elementi della tabella hash, e se la funzione di hash produce una distribuzione uniforme degli indici, la complessità temporale media della cancellazione è:

$$T_{avg}(n) = \Theta(1)$$

mentre quella nel caso peggiore è:

$$T_{worst}(n) = \Theta(n)$$

7.2.8 Visita di una tabella hash

Come esempio di un'operazione di visita dell'intera tabella hash esamineremo la stampa di tutti gli elementi presenti nella tabella. Si noti che la visita di una tabella hash esamina gli elementi in un ordine che non è significativo dal punto di vista dell'utilizzatore della tabella: esso non corrisponde né all'ordine di inserimento degli elementi, né a una relazione d'ordine tra le chiavi.

```
void hashtable_print(THashTable *ht) {
    int i;
    TNode *n;
    for(i=0; i<ht->bucket_number; i++)
        for(n=ht->bucket[i]; n!=NULL; n=n->link) {
            print_info(n->info);
            printf("\n");
        }
}
```

Listato 7.10 Visita di una tabella hash a indirizzamento chiuso.

Implementazione dell'algoritmo

Il listato 7.10 mostra un'implementazione della funzione `hashtable_print`. Lo schema della funzione è piuttosto semplice, e presenta due cicli annidati:

- il ciclo piú esterno, sulla variabile `i`, scorre il vettore dei bucket della tabella;
- il ciclo piú interno, sulla variabile `n`, scorre i nodi della lista associata al bucket di indice `i`.

Il corpo del ciclo piú interno effettua la stampa della coppia chiave–valore corrispondente al nodo utilizzando la funzione `print_info` (definita nel listato 7.1).

Valutazione della complessità computazionale

Il corpo del ciclo piú interno della funzione di visita viene eseguito una volta per ciascuno degli n elementi presenti nella tabella. Si può quindi facilmente concludere che la complessità temporale dell'operazione di visita è:

$$T_{avg}(n) = T_{worst}(n) = \Theta(n)$$

Si noti che se il numero di bucket m è molto maggiore di n, il tempo necessario per la visita include un termine di costo $\Theta(m)$ (dovuto all'esecuzione del ciclo piú esterno anche per i bucket vuoti) che pur essendo trascurabile dal punto di vista dell'analisi asintotica (in quanto non dipendente da n, e quindi costante), potrebbe incidere significativamente sul tempo effettivo di esecuzione dell'operazione.

Quindi, a differenza di quanto accade per le altre operazioni sulla tabella hash, per la visita non è conveniente avere $m >> n$.

7.3 Tabelle hash a indirizzamento aperto *

Nelle tabelle hash a indirizzamento aperto le coppie chiave–valore sono contenute direttamente nei bucket della tabella. Qualora il bucket corrispondente a una chiave sia già occupato da una chiave diversa (per effetto di una collisione), occorrerà scegliere un bucket alternativo, con un'operazione detta *ispezione* o *probing* della tabella.

Il criterio di ispezione piú semplice è costituito dall'*ispezione lineare*: se il bucket il cui indice è $h(k)$, dove k è la chiave e h è la funzione di hash, è occupato, vengono esaminati in successione i bucket $h(k)+1, h(k)+2, \ldots$ fino a quando non viene trovato un bucket libero. Qualora l'ispezione dovesse raggiungere l'ultimo bucket del vettore, si ricomincia dal primo, considerando a tutti gli effetti il vettore di bucket come una struttura circolare.

Per garantire che l'ispezione abbia termine in un tempo finito, è necessario che sia sempre verificata la condizione $n < m$, con n numero di elementi contenuti nella tabella e m dimensione del vettore di bucket.

In generale, la condizione $n < m$ è sufficiente a garantire che le operazioni sulla tabella siano completate in un numero finito di passi, ma non che siano efficienti. Quando n si avvicina a m l'efficienza delle operazioni diminuisce drasticamente, in quanto il meccanismo di ispezione determina l'insorgere di collisioni aggiuntive rispetto a quelle intrinseche dovute alla funzione di hash scelta. Infatti due chiavi k_1 e k_2 possono entrare in collisione non solo se $h(k_1) = h(k_2)$, ma anche se $h(k_1) = h(k_2) + 1$ e il bucket $h(k_2)$ è già occupato da un'altra chiave, oppure se $h(k_1) = h(k_2) + 2$ e i bucket $h(k_2)$ e $h(k_2) + 1$ sono occupati da altre chiavi, e cosí via. È facilmente intuibile che situazioni di questo genere, in cui la collisione su un bucket si propaga anche su altri bucket vicini, aumentano con l'aumentare della probabilità che ciascun bucket sia occupato, che (se la funzione di hash è ragionevolmente uniforme) è pari a n/m.

Per questo motivo è opportuno assicurarsi che il rapporto n/m, detto *fattore di carico* (*load factor*) della tabella non sia mai superiore a una soglia opportunamente scelta, e strettamente minore di 1:

$$\frac{n}{m} < \lambda$$

dove la costante λ tipicamente è fissata nell'intervallo $[0.5, 0.75]$.

Se per effetto di un inserimento dovesse essere violata questa condizione, ottenendo $n \geq \lambda m$, sarà necessario ristabilirla con un ridimensionamento della tabella, ad esempio con una strategia di espansione geometrica analoga a quella introdotta per gli array dinamici nel paragrafo 5.2.2.

7.3.1 Definizione della struttura dati

La struttura dati per una tabella a indirizzamento chiuso prevede che la chiave e il valore siano memorizzati direttamente all'interno del bucket. Inoltre gli algoritmi devono anche essere in grado di determinare se un bucket è occupato oppure libero, per cui è necessario associare un'informazione logica che indichi questa condizione a ciascun bucket.

```
#ifndef OPEN_HASHTABLE_H
#define OPEN_HASHTABLE_H

#define MAX_LOAD 0.75
#define GROW_FACTOR 2

typedef struct SBucket {
    TInfo info;
    bool used;
} TBucket;

typedef struct SHashTable {
    int bucket_number;
    TBucket *bucket;
    int used_buckets;
} THashTable;

THashTable *hashtable_create(int buckets);
void hashtable_destroy(THashTable *ht);
void hashtable_insert(THashTable *ht, TKey key, TValue value);
void hashtable_delete(THashTable *ht, TKey key);
TValue *hashtable_search(THashTable *ht, TKey key);
void hashtable_print(THashTable *ht);
void hashtable_resize(THashTable *ht, int new_buckets);

#endif
```

Listato 7.11 Struttura dati per le tabelle hash a indirizzamento aperto.

Oltre al vettore di bucket e alla sua dimensione, la tabella deve anche mantenere il numero di elementi presenti, in modo da poter controllare se è necessario un ridimensionamento del vettore di bucket.

Implementazione in C

Il listato 7.11 mostra la definizione della struttura dati che realizza una tabella hash a indirizzamento aperto.

Innanzitutto vengono definite le costanti `MAX_LOAD`, corrispondente al limite massimo del fattore di carico, e `GROW_FACTOR`, corrispondente al fattore di espansione geometrica per il ridimensionamento del vettore di bucket.

Quindi viene definito il tipo `TBucket` che rappresenta il singolo bucket della tabella. Assumiamo che la definizione di `TInfo` sia analoga a quella vista nel listato 7.1, e che quindi il tipo `TInfo` contenga al suo interno una coppia chiave–valore. Un bucket contiene un campo `info` di tipo `TInfo` e un campo `used` di tipo `bool`, che verrà utilizzato per contrassegnare il bucket come occupato (`used==true`) oppure libero (`used==false`).

Infine è riportata la definizione del tipo `THashTable`, che rappresenta la tabella nel suo insieme. Oltre ai campi `bucket_number`, che indica la dimensione del vettore di bucket, e `bucket`, che contiene il puntatore al primo elemento del vettore allocato dinamicamente, è presente il campo `used_buckets` che indica quanti elementi sono effettivamente presenti nella tabella.

7.3.2 Inizializzazione di una tabella hash

L'operazione di inizializzazione di una tabella hash a indirizzamento aperto non richiede commenti particolari; una volta allocata la struttura dati che rappresenta la tabella, e il vettore di bucket, occorre semplicemente contrassegnare ciascun bucket come libero.

```
/* PRE: buckets > 0
 */
THashTable *hashtable_create(int buckets) {
    int i;
    THashTable *p=(THashTable *)malloc(sizeof(THashTable));
    assert(p!=NULL);

    assert(buckets>0);
    p->bucket_number = buckets;
    p->bucket = (TBucket *) malloc(sizeof(TBucket)*buckets);
    assert(p->bucket!=NULL);

    for(i=0; i<buckets; i++)
        p->bucket[i].used=false;

    p->used_buckets=0;

    return p;
}
```

Listato 7.12 Inizializzazione di una tabella hash a indirizzamento aperto.

Implementazione dell'algoritmo

Il listato 7.12 mostra l'implementazione della funzione `hashtable_create`, che inizializza una tabella hash a indirizzamento aperto. La funzione alloca la struttura dati utilizzando `malloc`, quindi alloca il vettore di bucket dimensionandolo in base al parametro `buckets`. Infine contrassegna tutti i bucket come liberi impostando a `false` il corrispondente campo `used`.

Si noti che il parametro `buckets` specifica la dimensione iniziale del vettore di bucket; tale dimensione potrà variare durante l'esecuzione per effetto delle operazioni di ridimensionamento.

7.3.3 Deallocazione di una tabella hash

La deallocazione di una tabella hash a indirizzamento aperto non presenta particolari difficoltà. Occorre innanzitutto deallocare il vettore di bucket; quindi si può procedere alla deallocazione della struttura che rappresenta la tabella stessa.

Implementazione dell'algoritmo

Il listato 7.13 mostra una implementazione della funzione `hashtable_destroy`, che effettua la deallocazione della tabella hash. Si noti che l'impostazione a 0 del valore dei campi `bucket_number` e `used_buckets` è fatta esclusivamente a scopo precauzionale, per individuare piú rapidamente parti di codice errate che dovessero continuare a usare una tabella hash dopo la sua deallocazione.

```
void hashtable_destroy(THashTable *ht) {
    free(ht->bucket);
    ht->bucket_number=0;
    ht->used_buckets=0;
    free(ht);
}
```

Listato 7.13 Deallocazione di una tabella hash a indirizzamento aperto.

7.3.4 Ricerca di un elemento

La ricerca in una tabella a indirizzamento chiuso si svolge individuando innanzitutto l'indice del bucket che dovrebbe contenere la chiave cercata. Quindi occorre ispezionare (secondo il criterio di ispezione scelto) il bucket in questione e i successivi fino a che non si verifica una delle seguenti condizioni:

- il bucket contiene la chiave cercata, e quindi la ricerca termina con successo;
- il bucket è vuoto; quindi la chiave cercata non è presente nella tabella.

Si noti che la ricerca ha termine in un numero finito di passi solo se il numero di bucket effettivamente usati è strettamente minore del numero di bucket disponibili; vedremo successivamente come l'operazione di inserimento garantisce che sia verificata questa condizione.

```
TValue *hashtable_search(THashTable *ht, TKey key) {
    unsigned h=hash(key) % ht->bucket_number;
    TInfo info;
    info.key=key;
    while (ht->bucket[h].used && !equal(info, ht->bucket[h].info))
        h=(h+1) % ht->bucket_number;
    if (ht->bucket[h].used)
        return &ht->bucket[h].info.value;
    else
        return NULL;
}
```

Listato 7.14 Ricerca in una tabella hash a indirizzamento aperto.

Implementazione dell'algoritmo

Il listato 7.14 presenta un'implementazione della funzione `hashtable_search`, che realizza l'algoritmo di ricerca.

La funzione calcola l'indice `h` del bucket che dovrebbe contenere (in assenza di collisioni) la chiave `key`. Inoltre definisce una variabile `info` di tipo `TInfo`, contenente la chiave da cercare, in modo da utilizzare la funzione `equal` del listato 7.1.

Il ciclo `while` realizza la strategia di ispezione lineare. In particolare, il ciclo termina quando o il bucket ispezionato risulta non usato (il campo `used` ha il valore `false`), oppure esso contiene una chiave uguale (in base alla funzione `equal`) a quella cercata.

Al termine del ciclo, la funzione verifica quale delle due condizioni ha determinato la terminazione del ciclo. Se il ciclo ha trovato la chiave richiesta, viene restituito il puntatore al campo `value` corrispondente, altrimenti viene restituito un puntatore nullo.

7.3.5 Inserimento di un elemento

L'operazione di inserimento per le tabelle a indirizzamento aperto è resa piú complicata, rispetto al caso di indirizzamento chiuso, dalla necessità di garantire i vincoli sul fattore di carico e dalla gestione delle collisioni.

L'algoritmo determina innanzitutto se la chiave è già presente nella tabella, effettuando un'operazione di ricerca. In caso affermativo, è sufficiente cambiare il solo valore associato, evitando la complessità dell'inserimento di una nuova chiave.

Se invece occorre inserire una nuova chiave, l'algoritmo deve preliminarmente verificare se l'aggiunta invaliderebbe il limite sul massimo fattore di carico della tabella; in tal caso l'algoritmo deve provvedere a espandere la tabella con un operazione di ridimensionamento, che sarà affrontata nel paragrafo 7.3.6.

Infine può essere effettuato l'inserimento della nuova chiave: prima occorre individuare il bucket di destinazione; se questo è occupato si procede iterativamente a esaminare il bucket successivo (secondo la strategia di ispezione scelta) fino a trovare un bucket libero, in cui verranno inseriti la chiave e il valore associato.

```
void hashtable_insert(THashTable *ht, TKey key, TValue value) {
    TValue *pvalue;

    pvalue=hashtable_search(ht, key);
    if (pvalue!=NULL) {
        *pvalue=value;
        return;
    }

    if (ht->used_buckets+1 >= MAX_LOAD*ht->bucket_number) {
        int new_buckets=GROW_FACTOR*ht->bucket_number;
        if (new_buckets <= ht->bucket_number)
            new_buckets = ht->bucket_number+1;
        hashtable_resize(ht, new_buckets);
    }

    unsigned h=hash(key) % ht->bucket_number;

    while (ht->bucket[h].used)
        h=(h+1)%ht->bucket_number;

    ht->bucket[h].info.key=key;
    ht->bucket[h].info.value=value;
    ht->bucket[h].used=true;
    ht->used_buckets++;
}
```

Listato 7.15 Inserimento in una tabella hash a indirizzamento aperto.

Implementazione dell'algoritmo

Il listato 7.15 mostra una possibile implementazione della funzione `hashtable_insert`. Nella prima parte, la funzione richiama `hashtable_search` (vista nel listato 7.14) per controllare se la chiave è già presente nella tabella. In tal caso, modifica il valore attraverso il puntatore `pvalue` restituito dalla ricerca, e termina.

La seconda parte di `hashtable_insert` controlla se il numero di bucket usati dopo l'inserimento renderebbe il fattore di carico maggiore del limite massimo (`MAX_LOAD`). In caso affermativo, viene applicata una strategia di espansione geometrica, calcolando il nuovo numero di bucket come prodotto di `GROW_FACTOR` per il vecchio numero di bucket, e ridimensionando la tabella per mezzo della funzione `hashtable_resize` (che verrà introdotta nel listato 7.16).

Si noti che in questa parte c'è un `if` che controlla che il nuovo numero di bucket sia strettamente maggiore del vecchio, e se cosí non è lo incrementa. Il motivo di questo controllo è che, per effetto dell'arrotondamento, il nuovo numero di bucket potrebbe risultare uguale al vecchio numero quando il numero di bucket iniziale è piccolo. Ad esempio, se `GROW_FACTOR` fosse pari a 1.1, e il numero iniziale di bucket fosse 4, il prodotto tra i due sarebbe pari a 4.4, che convertito a intero nella variabile `new_buckets` darebbe di nuovo 4.

La parte finale della funzione effettua l'inserimento vero e proprio. Innanzitutto viene calcolato l'indice `h` del bucket che dovrebbe corrispondere alla chiave. Quindi, con il ciclo `while`, si esamina la sequenza di ispezione che parte da questo bucket fino a trovare un bucket non utilizzato. Alla terminazione del ciclo, `h` è l'indice di un bucket libero, che viene usato per memorizzare la coppia chiave–valore.

7.3.6 Ridimensionamento di una tabella hash

Concettualmente il ridimensionamento di una tabella hash è un'operazione semplice: occorre innanzitutto allocare un nuovo vettore di bucket; quindi gli elementi presenti nel vecchio vettore di bucket devono essere inseriti nel nuovo vettore, usando l'algoritmo di inserimento visto precedentemente.

Si noti che in questo caso si viene a creare una ricorsione indiretta: l'algoritmo di inserimento in alcuni casi chiama l'algoritmo di ridimensionamento, che a sua volta richiama l'algoritmo di inserimento.

Implementazione dell'algoritmo

Il listato 7.16 mostra una possibile implementazione del ridimensionamento. La funzione `hashtable_resize`, dopo aver controllato tramite la macro `assert` che la precondizione è verificata, alloca il nuovo vettore di bucket associandolo al puntatore `p`. Il puntatore al vecchio vettore di bucket e la sua dimensione vengono copiati nelle variabili locali `old` e `old_buckets`, per poter sovrascrivere i corrispondenti campi della struttura `ht` senza perdere le vecchie informazioni.

I campi `bucket` e `bucket_number` della tabella vengono impostanti in modo da fare riferimento al nuovo vettore, che viene inizializzato contrassegnando tutti i bucket come non utilizzati nel primo ciclo `for`. Si noti che il campo `used_buckets` viene impostato a 0, dal momento che il vettore di bucket correntemente associato alla tabella non contiene elementi.

```
/* PRE: new_buckets e' maggiore del vecchio numero di buckets
 */
void hashtable_resize(THashTable *ht, int new_buckets) {
    int i;
    assert(new_buckets>ht->bucket_number);
    TBucket *p=(TBucket *) malloc(sizeof(TBucket)*new_buckets);
    TBucket *old=ht->bucket;
    int old_buckets=ht->bucket_number;
    assert(p!=NULL);

    ht->bucket=p;
    ht->bucket_number=new_buckets;
    ht->used_buckets=0;
    for(i=0; i<new_buckets; i++)
        p[i].used=false;

    for(i=0; i<old_buckets; i++)
        if (old[i].used)
            hashtable_insert(ht, old[i].info.key, old[i].info.value);

    free(old);
}
```

Listato 7.16 Ridimensionamento di una tabella hash a indirizzamento aperto.

Il secondo ciclo `for` scorre il vecchio vettore di bucket, e per ogni elemento trovato, richiama la funzione **`hashtable_insert`** per aggiungerlo al nuovo vettore di bucket. Conclusa questa operazione, il vecchio vettore viene deallocato tramite `free`.

7.3.7 Cancellazione di un elemento

Nel caso di tabelle hash a indirizzamento aperto, la cancellazione è un'operazione non banale. Il motivo della complessità di questa operazione è che non è sufficiente, una volta individuato il bucket che contiene la chiave da rimuovere, contrassegnare il bucket come non utilizzato, in quanto il "buco" cosí creato potrebbe rendere non raggiungibile una chiave il cui bucket di appartenenza dovrebbe trovarsi prima del bucket svuotato, ma che è stata inserita in un bucket successivo per effetto delle collisioni.

La figura 7.7c illustra un esempio di questa situazione. Per rimediare al problema, sono possibili due soluzioni:

- Il bucket dell'elemento cancellato non viene contrassegnato come "inutilizzato", ma come "cancellato". I bucket cancellati vengono considerati come pieni dalle successive operazioni di ricerca, e come vuoti dalle successive operazioni di inserimento. Questa soluzione è semplice da implementare, ma rende poco efficiente la ricerca in una tabella su cui sono state fatte molte cancellazioni;

- L'algoritmo cerca nella sequenza di ispezione che parte dal bucket cancellato se c'è un altro elemento che può essere spostato per riempire lo spazio reso vuoto. In caso affermativo, l'elemento viene spostato in tale bucket; ovviamente questo crea un altro bucket vuoto per il quale occorre ripetere la

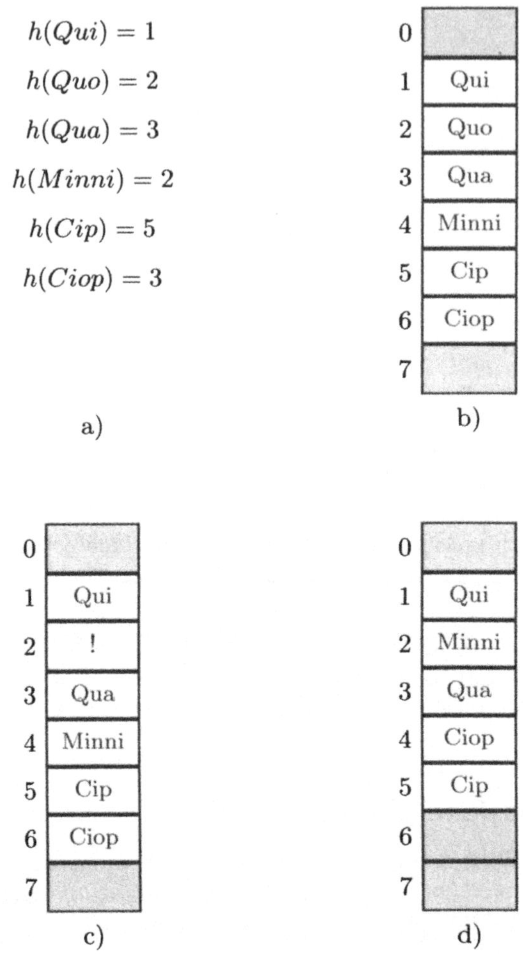

Figura 7.7 Cancellazione da una tabella hash a indirizzamento aperto. Per semplicità sono mostrate solo le chiavi, e non i valori associati. a) Le chiavi, in ordine di inserimento nella tabella, e i corrispondenti valori di hash. b) La tabella hash prima della cancellazione; gli elementi "Minni" e "Ciop" si trovano in una posizione diversa dal loro valore di hash a causa delle collisioni. c) La tabella dopo la cancellazione dell'elemento "Quo"; il bucket vuoto che si viene a creare rende non raggiungibile l'elemento "Minni". d) La tabella dopo aver riempito i vuoti spostando gli elementi "Minni" e "Ciop". Si noti che il valore "Minni" viene spostato per riempire il vuoto lasciato dalla cancellazione, mentre "Ciop" deve essere spostato per riempire il vuoto creato dallo spostamento di "Minni".

ricerca di un potenziale occupante. Questa operazione termina quando nella sequenza di ispezione viene trovato un bucket vuoto (oltre quello reso tale dalla cancellazione o da uno spostamento), il che si verifica in un numero finito di passi, dato che l'operazione di inserimento garantisce che non tutti i bucket siano occupati. Questa soluzione è meno semplice da implementare, ma privilegia l'efficienza delle operazioni di ricerca rispetto a quella della cancellazione, e pertanto sarà quella che seguiremo. La figura 7.7d mostra l'effetto di questa operazione di riempimento dello spazio vuoto.

```
void hashtable_delete(THashTable *ht, TKey key) {
    TInfo info;
    info.key=key;
    unsigned h=hash(key) % ht->bucket_number;

    while (ht->bucket[h].used && !equal(info, ht->bucket[h].info))
        h=(h+1) % ht->bucket_number;

    if (ht->bucket[h].used) {
        unsigned hole=h;
        ht->bucket[hole].used=false;
        ht->used_buckets--;
        h=(h+1)%ht->bucket_number;

        /* Prova a riempire il buco lasciato
         * dall'elemento cancellato */
        while (ht->bucket[h].used) {
            unsigned h1=hash(ht->bucket[h].info.key)
                      % ht->bucket_number;
            bool movable;
            if (h > hole)
                movable= h1<=hole || h1>h;
            else
                movable= h1<=hole && h1>h;
            if (movable) {
                ht->bucket[hole]=ht->bucket[h];
                hole=h;
                ht->bucket[hole].used=false;
            }
            h=(h+1) % ht->bucket_number;
        }
    }
}
```

Listato 7.17 Cancellazione da una tabella hash a indirizzamento aperto.

Implementazione dell'algoritmo

Il listato 7.17 mostra un'implementazione della funzione `hashtable_delete`, che realizza l'algoritmo di cancellazione. La funzione comincia con il calcolo dell'indice `h` del bucket in cui dovrebbe trovarsi la chiave, seguito da un ciclo `while` che effettua la ricerca del bucket nella sequenza di ispezione.

Se il ciclo `while` termina con un bucket non utilizzato, allora la chiave da cancellare non è presente nella tabella, e quindi non occorre fare altre operazioni.

Altrimenti, la funzione contrassegna il bucket come non usato, ne memorizza l'indice nella variabile `hole`, decrementa il campo `used_buckets`, e aggiorna l'indice `h` con il successivo indice nella sequenza di ispezione.

A questo punto comincia il secondo ciclo `while`, che ha lo scopo di trovare un elemento successivo che possa essere usato per riempire lo spazio vuoto corrispondente all'indice `hole`. Per controllare se l'elemento `h` può essere usato per riempire il vuoto dell'elemento **hole**, occorre verificare che il suo indice di hash originario, calcolato e assegnato alla variabile **h1**, non sia successivo a **hole** nella sequenza di ispezione. Questa verifica purtroppo è resa complessa dal fatto che la sequenza di ispezione esamina gli indici in maniera circolare, per cui un indice successivo potrebbe essere numericamente inferiore rispetto a un indice che lo precede.

Per questo motivo, la funzione considera separatamente due casi:

- se $hole < h$, gli indici che precedono **hole** nella sequenza di ispezione sono quelli nell'intervallo $[0, hole]$, e quelli nell'intervallo $]h, bucket\_number[$;
- se $hole \geq h$, gli indici che precedono **hole** sono quelli nell'intervallo $]h, hole]$.

La funzione controlla se **h1** appartiene a questi intervalli, associando il risultato della verifica alla variabile **movable**. Quindi, se **movable** risulta **true**, provvede a spostare il contenuto del bucket **h** nel bucket vuoto **hole**, e riprende il ciclo considerando il bucket **h** come nuovo buco da riempire.

7.3.8 Visita di una tabella hash

La visita di una tabella a indirizzamento aperto è piuttosto semplice: si effettua la scansione del vettore di bucket, operando su tutti i bucket che risultano utilizzati.

```
void hashtable_print(THashTable *ht) {
    int i;
    for(i=0; i<ht->bucket_number; i++)
        if (ht->bucket[i].used) {
            print_info(ht->bucket[i].info);
            printf("\n");
        }
}
```

Listato 7.18 Visita di una tabella hash a indirizzamento aperto.

Implementazione dell'algoritmo

Nel listato 7.18 è illustrata la funzione **hashtable_print**, come esempio di visita di una tabella a indirizzamento aperto.

Il ciclo **for** della funzione esamina tutti gli elementi del vettore di bucket; per quelli per i quali il campo **used** è pari a **true**, viene effettuata la stampa del contenuto usando la funzione **print_info** definita nel listato 7.1.

7.3.9 Cenni ad altre forme di ispezione

Ispezione quadratica

Nell'ispezione lineare, la sequenza di indici usati per determinare il bucket corrispondente alla chiave k assume la forma:

$$h(k), |h(k)+1|_m, |h(k)+2|_m, \ldots, |h(k)+i|_m, \ldots$$

dove m è il numero di bucket, h è la funzione di hasing e la notazione $|\cdot|_m$ indica il resto della divisione per m.

Questo criterio di ispezione è molto semplice da implementare, ma genera un elevato numero di collisioni se nella tabella capitano parecchie chiavi che hanno un valore simile della funzione h.

Una possibilità per attenuare questo problema è costituita dalla strategia di *ispezione quadratica*, in cui il generico indice della sequenza di ispezione è calcolato come:

$$|h(k) + c_1 \cdot i + c_2 \cdot i^2|_m \text{ con } i \in \{0, 1, 2, \ldots\}$$

dove c_1 e c_2 sono due costanti scelte con il vincolo $c_2 \neq 0$. Ad esempio, scegliendo $c_1 = c_2 = 1/2$, la sequenza di ispezione diventa:

$$h(k), |h(k) + 1|_m, |h(k) + 3|_m, |h(k) + 6|_m, |h(k) + 10|_m, \ldots$$

Il vantaggio dell'ispezione quadratica è che si riduce la probabilità di una collisione con un'altra chiave che ha un valore di hash vicino (ma non la probabilità di collisione in generale). D'altra parte, per alcune combinazioni dei valori di m, c_1 e c_2 la sequenza di ispezione non è in grado di coprire tutti gli elementi del vettore, generando un numero di indici distinti che è strettamente minore di m. Quindi potrebbe risultare non possibile l'inserimento di un elemento (a meno di un ridimensionamento del vettore) anche quando il fattore di carico è inferiore al limite stabilito.

Hashing doppio

Un modo alternativo per ridurre le collisioni quando le chiavi tendono ad addensarsi in un piccolo intervallo di valori di hash vicini consiste nel ricorrere alla strategia di ispezione nota come *hashing doppio*. L'hashing doppio richiede la definizione di due funzioni di hash,h_1 e h_2, con il vincolo che $h_2(k) \neq 0$ per qualunque valore di k.

La sequenza di ispezione è definita come:

$$|h_1(k) + i \cdot h_2(k)|_m \text{ con } i \in \{0, 1, 2, \ldots\}$$

Anche per lo hashing doppio, come per l'ispezione quadratica, può verificarsi l'inconveniente che la sequenza di ispezione non copre tutti i possibili indici, costringendo a un ridimensionamento del vettore di bucket quando ancora non è stato raggiunto il limite sul fattore di carico.

7.4 Implementazione in Java di tabelle hash

In questo paragrafo sarà illustrata una implementazione in Java di una tabella hash a indirizzamento chiuso, usando la classe `List` vista nel capitolo 6. Si noti che la libreria standard di Java include già una classe che realizza una tabella hash: la classe `HashMap`, definita nel package `java.util`, il cui uso è preferibile quando è necessaria questa struttura dati. L'implementazione presentata in questo paragrafo ha il solo fine di illustrare alcuni aspetti realizzativi caratteristici del linguaggio Java.

```
package hashtable;

public class Association<Key extends Comparable<Key>, Value>
    implements Comparable<Association<Key, Value>> {
        private Key key;
        private Value value;

        public Association(Key key, Value value) {
                this.key=key;
                this.value=value;
        }

        public Key getKey() {
                return key;
        }

        public Value getValue() {
                return value;
        }

        public void setValue(Value value) {
                this.value=value;
        }

        public int compareTo(Association<Key, Value> other) {
            return key.compareTo(other.getKey());
        }
}
```

Listato 7.19 Definizione della classe Association.

Poiché faremo uso per i bucket della classe `List`, dobbiamo definire un tipo di dato, da usare per gli elementi della lista, che contenga una coppia chiave–valore, analogamente a quanto fatto con il tipo `TInfo` nel listato 7.1.

A questo scopo, nel listato 7.19 viene definita la classe `Association`. Un oggetto di questa classe contiene una chiave e un valore. La chiave viene assegnata al momento della creazione dell'oggetto, mentre il valore può essere cambiato successivamente. `Association` è una classe generica parametrizzata rispetto ai tipi della chiave e del valore (`Key` e `Value` rispettivamente).

La classe `Association` implementa l'interfaccia `Comparable` (richiesta dalla classe `List`). In particolare, il metodo `compareTo` di tale interfaccia è implementato in modo da effettuare il confronto tra le sole chiavi contenute nell'associazione.

Il listato 7.20 presenta la definizione della classe `HashTable`, che realizza la tabella hash vera e propria. Anche questa classe è generica, e parametrizzata rispetto ai tipi della chiave e del valore. La definizione comincia importando la classe `List`, nel listato 6.19 a pag. 192.

La struttura dati della classe `HashTable` è costituita dalla variabile privata `bucket`, che è un array di liste i cui elementi sono di tipo `Association<Key, Value>`.

Il costruttore della classe alloca la variabile `bucket`, e ne inizializza ciascun elemento con una nuova lista (che sarà vuota).

Il metodo `search`, data una chiave, restituisce un oggetto di tipo `Association` se la chiave è stata trovata; in questo modo è possibile leggere e anche modificare il valore associato alla chiave. Se la chiave non è presente, viene restituito un riferimento `null`.

```
package hashtable;
import list.List;

public class HashTable<Key extends Comparable<Key>, Value> {
    private List<Association<Key, Value>> bucket[];

    public HashTable(int bucket_number) {
        bucket=new List[bucket_number];
        int i;
        for(i=0; i<bucket_number; i++)
            bucket[i]=new List<Association<Key, Value>>();
    }

    public Association<Key, Value> search(Key key) {
        int h=key.hashCode() % bucket.length;
        Association<Key, Value> assoc=
                new Association<Key, Value>(key, null);
        return bucket[h].search(assoc);
    }

    public void insert(Key key, Value value) {
        Association<Key, Value> assoc=search(key);
        if (assoc!=null)
            assoc.setValue(value);
        else {
            int h=key.hashCode() % bucket.length;
            bucket[h].insert(new Association<Key, Value>(key, value));
        }
    }

    public void delete(Key key) {
        int h=key.hashCode() % bucket.length;
        Association<Key, Value> assoc=
                new Association<Key, Value>(key, null);
        bucket[h].delete(assoc);
    }
}
```

Listato 7.20 Definizione della classe HashTable. La classe List usata da HashTable è definita nel listato 6.19 a pag. 192.

Il metodo `search` comincia a individuare il bucket in cui deve essere cercata la chiave; a tale scopo viene usato il metodo `hashCode`, definito nella classe `Object` e quindi utilizzabile per ogni oggetto. Le classi principali della libreria (ad esempio `String` o `Integer`) definiscono in maniera appropriata `hashCode` in modo che la funzione di hashing abbia una distribuzione ragionevolmente uniforme.

Una volta individuato il bucket, il cui indice è nella variabile `h`, deve effettuare la ricerca nella lista corrispondente. Per poter usare il metodo `search` della classe `List`, viene costruito un oggetto `assoc`, che ha lo stesso tipo degli elementi della lista, e contiene come chiave la chiave ricercata (il valore, che non è necessario, è impostato a `null`). Il metodo `search` della classe `List` ricerca e restituisce un elemento che sia uguale ad `assoc`, e siccome nella classe `Association` il confronto viene implementato in modo da confrontare le sole chiavi, questo si traduce nella restituzione dell'associazione che ha una chiave uguale a quella richiesta (o `null` se la chiave non è presente nella tabella).

Il metodo `insert` effettua l'inserimento di una coppia chiave–valore. Innanzitutto prova a verificare se la chiave è già presente, usando il metodo `search`. In caso affermativo, si limita a cambiare il valore associato usando il metodo `setValue` dell'oggetto `Association` restituito da `search`. In caso negativo, occorre inserire un nuovo nodo nel bucket appropriato. Il metodo determina prima l'indice `h` del bucket in questione, quindi inserisce nella lista corrispondente (usando il metodo `insert` della classe `List`) una nuova associazione creata con l'operatore `new`.

Infine, il metodo `delete` rimuove un'associazione dalla tabella. La struttura del metodo è piuttosto semplice: viene prima determinato l'indice `h` del bucket interessato, dopodiché viene richiamato il metodo `delete` della lista corrispondente, passando come parametro l'oggetto `assoc` che ha come chiave la chiave da cancellare.

7.5 Esercizi

▶ **Esercizio 7.1** (★★) Realizzare un programma che legga un file di testo e stampi il conteggio del numero di volte che ciascuna parola è presente nel file.

Il programma dovrà utilizzare una tabella hash in cui la chiave è una stringa (la parola), e il valore associato un intero (il numero di volte che la parola è stata incontrata).

▶ **Esercizio 7.2** (★★) Modificare l'implementazione delle tabelle hash a indirizzamento chiuso in modo da supportare il ridimensionamento del vettore di bucket se il fattore di carico supera un limite massimo.

La modifica richiede che alla struttura dati sia aggiunta l'informazione di quanti elementi sono presenti correntemente nella tabella.

▶ **Esercizio 7.3** (★★) L'implementazione presentata per le tabelle hash a indirizzamento chiuso assume che le liste associate ai bucket siano non ordinate. Modificare l'implementazione in modo che mantenga le liste ordinate, e discutere l'impatto di questa modifica sulla complessità computazionale.

▶ **Esercizio 7.4** (★★★) Modificare l'implementazione delle tabelle hash a indirizzamento aperto in modo da supportare l'ispezione quadratica descritta nel paragrafo 7.3.9.

Capitolo 8

Alberi binari di ricerca

Amo gli alberi più di ogni altra cosa,
per il semplice fatto che accettano
la loro condizione di vita
con solenne rassegnazione.
Willa Cather

Sommario *In questo capitolo viene introdotta un'altra importante struttura dati, usata per la rappresentazione degli insiemi dinamici, ovvero gli alberi binari. La trattazione, pur partendo più in generale dagli alberi, si focalizza da subito sugli alberi binari di ricerca (BST) che sono alberi binari, sui quali è definita una proprietà di ordinamento. I BST sono largamente impiegati in molte applicazioni informatiche dal momento che richiedono una complessità computazionale, in condizioni ottimali, proporzionale al logaritmo del numero degli elementi inseriti. Gli algoritmi che riguardano le principali operazioni sono presentati dapprima nella versione ricorsiva, che è la più naturale per il trattamento di tali strutture inerentemente ricorsive; successivamente viene presentata una vasta scelta di funzioni, sviluppate in accordo al paradigma iterativo.*

8.1 Caratteristiche generali

Informalmente, gli alberi sono strutture dati costituite da nodi, collegati tra loro mediante archi (detti anche rami), in accordo ad una struttura gerarchica: da ogni nodo partono archi che raggiungono altri nodi della struttura, con il vincolo che ogni nodo ha un solo arco entrante (tranne un solo nodo detto radice che non ne ha).

Gli alberi sono classificati in base al numero massimo di ramificazioni che si dipartono dai nodi. Particolarmente importanti, per la diffusione che hanno nelle applicazioni informatiche, sono gli alberi binari che sono alberi con fattore di ramificazione pari a due, ovvero con nodi che hanno al più due figli. L'importanza assunta dagli alberi come struttura dati per la rappresentazione di insiemi dinamici risiede nel fatto che la complessità di calcolo delle principali funzioni di gestione definite su tali strutture (inserimento, ricerca e cancellazione), come vedremo nel corso del capitolo, è proporzionale all'altezza dell'albero (definita formalmente nel paragrafo Definizioni Utili). Quest'ultima, in condizioni ottimali, è pari al logaritmo del numero totale di elementi contenuti; pertanto, l'implementazione di un insieme dinamico mediante un albero binario consente di avere una complessità computazionale logaritmica piuttosto che lineare, come avviene per l'implementazione mediante liste dinamiche.

Definizioni

Innanzitutto diamo la definizione formale di albero binario. Una definizione ricorsiva è la seguente:

Definizione 8.1 Un albero binario è una struttura dati, definita su un insieme di nodi, che:

- non contiene nessun nodo (albero vuoto);
- oppure contiene un nodo radice che ha come figli due alberi binari, detti sottoalbero destro e sottoalbero sinistro.

Un nodo è detto *radice* se non contiene archi entranti. Ogni nodo è radice del sottoalbero che rappresenta. Viceversa un nodo è detto *foglia* se non ha archi uscenti. I nodi che non sono né radice dell'albero, né foglie sono detti *nodi interni.*

Un nodo f è detto *figlio* di un nodo p detto *padre* (o *genitore*) se è la radice di un sottoalbero di p non vuoto. Un nodo d è detto *discendente* di un altro nodo a se è suo figlio o se è figlio di un suo discendente. Il nodo a è detto *antenato* di d.

Si può dare la seguente definizione ricorsiva di profondità di un nodo:

Definizione 8.2

- la profondità della radice è 0;
- la profondità di un nodo che non sia la radice è pari alla profondità del suo genitore incrementata di 1.

Sulla base di tale definizione, si può introdurre il concetto di altezza di un albero:

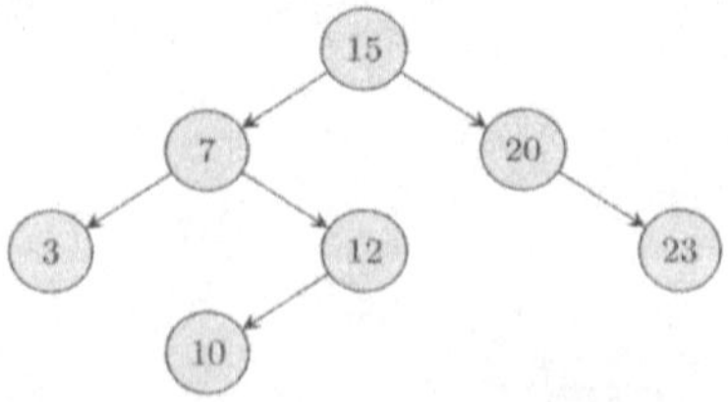

Figura 8.1 Un albero binario, la cui radice è 15. L'insieme delle foglie è F=(3,10,23), mentre l'insieme dei nodi interni è: I=(7,12,20). L'altezza h dell'albero è pari a 3. L'insieme L_0 dei nodi che si trovano a profondità 0 è L_0=(15); analogamente L_1=(7,20), L_2=(3,12,23) e L_3=(10). Il livello 1 è completo, in quanto ogni nodo del livello 0 (il solo nodo 15) ha entrambi i figli. Viceversa il livello 2 è incompleto, mancando il figlio sinistro di 20. Per completare il livello 3 occorrerebbero 8 nodi: essendone presente 1, ne mancano 7; in particolare i due figli del nodo 3 e del nodo 23, il figlio destro del nodo 12 e i due figli del nodo figlio sinistro di 20, che a sua volta manca.

Definizione 8.3 Si definisce altezza di un albero la profondità massima a cui si trovano i nodi foglia dell'albero.

Nella figura 8.1 si riporta un esempio di albero binario nel quale sono evidenti le definizioni di radice, foglie e nodi interni e la profondità alla quale si trovano.

Come per le liste, anche per gli alberi si fa distinzione tra alberi binari ordinati e non. La definizione di ordinamento di un albero binario è però, come gran parte delle definizioni su tali strutture, di tipo ricorsivo.

Definizione 8.4 Un albero binario è ordinato se, ricorsivamente per ogni suo nodo, si verifica che:

- il valore della chiave del nodo è non minore di tutti i valori delle chiavi contenute nel suo sottoalbero sinistro;
- e non maggiore di tutti i nodi contenuti nel suo sottoalbero destro.

Nella figura 8.2 si riportano due esempi di alberi binari, di cui uno soddisfa il criterio di ordinamento e l'altro no.

Il criterio di ordinamento appena enunciato è tale che, dato un insieme dinamico con un prefissato insieme di valori, esistano più alberi binari ordinati in grado di rappresentarlo. Per convincersene, basta osservare gli alberi riportati nella figura 8.3, che pur essendo sensibilmente diversi tra loro dal punto di vista strutturale, e tutti ordinati, rappresentano lo stesso insieme dinamico. La figura 8.4 mostra

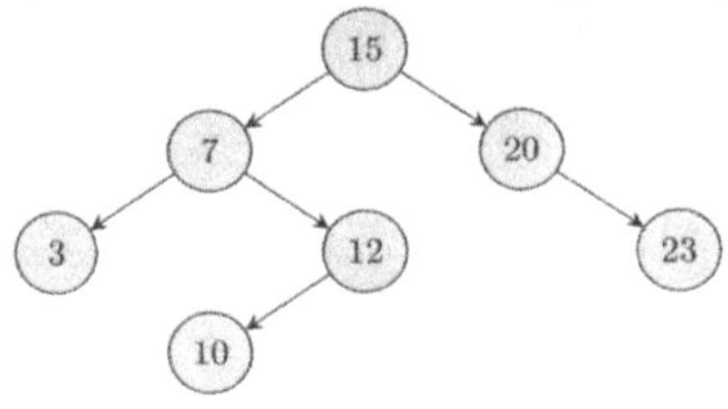

a)

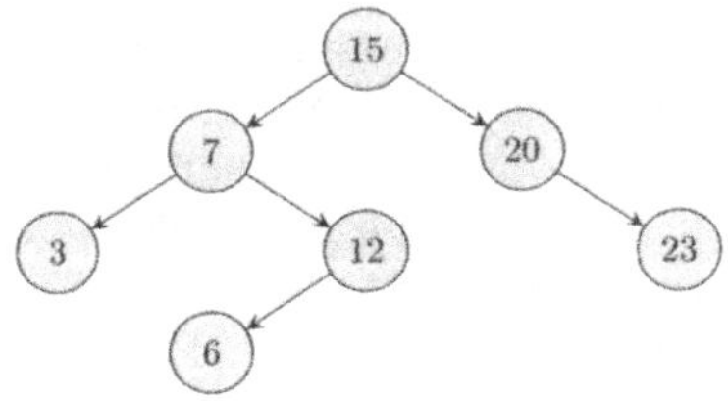

b)

Figura 8.2 Due alberi binari: l'albero rappresentato in a) rispetta la condizione di ordinamento; viceversa l'albero b) non la rispetta poichè il sottoalbero con radice 7 ha, nel proprio sottoalbero destro, un valore inferiore a 7 (in particolare il valore 6).

inoltre che, anche per insiemi dinamici costituiti da un numero relativamente piccolo di elementi, gli alberi binari diversi che li rappresentano sono estremamente numerosi.

Osservazione Una semplice osservazione che può aiutare a comprendere come sia possibile che alberi strutturalmente diversi possano rappresentare lo stesso insieme dinamico, si basa sulla definizione di ordinamento: dato un nodo, tutti i valori maggiori sono posizionati nel suo sottoalbero destro e quelli minori nel sottoalbero sinistro, ricorsivamente per tutti i nodi dell'albero. Pertanto, prendendo in considerazione l'albero a) della figura 8.2, e volendo rappresentare l'insieme dinamico S=(3,7,10,12,15,20,23) possiamo scegliere come radice, un nodo a caso, ad esempio il nodo 15; fatta questa scelta siamo obbligati, per soddisfare il criterio di ordinamento, a posizionare nel sottoalbero destro i nodi DX1=(20,23) e in quello sinistro i nodi SX1=(3,7,10,12). A questo punto si può ripetere il ragionamento per SX1 e DX1, scegliendo per essi, a titolo di esempio, rispettivamente, 7 e 20 come nodi radice. Per soddisfare il criterio di ordinamento, SX1 avrà quindi i sottoalberi sinistro e destro rispettivamente SX2=(3) e DX2=(10,12), e DX1 i sottoalberi SX3=() e DX3=(23).

Dal momento che un insieme dinamico dà origine a tanti alberi binari che lo rappresentano, è lecito porsi un interrogativo. Tra la moltitudine di quelli che rappresentano un insieme S, qual'è il migliore dal punto di vista dell'efficienza computazionale? La risposta a questo semplice e legittimo interrogativo motiva la necessità di introdurre i concetti di bilanciamento ed ottimalità di un albero.

Definizione 8.5 Un albero binario si dice pieno se sono soddisfatte contemporaneamente queste condizioni:

- tutte le foglie hanno la stessa profondità;
- tutti i nodi interni hanno esattamente 2 figli.

Si può verificare semplicemente che un albero binario pieno con n nodi, ha altezza h pari a:

$$h = \lfloor log_2 n \rfloor$$

Definizione 8.6 Un albero binario si dice quasi pieno se sono soddisfatte contemporaneamente queste condizioni:

- tutte le foglie hanno profondità h o $h - 1$;
- tutti i nodi interni hanno esattamente 2 figli.

In figura 8.5 si riportano, a titolo di esempio, un albero pieno ed uno quasi pieno.

Definizione 8.7 Un albero binario si dice bilanciato se tutte le foglie hanno la profondità h o $h - 1$; si dice perfettamente bilanciato se tutte le foglie hanno la medesima profondità h.

Dalle definizioni date, scaturisce che un albero quasi pieno è anche un albero bilanciato, ma il contrario non è necessariamente vero. Analogamente un albero pieno è anche perfettamente bilanciato: anche in questo caso l'inverso non è necessariamente vero.

In figura 8.6 si riportano, a titolo di esempio, un albero bilanciato ed uno perfettamente bilanciato.

Definizione 8.8 Un albero binario con n nodi si dice ottimo, se la sua altezza h è:

$$h = \lfloor log_2 n \rfloor$$

ovvero la sua altezza è minima rispetto a tutti gli altri alberi che rappresentano lo stesso insieme.

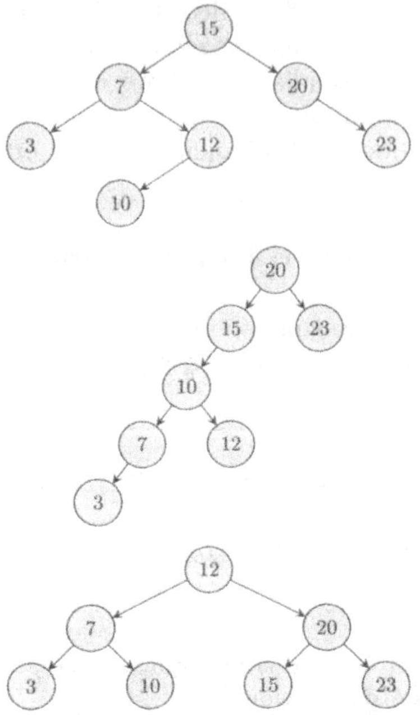

Figura 8.3 Tre alberi binari che rappresentano l'insieme dinamico S = (3,7,10,12,15,20,23); si noti la loro diversità di altezza.

QUANTI SONO I POSSIBILI ALBERI BINARI?

Il numero b_n di alberi binari ordinati tra loro diversi, che rappresentano un dato insieme dinamico di n elementi, è stranamente molto alto, e calcolabile mediante un coefficiente binomiale. In particolare, si dimostra che è pari a:

$$b_n = \frac{1}{n}\binom{2n-2}{n-1}$$

Si noti che per n=5 il numero di alberi binari diversi che rappresentano lo stesso insieme è 14, e sale a 4862 per $n = 10$.

Dalla definizione scaturisce che un albero pieno o quasi pieno è anche ottimo; anche in questo caso non vale la necessarietà della condizione, potendo esistere alberi ottimi che non siano nè pieni, nè quasi pieni. La condizione di ottimalità di un albero binario è molto importante dal punto di vista pratico: come anticipato nel corso di questo paragrafo, le funzioni di inserimento, ricerca e cancellazione di un elemento impiegano un tempo massimo dipendente dall'altezza dell'albero, da cui l'esigenza di trattare con alberi ad altezza minima, ovvero ottimi.

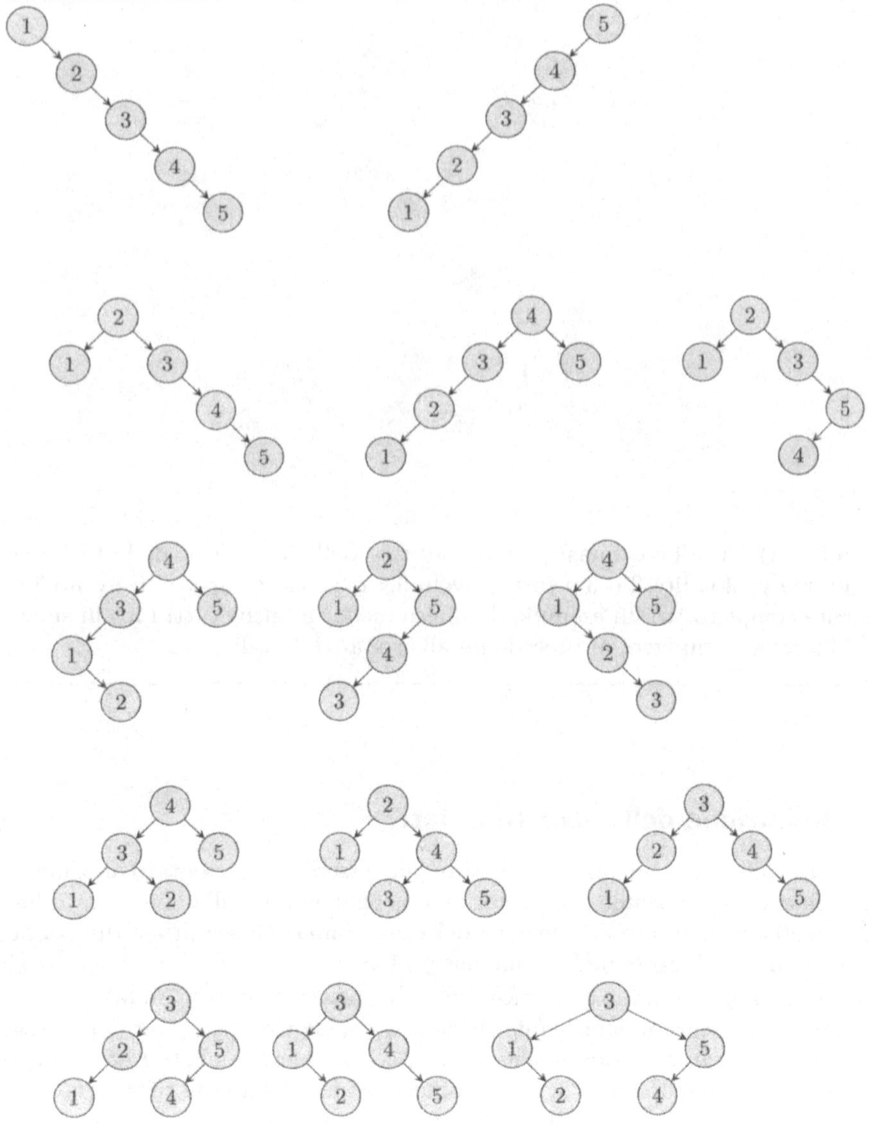

Figura 8.4 I 14 alberi binari ordinati che rappresentano il medesimo insieme dinamico S=(1,2,3,4,5). Si noti che gli alberi sulla prima riga hanno profondità h=4, quelli sulla seconda e terza riga hanno profondità h=3, e quelli sulle ultime due righe hanno profondità h= 2. Si noti che, di tutti gli alberi, solo sei (quelli nelle ultime due file) sono bilanciati, e quindi più adatti, dal punto di vista computazionale, a rappresentare l'insieme dinamico S.

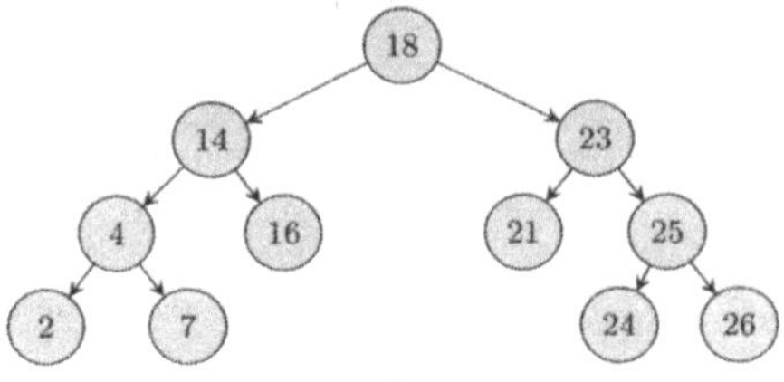

a)

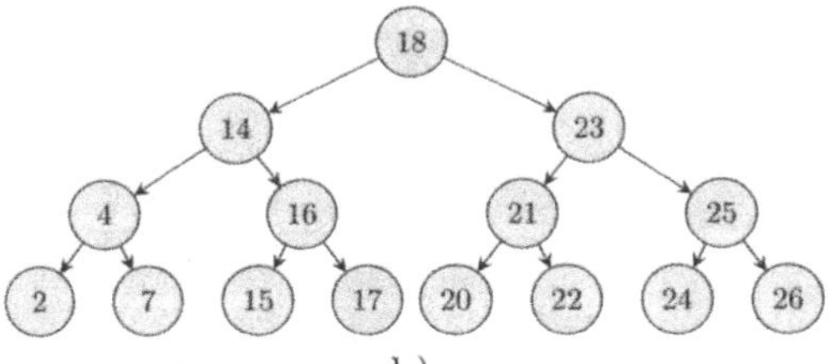

b)

Figura 8.5 a) Un albero quasi pieno: l'altezza dell'albero è h=3; le foglie si trovano ad una profondità 2 o 3 e tutti i livelli 0,1 e 2 sono completi. Il livello 3 è parzialmente completo. b) un esempio di albero pieno: affinchè tutti i livelli siano completi, bisogna aggiungere al precedente albero, altri 4 nodi.

8.1.1 Definizione della struttura dati

Analogamente alle liste, un albero binario può essere rappresentato mediante strutture allocate dinamicamente; in tal modo, ogni nodo dell'albero sarà allocato dinamicamante durante l'esecuzione del programma. Di seguito si riporta la dichiarazione di un albero binario in linguaggio C.

Il nodo di un albero binario è definito come un tipo strutturato (`TNode`) composto dal campo `info`, che contiene le informazioni da memorizzare, e dai campi `left` e `right` di tipo puntatore a `TNode`, che costituiscono rispettivamente i riferimenti al sottoalbero sinistro e destro. Un albero binario è identificato dal riferimento `bt` alla radice; dal punto di vista della dichiarazione in linguaggio C, il tipo albero (`TBinaryTree`) è un puntatore al tipo nodo (`TNode`). Si veda il listato 8.1 e la figura 8.7 che rispettivamente riportano la dichiarazione della struttura dati e la relativa rappresentazione fisica .

Si osservi che, rispetto alle liste, dovendo ogni nodo dell'albero binario mantenere due riferimenti anziché uno (quello al sottoalbero destro e quello al sottoalbero sinistro), l'efficienza di rappresentazione η è pari a:

$$\eta = \frac{D_u}{D_u + 2 \cdot D_p} \tag{8.1}$$

essendo D_u la dimensione in byte dell'informazione utile e D_p quella del puntatore ad uno dei sottoalberi.

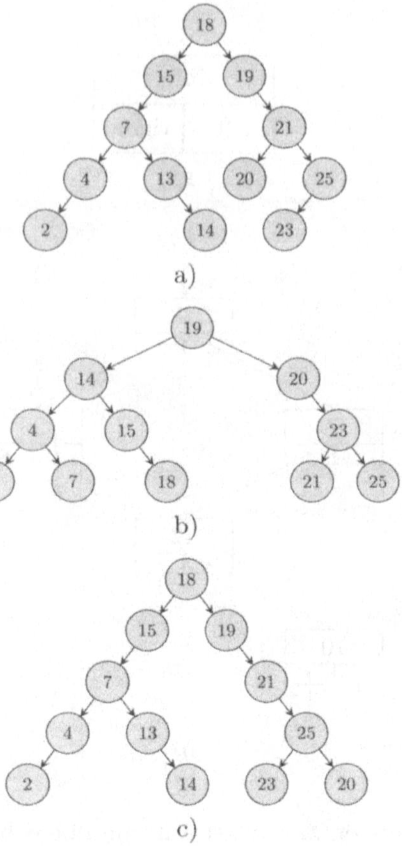

Figura 8.6 a) Un albero bilanciato, che evidentemente non è completo (i nodi 15 e 19 non hanno entrambi i figli), nè ottimo in quanto l'altezza minima con 12 nodi è 3, e l'albero in questione ha altezza 4. b) un albero perfettamente bilanciato, che non è completo, ma ottimo, ed infine c) un albero perfettamente bilanciato, che non è nè completo, nè ottimo.

```
typedef int TInfo;
struct SNode {
    TInfo info;
    struct SNode *right;
    struct SNode *left;
};
typedef struct SNode TNode;
typedef TNode *TBinaryTree;
```

Listato 8.1 Dichiarazione della struttura dati per un albero binario.

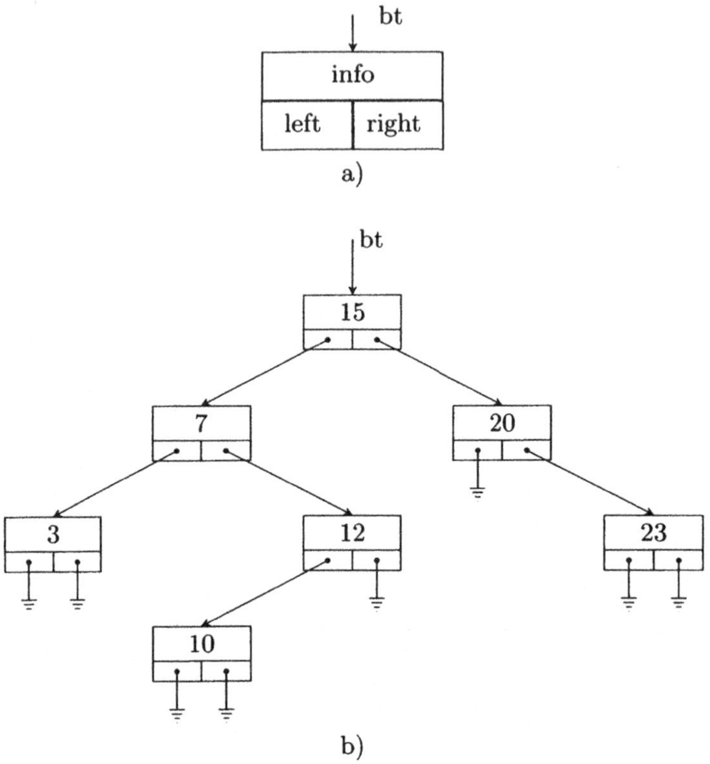

Figura 8.7 La rappresentazione fisica di un albero binario. a) La rappresentazione del generico nodo, contenente il campo `info` ed i campi `left` e `right`, che rappresentano rispettivamente il riferimento al sottoalbero destro e a quello sinistro. b) la rappresentazione fisica dell'albero di figura 8.1.

8.1.2 Operazioni su un albero binario

Le operazioni definite su un albero binario sono quelle tradizionalmente definite per la gestione di un insieme dinamico, riassunte nella figura 8.8. Nella figura 8.9 si riportano, invece, delle ulteriori funzioni che rivestono una particolare rilevanza.

Analogamente a quanto fatto per le liste, anche per gli alberi binari di ricerca, si riportano le interfacce delle funzioni di gestione, in accordo ad uno schema funzionale: si consideri che le funzioni di inserimento e di cancellazione possono aggiornare il riferimento alla radice dell'albero (tale condizione si verifica quando l'operazione si riferisce all'elemento radice dell'albero comportandone la cancellazione o la sostituzione) e, quindi, le relative funzioni devono restituire il valore aggiornato del riferimento alla radice stessa. Si consultino i listati 8.2 e 8.3.

- creazione di un nodo (`node_create`): crea un nodo, allocandone dinamicamente la memoria richiesta;
- distruzione di un nodo (`node_destroy`): distrugge un nodo, deallocando la memoria occupata;
- creazione di un albero (`binarytree_create`): crea e restituisce un albero vuoto;
- distruzione di un albero (`binarytree_destroy`): distrugge l'albero, deallocando tutti gli elementi di cui si compone;
- ricerca di un determinato elemento (`binarytree_search`): cerca un elemento nell'albero, e, se trovato, ne restituisce il riferimento;
- inserimento di un nuovo elemento (`binarytree_insert`): inserisce un nuovo elemento nell'albero, preservandone l'ordinamento;
- eliminazione di un elemento (`binarytree_delete`): elimina un elemento dall'albero, preservandone l'ordinamento;
- visita di tutti gli elementi (`binarytree_visit_order`): visita tutti gli elementi dell'albero, in accordo al criterio di ordinamento;
- verifica che l'albero sia vuoto (`binarytree_is_empty`): restituisce il valore `TRUE` se l'albero non contiene elementi.

Figura 8.8 Funzioni di base definite su un albero binario.

- ricerca del minimo: (`binarytree_search_min`): cerca l'elemento di valore minimo, restituendone il riferimento;
- ricerca del massimo: (`binarytree_search_max`): cerca l'elemento di valore massimo, restituendone il riferimento;
- visita di tutti gli elementi in pre-ordine(`binarytree_visit_preorder`): visita tutti gli elementi dell'albero, in accordo al criterio di ordinamento anticipato;
- visita di tutti gli elementi in post-ordine(`binarytree_visit_postorder`): visita tutti gli elementi dell'albero, in accordo al criterio di ordinamento posticipato.

Figura 8.9 Funzioni di utilità definite su un albero binario.

```
/* Crea ed alloca un nodo
 * PRE: nessuna
 */
TNode *node_create(Tinfo value);

/* Distrugge e dealloca un nodo
 * PRE: nessuna
 */
void node_destroy(TNode *node);

/* Crea e restituisce un albero binario vuoto
 * PRE: nessuna
 */
TBinaryTree binarytree_create();

/* Distrugge l'albero binario, deallocandone tutti gli elementi
 * PRE: nessuna
 * NOTA: consuma il parametro bt
 */
TBinaryTree binarytree_destroy(TBinaryTree bt);

/* Visita l'albero binario in ordine
 * PRE: nessuna
 */
void binarytree_visit(TBinaryTree bt);

/* Cerca l'elemento di valore info nell'albero binario. Ritorna il
 * riferimento all'elemento se e' presente, altrimenti ritorna NULL.
 * PRE: bt e' ordinato
 */
TNode *binarytree_search(TBinaryTree bt, TInfo info);

/* Inserisce l'elemento di valore info nell'albero binario,
 * preservando l'ordinamento; restituisce l'albero binario risultante.
 * PRE: bt e' ordinato
 * NOTA: consuma il parametro bt; inoltre se l'elemento da
 *       inserire e' gia' presente, esso viene duplicato.
 */
TBinaryTree binarytree_insert(TBinaryTree bt, TInfo info);

/* Cancella l'elemento di valore info nell'albero binario, preservando
 * l'ordinamento; restituisce l'albero binario risultante.
 * PRE: bt e' ordinato
 * NOTA: consuma il parametro bt; se l'elemento da cancellare
 *       non e' presente, l'albero binario resta inalterato.
 */
TBinaryTree binarytree_delete(TBinaryTree bt, TInfo info);

/* Ritorna il valore true se l'albero binario non contiene elementi
 * PRE: nessuna
 */
bool binarytree_is_empty(TBinaryTree bt);
```

Listato 8.2 Prototipi delle funzioni di gestione di base degli alberi binari in linguaggio C.

```
/* Cerca il minimo nell'albero binario. Ne ritorna il riferimento
 * se presente, altrimenti ritorna NULL.
 * PRE: binarytree e' ordinato
 */
TNode *binarytree_search_min(TBinaryTree bt);

/* Cerca il massimo nell'albero binario. Ne ritorna il riferimento
 * se presente, altrimenti ritorna NULL.
 * PRE: binarytree e' ordinato
 */
TNode *binarytree_search_max(TBinaryTree bt);

/* Visita l'albero binario in pre-ordine
 * PRE: nessuna
 */
void binarytree_visit_pre_order(TBinaryTree bt);

/* Visita l'albero binario in post-ordine
 * PRE: nessuna
 */
void binarytree_visit_post_order(TBinaryTree bt);
```

Listato 8.3 Prototipi delle funzioni di gestione di utilità degli alberi binari in linguaggio C.

8.2 Alberi Binari di Ricerca (BST): algoritmi ricorsivi

In questo paragrafo si presentano, dapprima le funzioni di gestione di un BST, e successivamente quelle di utilità. Si osservi che le funzioni di gestione usano le funzioni di base per la creazione e la distruzione di un nodo, riportate rispettivamente nei listati 8.4 e 8.5.

```
/* Crea ed alloca un nodo
 * PRE: nessuna
 */
TNode *node_create(TInfo info){
    TNode *new;

    new=(TNode *) malloc(sizeof(TNode));
    if (new==NULL)
       return NULL;
    new->info = info;
    new->left = NULL;
    new->right = NULL;
    return new;
}
```

Listato 8.4 Funzione per la creazione di un nodo.

```
/* Distrugge e dealloca un nodo
 * PRE: nessuna
 */
void node_destroy(TNode *node){
    free(node);
}
```

Listato 8.5 Funzione per la distruzione di un nodo.

8.2.1 Creazione di un albero binario

La funzione di creazione di un BST crea un BST vuoto, restituendone il riferimento. Il codice relativo, particolarmente immediato, è riportato nel listato 8.6.

```
/* Crea e restituisce un albero binario vuoto
 * PRE: nessuna
 */
TBinaryTree binarytree_create(){
    return NULL;
}
```

Listato 8.6 Funzione per la creazione di un albero vuoto.

8.2.2 Distruzione di un albero binario

La funzione di distruzione di un BST, ha l'obiettivo di eliminare tutti i nodi di un albero, e restituisce conseguentemente un albero vuoto. Come sarà più chiaro nel seguito, la funzione di distruzione può essere classificata come una particolare funzione di visita; si preferisce pertanto, al fine di agevolare la lettura, trattare dapprima la problematica della visita, e successivamente quella di distruzione di un albero binario.

8.2.3 Visita di un BST

Per un albero binario ordinato, l'algoritmo di visita più naturale è quello in ordine: in tal caso i nodi dell'albero sono visitati in ordine crescente rispetto ai valori in esso contenuti. A titolo di esempio, la figura 8.10 riporta, dato un albero binario, l'ordine con i quali vengono visitati i suoi nodi in accordo a tale tipo di visita. La visita in ordine è detta anche visita simmetrica: è possibile dimostrare semplicemente (per induzione matematica) che la visita simmetrica si ottiene eseguendo ricorsivamente i seguenti passi:

- visita simmetrica del sottoalbero sinistro;
- visita del nodo radice;
- visita simmetrica del sottoalbero destro.

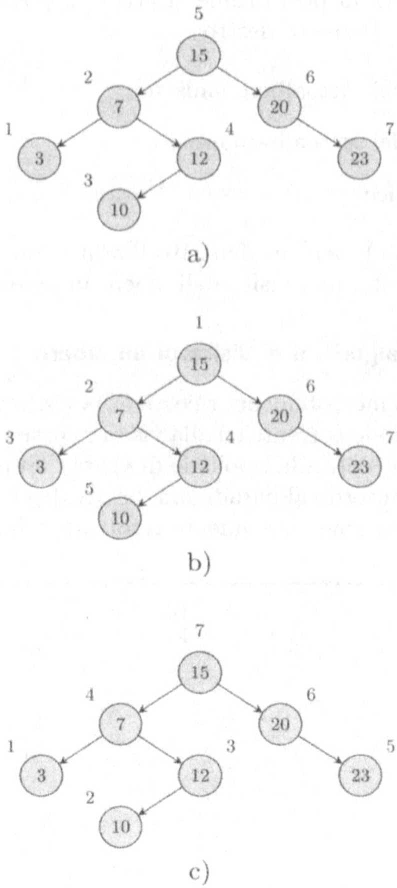

Figura 8.10 Le tre tipologie di visita di un albero binario: la figura evidenzia, con un numero riportato esternamente ai nodi, l'ordine con i quale questi sono visitati, per la a) visita in ordine, b) visita in pre-ordine e c) visita in post-ordine.

Oltre alla visita simmetrica, si definiscono una visita in pre-ordine ed una in post-ordine; la visita in pre-ordine, viene realizzata, eseguendo ricorsivamente i seguenti passi:

- visita del nodo radice;
- visita simmetrica del sottoalbero sinistro;
- visita simmetrica del sottoalbero destro.

Il motivo per cui tale visita è definita in pre-ordine è evidente: il nodo radice dell'albero corrente è visitato prima del suo sottoalbero sinistro, come avviene per la visita simmetrica.

Analogamente la visita in post-ordine si articola, posticipando la visita della radice a quella del suo sottoalbero destro:

- visita simmetrica del sottoalbero sinistro;
- visita simmetrica del sottoalbero destro;
- visita del nodo radice.

Nella figura 8.10 b) e c) viene evidenziato l'ordine con cui sono visitati i nodi, impiegando rispettivamente, una visita dell'albero in pre-ordine e post-ordine.

Implementazione degli algoritmi di visita di un albero

Le funzioni di visita sono inerentemente ricorsive: la visita in un albero è ricondotta, infatti alla visita del nodo corrente ed alla visita ricorsiva dei suoi sottoalberi (in un ordine relativo che diversifica le tipologie di visita). Si può quindi agevolmente realizzare l'algoritmo in accordo al paradigma del divide-et-impera, adottando una divisione tipica dell'albero schematicamente riportata nella figura 8.11.

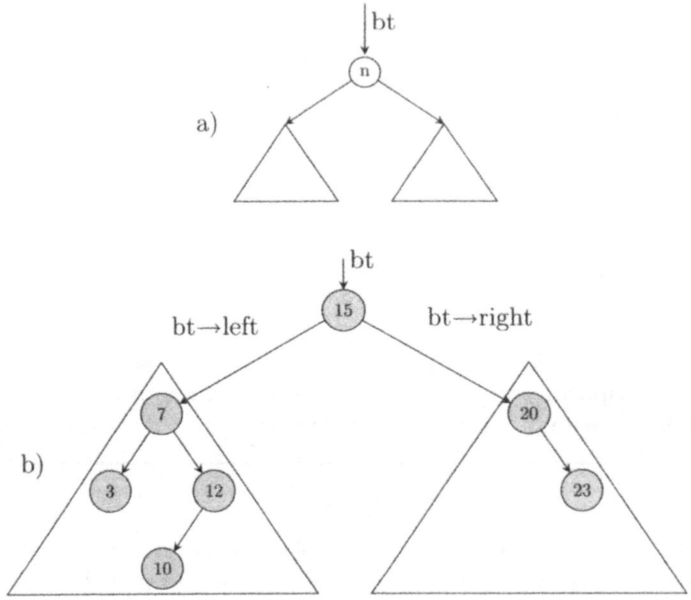

Figura 8.11 La divisione ricorsiva di un albero binario. a) la rappresentazione schematica delle tre parti in cui si divide un albero binario, ovvero il nodo corrente n, ed il suo sottoalbero destro e quello sinistro. b) la divisione applicata all'albero della figura 8.10.

- Divide: la divisione del problema avviene intuitivamente mediante la divisione della struttura dati; il BST è decomposto nella sua radice e nei suoi sottoalberi destro e sinistro (anch'essi BST). Si veda la figura 8.11, per la classica divisione che si esercita nelle funzioni ricorsive sugli alberi;

- Caso Banale: il problema della visita di un elemento in un BST è banale quando l'albero è vuoto; la visita si conclude, senza necessità di ulteriori chiamate induttive;
- Impera: per la risoluzione ricorsiva del problema, si ritiene che il problema della visita di uno qualsiasi dei due sottoalberi sia risolta correttamente;
- Combina: Se non ci si trova in uno dei casi banali, si visita ricorsivamente il sottoalbero sinistro, successivamente si visita il nodo corrente ed infine si visita ricorsivamente il sottoalbero destro. Le visite ricorsive producono il risultato corretto per ipotesi induttiva.

Il codice che si ottiene per la visita in ordine è riportato nel listato 8.7. Procedendo in maniera del tutto analoga per le altre due tipologie di visita, quelle in pre-ordine e post-ordine, si ottengono rispettivamente le implementazioni riportate in 8.9 e 8.8.

```
/* Visita l'albero binario in ordine
 * PRE: nessuna
 */
void binarytree_visit(TBinaryTree bt){
    if (bt != NULL){
       binarytree_visit(bt->left);
       print_info(bt->info);
       binarytree_visit(bt->right);
    }
}
```

Listato 8.7 Funzione ricorsiva di visita in ordine in un albero binario ordinato.

```
/* Visita l'albero binario in post-ordine
 * PRE: nessuna
 */
void binarytree_visit_post_order(TBinaryTree bt){
    if (bt != NULL){
       binarytree_visit(bt->left);
       binarytree_visit(bt->right);
       print_info(bt->info);
    }
}
```

Listato 8.8 Funzione ricorsiva di visita in post-ordine di un albero binario ordinato.

Implementazione dell'algoritmo di distruzione di un albero

La funzione di distruzione di un albero binario ordinato si base sulla visita dell'albero, finalizzata alla deallocazione dei suoi nodi. È semplice comprendere che la visita deve necessariamente essere realizzata in post-ordine: infatti, raggiunto un nodo, si procede in base ai seguenti passi:

```
/* Visita l'albero binario in pre-ordine
 * PRE: nessuna
 */
void binarytree_visit_pre_order(TBinaryTree bt){
    if (bt != NULL){
        print_info(bt->info);
        binarytree_visit(bt->left);
        binarytree_visit(bt->right);
    }
}
```

Listato 8.9 Funzione ricorsiva di visita in pre-ordine di un albero binario ordinato.

- cancellazione ricorsiva del sottoalbero sinistro;
- cancellazione ricorsiva del sottoalbero destro;
- deallocazione del nodo corrente.

Il relativo codice, che coincide con quello della visita, con la sola precisazione che la visita del nodo corrente è equivalente alla sua deallocazione, è riportato nel listato 8.10.

```
/* Distrugge l'albero binario, deallocandone tutti gli elementi
 * PRE: nessuna
 * NOTA: consuma il parametro bt
 */
TBinaryTree binarytree_destroy(TBinaryTree bt){
    /*Caso base: Albero vuoto oppure con un solo elemento*/
    if (bt == NULL)
        return NULL;
    else if ((bt->left == NULL) && (bt->right == NULL)) {
        free(bt);
        return NULL;
    }

    else {
        /*Fase di divide at impera*/
        bt->left = binarytree_destroy(bt->left);

        /*Fase di divide at impera*/
        bt->right = binarytree_destroy(bt->right);

        /*Fase di combina*/
        node_destroy(bt);
        return NULL;
    }
}
```

Listato 8.10 Funzione per la distruzione di un albero binario.

Valutazione della complessità computazionale

I tre algoritmi di visita appena presentati, essendo ricorsivi, esibiscono una complessità computazionale che si calcola a partire dalla relativa formula di ricorrenza.

Ai fini della determinazione di quest'ultima, la cui forma generica è riportata nella formula 3.39, dall'analisi del codice si evince che la fase di chiusura della ricorsione richiede un tempo c_1 costante. Passando all'analisi della componente induttiva, è immediato verificare che sia il tempo di divisione $D(n)$ che quello di combinazione $C(n)$ risultano costanti (sia c_2 la loro somma), e che la funzione si applica ricorsivamente sia sull'albero destro che quello sinistro (anche se in ordine differente per le tre tipologie di visita). Pertanto, la 3.39 si particolarizza come di seguito (vedi ricorrenza notevole 3.41):

$$T(n) = \begin{cases} c_1 & \text{per } n = 1 \\ 2T(\frac{n}{2}) + c_2 & \text{per } n > 1 \end{cases} \quad (8.2)$$

La soluzione a tale ricorrenza, riportata nel paragrafo 3.4.1, è $T(n) \in \Theta(n)$.

8.2.4 Ricerca di un elemento in un BST

L'algoritmo di ricerca di un elemento in un BST sfrutta pesantemente la condizione di ordinamento dell'albero stesso. Dovendo cercare un elemento di valore prefissato, si verifica che l'elemento non sia contenuto nella radice, condizione questa che ci consente di arrestare immediatamente, e con successo, la ricerca. Nel caso in cui l'elemento da cercare non sia contenuto nella radice, si procede nella ricerca dell'elemento nel sottoalbero destro, nel caso in cui l'elemento da cercare è maggiore del valore della radice: in questa situazione infatti l'ordinamento dell'albero ci garantisce che l'elemento da cercare, se presente, non può trovarsi nel sottoalbero sinistro, in quanto quest'ultimo, in virtù dell'ordinamento, conterrà solo valori inferiori alla radice; in definitiva, quindi, se l'elemento non è presente nel sottoalbero destro, sicuramente non sarà presente nell'albero. Ovviamente la situazione è totalmente duale, nel caso in cui l'elemento da cercare dovesse risultare inferiore al valore contenuto nella radice.

Implementazione dell'algoritmo di ricerca in un BST

La descrizione che abbiamo appena dato è inerentemente ricorsiva: infatti in questo caso la ricerca in un albero è ricondotta, in funzione del valore da cercare, alla ricerca dell'elemento in uno dei suoi sottoalberi. Si può quindi agevolmente realizzare l'algoritmo in accordo al paradigma del divide-et-impera, secondo le fasi riportate nel seguito. Il codice è invece riportato nel listato 8.11.

- Divide: la divisione del problema avviene intuitivamente mediante la divisione della struttura dati; il BST è decomposto nella sua radice e nei suoi sottoalberi destro e sinistro (anch'essi BST). Si veda la figura 8.11, per la classica divisione che si esercita nelle funzioni ricorsive sugli alberi;

- Caso Banale: il problema della ricerca di un elemento in un BST è banale quando l'albero è vuoto o quando la sua radice contiene nel campo Key il valore cercato. In entrambi i casi la ricerca si conclude, senza necessità di ulteriori chiamate induttive;

- Impera: per la risoluzione ricorsiva del problema, si ritiene che il problema della ricerca di un elemento in uno dei due sottoalberi sia risolvibile correttamente;

- Combina: Se non ci si trova in uno dei casi banali, si confronta il valore da cercare con quello contenuto nella radice. Se tale valore è maggiore allora il problema della ricerca ha la medesima soluzione del sottoproblema della ricerca del medesimo valore nel sottoalbero destro, risolvibile correttamente, nella fase di impera, per ipotesi induttiva. Se il valore cercato esiste, lo si trova correttamente e quindi se ne restituisce il riferimento; se non esiste, la chiamata dell'istanza ricorsiva restituisce il valore NULL, e questa è anche la soluzione al problema della ricerca nell'intero albero, dal momento che si ha certezza che non esista nel sottoalbero sinistro.

```
/* Cerca l'elemento di valore info nell'albero binario. Ritorna il
 * riferimento all'elemento se e' presente, altrimenti ritorna NULL.
 * PRE: bt e' ordinato
 */
TNode *binarytree_search(TBinaryTree bt, TInfo info){
    /*Caso base: Albero vuoto oppure la root è l'elemento cercato*/
    if ((bt == NULL) || equal(bt->info, info))
        return bt;
    else {
        if (greater(info, bt->info))
        /*Fase di divide at impera*/
            return binarytree_search(bt->right, info);
        else
        /*Fase di divide at impera*/
            return binarytree_search(bt->left, info);
        }
}
```

Listato 8.11 Funzione ricorsiva per la ricerca di un elemento in un albero binario ordinato.

Valutazione della complessità computazionale

Dall'analisi del codice si evince che la fase di chiusura della ricorsione richiede un tempo c_1 costante, e sia il tempo di divisione $D(n)$ che quello di combinazione $C(n)$ risultano costanti (sia c_2 la loro somma). La funzione di ricerca, nella sua chiamata induttiva, viene richiamata su uno solo dei due sottoalberi. È però importante notare che il numero di chiamate induttive che sono necessarie al raggiungimento del caso base dipende dalla posizione che l'elemento da ricercare occupa nell'albero stesso. Il caso migliore si verifica allorquando l'elemento da cercare è presente ed occupa la posizione della radice: in tale situazione, si raggiunge immediatamente il caso base senza alcuna chiamata induttiva e la relativa complessità è $\Theta(1)$; il caso peggiore è quello in cui, pur essendo l'albero bilanciato, l'elemento da ricercare è una delle foglie, o non è presente nell'albero: in tali circostanze l'algoritmo ricorsivo effettua il numero massimo di chiamate induttive, e di conseguenza la formula di ricorrenza generalizzata 3.39 si particolarizza nel seguente modo (vedi ricorrenza notevole 3.40):

$$T_w(n) = \begin{cases} c_1 & \text{per } n = 1 \\ T_w(\frac{n}{2}) + c_2 & \text{per } n > 1 \end{cases} \tag{8.3}$$

la cui soluzione, riportata nel paragrafo 3.4.1, è $T_w(n) \in \Theta(log(n))$.

In definitiva pertanto si ha $T_b(n) \in \Theta(1)$ e $T_w(n) \in \Theta(log(n))$.

8.2.5 Ricerca dell'elemento minimo e massimo in un BST

L'elemento di valore minimo all'interno di un BST gode della proprietà di essere il nodo più a sinistra dell'albero stesso (in inglese left-most). Per convincersene basta fare alcune semplici osservazioni che scaturiscono direttamente dalla ipotesi di ordinamento dell'albero. Il nodo left-most non possiede il sottoalbero sinistro; infatti, se per assurdo il nodo avesse il sottoalbero sinistro, la radice di quest'ultimo si troverebbe più a sinistra del nodo considerato, e non quindi non sarebbe più il left-most. Inoltre il nodo left-most è figlio sinistro di suo padre: infatti, se per assurdo il nodo left-most fosse figlio destro del padre, non sarebbe più il left-most, in quanto il padre si troverebbe più a sinistra. Queste due semplici proprietà ci permettono di concludere che il nodo left-most è anche quello che contiene il valore minimo dell'albero: la proprietà di non avere il sottoalbero sinistro, garantisce che tutti gli eventuali suoi successori, trovandosi nel sottoalbero destro, hanno valori maggiori, e quindi il nodo left-most è radice di un sottoalbero con valori maggiori ad esso. La proprietà di essere figlio sinistro del proprio padre garantisce che il padre ha valore maggiore del nodo left-most e quindi anche tutti i nodi del sottoalbero destro del padre, sono a sua volta maggiori del padre stesso. Tali considerazioni, congiuntamente, garantiscono quindi la proprietà in precedenza citata, ovvero che il nodo left-most di un albero è anche il valore minimo. Ovviamente, analoga proprietà vale anche per il valore massimo in un albero ordinato, che corrisponde al nodo più a destra dell'albero stesso (right-most). A titolo di esempio si faccia riferimento alla figura 8.12 nella quale si evidenziano tali proprietà.

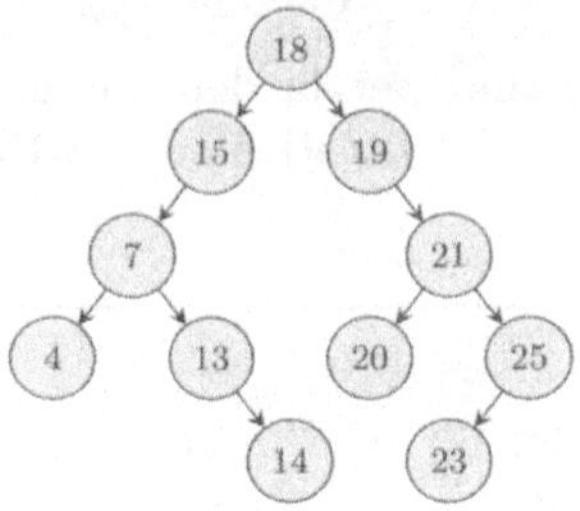

Figura 8.12 Il minimo ed il massimo in un albero binario ordinato. Il nodo left-most nell'albero ordinato contiene il valore 4, che è anche il valore minimo; in questo caso, il left-most è anche una foglia. Il nodo right-most contiene il valore 25, che è il massimo nell'albero.

Implementazione degli algoritmi

L'algoritmo per la ricerca del minimo e del massimo nella versione ricorsiva si basano sulla proprietà che questi sono rispettivamente il nodo left-most e quello right-most. Illustriamo quindi dapprima la procedura ricorsiva per la ricerca del nodo left-most; utilizzando per l'albero BST la decomposizione ricorsiva già illustrata in precedenza, si possono verificare i seguenti casi:

- l'albero contiene la radice, o la radice ed il solo sottoalbero destro. In tal caso il nodo radice è anche left-most, e rappresenta quindi il minimo dell'albero: nella procedura ricorsiva tale circostanza è equivalente al caso base, dal momento che non è richiesta alcuna ulteriore decomposizione ricorsiva;

- l'albero contiene il sottoalbero sinistro; in tale situazione il nodo left-most dell'intero albero è il nodo left-most che si trova nel sottoalbero di sinistra.

A partire da questi casi, la risoluzione del problema in accordo al paradigma del divide-et-impera si articola nelle seguenti fasi:

- Divide: la divisione del problema è quella già adottata in precedenza per l'algoritmo della ricerca: il BST è decomposto nella sua radice e nei suoi sottoalberi destro e sinistro (anch'essi BST);
- Caso Banale: se l'albero è vuoto, il minimo non esiste (e si restituisce un NULL); se l'albero invece non contiene il sottoalbero sinistro, il problema è risolto senza ulteriori decomposizioni ricorsive, in quanto la radice corrente è il nodo left-most, e quindi il minimo;
- Impera: per la risoluzione ricorsiva del problema, si ritiene che il problema della ricerca del minimo in un sottoalbero sia risolto correttamente, restituendo il riferimento al minimo cercato;
- Combina: Se non ci si trova in uno dei casi banali, il problema della ricerca del minimo si riconduce alla ricerca del minimo nel sottoalbero di sinistra; il minimo dell'albero è sicuramente il minimo in tale sottoalbero, ottenuto per ipotesi induttiva nella fase di impera.

Del tutto simile è l'algoritmo per la determinazione del massimo, ottenuta cercando il nodo right-most. Nei listati 8.12 e 8.13 si riporta la codifica delle relative funzioni.

```
TNode* binarytree_min(TBinaryTree bt) {
    /*Caso base: Albero vuoto*/
    if (bt == NULL)
        return NULL;
        else if (bt->left == NULL)
                return bt;

    else{
        /*Fase di divide at impera*/
        TBinaryTree min = binarytree_min(bt->left);

        /*Fase di combina*/
        return min;
    }
}
```

Listato 8.12 Funzione ricorsiva per la ricerca del minimo in un albero binario ordinato.

Valutazione della complessità computazionale

La valutazione della complessità computazionale per la ricerca del minimo o del massimo ripercorre lo stesso ragionamento già fatto per la ricerca di un elemento.

```
TNode* binarytree_max(TBinaryTree bt) {
    /*Caso base: Albero vuoto*/
    if (bt == NULL)
        return NULL;
        else if (bt->right == NULL)
                return bt;

    else{
        /*Fase di divide at impera*/
        TBinaryTree max = binarytree_min(bt->right);

        /*Fase di combina*/
        return max;
    }
}
```

Listato 8.13 Funzione ricorsiva per la ricerca del massimo in un albero binario ordinato.

L'unica differenza riguarda il caso migliore che si raggiunge quando l'albero ha solo il sottoalbero destro (nel caso del minimo) o solo il sottoalbero sinistro (nel caso del massimo). Nel caso induttivo, si ha invece una perfetta analogia con la funzione per la ricerca di un elemento. In definitiva pertanto si ha $T_b(n) \in \Theta(1)$ e $T_w(n) \in \Theta(log(n))$.

8.2.6 Inserimento di un elemento in un BST

In questo paragrafo si descrive la procedura per l'inserimento di un nuovo elemento in un BST. Il mantenimento della condizione di ordinamento dell'albero richiede la preventiva determinazione del punto in cui inserire il nuovo elemento. È importante considerare che, in accordo a quanto già considerato nel paragrafo 8.1, il nodo da inserire potrebbe essere sistemato in punti diversi dell'albero, mantenendo in ogni caso l'ordinamento di qust'ultimo. Nella figura 8.13 tale concetto risulta esplicitato in riferimento ad un BST di esempio, che pur essendo ordinato, non è completo; è utile evidenziare che se ipotizziamo che il BST sia completo, l'aggiunta di un nodo può essere fatta naturalmente aggiungendo una foglia che contenga il valore desiderato, dal momento che tutti i livelli precedenti sono pieni (per definizione). Nel corso del presente paragrafo ipotizzeremo di avere un BST non necessariamente completo, e tratteremo l'inserimento di un nuovo nodo come foglia, anche se eventuali altri posizioni centrali sarebbero possibili.

In questo capitolo tratteremo l'inserimento in un BST come un nuovo nodo foglia, piuttosto che come un nodo centrale; tale scelta presenta alcuni vantaggi di cui i più significativi sono elencati nel seguito:

- non modifica la struttura pre-esistente del BST, ma si limita ad aggiungere una foglia all'ultimo livello, contrariamente all'aggiunta al centro;
- è di più facile realizzazione.

Approfondimento Si può verificare semplicemente che, dato un insieme dinamico da rappresentare mediante un albero binario, l'ordine con cui vengono effettuati gli inserimenti degli elementi (come foglie), determina la struttura dell'albero ottenuto; pertanto data una sequenza di inserimento, questa produce uno ed un solo albero binario ordinato. Il viceversa non è però necessariamente vero: dato un albero binario possono esistere diverse sequenze che lo generano. Basti pensare che dati n nodi il numero di sequenze diverse è n!, mentre il numero di alberi binari diversi, come illustrato in una precedente curiosità, è:

$$b_n = \frac{1}{n}\binom{2n-2}{n-1}$$

che è minore di n!.
Per comprendere come sia possibile ciò basti pensare che dato un nodo che ha due figli, inserire prima l'uno o l'altro è ininfluente. A titolo di esempio le sequenze diverse che generano l'albero 9 della figura 8.4 sono otto, ed in particolare: (4,5,3,1,2), (4,5,3,2,1),(4,3,5,1,2), (4,3,5,2,1),(4,3,1,5,2), (4,3,2,5,1),(4,3,1,2,5), (4,3,2,1,5). Viceversa gli alberi 1 e 2 della medesima figura sono generati da una sequenza unica.

Alla luce di queste premesse, la procedura di inserimento di un nodo in un BST come foglia, può essere articolata nei seguenti punti:

- B1) ricerca del punto dove effettuare l'inserimento della foglia; la nuova foglia deve essere inserita in una posizione tale da mantenere ancora rispettata la proprietà di ordinamento dell'albero. Una procedura semplice per determinare la posizione di inserimento a partire dalla radice dell' albero consiste, nello scegliere, per ciascun nodo visitato, il sottoalbero destro o sinistro a seconda che il valore da inserire sia rispettivamente maggiore o minore del valore del nodo corrente. Questo processo termina quando si è raggiunto il sottoalbero vuoto. Tale posizione è quella che deve occupare la nuova foglia per mantenere soddisfatta la proprietà di ordinamento;

- B2) creazione di un nodo per accogliere il nuovo valore. Nel nodo creato viene inserito il nuovo valore e nei campi `left` e `right` il valore NULL, dal momento che il nodo inserito è, come detto in precedenza, una foglia;

- B3) aggiornamento dei puntatori per collegare il nuovo nodo. Il puntatore da aggiornare è quello del padre del nodo da inserire che dovrà contenere, a destra o sinistra in funzione del valore inserito, il riferimento al nodo appena allocato.

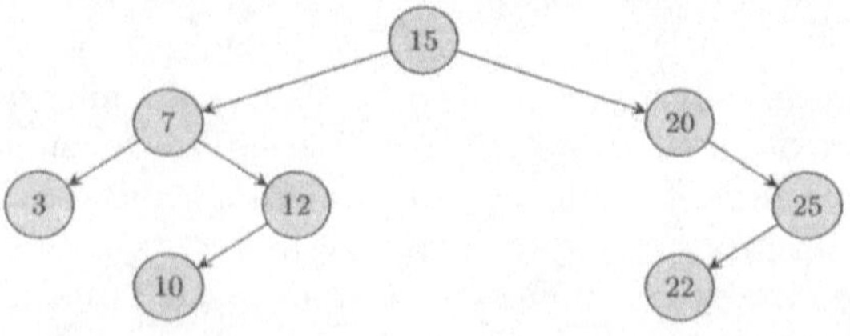

a)

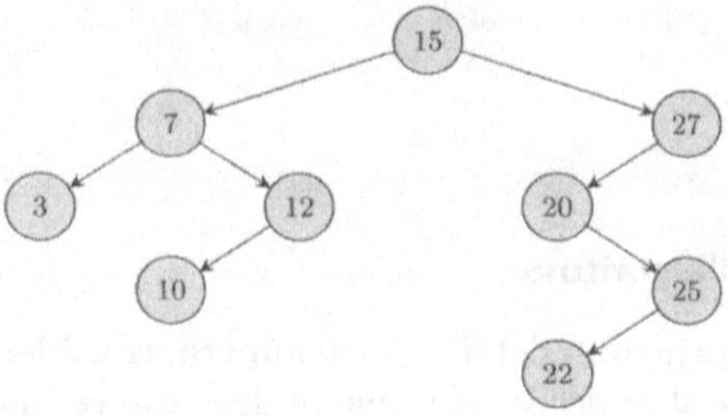

b)

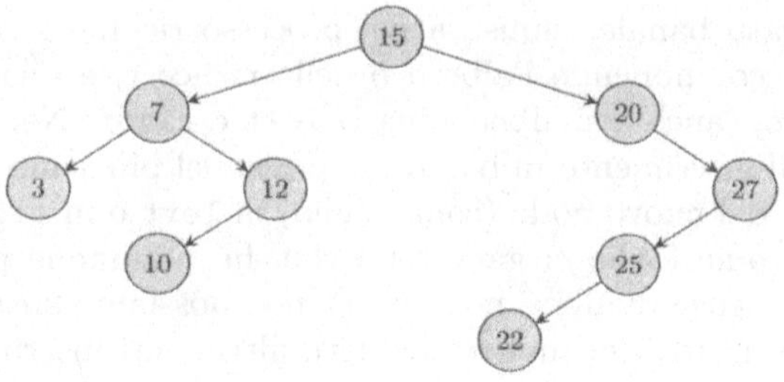

c)

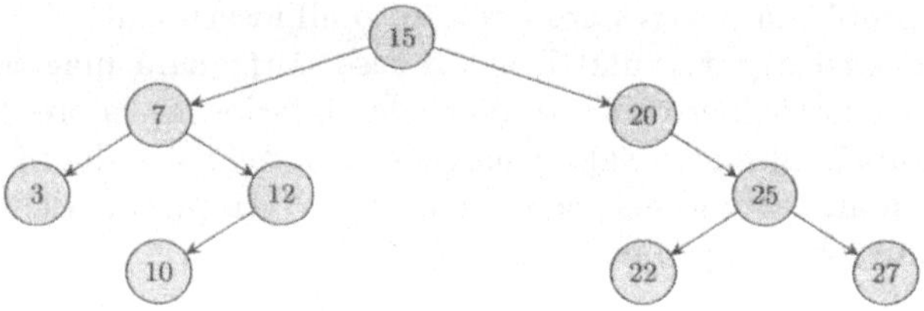

d)

Figura 8.13 L'inserimento in un BST. a) l'albero di partenza. b e c) l'albero dopo l'inserimento di 27 in due possibili posizioni centrali che conservano l'ordinamento. d) l'albero che si ottiene da a) inserendo 27 come foglia.

BST RANDOMIZZATI

Le procedure di inserimento al centro, con la determinazione random del punto in cui inserire il nodo, sono state oggetto di grande attenzione da parte degli studiosi. I BST che adottano tale tecnica sono detti Randomizzati e presentano l'interessante proprietà di essere mediamente più convenienti nel caso peggiore. Ad esempio se malauguratamente creiamo un BST inserendo le chiavi in ordine crescente, come visto in precedenza, otteniamo un albero totalmente sbilanciato. Per un BST randomizzato questo non accade perchè ogni inserimento avviene in un punto random, e quindi il risultato è un BST nettamente più bilanciato.

Implementazione dell'algoritmo

Si applica il ben noto principio del divide-et-impera, considerando quanto detto in precedenza, ovvero che il nodo da aggiungere deve essere inserito come foglia.

- Divide: la divisione del problema deve essere realizzata in modo tale da raggiungere il caso banale, chiusura del processo ricorsivo. Quest'obiettivo è conseguito decomponendo l'albero b nella radice r, e i suoi sottoalberi destro e sinistro, (anch'essi alberi binari) `left` e `right`; Nei casi non banali il problema dell'inserimento in b è decomposto nel più semplice problema dell'inserimento del nuovo nodo (come foglia) in `left` o in `right`; la condizione di aggiunta come foglia ci garantisce che, in qualunque posizione centrale (ovvero di presenza di alberi non vuoti), non possiamo far altro che invocare l'inserimento in uno dei suoi sottoalberi, altrimenti inseriremmo in posizione centrale. Il mantenimento della proprietà di ordinamento dell'albero, ci impone inoltre di valutare che, se il valore da inserire `info` è maggiore della radice, il problema deve essere ricondotto all'inserimento del valore nel sottoalbero destro `right`. Infatti, in tal caso, `info` sarà maggiore di tutti gli elementi del sottoalbero sinistro (che sono inferiori al valore della radice) ed è necessario che il nuovo valore sia collocato, nel sottoalbero destro. Considerazioni duali valgono nel caso in cui `info` è più piccolo della radice, con il conseguente inserimento in `left`;

- Caso Banale: il problema dell'inserimento (come foglia) in un albero binario ordinato risulta banale quando l'albero è vuoto; in questo caso, infatti, basta allocare un nuovo elemento contenente il nuovo valore `info` e inserire in `left` e in `right` il valore NULL (il nodo appena inserito, essendo foglia, non ha figli);

- Impera: per la risoluzione ricorsiva del problema si applica il principio d'induzione matematica; in accordo a tale principio si ritiene che il problema dell'inserimento nel sottoalbero br o nel sottoalbero bl (problemi figlio) siano risolti correttamente e, sulla base della soluzione corretta a tali problemi, si ricava la soluzione al problema d'inserimento dell'elemento nell'albero b (problema padre);

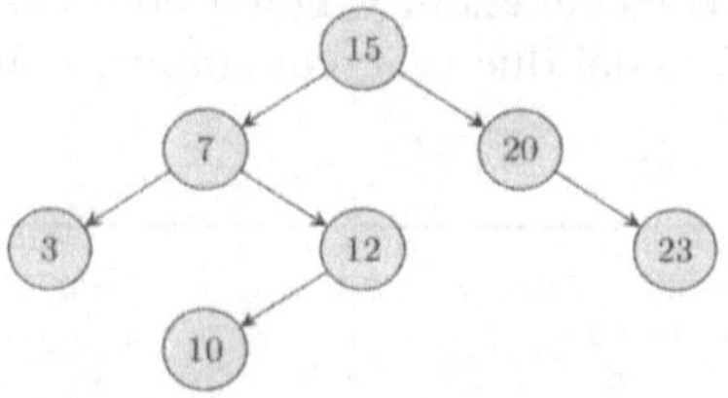

a)

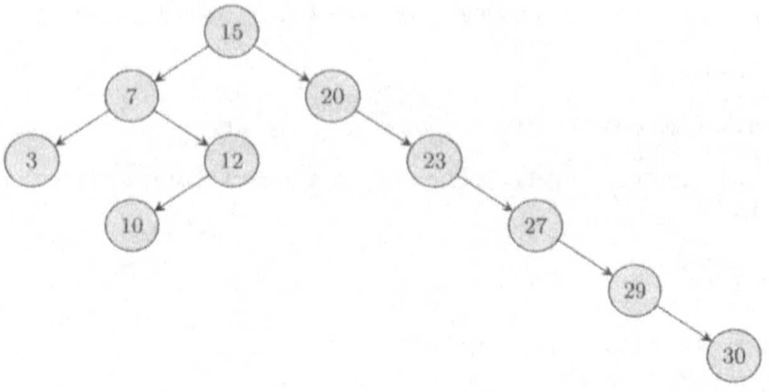

b)

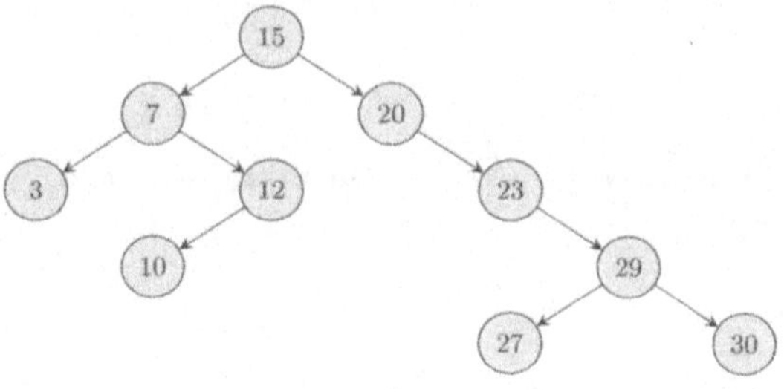

c)

Figura 8.14 L'inserimento in un albero binario ordinato. a) l'albero di partenza. b) l'albero dopo aver inserito nell'ordine il nodo 27 e successivamente i nodi 29 e 30. c) l'albero che si ottiene a partire dall'albero a) inserendo nell'ordine 29 e successivamente 27 e 30. Si osservi come l'ordine di inserimento condiziona la struttura finale dell'albero.

- Combina: Si fa notare che la soluzione al problema padre, quando non ci si trova nel caso banale, è ottenuta semplicemente. Infatti, in tale ipotesi, si possono verificare due casi e cioè che `info` è maggiore o minore della radice. Si ipotizzi che `info` sia maggiore della radice; in questo caso, il problema di inserimento in b è ricondotto al problema figlio di inserimento di `info` in ordine nel sottoalbero `right` che, per ipotesi induttiva, si ritiene correttamente risolto. A questo punto l'impera consiste nell'aggiornare il campo `right` della radice con il nuovo puntatore al sottoalbero destro `right`. Quest'ultimo, può essere infatti cambiato per effetto dell'inserimento di `info` in `right`. Analoghe considerazioni valgono nel caso in cui `info` sia minore della radice. In ognuno dei due casi, comunque, l'albero risultante è quello puntato da b.

```
/* Inserisce l'elemento di valore info nell'albero binario,
 * preservando l'ordinamento; restituisce l'albero binario risultante.
 * PRE: bt e' ordinato
 * NOTA: consuma il parametro bt; inoltre se l'elemento da
 *       inserire e' gia' presente, esso viene duplicato.
 */
TBinaryTree binarytree_insert(TBinaryTree bt, TInfo info){
    /*Caso base: Albero vuoto*/
    if (bt == NULL) {
        TNode *new;
        new = node_create(info);
        if (new == NULL) {
            printf("Errore␣di␣allocazione␣della␣memoria\n");
            exit(1);
        }
        return new;
    }

    else if (!greater(info, bt->info)) {
        /*Fase di divide at impera*/
        bt->left = binarytree_insert(bt->left, info);

        /*Fase di combina*/
        return bt;
    }

    else {
        /*Fase di divide at impera*/
        bt->right = binarytree_insert(bt->right, info);

        /*Fase di combina*/
        return bt;
    }
}
```

Listato 8.14 Funzione di inserimento di un elemento in un albero binario ordinato.

Valutazione della complessità computazionale

Dall'analisi del codice si evince che la fase di chiusura della ricorsione richiede un tempo c_1 costante, e sia il tempo di divisione $D(n)$ che quello di combinazione $C(n)$ risultano costanti (sia c_2 la loro somma). La funzione di inserimento, nella sua chiamata induttiva, viene richiamata su uno solo dei due sottoalberi. Si tenga presente che il numero di chiamate induttive è pari alla lunghezza del cammino tra la radice e la foglia da aggiungere: per un albero bilanciato, tutti i cammini dalla radice alle foglie hanno la medesima lunghezza (detta altezza dell'albero). Sulla base di tali considerazioni, la formula di ricorrenza generalizzata (per alberi bilanciati) 3.39 si particolarizza nel seguente modo (vedi ricorrenza notevole 3.40):

$$T_w(n) = \begin{cases} c_1 & \text{per } n = 1 \\ T_w(\frac{n}{2}) + c_2 & \text{per } n > 1 \end{cases} \tag{8.4}$$

la cui soluzione, riportata nel paragrafo 3.4.1, è $T_w(n) \in \Theta(log(n))$. In definitiva pertanto si ha $T_a(n) = T_w(n) \in \Theta(log(n))$; nel best case, che si presenta quando l'albero è vuoto, la complessità è invece $\Theta(1)$.

8.2.7 Cancellazione di un elemento da un BST

La cancellazione di un nodo da un albero presenta una maggiore difficoltà rispetto all'inserimento, poichè il nodo da cancellare può occupare posizioni diverse. In particolare si distinguono i seguenti casi (vedi figura 8.15):

1. il nodo da cancellare è una foglia dell'albero;
2. il nodo da cancellare ha un solo figlio (indifferentemente il sottoalbero destro o quello sinistro);
3. il nodo da cancellare possiede entrambi i figli.

Il primo caso è evidentemente quello più semplice da gestire: in tale situazione la rimozione del nodo, che consiste nell'eliminazione della foglia in questione, non comporta alcuna modifica strutturale nell'albero e quest'ultimo continua a soddisfare il criterio di ordinamento; si immagini ad esempio l'albero che si ottiene, eliminando dall'albero riportato nella sezione b) della figura 8.15, uno qualsiasi dei 1, 2, 18, 22 o 26.

Nel secondo caso, la cancellazione del nodo comporta la necessità di collegare il sottoalbero non vuoto del nodo cancellato con il padre del nodo cancellato. È semplice verificare che tale operazione, sebbene appaia ad una prima analisi non banale, può essere condotta con un unico passo. Basta infatti collegare il sottoalbero non vuoto del nodo cancellato al posto del nodo cancellato. Ad esempio nella sezione a) della figura 8.15 il figlio del nodo cancellato (quello contenente il valore 3) viene direttamente collegato al nodo 10 (padre di 7). È immediato verificare che l'albero risultante mantiene l'ordinamento: in questo caso il nodo cancellato è figlio sinistro del padre (il nodo 7), ed il sottoalbero non vuoto è il suo figlio sinistro. La condizione di ordinamento prima della cancellazione garantisce che il sottoalbero figlio di 7 (che ha radice 3) ha valori tutti inferiori al valore del padre del nodo cancellato: infatti l'albero che ha origine in 3 appartiene comunque al sottoalbero sinistro di 7. Pertanto agganciando tale albero, come sottoalbero sinistro di 7, la condizione di ordinamento continua a sussistere. Analoghi ragionamenti sussistono negli altri casi possibili; per completezza tutte le situazioni possibili sono:

- il nodo da cancellare è figlio destro del padre ed il suo sottoalbero destro è non nullo (caso appena discusso);
- il nodo da cancellare è figlio destro del padre ed il suo sottoalbero sinistro è non nullo;
- il nodo da cancellare è figlio sinistro del padre ed il suo sottoalbero destro è non nullo;
- il nodo da cancellare è figlio sinistro del padre ed il suo sottoalbero sinistro è non nullo.

Il terzo caso è quello che si verifica allorquando il nodo da cancellare presenta entrambi i sottoalberi; si consideri ad esempio la cancellazione del nodo 20 dall'albero riportato nella sezione a) della figura 8.15.

La procedura di cancellazione, dopo aver identificato il nodo da cancellare, provvede ad eseguire i seguenti passi:

1. la sostituzione del valore presente nel nodo da cancellare, con il valore minimo del sottoalbero destro (o in alternativa con il massimo nel sottoalbero sinistro); si veda, in riferimento all'esempio di cui prima, l'albero risultante, riportato nella sezione c) della figura 8.15;
2. la cancellazione del valore minimo dal sottoalbero destro (o del massimo dal sottoalbero sinistro nel caso in cui si sia proceduto al passo precedente con l'ipotesi alternativa).

È immediato verificare che la procedura appena descritta raggiunge l'obiettivo di cancellare il nodo, mantenendo la condizione di ordinamento dell'albero. Al termine del primo passo, infatti, l'albero risultante, fatta eccezione del valore minimo duplicato, mantiene la condizione di ordinamento. Il sottoalbero sinistro, infatti, non essendo stato modificato, rimane ordinato ed i suoi valori sono comunque tutti inferiori alla nuova radice; tali nodi erano infatti erano minori della vecchia radice (nell'esempio 20), e quindi a maggior ragione saranno minori del minimo del sottoalbero destro della vecchia radice (il valore 2), che è maggiore per l'ipotesi di ordinamento, della vecchia radice. Inoltre il nuovo sottoalbero destro, privato del suo massimo, è ordinato, ed i suoi valori sono certamente inferiori alla nuova radice (avendo utilizzato come nuova radice proprio il minimo di tale sottoalbero). Ovviamente considerazioni del tutto simili possono essere fatte nel caso si sia proceduto come nell'ipotesi alternativa (sostituzione con il massimo del sottoalbero sinistro).

Implementazione dell'algoritmo

Nel listato 8.15 è riportata l'implementazione ricorsiva della cancellazione.

- Divide: la divisione del problema è, come di consueto, ottenuta decomponendo l'albero b nella radice r, e i suoi sottoalberi destro e sinistro, (anch'essi alberi binari) `left` e `right`;
- Caso Banale: il problema della cancellazione di un nodo in un albero binario ordinato risulta banale, per quanto detto in precedenza, nelle seguenti situazioni:
  - albero vuoto, ed in questo caso si restituisce l'albero vuoto NULL;
  - con una sola foglia; in tale circostanza si dealloca semplicemente il nodo, restituendo l'albero vuoto NULL;
  - albero con un solo sottoalbero; sia il sottoalbero non nullo quello di destra (sinistra). La gestione di tale caso banale, consiste nel deallocare il nodo da cancellare, dopo aver creato un alias del suo sottoalbero destro (sinistra). Ciò fatto, la soluzione al problema è proprio il sottoalbero destro (sinistro) di cui è noto l'alias;

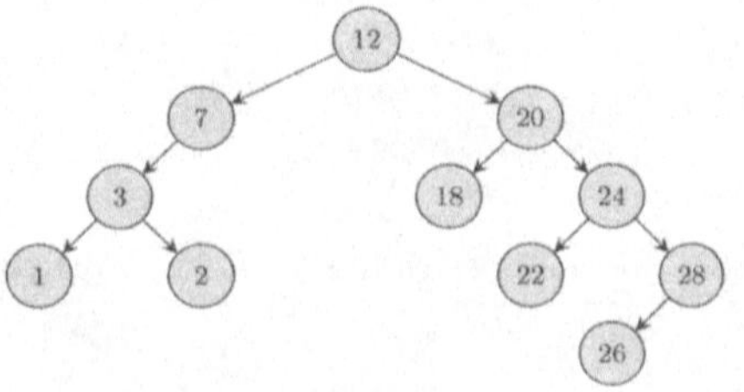

a)

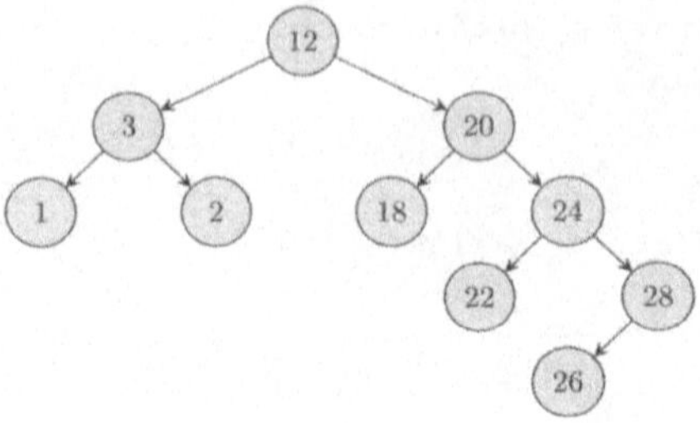

b)

Cancellazione di un nodo con un solo figlio (7)

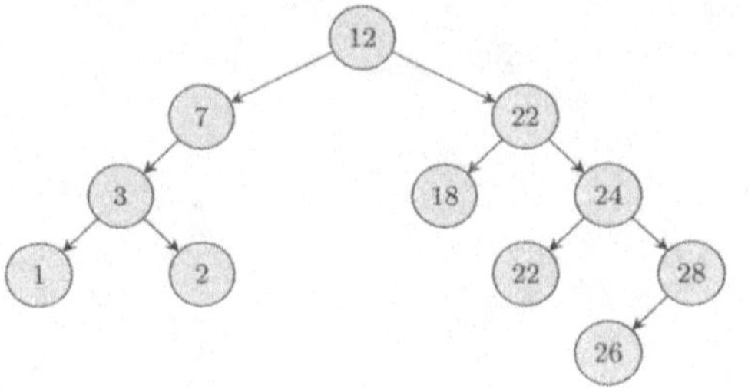

c)

Cancellazione di un nodo con due figli (20) - primo passo

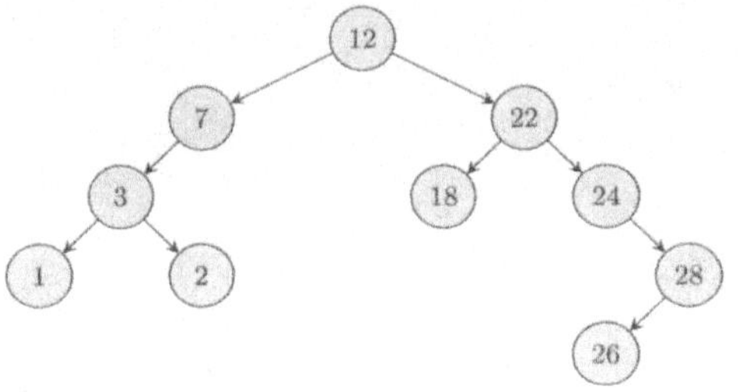

d)

Cancellazione di un nodo con due figli (20) - secondo passo

Figura 8.15 Cancellazione di un elemento da un BST. a) l'albero di partenza, e b) quello che si ottiene cancellando il nodo 7, che ha un solo figlio. c) il primo passo della cancellazione da a) del nodo 20, che ha due figli: il valore di 20 si rimpiazza con il minimo nel suo sottoalbero destro, il 22; d) infine si cancella il minimo.

```
/* Cancella l'elemento di valore info nell'albero binario, preservando
 * l'ordinamento; restituisce l'albero binario risultante.
 * PRE: bt e' ordinato
 * NOTA: consuma il parametro bt; se l'elemento da cancellare
 *       non e' presente, l'albero binario resta inalterato.
 */
TBinaryTree binarytree_delete(TBinaryTree bt, TInfo info){
    /*Caso base: Albero vuoto*/
    if (bt == NULL)
        return NULL;

    else if (greater(bt->info, info)) {
        /*Fase di divide at impera*/
        bt->left = binarytree_delete(bt->left, info);
        return bt;
    }

    else if (greater(info, bt->info)) {
        /*Fase di divide at impera*/
        bt->right = binarytree_delete(bt->right, info);
        return bt;
    }
    /*Fase di combina*/
    else {                          // bt->info==info
        TBinaryTree min_right;
        if ((bt->right == NULL) && (bt->left == NULL)) {
            node_destroy(bt);           // Cancellazione di una foglia
            return NULL;
        }
        if (bt->right == NULL) {        // Cancellazione di un nodo con
            // il solo figlio sinistro
            TBinaryTree alias;
            alias = bt->left;
            node_destroy(bt);
            return alias;
        }
        if (bt->left == NULL) {         // Cancellazione di un nodo con
            // il solo figlio destro
            TBinaryTree alias;
            alias = bt->right;
            node_destroy(bt);
            return alias;
        }
        //Cancellazione di un nodo con entrambi i figli
        min_right = binarytree_min(bt->right);
// Ricerca del minimo del
        // sottoalbero destro
        bt->info = min_right->info;     // Copia del minimo
        // nel campo info
        // del nodo da eliminare
        //Eliminazione del nodo da cui è stato copiato il minimo
        bt->right = binarytree_delete(bt->right, min_right->info);
        return bt;
    }
}
```

Listato 8.15 Funzione ricorsiva per la cancellazione di un elemento in un albero binario ordinato.

– albero con entrambi i sottoalberi non nulli; come detto in precedenza si cerca il minimo nel sottoalbero destro (massimo nel sottoalbero sinistro), mediante un'opportuna funzione **binarytree_min** (vedi figura

8.12), e se ne usa il valore per rimpiazzare il valore del nodo da cancellare. A questo punto si invoca la funzione di cancellazione sul sottoalbero destro (sinistro), con il valore del minimo (massimo). È importante evidenziare che, poichè il minimo (massimo) ha un solo sottoalbero, quello sinistro (destro), l'invocazione ricorsiva della funzione in esame per la cancellazione, si chiude su uno dei casi banali analizzati, scongiurando il rischio di una mutua ricorsione.

- Impera: per ipotesi induttiva si ritiene nota la soluzione relativa alla cancellazione di un nodo nel sottoalbero destro o sinistro; sulla base di tale soluzione, si ricava la soluzione al problema della cancellazione dell'elemento nell'albero b (problema padre);

- Combina: in tale fase, dopo aver verificato che il nodo da cancellare non sia proprio la radice di un albero con entrambi i sottoalberi, si invoca ricorsivamente la cancellazione sul sottoalbero destro (sinistro) se il valore da cancellare è maggiore (minore) della radice corrente. L'albero restituito (con il nodo eventualmente cancellato) diventa a questo punto il nuovo sottoalbero destro (sinistro).

Valutazione della complessità computazionale

L'analisi del codice per la funzione riportata è leggermente più complessa: i casi base sono molteplici, ed in particolare quando l'albero è vuoto, o si deve cancellare un nodo contenente uno solo dei due sottoalberi. In ciascuno dei casi base si richiede un tempo c_1 costante. I casi induttivi si manifestano allorquando bisogna cancellare un nodo che presenta entrambi i sottoalberi, o quando il valore da cancellare non è eguale a quello della radice. In tutti i casi, come si evince dal codice, la chiamata induttiva avviene su uno solo dei due sottoalberi; in tutti casi il tempo di combinazione è costante. Se indichiamo con c_2 la somma dei tempi di divisione e combinazione, si giunge in definitiva alla seguente formula di ricorrenza:

$$T_w(n) = \begin{cases} c_1 & \text{per } n = 1 \\ T_w(\frac{n}{2}) + c_2 & \text{per } n > 1 \end{cases} \tag{8.5}$$

la cui soluzione, riportata nel paragrafo 3.4.1, è $T_w(n) \in \Theta(log(n))$. In definitiva pertanto si ha $T_b(n) = T_w(n) \in \Theta(log(n))$.

8.2.8 Operazioni di accumulazione su un BST

Nel corrente paragrafo, vengono presentate alcune funzioni utili che hanno l'obiettivo di visitare l'albero con il fine di effettuare delle totalizzazioni basate sui valori contenuti nei singoli nodi e/o sulla presenza o meno di alcuni elementi strutturali (nodi interni, foglie, etc.) e così via. Tra tutte le possibili funzioni ascrivibili a tale categoria considereremo, a titolo di esempio, le seguenti:

- somma dei valori contenuti nei nodi dell'albero;
- conteggio del numero di nodi dell'albero;
- conteggio del numero di foglie dell'albero.

Tutte le funzioni appena introdotte, possono essere risolte con un medesimo schema algoritmico, presentato nel listato 8.16, basato sulla visita (in ordine) ricorsiva. I passi eseguiti in accordo al principio del divide-et-impera sono:

- Divide: la divisione del problema deve essere realizzata in modo tale da raggiungere il caso banale, chiusura del processo ricorsivo. Quest'obiettivo è conseguito decomponendo l'albero b nella radice r, e i suoi sottoalberi destro e sinistro, (anch'essi alberi binari) `left` e `right`;
- Caso Banale: in questo caso viene inizializzato il conteggio; ovviamente cambiano le condizioni che corrispondono al caso banale, in funzione della tipologia di conteggio da effettuare.
- Impera: per la risoluzione ricorsiva del problema si applica il principio d'induzione matematica; in accordo a tale principio si ritiene che il conteggio sia correttamente effettuato sul sottoalbero destro e sinistro ed i risultati memorizzati in due variabili opportune `count_right` e `count_left`;
- Combina: Nella fase in questione si restituisce la totalizzazione complessiva, come somma di quella relativa al nodo corrente e a quella ottenuta sul sottoalbero destro e sinistro, memorizzate rispettivamente in `count_right` e `count_left`.

```
int binarytree_accumulation(TBinaryTree bt){
        int count_left, count_right;

    /*Caso base: Albero vuoto*/
    if (condizione_inizializzazione_conteggio)
        return valore_iniziale_conteggio;

    /*Fase di divide et impera*/
    count_left = binarytree_sum_nodes(bt->left);

    /*Fase di divide et impera*/
    count_right = binarytree_sum_nodes(bt->right);

    /*Fase di combina*/
    return count_nodo_corrente+count_left+count_right;
}
```

Listato 8.16 Schema generale della funzione ricorsiva per la realizzazione delle operazioni di visita per accumulazione.

Somma dei valori contenuti nei nodi dell'albero

Sulla base dello schema in precedenza individuato, è particolarmente immediato sviluppare il codice della funzione in oggetto: basta, infatti, individuare le condizioni sotto le quali inizializzare il conteggio (nella fase di chiusura della ricorsione), e come incrementare il conteggio nella fase di impera.

Dovendo calcolare la somma dei valori contenuti nei nodi dell'albero, il conteggio potrà essere inizializzato in riferimento ad un albero con un'unica foglia, che conterrà ovviamente il valore che inizializza il conteggio.

Nella fase di impera, il conteggio viene banalmente aggiornato: il numero di nodi che deve essere restituito per un albero diviso nelle tre parti (nodo corrente, sottoalbero destro e sottoalbero sinistro) è pari al valore contenuto nel nodo corrente a cui va sommato il conteggio (per ipotesi induttiva effettuato correttamente) dei valori sul sottoalbero destro e sinistro, contenuti rispettivamente in `count_right` e `count_left`.

Nel listato 8.17 se ne riporta l'implementazione.

```
int binarytree_sum_nodes(TBinaryTree bt){
    int count_left, count_right;
    /*Caso base: Albero vuoto*/
    if (bt==NULL)
        return 0;

    /*Fase di divide at impera*/
    count_sumleft = binarytree_sum_nodes(bt->left);

    /*Fase di divide at impera*/
    count_sumright = binarytree_sum_nodes(bt->right);

    /*Fase di combina*/
    return bt->info+count_left+count_right;
}
```

Listato 8.17 Funzione ricorsiva per il calcolo della somma dei valori dei nodi.

Conteggio del numero dei nodi dell'albero

Si procede analogamente a quanto fatto per la precedente funzione. Dovendo contare il numero di nodi dell'albero, il conteggio potrà essere inizializzato in riferimento ad un albero vuoto, che sappiamo contenere zero nodi. Conseguentemente la ricorsione si chiude non appena viene raggiunto un albero vuoto.

Nella fase di impera, il conteggio viene banalmente aggiornato: il numero di nodi che deve essere restituito per un albero diviso nelle tre parti (nodo corrente, sottoalbero destro e sottoalbero sinistro) è pari a uno (conteggio del nodo corrente) a cui va sommato il numero di nodi `count_right` e `count_left` contenuti rispettivamente nel sottoalbero destro e sinistro.

Nel listato 8.18 se ne riporta l'implementazione.

Conteggio del numero di foglie dell'albero

Si procede analogamente a quanto fatto per la precedente funzione. Dovendo contare il numero di foglie dell'albero, il conteggio potrà essere inizializzato ad uno in riferimento ad una foglia. La ricorsione potrà chiudersi anche su un albero vuoto con la restituzione del valore 0, ad indicazione del fatto che in questo caso il conteggio è degenere.

Nella fase di impera, il conteggio viene banalmente aggiornato: il numero di nodi che deve essere restituito per un albero diviso nelle tre parti (nodo corrente, sottoalbero destro e sottoalbero sinistro) è pari a uno (conteggio del nodo corrente) a cui va sommato il numero di nodi `count_right` e `count_left` contenuti rispettivamente nel sottoalbero destro e sinistro.

```
int binarytree_count_nodes(TBinaryTree bt){
    int count_left, count_right;
    /*Caso base: Albero vuoto*/
    if (bt == NULL)
        return 0;

    /*Fase di divide at impera*/
    count_left = binarytree_count_nodes(bt->left);

    /*Fase di divide at impera*/
    count_right = binarytree_count_nodes(bt->right);

    /*Fase di combina*/
    return 1+count_left+count_right;
}
```

Listato 8.18 Funzione ricorsiva per il calcolo del numero di nodi.

```
int binarytree_count_leaves (TBinaryTree bt)
{
  int count_left, count_right;
  /*Caso base: Albero vuoto oppure albero con un solo elemento*/
  if(bt==NULL)
    return 0;
  else if((bt->left==NULL)&&(bt->right==NULL))
    return 1;

  else{
    /*Fase di divide et impera*/
    count_left=binarytree_count_leaves(bt->left);

    /*Fase di divide et impera*/
    count_right=binarytree_count_leaves(bt->right);

    /*Fase di combina*/
    return count_left+count_right;
  }
}
```

Listato 8.19 Funzione ricorsiva per il calcolo dei numero delle foglie.

Nel listato 8.19 se ne riporta l'implementazione.

Valutazione della complessità computazionale

Le funzioni di accumulazione presentate sono delle visite in ordine: la loro complessità computazionale è pertanto lineare con il numero del nodi dell'albero. Si rimanda al relativo paragrafo 8.2.3, per gli eventuali approfondimenti.

8.2.9 Ulteriori operazioni utili sui BST

Altezza dell'albero

Il calcolo dell'altezza di un albero con tecnica ricorsiva, la cui implementazione è riportata nel listato 8.20 viene condotta in accordo alle seguenti fasi:

- Caso Banale: in questo caso viene valutata l'altezza in un caso noto: in particolare, riprendendo la definizione, si arresta la ricorsione in corrispondenza di un albero con unico nodo, la cui altezza è zero.

- Divide: la divisione del problema è effettuata, come ormai dovrebbe risultare naturale, decomponendo l'albero `tree` nella radice e nei suoi sottoalberi destro e sinistro, (anch'essi alberi binari) `left` e `right`. In questo caso, poiché l'altezza è definita solo per alberi non vuoti, l'algoritmo deve trattare separatamente il caso in cui uno dei due sottoalberi sia vuoto;

- Impera e Combina nel caso di nodo con un solo sottoalbero non vuoto: per definizione, l'altezza di un nodo con un solo sottoalbero non vuoto è pari ad uno piú l'altezza del sottoalbero; l'algoritmo applica il principio di induzione matematica per calcolare, mediante la ricorsione, l'altezza del sottoalbero (Impera) e quindi restituisce il risultato della somma di 1 al valore restituito dalla chiamata ricorsiva (Combina);

- Impera nel caso di nodo completo: per la risoluzione ricorsiva del problema si applica il principio d'induzione matematica; in accordo a tale principio si ritiene che il conteggio sia correttamente effettuato sul sottoalbero destro e sinistro ed i risultati memorizzati in due variabili opportune `depth_left` e `depth_right`;

- Combina nel caso di nodo completo: Nella fase in questione si restituisce l'altezza dell'albero, come la massima tra `depth_left` e `depth_right`, a cui viene aggiunto uno per tenere conto della radice.

```
/* PRE: l'albero non e' vuoto
 */
int binarytree_depth(TBinaryTree tree) {
  assert(tree!=NULL);

  /* Caso base: foglia */
  if (tree->left==NULL && tree->right==NULL)
    return 0;
  else if (tree->left==NULL) /* Solo sottoalbero destro */
    return 1+binarytree_depth(tree->right);
  else if (tree->right==NULL) /* Solo sottoalbero sinistro */
    return 1+binarytree_depth(tree->left);
  else {   /* Nodo completo */
      /* Fase di divide et impera */
      int depth_left=binarytree_depth(tree->left);
      int depth_right=binarytree_depth(tree->right);
      /* Fase di combina */
      if (depth_left>depth_right)
          return 1+depth_left;
      else
          return 1+depth_right;
  }
}
```

Listato 8.20 Funzione ricorsiva per il calcolo dell'altezza di un albero.

8.3 Algoritmi iterativi sui BST

In questa sezione si riporta la realizzazione, in forma iterativa, di buona parte delle funzioni di gestione degli alberi binari. Si rimanda il lettore ai paragrafi precedenti, quello relativi alle implementazioni ricorsive, per la descrizione dei principali passi di cui ogni funzione si compone.

8.3.1 Ricerca iterativa di un elemento in un BST

La funzione di ricerca di un valore con tecnica iterativa è particolarmente immediata; l'ipotesi di ordinamento dell'albero è tale che l'albero possa essere percorso scendendo dalla radice verso le foglie, senza necessità di risalire. Infatti raggiunto un nodo, se il valore è contenuto in esso, la ricerca termina con successo; viceversa se il valore da ricercare è maggiore del valore contenuto nel nodo corrente, siamo sicuri che certamente tale valore, se presente, sarà contenuto nel sottoalbero destro. Pertanto, una volta discesi in quest'ultimo, non avremo mai la necessità di controllarne la presenza nel sottoalbero sinistro. Tale semplice proprietà si traduce in un grande vantaggio realizzativo: nella discesa dell'albero non abbiamo necessità di memorizzare i puntatori al nodo dal quale proveniamo. Il codice della funzione è presentato nel listato 8.21.

```
/* Cerca l'elemento di valore info nell'albero binario. Ritorna il
 * riferimento all'elemento se e' presente, altrimenti ritorna NULL.
 * PRE: bt e' ordinato
 */
TNode *binarytree_search(TBinaryTree bt, TInfo info){

    /*P1: bt==NULL elemento non trovato*/
    /*P2: bt!=NULL elemento trovato*/
    /*F1: Ricerca dell'elemento di interesse*/
    while ((bt != NULL) && !equal(bt->info, info))
        if (greater(bt->info, info))
            bt = bt->left;
        else
            bt = bt->right;

    /*F2: Restituzione dell'elemento*/
    return bt;
}
```

Listato 8.21 Funzione iterativa di ricerca di un elemento in un albero binario ordinato.

8.3.2 Inserimento, con tecnica iterativa, di un elemento in un BST

In questo paragrafo si descrive la procedura per l'inserimento di un nuovo elemento in un albero binario ordinato. I passi nei quali si articola la procedura di inserimento sono:

1. ricerca del punto dove effettuare l'inserimento (della nuova foglia). Una procedura per determinare tale posizione a partire dalla radice dell'albero

consiste, giunti in un generico nodo, di scendere nel sottoalbero destro o sinistro a seconda che il valore da inserire sia rispettivamente maggiore o minore del valore del nodo corrente. Questo processo termina quando si è raggiunto il sottoalbero vuoto. È semplice verificare che tale posizione è quella che, in caso di inserimento, mantiene soddisfatta la proprietà di ordinamento;

2. creazione di un nodo per accogliere il nuovo valore. Nel nodo creato viene inserito il nuovo valore, e nei campi `Left` e `Right` il valore `NULL`, dal momento che il nodo inserito è, come detto in precedenza, una foglia;

3. aggiornamento dei puntatori per collegare il nuovo nodo. Il puntatore da aggiornare è quello dell'antecedente del nodo da inserire che dovrà contenere il riferimento al nodo appena allocato.

Il codice relativo è riportato nella figura 8.22.

8.4 Implementazione degli alberi binari in Java

In questo paragrafo vedremo una possibile implementazione nel linguaggio Java degli alberi binari di ricerca, con riferimento alle funzioni principali nella loro versione ricorsiva.

Come per le strutture dati viste nei capitoli precedenti, useremo delle classi generiche rispetto al tipo di informazione contenuta. Poiché in un albero binario deve sussistere una relazione d'ordine tra le informazioni associate ai nodi, imporremo il vincolo che il tipo di informazione implementi l'interfaccia `Comparable`.

Dal momento che nelle operazioni sull'albero gli algoritmi solitamente gestiscono in modo diverso il caso di alberi o sottoalberi vuoti da quello di sottoalberi non vuoti, possiamo sfruttare il meccanismo del polimorfismo di Java per gestire questa differenza, semplificando cosí la struttura degli algoritmi. Per questo motivo definiremo una classe astratta `Node`, i cui metodi rappresentano le operazioni fondamentali che vogliamo implementare, da cui deriveremo due sottoclassi concrete: `EmptyNode` per rappresentare un sottoalbero vuoto e `FullNode` per rappresentare un sottoalbero non vuoto. Si noti che questa scelta differisce da quanto abbiamo fatto nell'implementazione della struttura dati in C, dove un sottoalbero vuoto non era rappresentato da un oggetto ma da un puntatore nullo.

Per i metodi della classe `Node` sceglieremo un'interfaccia di tipo funzionale, in modo da semplificare la formulazione ricorsiva degli algoritmi. Tuttavia alla fine di questo paragrafo introdurremo una classe `BinaryTree` da usare come "facciata" per ottenere un'interfaccia di tipo procedurale piú comoda per gli utenti della classe. Supporremo quindi che solo la classe `BinaryTree` sia visibile al di fuori del package `tree` in cui verranno definite le classi che compongono l'implementazione.

Cominciamo a esaminare la classe `Node`, definita nel listato 8.24. I metodi `isEmpty`, `contains` e `getMinimum` non richiedono particolari commenti.

I metodi `insert` e `delete` sono le uniche due operazioni che modificano l'albero. Entrambe restituiscono come valore di ritorno l'albero modificato, che dopo la chiamata deve essere usato al posto dell'albero a cui il metodo è stato applicato (che viene quindi "consumato" dal metodo).

```
/* Inserisce l'elemento di valore info nell'albero binario,
 * preservando l'ordinamento; restituisce l'albero binario risultante.
 * PRE: bt e' ordinato
 * NOTA: consuma il parametro bt; inoltre se l'elemento da
 *       inserire e' gia' presente, esso viene duplicato.
 */
TBinaryTree binarytree_insert(TBinaryTree bt, TInfo info){
    TNode * new, *prec, *curr;
    int goleft = 0;
    prec = NULL;
    curr = bt;

    /*P1: prec==NULL albero vuoto*/
    /*P2: prec!=NULL e goleft==1 albero non vuoto elemento da inserire
          minore del padre - inserimento del figlio sinistro*/
    /*P3: prec!=NULL e goleft==0 albero non vuoto elemento da inserire
          maggiore del padre - inserimento del figlio destro*/
    /* F1: ricerca della posizione di inserimento */
    while (curr != NULL) {
        prec = curr;
        goleft = !greater(info, curr->info);
        if (goleft)
            curr = curr->left;
        else
            curr = curr->right;
    }

    /* F2: allocazione del nuovo nodo */
    new = node_create(info);
    if (new == NULL){ /* Errore: allocazione fallita */
        printf ("Errore␣di␣allocazione␣della␣memoria\n");
        exit(1);
    }

    /* F3: aggiornamento della catena dei collegamenti */
    /* C1: inserimento in posizione root */
    if (prec == NULL)
        return new;
    /*C2: inserimento del figlio sinistro */
    else if (goleft)
        prec->left = new;
    /*C3: inserimento del figlio destro */
    else
        prec->right = new;

    return bt;
}
```

Listato 8.22 Funzione iterativa di inserimento di un elemento in un albero binario ordinato.

Il metodo `visit` implementa una visita in ordine degli elementi contenuti nell'albero. A tale scopo riceve come parametro un oggetto che implementa l'interfaccia `Visitor` definita nel listato 8.25. Il metodo `visit` dell'oggetto `Visitor` verrà richiamato passando come parametro ciascuno degli elementi inseriti nell'albero, in ordine crescente (rispetto al criterio di ordinamento definito attraverso l'interfaccia `Comparable`). Un esempio d'uso di questo metodo sarà presentato piú avanti in questo paragrafo.

Passiamo ora a vedere come questi metodi sono implementati nella classe `EmptyNode`, che rappresenta un albero vuoto. La definizione della classe `EmptyNode` è fornita nel listato 8.26.

```
TBinaryTree binarytree_delete(TBinaryTree bt, TInfo info) {
    TNode *curr = bt, *prec = NULL, *min_right;
    int goleft = 0;

    while (curr!=NULL && !equal(curr->info, info)) {
        if (greater(curr->info, info)) {
            prec = curr;
            curr = curr->left;
            goleft = 1;
        } else{
            prec = curr;
            curr = curr->right;
            goleft = 0;
        }
    }

    if (curr==NULL)
       return bt;
    else if (curr->left==NULL && curr->right==NULL) {
        node_destroy(curr);
        if (goleft==1)
           prec->left = NULL;
        else
           prec->right = NULL;
        return bt;
    } else if (curr->right==NULL) {
        TBinaryTree alias;
        alias = curr->left;
        node_destroy(curr);
        if (goleft==1)
           prec->left = alias;
        else
           prec->right = alias;
        return bt;
    } else if (curr->left==NULL) {
        TBinaryTree alias;
        alias = curr->right;
        node_destroy(curr);
        if (goleft==1)
           prec->left = alias;
        else
           prec->right = alias;
        return bt;
    }

    min_right = binarytree_min(curr->right);
    curr->info = min_right->info;
    prec = curr;
    curr = curr->right;
    while (curr->left!=NULL) {
       prec = curr;
       curr = curr->left;
    }

    prec->left = NULL;
    node_destroy(curr);
    return bt;
}
```

Listato 8.23 Cancellazione iterativa in un albero binario ordinato.

Il metodo `isEmpty` restituisce sempre `true`, dal momento che un oggetto della classe `EmptyNode` rappresenta per definizione un albero vuoto. Analogamente, il metodo `contains` restituisce sempre `false`, poiché un albero vuoto non contiene

```
package tree;

abstract class Node<T extends Comparable<T>> {
        abstract boolean isEmpty();
        abstract Node<T> insert(T x);
        abstract Node<T> delete(T x);
        abstract boolean contains(T x);
        abstract void visit(Visitor<T> visitor);

        // PRE: l'albero non e' vuoto
        abstract T getMinimum();
}
```

Listato 8.24 Definizione della classe astratta `tree.Node`.

```
package tree;

public interface Visitor<T> {
        void visit(T item);
}
```

Listato 8.25 Definizione dell'interfaccia `tree.Visitor`.

```
package tree;

class EmptyNode<T extends Comparable<T>> extends Node<T> {
        boolean isEmpty() {
            return true;
        }

        Node<T> insert(T x) {
            return new FullNode<T>(x);
        }

        Node<T> delete(T x) {
            return this;
        }

        boolean contains(T x) {
            return false;
        }

        void visit(Visitor<T> visitor) {
        }

        T getMinimum() {
            throw new RuntimeException("Minimum␣of␣an␣empty␣node!");
        }
}
```

Listato 8.26 Definizione della classe `tree.EmptyNode`.

nessun elemento. Per la stessa ragione, l'implementazione del metodo `visit` non compie nessuna operazione, dal momento che non c'è alcun elemento da visitare.

Il metodo `insert`, applicato a un albero vuoto, deve restituire un nuovo albero che contenga solo l'elemento inserito. Per questo motivo l'implementazione di `insert` crea e restituisce un oggetto di tipo `FullNode`. Come vedremo successivamente, il costruttore della classe `FullNode` prende come parametro il valore da inserire nella radice dell'albero creato, e produce un albero che ha come figli due alberi vuoti.

Il metodo `delete`, applicato a un albero vuoto, non deve modificare l'albero. Per questo l'implementazione fornita restituisce `this` come albero modificato.

Infine, poiché per il metodo `getMinimum` avevamo specificato come precondizione che l'albero fosse non vuoto, la sua implementazione nella classe `EmptyNode` solleva un'eccezione per segnalare che la precondizione è stata violata. Per semplicità abbiamo utilizzato un'eccezione della classe predefinita `RuntimeException`, ma avremmo potuto definire un'eccezione apposita per questa situazione.

A questo punto dobbiamo implementare la classe `FullNode`, che rappresenta un albero non vuoto. Il listato 8.27 contiene la definizione di questa classe.

A differenza della classe `EmptyNode`, la classe `FullNode` contiene delle variabili di istanza per rappresentare le informazioni associate all'albero. In particolare il campo `value` rappresenta l'elemento contenuto nella radice, mentre i campi `left` e `right` rappresentano i sottoalberi sinistro e destro rispettivamente.

Il costruttore della classe inizializza l'albero copiando nel campo `value` il valore passato come parametro, e creando due sottoalberi vuoti (ovvero, due oggetti della classe `EmptyNode`) per i campi `left` e `right`.

Il metodo `isEmpty` è banale, dal momento che per un oggetto di tipo `FullNode` deve restituire sempre `false`.

Passiamo al metodo `insert`, che deve decidere se inserire il valore passato nel sottoalbero sinistro o in quello destro sulla base del confronto con l'elemento contenuto nella radice. A tale scopo viene usato il metodo `compareTo` definito in `Comparable`. Se `compareTo` restituisce un valore negativo, allora `x` è minore di `value` e quindi va inserito a sinistra, altrimenti va inserito a destra.

In entrambi i casi, l'inserimento viene fatto con una chiamata ricorsiva. Si noti che il risultato della chiamata ricorsiva viene utilizzato per modificare il campo `left` o il campo `right`, dal momento che il vecchio valore del campo è consumato dalla chiamata ricorsiva. Infine, il metodo `insert` restituisce `this` come riferimento all'albero modificato.

Il metodo `delete` è il piú complesso della classe. Poiché deve usare piú volte il risultato del confronto tra `x` e `value`, tale risultato viene memorizzato nella variabile locale `cmp`. Se il risultato è < 0, ovvero `x` è minore di `value`, la cancellazione viene effettuata ricorsivamente sul sottoalbero sinistro. Analogamente, se `x` è maggiore di `value`, la cancellazione viene effettuata ricorsivamente sul sottoalbero destro. In entrambi i casi, il risultato della chiamata ricorsiva viene usato per modificare il corrispondente campo del nodo corrente, e il metodo restituisce `this` come riferimento all'albero modificato.

I casi rimanenti quindi vanno riferimento alla situazione in cui `x` è uguale a `value`, e quindi è proprio la radice dell'albero corrente a dover essere cancellata. Innanzitutto l'algoritmo verifica se uno dei due figli è un albero vuoto; in caso affermativo, restituisce l'altro figlio come riferimento all'albero modificato.

Se invece tutti e due i figli sono non vuoti, l'algoritmo ottiene il valore minimo del sottoalbero destro usando il metodo `getMinimum`, rimuove tale minimo dal sottoalbero destro con una chiamata ricorsiva e sostituisce il minimo al valore

```
package tree;
class FullNode<T extends Comparable<T>> extends Node<T> {
	T value;
	Node<T> left, right;

	FullNode(T x) {
		value=x;
		left=new EmptyNode<T>();
		right=new EmptyNode<T>();
	}
	boolean isEmpty() {
		return false;
	}
	Node<T> insert(T x) {
		if (x.compareTo(value)<0)
			left=left.insert(x);
		else
			right=right.insert(x);
		return this;
	}

	Node<T> delete(T x) {
		int cmp=x.compareTo(value);
		if (cmp<0) {
			left=left.delete(x);
			return this;
		} else if (cmp>0) {
			right=right.delete(x);
			return this;
		} else if (left.isEmpty()) {
			return right;
		} else if (right.isEmpty()) {
			return left;
		} else {
			T min=right.getMinimum();
			right=right.delete(min);
			value=min;
			return this;
		}
	}
	boolean contains(T x) {
		int cmp=x.compareTo(value);
		if (cmp==0)
			return true;
		else if (cmp<0)
			return left.contains(x);
		else
			return right.contains(x);
	}
	void visit(Visitor<T> visitor) {
		left.visit(visitor);
		visitor.visit(value);
		right.visit(visitor);
	}
	T getMinimum() {
		if (!left.isEmpty())
			return left.getMinimum();
		else
			return value;
	}
}
```

Listato 8.27 Definizione della classe `tree.FullNode`.

corrente della radice dell'albero. Anche in questo caso verrà restituito `this` come

```
package tree;

public class BinaryTree<T extends Comparable<T>> {
    private Node<T> root;

    public BinaryTree() {
        root=new EmptyNode<T>();
    }

    public boolean isEmpty() {
        return root.isEmpty();
    }

    public void insert(T x)  {
        root=root.insert(x);
    }

    public void delete(T x) {
        root=root.delete(x);
    }

    public boolean contains(T x) {
        return root.contains(x);
    }

    public void visit(Visitor<T> visitor) {
        root.visit(visitor);
    }
}
```

Listato 8.28 Definizione della classe `tree.BinaryTree`.

riferimento all'albero modificato.

Il metodo `contains` effettua una ricerca ricorsiva nell'albero, usando il risultato della chiamata a `compareTo` che viene preventivamente memorizzato nella variabile locale `cmp`. Se il confronto ha come risultato 0, ovvero `x` è uguale a `value`, allora il valore cercato è stato trovato e viene restituito `true`. Altrimenti la ricerca prosegue ricorsivamente sul sottoalbero sinistro o sul destro a seconda dell'esito del confronto.

Il metodo `visit` esamina prima ricorsivamente il sottoalbero sinistro, in modo da visitare ricorsivamente tutti gli elementi minori di `value`; poi passa `value` all'oggetto `visitor`; infine esamina ricorsivamente il sottoalbero destro per visitare tutti gli elementi maggiori di `value`. In questo modo al `visitor` vengono passati tutti gli elementi contenuti nell'albero, in ordine crescente.

Per finire, esaminiamo il metodo `getMinimum`. Se l'albero ha un sottoalbero sinistro non vuoto, allora il minimo viene ricercato ricorsivamente nel sottoalbero sinistro. Altrimenti, il minimo è il valore contenuto nella radice (ovvero il campo `value`), e viene restituito al chiamante.

Possiamo ora passare alla classe `BinaryTree`, definita nel listato 8.28, che costituisce la facciata procedurale delle classi usate per rappresentare l'albero. Un `BinaryTree` mantiene al suo interno un campo `root` che rappresenta la radice dell'albero, e che viene inizializzato nel costruttore mediante un albero vuoto (`EmptyNode`).

I metodi della classe `BinaryTree` richiamano semplicemente i corrispondenti metodi dell'oggetto `root`, nascondendo al programmatore l'interfaccia funzionale di `insert` e `delete`, e la presenza di piú classi (`Node`, `EmptyNode` e `FullNode` nella rappresentazione dell'albero).

Per concludere, vediamo un esempio di uso di `BinaryTree` e di `Visitor` per stampare in ordine tutti gli elementi di un albero di interi.

Per prima cosa dobbiamo definire una implementazione dell'interfaccia `Visitor`, che chiameremo `PrintVisitor`, il cui metodo `visit` stampa sullo schermo l'elemento visitato:

```
package tree;

public class PrintVisitor implements Visitor<Integer> {
        public void visit(Integer x) {
                System.out.println(x);
        }
}
```

A questo punto, all'interno di un ipotetico `main` possiamo creare un albero binario, inserire dei valori e poi stamparli utilizzando il metodo `visit`:

```
    BinaryTree<Integer> tree=new BinaryTree<Integer>();
    tree.insert(42);
    tree.insert(57);
    tree.insert(19);
    // etc etc etc
    tree.visit( new PrintVisitor() );
```

8.5 Riepilogo della complessità computazionale

Nella tabella 8.1 si riporta un utile riepilogo della complessità computazionale delle funzioni di gestione per una lista ordinata ed un BST ottimo, nei vari casi.

Operazione	Lista ordinata			BST di altezza h		
	Best	Average	Worst	Best	Average	Worst
`creazione`	$\Theta(1)$	$\Theta(1)$	$\Theta(1)$	$\Theta(1)$	$\Theta(1)$	$\Theta(1)$
`inserimento`	$\Theta(1)$	$\Theta(n)$	$\Theta(1)$	$\Theta(1)$	$\Theta(h)$	$\Theta(h)$
`ricerca (elem. presente)`	$\Theta(1)$	$\Theta(n)$	$\Theta(n)$	$\Theta(1)$	$\Theta(h)$	$\Theta(h)$
`ricerca (elem. assente)`	$\Theta(1)$	$\Theta(n)$	$\Theta(n)$	$\Theta(h)$	$\Theta(h)$	$\Theta(h)$
`cancellazione`	$\Theta(1)$	$\Theta(n)$	$\Theta(n)$	$\Theta(1)$	$\Theta(h)$	$\Theta(h)$
`visita`	$\Theta(n)$	$\Theta(n)$	$\Theta(n)$	$\Theta(n)$	$\Theta(n)$	$\Theta(n)$
`distruzione`	$\Theta(n)$	$\Theta(n)$	$\Theta(n)$	$\Theta(n)$	$\Theta(n)$	$\Theta(n)$

Tabella 8.1 Confronto tra le complessità computazionali delle principali funzioni di gestione per una lista ordinata e un BST di altezza h. Si ricorda che se il BST è ottimo $h = log(n)$.

8.6 Esercizi

► **Esercizio 8.1** (★★) Scrivere una funzione che restituisca il riferimento al padre di un nodo di cui è noto il riferimento. Da specifica la funzione restituisce NULL se l'albero è vuoto. Il prototipo della funzione è:

```
TNode *binarytree_parent(TBinaryTree tree, TNode *node);
```

Risposta a pag. 349

► **Esercizio 8.2** (★★) Scrivere una funzione che restituisca il riferimento al nodo con il valore immediatamente maggiore ad un assegnato valore `info`. Da specifica la funzione restituisce NULL se nessun nodo è maggiore di info. Si consideri che la funzione deve avere complessità logaritmica su alberi bilanciati. Il prototipo della funzione è:

```
TNode *binarytree_min_greater_than(TBinaryTree tree, TInfo info);
```

Risposta a pag. 349

Capitolo 9

Tipi di dato astratti: progetto e realizzazione

L'astrazione è ignoranza selettiva.
Andrew Koenig

Sommario *In questo capitolo viene introdotto il concetto di Tipo di Dato Astratto (TDA) come strumento per la definizione e progettazione di un tipo di dato che separa l'interfaccia del tipo dalla sua implementazione, offrendo benefici in termini di modularità, comprensibilità, manutenibilità e riusabilità del codice. Il concetto viene illustrato presentando alcuni TDA fondamentali, per ciascuno dei quali vengono proposte piú possibilità di implementazione usando le strutture dati definite nei capitoli precedenti.*

9.1 Astrazione

In termini generali, l'*astrazione* è un processo mentale che mantiene solo alcuni degli aspetti di un concetto, rimuovendo tutti quei dettagli che non sono rilevanti per un particolare scopo. L'astrazione è un processo fondamentale per la progettazione e la realizzazione di sistemi complessi, perché consente di affrontare un problema concentrandosi, in ogni istante, solo su un sottoinsieme delle informazioni disponibili.

Nella realizzazione di programmi occorre abitualmente creare operazioni o informazioni complesse aggregando componenti piú semplici già disponibili. Attraverso l'uso di meccanismi di astrazione diventa possibile utilizzare questi aggregati senza bisogno di conoscere i dettagli di come sono stati realizzati; essi diventano nuovi blocchi da costruzione da usare "a scatola chiusa" per creare operazioni o dati ancora piú complessi.

Un esempio dei meccanismi di astrazione comunemente offerti dai linguaggi di programmazione è costituito dai sottoprogrammi, che realizzano un'astrazione delle operazioni. Un sottoprogramma definisce una nuova operazione in termini di operazioni già esistenti. Una volta definito, un sottoprogramma può essere utilizzato ignorando come è stato realizzato: tutto ciò che occorre sapere è il nome con cui è identificato e le informazioni che scambia all'atto dell'invocazione (ad es. parametri e valore di ritorno).

In questo capitolo affronteremo una metodologia per la progettazione dei programmi basata sulla definizione di astrazioni per le strutture dati da utilizzare: i *Tipi di Dato Astratti* (TDA). Dopo aver introdotto i concetti generali, presenteremo alcuni TDA di uso comune e ne discuteremo la relazione con le strutture dati descritte nei capitoli precedenti.

9.2 Tipi di Dato Astratti (TDA)

9.2.1 Interfaccia e implementazione di un tipo di dato

Quando definiamo un nuovo tipo di dato all'interno di un programma dobbiamo fornire diverse informazioni al compilatore: come verranno rappresentati in memoria i dati del nuovo tipo, quali operazioni saranno disponibili, quali algoritmi saranno usati per realizzare queste operazioni, e cosí via.

Definizione L'insieme delle informazioni che occorre specificare per definire un nuovo tipo di dato costituisce l'*implementazione* del tipo.

Una volta che il tipo di dato è stato definito, esso potrà essere usato per creare nuovi dati e per eseguire delle operazioni su questi dati. In generale, per usare il tipo di dato non è necessario conoscere tutte le informazioni specificate nella sua implementazione, ma è sufficiente un sottoinsieme di esse.

Definizione L'insieme delle informazioni necessarie per utilizzare un tipo di dato costituisce l'*interfaccia* del tipo.

Normalmente attraverso l'interfaccia di un tipo di dato è possibile risalire a molte informazioni relative alla sua implementazione. Ad esempio, è possibile accedere direttamente alla rappresentazione del dato stesso in termini di dati piú semplici. Questa visibilità dei dettagli implementativi attraverso l'interfaccia può a volte apparire desiderabile (in quanto consente di effettuare operazioni sul dato che non rientrano tra quelle inizialmente previste dallo sviluppatore) ma presenta alcuni inconvenienti che sono sicuramente piú pesanti degli eventuali vantaggi:

- risulta difficile nella comprensione del tipo di dato distinguere tra gli aspetti essenziali e i dettagli secondari;
- risulta difficile modificare l'implementazione del tipo di dato (ad esempio per renderla piú efficiente) dal momento che devono essere modificate tutte le parti del codice che dipendono dai dettagli dell'implementazione, e queste possono essere sparse in tutto il programma;
- risulta difficile dimostrare la correttezza di un programma dal momento che che ogni parte può influire, possibilmente in modi inizialmente non previsti, con tutte le altre parti.

A causa di questi problemi risulta desiderabile che l'interfaccia di un tipo di dato nasconda quanto piú è possibile i dettagli dell'implementazione, rendendo visibili solo gli aspetti essenziali del tipo di dato. Questo principio prende il nome di *information hiding*.

Una delle metodologie di progettazione del software ideate per seguire questo principio prevede la definizione dei tipi di dato di cui il programma ha bisogno attraverso *Tipi di Dato Astratti*, che verranno illustrati nella prossima sezione.

9.2.2 Definizione di Tipo di Dato Astratto

Definizione Un *Tipo di Dato Astratto* (TDA) è una specifica di un tipo di dato che descrive solo le operazioni possibili sui dati del tipo e i loro effetti, senza fornire nessuna indicazione sulla struttura dati utilizzata e sul modo in cui sono realizzate le operazioni.

In altre parole, per definire un TDA occorre che:

- sia specificata esclusivamente l'interfaccia del tipo di dato;
- l'interfaccia non renda visibile la rappresentazione del tipo di dato, né l'implementazione delle operazioni fondamentali.

Le parti del software che usano il nuovo tipo di dato potranno fare riferimento esclusivamente alle caratteristiche del tipo descritte nel suo TDA. Sarà poi necessario realizzare separatamente una parte del codice che implementi il TDA in termini di strutture dati concrete.

In questo modo si ottengono i seguenti benefici:

- il programma è piú facile da comprendere: per esaminare la parte del codice che usa un tipo di dato, non è necessario conoscere i dettagli implementativi, ma solo le caratteristiche astratte descritte nel suo TDA;
- è possibile modificare l'implementazione del tipo di dato senza dover cambiare le parti del programma che usano quel tipo, purché i cambiamenti non riguardino l'interfaccia; in particolare, è semplice modificare la rappresentazione dei dati, dal momento che essa non è specificata nel TDA;

- è piú semplice verificare la correttezza del programma: infatti è possibile verificare separatamente che l'implementazione di ciascun tipo di dato rispetti le proprietà del corrispondente TDA, e successivamente verificare la correttezza del codice che usa le operazioni definite nel TDA; quindi il lavoro di verifica viene applicato a piccole parti del programma e non al programma intero, che sarebbe estremamente piú complicato.

Osservazione Perché il programmatore possa accedere a un dato usando esclusivamente l'interfaccia definita nel corrispondente TDA, il linguaggio di programmazione deve mettere a disposizione degli opportuni meccanismi detti di *incapsulamento*.
In assenza di tali meccanismi, il rispetto dell'*information hiding* è affidato alla "buona volontà" degli sviluppatori, che possono violare tale principio per pigrizia, per distrazione o per inadeguata comprensione del programma stesso, perdendo cosí i benefici sopra delineati.

9.2.3 Specifica formale dell'interfaccia

Abbiamo visto come la definizione di un TDA comprende essenzialmente la specifica dell'interfaccia del nuovo tipo di dato. Come deve essere descritta tale interfaccia?

Una descrizione minima deve comprendere un elenco delle operazioni possibili per il TDA. Tale elenco include il nome di ciascuna operazione, i dati che tale operazione produce in ingresso e i dati che essa restituisce in uscita. Tali informazioni però non sono sufficienti: la specifica di ciascuna operazione deve anche descrivere la semantica (ovvero, il significato) di ciascuna operazione. La semantica deve specificare non solo il comportamento dell'operazione in condizioni normali, ma anche cosa succede in condizioni anomale.

Idealmente la semantica di ciascuna operazione dovrebbe essere descritta in maniera formalmente rigorosa, ad esempio usando il linguaggio matematico. Tuttavia non sempre ciò è possibile, e in tali casi occorre fare ricorso a descrizioni informali in linguaggio naturale.

Esempio Supponiamo di voler descrivere uno stack attraverso un TDA. Dobbiamo innanzitutto individuare le operazioni fondamentali: *push*, *pop*, *empty*. Di queste operazioni dobbiamo specificare la semantica; nella sezione 9.6 lo faremo in maniera formale. Le operazioni e la rispettiva semantica sono descritte nella tabella seguente:

$push(S, V)$	aggiunge il valore V allo stack S
$V \leftarrow pop(S)$	rimuove e restituisce il valore V che era stato aggiunto piú recentemente allo stack S
$B \leftarrow empty(S)$	restituisce un valore logico vero se lo stack S è vuoto, altrimenti restituisce un valore logico falso

In aggiunta a queste operazioni occorre tipicamente aggiungere una o piú operazioni di costruzione, che creano nuovi valori del tipo, e nel caso di linguaggi con gestione non automatica dell'allocazione della memoria anche un'operazione di distruzione dei valori del tipo:

$S \leftarrow create()$	crea un nuovo stack S
$free(S)$	distrugge e dealloca uno stack S

Anche se la definizione di un TDA non deve fornire indicazioni sull'implementazione delle operazioni disponibili, in alcuni casi è possibile e addirittura opportuno che la descrizione dell'interfaccia specifichi un vincolo sulla complessità computazionale di ciascuna operazione. Ciò consente agli sviluppatori che usano il tipo di dato di scegliere in maniera consapevole le operazioni da eseguire per realizzare un algoritmo che risolva in maniera efficiente il problema in esame.

Esempio Ad esempio, è possibile specificare che per il TDA stack tutte le operazioni fondamentali devono avere complessità temporale $O(1)$.

9.2.4 Stato di un TDA

Un dato il cui tipo è descritto da un TDA può trovarsi in condizioni diverse che determinano un diverso effetto delle operazioni effettuate sul dato. Ad esempio, se il dato rappresenta uno stack, esso può essere vuoto oppure contenere degli elementi; l'operazione che estrae un elemento dallo stack ha un effetto diverso nei due casi.

Parliamo di *stato* di un dato descritto mediante un TDA per indicare l'insieme delle condizioni che determinano l'effetto delle operazioni successivamente eseguite sul dato. Due dati sono nello stesso stato se qualunque sequenza di operazioni eseguita su uno dei due produrrebbe gli stessi risultati se eseguita sull'altro. Per contro, due dati sono in uno stato diverso se esiste almeno una sequenza di operazioni che produrrebbe su uno dei due dei risultati diversi che sull'altro.

Si noti che quando parliamo di stato in riferimento ai TDA non facciamo esplicitamente riferimento alla rappresentazione dei dati. Due dati di uno stesso tipo potrebbero trovarsi nello stesso stato anche se la loro rappresentazione in termini di dati piú semplici è diversa; poiché il TDA nasconde l'effettiva rappresentazione del dato, ciò che conta è il comportamento osservabile dall'esterno applicando le operazioni definite per il TDA.

Nella descrizione di un TDA è spesso utile indicare esplicitamente quali operazioni modificano lo stato del dato, e in che modo. Ciò non è facile se si adotta una descrizione matematica delle operazioni, dal momento che le operazioni matematiche non modificano qualcosa, ma calcolano una nuova entità a partire da entità esistenti. Ad esempio, l'operazione $4 + 7$ non modifica il numero 4, né il 7; piuttosto calcola un nuovo numero come risultato dell'operazione.

Per aggirare questo problema sono possibili diverse soluzioni:

- le operazioni vengono specificata senza usare il formalismo della matematica; in questo modo però si perde la possibilità di una dimostrazione formale della correttezza;
- le operazioni vengono specificate in astratto come funzioni matematiche in cui anziché cambiare lo stato di un dato esistente viene restituito un nuovo dato; in fase di implementazione a questa interfaccia di tipo funzionale si sostituisce un'interfaccia di tipo imperativo in cui l'operazione modifica il dato esistente;
- le operazioni vengono specificate con un formalismo matematico arricchito con il concetto di cella di memoria e l'operazione di modifica del valore di una cella; in questo modo si descrive anche formalmente un'interfaccia di tipo imperativo, ed è possibile effettuare dimostrazioni di correttezza, anche se in maniera piú complicata.

Esempio Abbiamo già visto una descrizione informale delle operazioni del TDA stack; ora vedremo una versione formale in stile funzionale e in stile imperativo, della descrizione della relazione che c'è tra l'operazione *push* e l'operazione *pop*.

descrizione funzionale:	$push : Stack \times V \rightarrow Stack$ $pop : Stack \rightarrow Stack \times V$ $pop(push(s, v)) = (s, v)$
descrizione imperativa:	$push : Stack \times V \rightarrow$ $pop : Stack \rightarrow V$ $\{push(s, v); x \leftarrow pop(s)\} \equiv x \leftarrow v$

Si noti che nella descrizione funzionale la funzione *push* restituisce un nuovo stack, mentre la funzione *pop* restituisce sia un nuovo stack che il valore prelevato dallo stack precedente. Nella versione imperativa invece la funzione *push* non restituisce alcun risultato; inoltre sia la *push* che la *pop* modificano lo stack su cui sono applicate. Sempre nella versione imperativa, per descrivere l'effetto delle due operazioni occorre usare delle notazioni che non fanno parte del normale linguaggio matematico:

- $\{op_1; op_2\}$ indica la sequenza ottenuta eseguendo prima l'operazione op_1 e poi l'operazione op_2;
- $a \leftarrow b$ indica la modifica della cella di memoria a che sostituisce il valore dell'espressione b al valore precedente della cella di memoria.

9.2.5 Esempi di definizioni di TDA

In questa sezione esamineremo due semplici TDA; di uno forniremo una descrizione in termini funzionali, e dell'altro in termini imperativi. Si noti che per esigenze di chiarezza espositiva sono stati scelti dei tipi considerevolmente meno complessi di quelli normalmente incontrati in una applicazione reale. Nelle sezioni 9.3 e successive saranno invece presentati dei TDA di effettivo interesse in applicazioni reali.

TDA Vector3D

Questo tipo rappresenta un vettore nello spazio tridimensionale $\mathbb{R}^3$, su cui sono definite le operazioni di scalatura, somma vettoriale e prodotto scalare. Il tipo sarà descritto attraverso un'interfaccia funzionale. Le operazioni definite per il tipo sono:

$create : \mathbb{R} \times \mathbb{R} \times \mathbb{R} \rightarrow Vector$	crea un nuovo vettore
$destroy : Vector \rightarrow$	distrugge un vettore
$scale : Vector \times \mathbb{R} \rightarrow Vector$	scala un vettore
$sum : Vector \times Vector \rightarrow Vector$	somma due vettori
$prod : Vector \times Vector \rightarrow \mathbb{R}$	calcola il prodotto scalare di due vettori

La semantica di queste operazioni può essere descritta formalmente dalle seguenti equazioni:

$$scale(create(x, y, z), s) = create(s \cdot x, s \cdot y, s \cdot z)$$
$$sum(create(x_1, y_1, z_1), create(x_2, y_2, z_2)) = create(x_1 + x_2, y_1 + y_2, z_1 + z_2)$$
$$prod(create(x_1, y_1, z_1), create(x_2, y_2, z_2)) = x_1 \cdot x_2 + y_1 \cdot y_2 + z_1 \cdot z_2$$

Si noti che dalla descrizione del TDA non è possibile desumere la effettiva rappresentazione dei dati di tipo vector; essi potrebbero essere implementati come array di 3 elementi, o come strutture con tre campi, o ancora con altre rappresentazioni.

Un esempio di situazione in cui potrebbe risultare vantaggioso il fatto che la rappresentazione è inaccessibile alle parti di codice che usano i vettori è il seguente: supponiamo di dover gestire nel nostro programma dei vettori definiti in sistemi di coordinate differenti. Usando l'information hiding sarebbe semplice fare in modo che l'operazione *create* costruisca un nuovo vettore nel sistema di coordinate correntemente attivo, e memorizzi nella rappresentazione del dato un riferimento al sistema di coordinate; in questo modo le operazioni di somma e prodotto di due vettori definiti in sistemi di coordinate diversi potrebbero automaticamente effettuare le conversioni necessarie, senza bisogno di apportare modifiche al codice che usa queste operazioni.

TDA Counter

Questo tipo rappresenta un dato in grado di mantenere il conteggio di quante volte si verifica un evento di interesse per l'applicazione. Per questo tipo forniremo una specifica di tipo imperativo. Le operazioni definite per un counter sono:

create :→ *Counter*	crea un contatore
destroy : *Counter* →	distrugge un contatore
update : *Counter* →	aggiorna un contatore contando un nuovo evento
read : *Counter* → ℕ	ottiene il numero di eventi contati
reset : *Counter* →	riazzera il conteggio

Descriviamo ora in maniera formale la semantica di queste operazioni:

$$\{c \leftarrow create(); x \leftarrow read(c)\} \Longrightarrow x = 0$$
$$\{x \leftarrow read(c); update(c); y \leftarrow read(c)\} \Longrightarrow y = x + 1$$
$$\{reset(c); x \leftarrow read(c)\} \Longrightarrow x = 0$$

In altre parole, queste equazioni ci dicono che:

- l'operazione *create* fornisce un contatore il cui valore è 0;
- dopo aver eseguito l'operazione *update* il valore del contatore risulta aumentato di 1;
- l'operazione *reset* modifica lo stato del contatore riportando il suo valore a 0.

Il tipo counter potrebbe essere rappresentato mediante una semplice variabile intera. Tuttavia, il fatto che l'effettiva rappresentazione sia nascosta consente di estendere in maniera semplice le funzionalità del contatore. Ad esempio, potrebbe essere necessario rendere il contatore *persistente*, ovvero fare in modo che non perda il conteggio raggiunto quando il programma termina la sua esecuzione, ma al riavvio del programma riprenda dal valore a cui era arrivato precedentemente. Una modifica del genere comporta un cambiamento della sola implementazione, e non richiede di alterare il codice che usa il contatore.

9.2.6 Implementazione di un TDA in C

Il linguaggio C è nato prima della diffusione del concetto di TDA; pertanto non contiene dei meccanismi specificamente pensati per garantire l'incapsulamento. Tuttavia è possibile ottenere indirettamente questo effetto usando insieme due meccanismi del linguaggio: la *compilazione separata* e la *dichiarazione incompleta di strutture.*

Assumeremo che il lettore abbia già familiarità con il meccanismo della compilazione separata. Pertanto ci limiteremo a introdurre la dichiarazione incompleta di strutture prima di mostrare come questi due elementi usati insieme possono consentire di implementare un TDA forzando il programmatore a rispettare il principio dell'information hiding.

Una *dichiarazione incompleta* di una struttura introduce una struttura specificandone il nome ma non i campi. Ad esempio la dichiarazione:

```
struct SStack;
```

dichiara il nome `SStack` come nome di una struttura, senza specificare quali sono i campi della struttura stessa.

Una struttura con una dichiarazione incompleta può essere usata solo in un sottoinsieme delle possibili operazioni definite sulle strutture:

- dichiarazione di un nuovo tipo attraverso **typedef**;
- dichiarazione di un puntatore alla struttura (che include come caso particolare la dichiarazione di un parametro passato per riferimento).

Inoltre, i puntatori a una struttura con dichiarazione incompleta non possono essere dereferenziati, né è possibile applicare le operazioni dell'aritmetica dei puntatori.

Non è possibile compiere nessun altra operazione su una struttura con dichiarazione incompleta. Tuttavia, la dichiarazione incompleta può essere seguita da una dichiarazione completa, dopo la quale tutte le operazioni diventano disponibili.

Esempio Per illustrare le operazioni consentite su una struttura con dichiarazione incompleta possiamo considerare il seguente esempio:

```
struct SComplex; /* dichiarazione incompleta */
typedef struct SComplex TComplex;  /* Ok - dichiarazione di tipo */

void funz1() {
    TComplex *p;       /* Ok - dichiarazione di puntatore */
    TComplex v;      /* ERRORE - dich. di variabili non consentita */
    TComplex a[3];     /* ERRORE - dich. di array non consentita */
    p=NULL;          /* Ok - assegnazione al puntatore */
    p=malloc(sizeof(TComplex)); /* ERRORE - sizeof non consentito */
    *p;              /* ERRORE - dereferenziazione non consentita */
    p++;             /* ERRORE - aritmetica dei puntatori
                        non consentita */
}

/* La seguente dichiarazione completa la precedente */
struct SComplex {
    double re, im;
};

TComplex a[3]; /* Ok - Ora tutte le operazioni su TComplex
                  sono consentite */
```

Per ottenere l'incapsulamento, possiamo usare insieme le dichiarazioni incomplete di strutture e la compilazione separata nel seguente modo:

- il nuovo tipo viene dichiarato attraverso una dichiarazione incompleta di struttura in un file `.h`;
- nel file `.h` sono anche dichiarate le funzioni che corrispondono alle operazioni sul tipo, e che scambiano dati del nuovo tipo esclusivamente attraverso puntatori;
- la dichiarazione completa della struttura viene inserita in un file `.c`, che contiene anche le implementazioni delle operazioni sul tipo;
- le parti di codice che devono usare dati del nuovo tipo includono il file `.h`.

```
#ifndef COUNTER_H
#define COUNTER_H

typedef struct SCounter TCounter;

TCounter *counter_create(void);
void counter_destroy(TCounter *counter);
void counter_update(TCounter *counter);
void counter_reset(TCounter *counter);
int counter_read(TCounter *counter);

#endif
```

Listato 9.1 Implementazione in C del TDA counter: il file counter.h con la dichiarazione delle operazioni.

```
#include "counter.h"
#include <assert.h>
#include <stdlib.h>

struct SCounter {
    int value;
};

TCounter *counter_create() {
    TCounter *ctr=(TCounter*)malloc(sizeof(TCounter));
    assert(ctr!=NULL);
    ctr->value=0;
    return ctr;
}

void counter_destroy(TCounter *counter) {
    free(counter);
}

void counter_update(TCounter *counter) {
    counter->value++;
}

void counter_reset(TCounter *counter) {
    counter->value=0;
}

int counter_read(TCounter *counter) {
    return counter->value;
}
```

Listato 9.2 Implementazione in C del TDA counter: il file counter.c con l'implementazione delle operazioni.

In questo modo, il file `.c` con l'implementazione, contenendo la dichiarazione completa della struttura, ha accesso a tutte le operazioni sulla rappresentazione del tipo. D'altra parte, gli altri moduli del programma che usano il tipo non vedono la dichiarazione completa, e quindi possono soltanto utilizzare le operazioni definite dall'interfaccia del corrispondente TDA.

Per evitare il rischio di conflitto tra le funzioni corrispondenti a TDA diversi, è buona norma scegliere per le funzioni nomi che includano il nome del TDA. Ad esempio, se il TDA stack definisce un'operazione chiamata *push*, il nome della corrispondente funzione C potrebbe essere `stack_push`.

I listati 9.1 e 9.2 mostrano l'implementazione in C del TDA counter (definito nella sezione 9.2.5) utilizzando i meccanismi precedentemente descritti.

A partire da questa implementazione del TDA counter, il nuovo tipo può essere usato come illustrato dal seguente frammento di codice:

```
#include "counter.h"
          /* . . . */
TCounter *ctr=counter_create();
          /* . . . */
counter_update(ctr);
          /* . . . */
printf("Conteggio:␣%d\n", counter_read(ctr));
          /* . . . */
counter_destroy(ctr);
```

Attenzione! Dalla discussione precedente dovrebbe essere chiaro che non esiste un unico modo di implementare un determinato TDA; anzi, uno dei vantaggi dell'uso dei TDA è proprio la semplicità con cui è possibile cambiare l'implementazione del tipo stesso.
Per sottolineare questo aspetto, nelle sezioni successive presenteremo almeno due implementazioni diverse per ogni TDA che verrà introdotto. Deve essere sempre ricordato che tali implementazioni non esauriscono i possibili modi di implementare il corrispondente TDA.

9.3 TDA Sequence

Una sequenza è una raccolta di elementi in cui l'ordine viene considerato significativo. Gli elementi possono venire inseriti in una specifica posizione della sequenza, e possono essere rimossi da una qualunque posizione.

In questa sezione forniremo due descrizioni del TDA Sequence. Nella prima, useremo un indice numerico per rappresentare una posizione all'interno della sequenza. Successivamente, vedremo perché può essere preferibile introdurre un'astrazione del concetto di indice, rendendo il TDA implementabile in maniera efficiente in un piú ampio ventaglio di situazioni.

Cominciamo con la definizione delle operazioni di base:

$create : \to Sequence$	crea una nuova sequenza
$destroy : Sequence \to$	distrugge una sequenza
$length : Sequence \to \mathbb{N}$	lunghezza di una sequenza
$empty : Sequence \to bool$	verifica se una sequenza è vuota
$get : Sequence \times \mathbb{N} \to Info$	accede a un elemento della sequenza
$insert : Sequence \times \mathbb{N} \times Info \to$	aggiunge un elemento alla sequenza
$remove : Sequence \times \mathbb{N} \to$	rimuove un elemento dalla sequenza
$set : Sequence \times \mathbb{N} \times Info \to$	sostituisce un elemento della sequenza

---

Approfondimento Esaminiamo ora formalmente la semantica di ciascuna operazione, mostrando anche le eventuali precondizioni. Cominciamo con l'operazione *length*:

$$\begin{array}{l} length(create()) = 0 \\ \{l_1 \leftarrow length(s); insert(s,i,v); l_2 \leftarrow length(s)\} \Longrightarrow l_2 = l_1 + 1 \\ \{l_1 \leftarrow length(s); remove(s,i); l_2 \leftarrow length(s)\} \Longrightarrow l_2 = l_1 - 1 \end{array}$$

Inoltre, tutte le altre operazioni non modificano il risultato di *length*. Le precedenti equazioni ci dicono che il valore di *length* è 0 per una sequenza appena creata, e viene modificato dalle operazioni di *insert* e di *remove* che rispettivamente lo aumentano o lo diminuiscono di 1.
Passiamo alla definizione di *empty*:

$$empty(s) \Longleftrightarrow length(s) = 0$$

con il vincolo aggiuntivo che il calcolo di $empty(s)$ richiede un tempo $O(1)$.
L'operazione $get(s,i)$ ha come precondizione: $0 \leq i < length(s)$; essa non altera lo stato della sequenza s.
L'operazione $insert(s,i,v)$ ha come precondizione: $0 \leq i \leq length(s)$. Le proprietà di questa operazione sono definite dalle seguenti equazioni:

$$\begin{array}{l} \{insert(s,i,v); x \leftarrow get(s,i)\} \Longrightarrow x = v \\ \forall j \in [0, i-1]\ \{x \leftarrow get(s,j); insert(s,i,v); y \leftarrow (s,j)\} \Longrightarrow x = y \\ \forall j \in [i, length(s)-1]\ \{x \leftarrow get(s,j); insert(s,i,v); y \leftarrow (s,j+1)\} \Longrightarrow x = y \end{array}$$

La prima di queste equazioni ci dice che dopo aver eseguito la $insert(s,i,v)$, il valore v si trova nella posizione i della sequenza. La seconda equazione ci dice che la $insert(s,i,v)$ non altera i valori che si trovano in una posizione $j < i$. Infine la terza equazione ci dice che la $insert(s,i,v)$ ha l'effetto di spostare "in avanti" ogni valore che si trova in una posizione $j \geq i$.
Analogamente, l'operazione $remove(s,i)$ ha come precondizione: $0 \leq i < length(s)$; le equazioni che ne definiscono la semantica sono:

$$\begin{array}{ll} \forall j \in [0, i-1]\ \{x \leftarrow get(s,j); insert(s,i,v); y \leftarrow (s,j)\} \Longrightarrow x = y & \\ \forall j \in [i+1, length(s)-1] & \{x \leftarrow get(s,j); insert(s,i,v); \\ & y \leftarrow (s,j-1)\} \Longrightarrow x = y \end{array}$$

La prima di queste equazioni dice che la $remove(s,i)$ non altera i valori che si trovano in una posizione $j < i$. La seconda dice che invece i valori che occupano una posizione $j > i$ sono spostati "indietro" di una posizione.
L'operazione *set* può essere definita come combinazione di *remove* e *insert*:

$$set(s,i,v) \equiv \{remove(s,i); insert(s,i,v)\}$$

ma potrebbe risultare computazionalmente piú efficiente per alcune implementazioni del TDA. Dalla definizione segue che per $set(s,i,v)$ la precondizione è che $0 \leq i < length(s)$.

Il listato 9.3 mostra l'interfaccia in C delle operazioni definite sul TDA sequence.

```
#ifndef SEQUENCE_H
#define SEQUENCE_H
typedef struct SSequence TSequence;

TSequence* sequence_create(void);
void sequence_destroy(TSequence *seq);
int sequence_length(TSequence *seq);
bool sequence_empty(TSequence *seq);
TInfo sequence_get(TSequence *seq, int i);
void sequence_insert(TSequence *seq, int i, TInfo v);
void sequence_remove(TSequence *seq, int i);
void sequence_set(TSequence *seq, int i, TInfo v);

#endif
```

Listato 9.3 Dichiarazione in C dell'interfaccia del TDA Sequence.

9.3.1 Astrazione del concetto di indice

L'uso di indici numerici per rappresentare la posizione di un elemento all'interno della sequenza, sebbene sia concettualmente semplice e intuitivo, limita le possibilità implementative per il TDA Sequence.

In particolare, rende poco efficiente le operazioni di modifica effettuate accedendo sequenzialmente agli elementi: infatti, se la rappresentazione usata si basa sugli array (eventualmente dinamici), risulta conveniente accedere a un elemento in base a un indice numerico, ma risulta oneroso inserire o rimuovere elementi in una posizione diversa dalla fine della sequenza. Per contro, usando una lista concatenata risulta conveniente l'operazione di inserimento o rimozione, ma diventa oneroso individuare una specifica posizione attraverso un indice numerico.

Occorre quindi trovare un modo per rappresentare una posizione all'interno della sequenza che, conformemente al principio dell'information hiding, consenta di implementare nella maniera piú efficiente possibile le diverse operazioni senza però rendere visibile la struttura dati impiegata per la rappresentazione.

Un possibile approccio consiste nel definire un altro TDA, denominato Position, collegato a Sequence. Un dato di tipo Position rappresenta una posizione all'interno di una sequenza; tale informazione è rappresentata scegliendo la struttura dati piú opportuna sulla base della struttura scelta per la sequenza stessa. Ad esempio, se la sequenza è rappresentata da una lista concatenata, una posizione può essere rappresentata mediante un puntatore a un nodo.

Vediamo come si modificano le operazioni sul TDA Sequence con l'introduzione di Position:

create : $\rightarrow$ *Sequence*	crea una nuova sequenza
destroy : *Sequence* $\rightarrow$	distrugge una sequenza
length : *Sequence* $\rightarrow \mathbb{N}$	lunghezza di una sequenza
empty : *Sequence* $\rightarrow$ *bool*	verifica se una sequenza è vuota
get : *Sequence* $\times$ *Position* $\rightarrow$ *Info*	accede a un elemento della sequenza
insert : *Sequence* $\times$ *Position* $\times$ *Info* $\rightarrow$	aggiunge un elemento alla sequenza
remove : *Sequence* $\times$ *Position* $\rightarrow$	rimuove un elemento dalla sequenza
set : *Sequence* $\times$ *Position* $\times$ *Info* $\rightarrow$	sostituisce un elemento della sequenza

A queste operazioni dobbiamo aggiungerne altre per manipolare informazioni di tipo Position:

destroy_position : *Position* $\rightarrow$	distrugge un dato di tipo Position
copy_position : *Position* $\rightarrow$ *Position*	crea una copia di un dato di tipo Position
start : *Sequence* $\rightarrow$ *Position*	posizione iniziale
end : *Sequence* $\rightarrow$ *Position*	posizione finale (dopo l'ultimo elemento)
next : *Sequence* $\times$ *Position* $\rightarrow$	modifica un dato di tipo Position in modo che faccia riferimento alla posizione successiva
at_end : *Sequence* $\times$ *Position* $\rightarrow$ *bool*	verifica se una posizione è alla fine della sequenza
position_equal : *Sequence* $\times$ *Position* $\times$ *Position* $\rightarrow$ *bool*	verifica se due posizioni sono uguali

Per brevità non riporteremo una descrizione formale della semantica di queste operazioni, che risulta analoga a quella vista per gli indici numerici. Per quanto riguarda le precondizioni, le operazioni *get*, *remove*, *set* e *next* richiedono che il parametro di tipo Position non sia nella posizione finale (ovvero, la precondizione è *not*(*at_end*(*pos*))).

Il listato 9.3 mostra l'interfaccia in C delle operazioni sul TDA sequence modificate per utilizzare una astrazione della posizione invece di un indice numerico.

```
#ifndef SEQUENCE_H
#define SEQUENCE_H
typedef struct SSequence TSequence;
typedef struct SPosition TPosition;

TSequence* sequence_create(void);
void sequence_destroy(TSequence *seq);
int sequence_length(TSequence *seq);
bool sequence_empty(TSequence *seq);
TInfo sequence_get(TSequence *seq, TPosition *pos);
void sequence_insert(TSequence *seq, TPosition *pos, TInfo v);
void sequence_remove(TSequence *seq, TPosition *pos);
void sequence_set(TSequence *seq, TPosition *pos, TInfo v);

void sequence_destroy_position(TPosition *pos);
TPosition* sequence_copy_position(TPosition *pos);
TPosition* sequence_start(TSequence *seq);
TPosition* sequence_end(TSequence *seq);
void sequence_next(TSequence *seq, TPosition *pos);
bool sequence_at_end(TSequence *seq, TPosition *pos);
bool sequence_position_equal(TSequence *seq,
            TPosition *pos1, TPosition *pos2);

#endif
```

Listato 9.4 Dichiarazione in C dell'interfaccia del TDA Sequence con astrazione del concetto di posizione.

Esempio Il seguente frammento di codice mostra come queste funzioni possono essere usate per stampare tutti i valori di una sequenza:

```
TPosition *pos=sequence_start(seq);
while (!sequence_at_end(seq, pos)) {
    print_info( sequence_get(seq, pos) );
    sequence_next(seq, pos);
}
sequence_destroy_position(pos);
```

Approfondimento In diversi linguaggi di programmazione l'astrazione del concetto di posizione di una sequenza è supportata direttamente dalla libreria standard del linguaggio, e in alcuni casi dalla sintassi del linguaggio stesso. Spesso si usa il termine *Iteratore* per denotare questa astrazione.

9.3.2 Implementazione mediante array

Una possibile implementazione del TDA Sequence usa come struttura dati gli array dinamici introdotti nella sezione 5.2.

Il listato 9.5 mostra questa implementazione nell'ipotesi di usare la versione del TDA con indici numerici (la cui interfaccia è presentata nel listato 9.3). Si noti come la definizione completa della struttura `SSequence` includa un campo di tipo `TArray`, che costituisce l'effettiva rappresentazione della sequenza.

```
struct SSequence {
    TArray array;
};

TSequence* sequence_create() {
    TSequence *seq=malloc(sizeof(TSequence));
    assert(seq!=NULL);
    seq->array=array_create(0);
    return seq;
}

void sequence_destroy(TSequence *seq) {
    array_destroy(&seq->array);
    free(seq);
}

int sequence_length(TSequence *seq) {
    return seq->array.length;
}

bool sequence_empty(TSequence *seq) {
    return seq->array.length == 0;
}

TInfo sequence_get(TSequence *seq, int i) {
    return seq->array.item[i];
}

void sequence_insert(TSequence *seq, int i, TInfo v) {
    int j;
    array_resize(&seq->array, seq->array.length+1);
    for(j=seq->array.length; j>i; j--)
        seq->array.item[j]=seq->array.item[j-1];
    seq->array.item[i]=v;
}

void sequence_remove(TSequence *seq, int i) {
    int j;
    for(j=i; j<seq->array.length-1; j++)
        seq->array.item[j]=seq->array.item[j+1];
    array_resize(&seq->array, seq->array.length-1);
}

void sequence_set(TSequence *seq, int i, TInfo v) {
    seq->array.item[i]=v;
}
```

Listato 9.5 Implementazione in C del TDA Sequence usando gli array dinamici. La definizione adottata è quella con indici numerici (vedi listato 9.3).

Le operazioni `sequence_insert` e `sequence_remove` richiedono di spostare tutti gli elementi situati dopo la posizione di inserimento o rimozione. Questo comporta una complessità $\Theta(n)$; per contro l'operazione `sequence_set`, pur essendo negli effetti identica a una `sequence_remove` seguita da una `sequence_insert`, ha complessità $\Theta(1)$.

Passiamo ora alla versione del TDA con astrazione del concetto di indice, la cui interfaccia è stata definita nel listato 9.4. I listati 9.6 e 9.7 presentano un'implementazione di questo TDA usando gli array dinamici. Rispetto all'implementazione della versione con indici numerici, notiamo l'aggiunta della struttura `SPosition`, che contiene un singolo campo corrispondente a un indice, e la definizione delle

```
struct SSequence {
    TArray array;
};
struct SPosition {
    int index;
};

TSequence* sequence_create() {
    TSequence *seq=malloc(sizeof(TSequence));
    assert(seq!=NULL);
    seq->array=array_create(0);
    return seq;
}

void sequence_destroy(TSequence *seq) {
    array_destroy(&seq->array);
    free(seq);
}

int sequence_length(TSequence *seq) {
    return seq->array.length;
}

bool sequence_empty(TSequence *seq) {
    return seq->array.length == 0;
}

TInfo sequence_get(TSequence *seq, TPosition *pos) {
    return seq->array.item[pos->index];
}

void sequence_insert(TSequence *seq, TPosition *pos, TInfo v) {
    int i=pos->index, j;
    array_resize(&seq->array, seq->array.length+1);
    for(j=seq->array.length; j>i; j--)
        seq->array.item[j]=seq->array.item[j-1];
    seq->array.item[i]=v;
}

void sequence_remove(TSequence *seq, TPosition *pos) {
    int i=pos->index, j;
    for(j=i; j<seq->array.length-1; j++)
        seq->array.item[j]=seq->array.item[j+1];
    array_resize(&seq->array, seq->array.length-1);
}

void sequence_set(TSequence *seq, TPosition *pos, TInfo v) {
    int i=pos->index;
    seq->array.item[i]=v;
}
```

Listato 9.6 Implementazione in C del TDA Sequence usando gli array dinamici (*prima parte*). La definizione adottata è quella con astrazione degli indici (vedi listato 9.4).

funzioni per ottenere e manipolare valori di tipo `TPosition`. Non sono presenti invece differenze significative negli algoritmi che implementano le operazioni di base sulla sequenza.

```
void sequence_destroy_position(TPosition *pos) {
    free(pos);
}

TPosition* sequence_copy_position(TPosition *pos) {
    TPosition *newpos=malloc(sizeof(TPosition));
    assert(newpos!=NULL);
    newpos->index=pos->index;
    return newpos;
}

TPosition* sequence_start(TSequence *seq) {
    TPosition *newpos=malloc(sizeof(TPosition));
    assert(newpos!=NULL);
    newpos->index=0;
    return newpos;
}

TPosition* sequence_end(TSequence *seq) {
    TPosition *newpos=malloc(sizeof(TPosition));
    assert(newpos!=NULL);
    newpos->index=seq->array.length;
    return newpos;
}

void sequence_next(TSequence *seq, TPosition *pos) {
    pos->index ++;
}

bool sequence_at_end(TSequence *seq, TPosition *pos) {
    return pos->index==seq->array.length;
}

bool sequence_position_equal(TSequence *seq,
            TPosition *pos1, TPosition *pos2) {
    return pos1->index == pos2->index;
}
```

Listato 9.7 Implementazione in C del TDA Sequence usando gli array dinamici (*seconda parte*). La definizione adottata è quella con astrazione degli indici (vedi listato 9.4).

9.3.3 Implementazione mediante liste

Un'implementazione alternativa del tipo Sequence usa come struttura dati le liste concatenate e le relative funzioni presentate nel capitolo 6. Si noti che in aggiunta alle funzioni presentate nel testo del capitolo, verranno usate (in questa sezione e nelle successive) anche le seguenti funzioni definite negli esercizi: `list_length` (esercizio 6.5), `list_search_unordered` (esercizio 6.8), `list_search_at_index` (esercizio 6.9), `list_insert_at_index` (esercizio 6.11), `list_delete_at_index` (esercizio 6.10), `list_insert_at_node` (esercizio 6.13) e `list_delete_at_node` (esercizio 6.14).

Il listato 9.8 mostra l'implementazione nell'ipotesi di usare indici numerici. La definizione della struttura `SSequence` contiene questa volta il puntatore al primo nodo della lista concatenata, rappresentato attraverso il tipo `TNode`.

In questa implementazione è da notare il fatto che diverse operazioni che con la

```
struct SSequence {
    TList list;
};

TSequence* sequence_create() {
    TSequence *seq=malloc(sizeof(TSequence));
    assert(seq!=NULL);
    seq->list=list_create();
    return seq;
}

void sequence_destroy(TSequence *seq) {
    seq->list=list_destroy(seq->list);
    free(seq);
}

int sequence_length(TSequence *seq) {
    return list_length(seq->list);
}

bool sequence_empty(TSequence *seq) {
    return seq->list == NULL;
}

TInfo sequence_get(TSequence *seq, int i) {
    TNode *p=list_search_at_index(seq->list, i);
    return p->info;
}

void sequence_insert(TSequence *seq, int i, TInfo v) {
    seq->list=list_insert_at_index(seq->list, i, v);
}

void sequence_remove(TSequence *seq, int i) {
    seq->list=list_delete_at_index(seq->list, i);
}

void sequence_set(TSequence *seq, int i, TInfo v) {
    TNode *p=list_search_at_index(seq->list, i);
    p->info=v;
}
```

Listato 9.8 Implementazione in C del TDA Sequence usando liste concatenate. La definizione adottata è quella con indici numerici (vedi listato 9.3).

rappresentazione mediante array richiedevano un tempo costante, ora necessitano di una scansione della lista, e quindi un tempo $\Theta(n)$. Il primo esempio è dato dalla funzione `sequence_length`, che deve scorrere l'intera lista per contare gli elementi; in questo caso è giustificata l'introduzione della funzione `sequence_empty`, che consente di verificare in un tempo $\Theta(1)$ se la sequenza è vuota.

Analogamente richiedono una scansione della lista le operazioni `sequence_get`, `sequence_set`, `sequence_insert` e `sequence_remove`. Si noti che anche se l'operazione `sequence_set` ha la stessa complessità computazionale di una `sequence_remove` seguita da una `sequence_insert` (ovvero, $\Theta(n)$), essa risulta comunque piú efficiente in quanto non richiede di deallocare il vecchio nodo e di riallocarne uno nuovo.

Passando alla implementazione della versione del TDA Sequence basata sull'astrazione del concetto di indice, che è illustrata nei listati 9.9 e 9.10, possiamo innanzitutto notare che la rappresentazione del tipo `TPosition` contiene non solo

```
struct SSequence {
    TList list;
};
struct SPosition {
    TNode *prev, *curr;
};

TSequence* sequence_create() {
    TSequence *seq=malloc(sizeof(TSequence));
    assert(seq!=NULL);
    seq->list=list_create();
    return seq;
}

void sequence_destroy(TSequence *seq) {
    seq->list=list_destroy(seq->list);
    free(seq);
}

int sequence_length(TSequence *seq) {
    return list_length(seq->list);
}

bool sequence_empty(TSequence *seq) {
    return seq->list == NULL;
}

TInfo sequence_get(TSequence *seq, TPosition *pos) {
    assert(pos!=NULL);
    return pos->curr->info;
}

void sequence_insert(TSequence *seq, TPosition *pos, TInfo v) {
    seq->list=list_insert_at_node(seq->list, pos->prev, v);
    if (pos->prev==NULL)
        pos->curr=seq->list;
    else
        pos->curr=pos->prev->link;
}

void sequence_remove(TSequence *seq, TPosition *pos) {
    seq->list=list_delete_at_node(seq->list, pos->prev);
    if (pos->prev==NULL)
        pos->curr=seq->list;
    else
        pos->curr=pos->prev->link;
}

void sequence_set(TSequence *seq, TPosition *pos, TInfo v) {
    pos->curr->info=v;
}
```

Listato 9.9 Implementazione in C del TDA Sequence usando liste concatenate (*prima parte*). La definizione adottata è quella con astrazione degli indici (vedi listato 9.4).

il puntatore al nodo che corrisponde alla posizione corrente (il campo `curr`), ma anche il puntatore al suo predecessore (il campo `prec`). Quest'ultima informazione è necessaria per consentire le operazioni di inserimento e cancellazione di un elemento (`sequence_insert` e `sequence_remove`). Per convenzione, se il dato `TPosition` rappresenta la posizione iniziale della sequenza, `prec` viene posto a

```
void sequence_destroy_position(TPosition *pos) {
    free(pos);
}

TPosition* sequence_copy_position(TPosition *pos) {
    TPosition *newpos=malloc(sizeof(TPosition));
    assert(newpos!=NULL);
    newpos->prev=pos->prev;
    newpos->curr=pos->curr;
    return newpos;
}

TPosition* sequence_start(TSequence *seq) {
    TPosition *newpos=malloc(sizeof(TPosition));
    assert(newpos!=NULL);
    newpos->prev=NULL;
    newpos->curr=seq->list;
    return newpos;
}

TPosition* sequence_end(TSequence *seq) {
    TPosition *newpos=malloc(sizeof(TPosition));
    assert(newpos!=NULL);
    newpos->prev=list_last_node(seq->list);
    newpos->curr=NULL;
    return newpos;
}

void sequence_next(TSequence *seq, TPosition *pos) {
    pos->prev = pos->curr;
    pos->curr = pos->curr->link;
}

bool sequence_at_end(TSequence *seq, TPosition *pos) {
    return pos->curr == NULL;
}

bool sequence_position_equal(TSequence *seq,
               TPosition *pos1, TPosition *pos2) {
    return pos1->curr == pos2->curr;
}
```

Listato 9.10 Implementazione in C del TDA Sequence usando liste concatenate (*seconda parte*). La definizione adottata è quella con astrazione degli indici (vedi listato 9.4).

`NULL`. Analogamente, per la posizione alla fine della sequenza (ovvero, la posizione *dopo* l'ultimo elemento), `curr` viene posto a `NULL`.

Si osservi che nelle operazioni `sequence_insert` e `sequence_remove` è necessario, dopo aver chiamato la corrispondente funzione che opera sulla lista, riaggiustare il campo `curr` del dato `TPosition`. Infatti, dopo l'inserimento e la cancellazione l'elemento corrente cambia, diventando nel primo caso l'elemento appena inserito, e nel secondo caso l'elemento successivo a quello appena rimosso.

In questa variante del tipo, le operazioni `sequence_get`, `sequence_set`, `sequence_insert` e `sequence_remove` hanno una complessità $\Theta(1)$. Si noti che a questo tempo occorre aggiungere il tempo necessario per ottenere un `TPosition` che indica la posizione su cui operare; tuttavia nel caso in cui si debbano fare operazioni che agiscono su tutti gli elementi della sequenza, quest'ultimo tempo è costante, se si considera che la posizione di un elemento può essere ricavata da quella dell'elemento precente con la funzione `sequence_next`, che ha complessità $\Theta(1)$.

9.3.4 Confronto tra le implementazioni presentate

La tabella 9.1 mostra il costo delle diverse operazioni definite per il TDA Sequence considerando le due varianti nella definizione del TDA (con indici numerici e con il tipo `TPosition`) e le due rappresentazioni proposte (array e liste concatenate).

Operazione	Array		Lista	
	Ind. numerico	Position	Ind. numerico	Position
`create`	$\Theta(1)$	$\Theta(1)$	$\Theta(1)$	$\Theta(1)$
`destroy`	$\Theta(1)$	$\Theta(1)$	$\Theta(n)$	$\Theta(n)$
`length`	$\Theta(1)$	$\Theta(1)$	$\Theta(n)$	$\Theta(n)$
`empty`	$\Theta(1)$	$\Theta(1)$	$\Theta(1)$	$\Theta(1)$
`get`	$\Theta(1)$	$\Theta(1)$	$\Theta(n)$	$\Theta(1)$
`insert`	$\Theta(n)$	$\Theta(n)$	$\Theta(n)$	$\Theta(1)$
`remove`	$\Theta(n)$	$\Theta(n)$	$\Theta(n)$	$\Theta(1)$
`set`	$\Theta(1)$	$\Theta(1)$	$\Theta(n)$	$\Theta(1)$
`destroy_position`	–	$\Theta(1)$	–	$\Theta(1)$
`copy_position`	–	$\Theta(1)$	–	$\Theta(1)$
`start`	–	$\Theta(1)$	–	$\Theta(1)$
`end`	–	$\Theta(1)$	–	$\Theta(n)$
`next`	–	$\Theta(1)$	–	$\Theta(1)$
`at_end`	–	$\Theta(1)$	–	$\Theta(1)$
`position_equal`	–	$\Theta(1)$	–	$\Theta(1)$

Tabella 9.1 Confronto tra le complessità temporali delle diverse implementazioni proposte per il TDA Sequence.

Nel caso di indici numerici, la rappresentazione in termini di array appare piú conveniente di quella in termini di liste concatenate. Si tenga però presente che le complessità riportate in tabella sono riferite al caso peggiore, e il caso migliore è diverso per le due rappresentazioni, almeno per quanto riguarda le operazioni di inserimento e rimozione: per gli array il caso migliore si verifica quando si opera sulla fine della sequenza, mentre per le liste il caso migliore è sull'inizio della sequenza. Quindi, in alcune situazioni potrebbe comunque risultare conveniente la rappresentazione in termini di liste.

Per quanto riguarda la definizione che usa `TPosition`, risulta conveniente la rappresentazione in termini di liste per operazioni di inserimento e rimozione, mentre risulta vantaggiosa la rappresentazione in termini di array per accedere alla fine della sequenza e per conoscerne la lunghezza.

9.4 TDA Set

Il TDA Set rappresenta il concetto matematico di insieme. Un insieme è una collezione di elementi, in cui non è possibile avere elementi ripetuti, e l'ordine di inserimento degli elementi non viene considerato significativo e non viene preservato.

Le operazioni fondamentali su un Set sono indicate nella tabella riportata di seguito:

$create :\rightarrow Set$	creazione di un Set
$destroy : Set \rightarrow$	distruzione di un Set
$empty : Set \rightarrow bool$	verifica se il Set è vuoto
$add : Set \times Info \rightarrow$	aggiunta di un elemento
$remove : Set \times Info \rightarrow$	rimozione di un elemento
$contains : Set \times Info \rightarrow bool$	verifica della presenza di un elemento

Di queste operazioni, soltanto *add* e *remove* modificano lo stato del Set.

Approfondimento Passiamo ora a una descrizione formale delle proprietà di queste operazioni. Cominciamo con le equazioni relative alla creazione di un set e all'operazione *empty*:

$$\{s \leftarrow create(); e \leftarrow empty(s)\} \Longrightarrow e = true$$
$$empty(s) \Longleftrightarrow \forall v, contains(s, v) = false$$

La prima equazione ci dice che un Set appena creato è vuoto, e la seconda che un Set è vuoto se e solo se la funzione *contains* restituisce $false$ qualunque sia il valore del secondo parametro.
Vediamo ora le equazioni che caratterizzano il comportamento dell'operazione *add*:

$$\{add(s, v); add(s, v)\} \equiv add(s, v)$$
$$\{add(s, v_1); add(s, v_2)\} \equiv \{add(s, v_2); add(s, v_1)\}$$
$$\{add(s, v); e \leftarrow empty(s)\} \Longrightarrow e = false$$
$$\{add(s, v); c \leftarrow contains(s, v)\} \Longrightarrow c = true$$

La prima equazione ci dice che aggiungere due volte uno stesso elemento ha il medesimo effetto che aggiungerlo una volta sola. La seconda equazione invece indica che l'ordine di inserimento degli elementi non è significativo. Per la terza e per la quarta equazione, immediatamente dopo aver inserito un elemento v il Set non è vuoto, ed è vero che il Set contiene l'elemento v.
Infine, passiamo all'operazione *remove*:

$$\{remove(s, v); c \leftarrow contains(s, v)\} \Longrightarrow c = false$$

Ovvero, immediatamente dopo la rimozione dell'elemento v dal Set, non è vero che il Set contiene l'elemento v.

```
#ifndef SET_H
#define SET_H
typedef struct SSet TSet;
typedef struct SPosition TPosition;

TSet *set_create(void);
void set_destroy(TSet *s);
bool set_empty(TSet *s);
void set_add(TSet *s, TInfo v);
void set_remove(TSet *s, TInfo v);
bool set_contains(TSet *s, TInfo v);

TPosition *set_start(TSet *s);
TInfo set_get(TSet *s, TPosition *pos);
void set_next(TSet *s, TPosition *pos);
bool set_at_end(TSet *s, TPosition *pos);
void set_destroy_position(TPosition *pos);

#endif
```

Listato 9.11 Dichiarazione in C dell'interfaccia del TDA Set.

Per una definizione completa del TDA Set è utile aggiungere anche delle operazioni di *iterazione*, per scorrere tutti gli elementi contenuti nel set. Analogamente a quanto abbiamo fatto nella sezione 9.3.1, introdurremo a tale scopo una definizione astratta di una posizione all'interno del Set mediante il tipo *Position*[1]. Le operazioni da aggiungere per scorrere un Set sono:

$start : Set \rightarrow Position$	comincia lo scorrimento di un Set
$get : Set \times Position \rightarrow Info$	valore dell'elemento corrente
$next : Set \times Position \rightarrow$	passa al prossimo elemento da esaminare
$at\_end : Set \times Position \rightarrow bool$	verifica se ci sono altri elementi da esaminare
$destroy\_position : Position \rightarrow$	distrugge un dato di tipo Position

Si noti che l'ordine con cui vengono esaminati gli elementi usando queste operazioni può essere del tutto arbitrario, e non ha alcun legame con l'ordine di inserimento degli elementi.

Tra le operazioni definite per il tipo Set, la $get(s, pos)$ e la $next(s, pos)$ hanno come condizione che $at\_end(s, pos)$ sia $false$.

Il listato 9.11 mostra la definizione in C dell'interfaccia del TDA Set. Prima di passare all'implementazione del tipo, mostriamo come esempio d'uso del TDA la definizione di una funzione che calcola l'intersezione di due insiemi:

```
TSet *set_intersection(TSet *a, TSet *b) {
    TSet *newset=set_create();
    TPosition *pos=set_start(a);
```

[1]Per semplicità useremo lo stesso nome *Position* impiegato per il TDA Sequence. Il tipo Position relativo a un Set deve essere considerato tuttavia distinto dal suo omonimo relativo a una Sequence, e qualora entrambi i TDA dovessero essere usati in un medesimo programma sarebbe necessario usare nomi distinti come *SequencePosition* e *SetPosition*.

```
    while (!set_at_end(a, pos)) {
        TInfo v=set_get(a, pos);
        if (set_contains(b, v))
            set_add(newset, v);
        set_next(a, pos);
    }
    set_destroy_position(pos);
    return newset;
}
```

9.4.1 Implementazione mediante liste

```
struct SSet {
    TList list;
};

TSet *set_create(void) {
    TSet *newset=malloc(sizeof(TSet));
    assert(newset!=NULL);
    newset->list=list_create();
    return newset;
}

void set_destroy(TSet *s) {
    s->list=list_destroy(s->list);
    free(s);
}

bool set_empty(TSet *s) {
    return s->list==NULL;
}

void set_add(TSet *s, TInfo v) {
    if (!set_contains(s, v))
        s->list=list_insert_at_index(s->list, 0, v);
}

void set_remove(TSet *s, TInfo v) {
    s->list=list_delete(s->list, v);
}

bool set_contains(TSet *s, TInfo v) {
    return list_search_unordered(s->list, v)!=NULL;
}
```

Listato 9.12 Implementazione in C dell'interfaccia del TDA Set mediante liste concatenate (prima parte).

La prima implementazione che presenteremo per il TDA Set usa come rappresentazione le liste concatenate e le relative funzioni introdotte nel capitolo 6. I listati 9.12 e 9.13 illustrano tale implementazione.

Le definizioni contenute nel listato 9.12 dovrebbero risultare piuttosto intuitive. L'unica funzione su cui è opportuno richiamare l'attenzione è la **set_add**: tale funzione prima verifica se l'elemento che si sta cercando di aggiungere non sia già contenuto nel Set (usando la funzione **set_contains**); in caso negativo, provvede ad inserirlo in testa alla lista usando **list_insert_at_index**. Tutte le

```
struct SPosition {
    TNode *curr;
};

TPosition *set_start(TSet *s) {
    TPosition *pos=malloc(sizeof(TPosition));
    assert(pos!=NULL);
    pos->curr=s->list;
    return pos;
}

TInfo set_get(TSet *s, TPosition *pos) {
    return pos->curr->info;
}

void set_next(TSet *s, TPosition *pos) {
    pos->curr = pos->curr->link;
}

bool set_at_end(TSet *s, TPosition *pos) {
    return pos->curr == NULL;
}

void set_destroy_position(TPosition *pos) {
    free(pos);
}
```

Listato 9.13 Implementazione in C dell'interfaccia del TDA Set mediante liste concatenate (seconda parte).

altre operazioni si limitano a richiamare direttamente le corrispondenti operazioni sulle liste.

9.4.2 Implementazione mediante alberi

Una implementazione alternativa del tipo Set usa gli alberi binari introdotti nel capitolo 8. In particolare, faremo riferimento alle definizioni di tipo presentate nel listato 8.1 e alle funzioni i cui prototipi sono nel listato 8.2. Si noti che sarà inoltre utilizzata (in questa sezione e nelle successive) la funzione **`binarytree_min_greater_than`** introdotta nell'esercizio 8.2.

Attenzione! Si noti che questa rappresentazione può essere usata solo se il tipo `TInfo` degli elementi del Set possiede una relazione d'ordine (ovvero, sono definite le funzioni `less` e `greater` introdotte nella sezione 1.1.3).

I listati 9.14 e 9.15 mostrano l'implementazione del TDA Set mediante alberi binari. Sulle funzioni del listato 9.14 non sono necessari particolari commenti, dal momento che si limitano a richiamare quasi direttamente le funzioni che operano sugli alberi binari; l'unica eccezione è la **`set_add`** che prima di inserire l'elemento nell'albero verifica che non sia già presente.

È invece piú complesso il discorso per le funzioni di iterazione del Set, presentate nel listato 9.15. Infatti mentre per le liste abbiamo a disposizione un modo

```
struct SSet {
    TBinaryTree tree;
};

TSet *set_create(void) {
    TSet *newset=malloc(sizeof(TSet));
    assert(newset!=NULL);
    newset->tree=binarytree_create();
    return newset;
}

void set_destroy(TSet *s) {
    s->tree=binarytree_destroy(s->tree);
    free(s);
}

bool set_empty(TSet *s) {
    return s->tree==NULL;
}

void set_add(TSet *s, TInfo v) {
    if (!set_contains(s, v))
        s->tree=binarytree_insert(s->tree, v);
}

void set_remove(TSet *s, TInfo v) {
    s->tree=binarytree_delete(s->tree, v);
}

bool set_contains(TSet *s, TInfo v) {
    return binarytree_search(s->tree, v)!=NULL;
}
```

Listato 9.14 Implementazione in C dell'interfaccia del TDA Set mediante alberi binari (prima parte).

semplice per percorrere tutti i nodi, seguendo la catena dei puntatori, per la visita di un albero abbiamo dovuto far ricorso ad algoritmi ricorsivi che non possiamo qui applicare perché non ci consentirebbero di fermare la visita salvando in un dato `TPosition` il punto in cui è arrivata per poterla riprendere in un momento successivo.

Per scorrere in sequenza tutto il contenuto dell'albero, possiamo utilizzare le funzioni `binarytree_min` e `binarytree_min_greater_than`, partendo dal nodo col valore piú piccolo e spostandoci ad ogni passo sul nodo immediatamente maggiore. Perciò definiamo la struttura `SPosition` in modo che contenga un puntatore al nodo corrente. La funzione `set_start` inizializza tale puntatore in modo che punti al nodo minimo dell'albero; la funzione `set_next` cerca il nodo successivo attraverso `binarytree_min_greater_than`. Poiché quest'ultima restituisce `NULL` quando il valore passato è maggiore o uguale al massimo dell'albero, la funzione `set_at_end` usa il confronto con il puntatore nullo per verificare che l'iterazione sia terminata.

9.4.3 Confronto tra le implementazioni presentate

Passiamo ora a confrontare dal punto di vista della complessità computazionale le due implementazioni proposte. La tabella 9.2 mostra la complessità di cia-

```
struct SPosition {
    TNode *curr;
};

TPosition *set_start(TSet *s) {
    TPosition *pos=malloc(sizeof(TPosition));
    assert(pos!=NULL);
    pos->curr=binarytree_min(s->tree);
    return pos;
}

TInfo set_get(TSet *s, TPosition *pos) {
    return pos->curr->info;
}

void set_next(TSet *s, TPosition *pos) {
    pos->curr=binarytree_min_greater_than(s->tree, pos->curr->info);
}

bool set_at_end(TSet *s, TPosition *pos) {
    return pos->curr == NULL;
}

void set_destroy_position(TPosition *pos) {
    free(pos);
}
```

Listato 9.15 Implementazione in C dell'interfaccia del TDA Set mediante alberi binari (seconda parte).

scuna operazione. Si noti che per il caso dell'albero, si assume che l'albero sia ragionevolmente bilanciato.

Operazione	Lista	Albero
`create`	$\Theta(1)$	$\Theta(1)$
`destroy`	$\Theta(n)$	$\Theta(n)$
`empty`	$\Theta(1)$	$\Theta(1)$
`add`	$\Theta(n)$	$\Theta(\log n)$
`remove`	$\Theta(n)$	$\Theta(\log n)$
`contains`	$\Theta(n)$	$\Theta(\log n)$
`start`	$\Theta(1)$	$\Theta(\log n)$
`get`	$\Theta(1)$	$\Theta(1)$
`next`	$\Theta(1)$	$\Theta(\log n)$
`at_end`	$\Theta(1)$	$\Theta(1)$
`destroy_position`	$\Theta(1)$	$\Theta(1)$

Tabella 9.2 Confronto tra le complessità temporali delle due implementazioni proposte per il TDA Set. Per gli alberi si assume che l'albero risultante sia ragionevolmente bilanciato.

Dalla tabella si evince che per quasi tutte le operazioni la rappresentazione in termini di alberi risulta conveniente: le uniche eccezioni sono le operazioni `set_start` e `set_next`, che comunque hanno una complessità logaritmica, e quindi accettabile. Pertanto in generale è preferibile una rappresentazione in termini di alberi a una in termini di liste. Va comunque tenuto presente che:

- la rappresentazione mediante alberi richiede che il tipo `TInfo` abbia una relazione d'ordine, mentre questa non è necessaria per le liste;
- nel caso in cui gli alberi siano fortemente sbilanciati (ad esempio se gli elementi sono inseriti nel Set in ordine crescente o decrescente) la complessità di tutte le operazioni diventa uguale o maggiore di quella della rappresentazione mediante liste; in particolare la funzione `set_next` diventa $\Theta(n)$, rendendo quadratico il tempo necessario per iterare su tutti gli elementi del Set.

Approfondimento In pratica le implementazioni piú usate del TDA Set si basano su *alberi bilanciati*, ovvero strutture date analoghe agli alberi binari, in cui le operazioni di inserimento e cancellazione garantiscono però di mantenere bilanciato l'albero; oppure si usano come rappresentazione le tabelle hash (introdotte nel capitolo 7, che consentono la ricerca e l'inserimento di valori in un tempo medio che è in $\Theta(1)$).

9.5 TDA Map

Una *Map* è un TDA che consente di memorizzare un insieme di corrispondenze tra un insieme di *chiavi* e un insieme di *valori*. A ciascuna chiave corrisponde al piú un valore; viceversa un determinato valore può essere associato anche a piú di una chiave.

Il tipo delle chiavi e il tipo dei valori possono essere qualsiasi; in particolare le chiavi non sono necessariamente numeriche. In un certo senso questo TDA rappresenta una generalizzazione del concetto di array al caso in cui gli indici non siano necessariamente numerici e non costituiscano un intervallo; per questo motivo il TDA viene talvolta indicato con il nome *array associativo*.

Nel seguito assumeremo che siano stati opportunamente definiti i tipi `TKey` per rappresentare le chiavi della Map, e `TValue` per i corrispondenti valori.

Le operazioni fondamentali su una Map sono:

$create : \rightarrow Map$	crea una Map
$destroy : Map \rightarrow$	distrugge una Map
$add : Map \times Key \times Value \rightarrow$	associa un valore a una chiave; se la chiave era già associata a un altro valore, sostituisce la precedente associazione
$lookup : Map \times Key \rightarrow Value$	trova il valore associato a una chiave
$remove : Map \times Key \rightarrow$	rimuove l'associazione relativa a una determinata chiave
$contains : Map \times Key \rightarrow bool$	verifica se la Map contiene una associazione per una determinata chiave

Di queste operazioni, solo la $lookup(m, k)$ richiede come precondizione che $contains(m, k)$ sia *true*. Inoltre, *add* e *remove* sono le sole operazioni (oltre ovviamente a *destroy*) che modificano lo stato della Map.

Approfondimento Descriviamo ora formalmente le proprietà di queste operazioni:

$$\forall k\{m \to create(); c \leftarrow contains(m,k)\} \Longrightarrow c = false$$
$$\{add(m,k,v); c \leftarrow contains(m,k)\} \Longrightarrow c = true$$
$$\{add(m,k,v); x \leftarrow lookup(m,k)\} \Longrightarrow x = v$$
$$\{add(m,k,v_1); add(m,k,v_2)\} \equiv add(m,k,v_2)$$
$$\{remove(m,k); c \leftarrow contains(m,k)\} \Longrightarrow c = false$$

La prima equazione ci dice che una mappa appena creata non contiene un'associazione per nessuna delle possibili chiavi. La seconda equazione ci dice che dopo aver inserito un valore in corrispondenza della chiave k, l'operazione *contains* restituirà *true* per la chiave k. La terza equazione ci dice che se associamo il valore v alla chiave k, la funzione *lookup* applicata a k avrà come risultato v. La quarta equazione ci dice che se applichiamo *add* a una chiave k che già aveva in precedenza un'associazione, l'effetto è equivalente al caso in cui la prima associazione non sia mai stata inserita (ovvero, l'associazione precedente viene sostituita da quella successiva). Infine l'ultima equazione ci dice che dopo aver rimosso la chiave k dalla Map, quest'ultima non conterrà nessuna associazione per k.

In maniera analoga a quanto abbiamo fatto per il TDA Set, anche per Map possiamo aggiungere delle ulteriori operazioni per scorrere tutte le associazioni contenute nella collezione. Le operazioni di iterazione sono le seguenti:

$start : Map \to Position$	comincia lo scorrimento di una Map
$get\_key : Map \times Position \to Key$	chiave dell'associazione corrente
$get\_value : Map \times Position \to Value$	valore dell'associazione corrente
$set\_value : Map \times Position \times Value \to$	modifica il valore dell'associazione corrente
$next : Map \times Position \to$	passa alla prossima associazione da esaminare
$at\_end : Map \times Position \to bool$	verifica se ci sono altre associazioni da esaminare
$destroy\_position : Position \to$	distrugge un dato di tipo Position

Il listato 9.16 contiene la definizione in linguaggio C dell'interfaccia del TDA Map. Rispetto alla versione astratta delle operazioni, è stata introdotta una modifica all'operazione `map_lookup` per fare in modo che essa restituisca un risultato logico che indica se la chiave richiesta è presente nella Map, e solo in caso affermativo passi il valore associato attraverso il parametro di uscita `pvalue`. Questa modifica consente di implementare in maniera piú efficiente le operazioni in cui

```
#ifndef MAP_H
#define MAP_H
typedef struct SMap TMap;
typedef struct SPosition TPosition;

TMap *map_create(void);
void map_destroy(TMap *map);
void map_add(TMap *map, TKey key, TValue value);
void map_remove(TMap *map, TKey key);
bool map_contains(TMap *map, TKey key);
bool map_lookup(TMap *map, TKey key, TValue *pvalue);

TPosition *map_start(TMap *map);
TKey map_get_key(TMap *map, TPosition *pos);
TValue map_get_value(TMap *map, TPosition *pos);
void map_set_value(TMap *map, TPosition *pos, TValue value);
void map_next(TMap *map, TPosition *pos);
bool map_at_end(TMap *map, TPosition *pos);
void map_destroy_position(TPosition *pos);

#endif
```

Listato 9.16 Definizione in C dell'interfaccia del TDA Map.

occorre prima verificare se una chiave è presente e poi operare sul valore associato alla chiave, in quanto si evita di dover effettuare separatamente una chiamata a **`map_contains`**.

Esempio Vediamo ora un esempio di uso del tipo **`TMap`**. Supponiamo di voler realizzare un sottoprogramma che riceve in input un elenco di parole (ad esempio, lette da un file) e conta quante volte ogni parola è presente nell'elenco. Possiamo risolvere questo problema usando come struttura dati una Map in cui le chiavi siano le parole, e i valori siano interi che rappresentano il conteggio delle parole.

Per cominciare, definiamo i tipo **`TKey`** e **`TValue`** come segue:

```
#define MAX_WORD 30
struct SKey {
    char word[MAX_WORD+1];
};
typedef struct SKey TKey;
typedef int TValue;
```

Si noti che abbiamo dovuto definire **`TKey`** mediante una struttura, anche se essa contiene un singolo campo, perché il linguaggio C non consente di passare per valore o di restituire come valore di ritorno un array.

Ora possiamo definire una funzione che calcola e stampa il conteggio delle parole:

```
void print_word_counts(TKey elenco[], int n) {
    TMap *map=map_create();
    int i;
    TKey key;
    TValue count;
    TPosition *pos;

    for(i=0; i<n; i++) {
        if (map_lookup(map, elenco[i], &count))
            /* La parola era gia' presente nella Map;
```

```
                 * incrementa il conteggio.
                 */
                map_add(map, elenco[i], count+1);
            else
                /* La parola non era presente nella Map;
                 * imposta il conteggio a 1.
                 */
                map_add(map, elenco[i], 1);
        }

        /* Stampa il contenuto della Map */
        pos=map_start(map);
        while (!map_at_end(map, pos)) {
            key=map_get_key(map, pos);
            count=map_get_value(map, pos);
            printf("%s:␣%d\n", key.word, count);
            map_next(map, pos);
        }
        map_destroy_position(pos);
        map_destroy(map);
    }
```

9.5.1 Implementazione mediante liste

Per implementare il TDA Map usando le liste e le relative funzioni definite nel capitolo 6 dobbiamo innanzitutto definire in maniera opportuna il tipo `TInfo`.

In particolare, andremo a definire `TInfo` come una struttura che contenga un campo per la chiave e uno per il valore associato:

```
struct SInfo {
    TKey key;
    TValue value;
};
typedef struct SInfo TInfo;
```

Dobbiamo inoltre definire la funzione `equal` che confronta due dati di tipo `TInfo` in modo che calcoli il suo risultato esaminando le sole chiavi, e non i valori associati. Ad esempio, se è possibile usare l'operatore `==` per confrontare due chiavi, una possibile definizione della funzione sarà:

```
bool equal(TInfo a, TInfo b) {
    return a.key == b.key;
}
```

I listati 9.17 e 9.18 contengono l'implementazione del TDA Map usando come rappresentazione le liste concatenate. Per quanto riguarda le funzioni definite nel listato 9.17, si noti come in quasi tutte viene prima costruito un dato di tipo `TInfo` usando la chiave ed eventualmente il valore passati alla funzione, e poi si usa questo dato per richiamare le funzioni appropriate che operano sulla lista.

Ad esempio, nella `map_add` viene costruito un `TInfo` che viene passato alla funzione `list_search_unordered`; poiché abbiamo definito la funzione `equal` in modo che tenga conto solo della chiave, e non del valore contenuto nel `TInfo`, la funzione `list_search_unordered` restituirà un puntatore a un eventuale nodo che avesse una chiave uguale a `key`, indipendentemente dal valore ad essa associato. Se tale nodo esiste, viene semplicemente modificato il valore contenuto in questo nodo; altrimenti, viene aggiunto in testa alla lista un nuovo nodo che contiene la chiave `key` e il valore `value`.

```
struct SMap {
    TList list;
};

TMap *map_create(void) {
    TMap *map=malloc(sizeof(TMap));
    assert(map!=NULL);
    map->list=list_create();
    return map;
}

void map_destroy(TMap *map) {
    map->list=list_destroy(map->list);
    free(map);
}

void map_add(TMap *map, TKey key, TValue value) {
    TNode *node;
    TInfo info;
    info.key=key;
    node=list_search_unordered(map->list, info);
    if (node!=NULL)
        node->info.value=value;
    else {
        info.value=value;
        map->list=list_insert_at_index(map->list, 0, info);
    }
}

void map_remove(TMap *map, TKey key) {
    TInfo info;
    info.key=key;
    map->list=list_delete(map->list, info);
}

bool map_contains(TMap *map, TKey key) {
    TNode *node;
    TInfo info;
    info.key=key;
    node=list_search_unordered(map->list, info);
    return node!=NULL;
}

bool map_lookup(TMap *map, TKey key, TValue *pvalue) {
    TNode *node;
    TInfo info;
    info.key=key;
    node=list_search_unordered(map->list, info);
    if (node!=NULL)
        *pvalue=node->info.value;
    return node!=NULL;
}
```

Listato 9.17 Implementazione in C del TDA Map mediante liste concatenate (prima parte).

Si noti inoltre che l'implementazione della funzione **map_lookup** assegna un valore al parametro di uscita **pvalue** solo se la chiave è presente all'interno della Map.

Per quanto riguarda le funzioni definite nel listato 9.18, non vi sono elementi che richiedono particolari commenti.

```
struct SPosition {
    TNode *curr;
};

TPosition *map_start(TMap *map) {
    TPosition *pos=malloc(sizeof(TPosition));
    assert(pos!=NULL);
    pos->curr=map->list;
    return pos;
}

TKey map_get_key(TMap *map, TPosition *pos) {
    return pos->curr->info.key;
}

TValue map_get_value(TMap *map, TPosition *pos) {
    return pos->curr->info.value;
}

void map_set_value(TMap *map, TPosition *pos, TValue value) {
    pos->curr->info.value=value;
}

void map_next(TMap *map, TPosition *pos) {
    pos->curr=pos->curr->link;
}

bool map_at_end(TMap *map, TPosition *pos) {
    return pos->curr == NULL;
}

void map_destroy_position(TPosition *pos) {
    free(pos);
}
```

Listato 9.18 Implementazione in C del TDA Map mediante liste concatenate (seconda parte).

9.5.2 Implementazione mediante alberi

Una diversa implementazione del TDA Map usa come rappresentazione gli alberi binari introdotti nel capitolo 8. Per poter rappresentare una Map attraverso un albero è necessario che esista una relazione d'ordine per il tipo `TKey`, e che la relazione d'ordine per il tipo `TInfo` (le funzioni `less` e `greater` descritte nella sezione 1.1.3) siano definite in base alla relazione d'ordine tra le chiavi. Ad esempio, supponendo che il tipo `TKey` sia un alias di uno dei tipi predefiniti del C per il quale è possibile usare gli operatori `<` e `>`, una possibile definizione di `less` e `greater` è la seguente:

```
bool less(TInfo a, TInfo b) {
    return a.key < b.key;
}

bool greater(TInfo a, TInfo b) {
    return a.key > b.key;
}
```

I listati 9.19 e 9.20 mostrano l'implementazione del TDA Map mediante alberi binari. Le funzioni presenti nel listato 9.19 non dovrebbero richiedere particolari

```
struct SMap {
    TBinaryTree tree;
};

TMap *map_create(void) {
    TMap *map=malloc(sizeof(TMap));
    assert(map!=NULL);
    map->tree=binarytree_create();
    return map;
}

void map_destroy(TMap *map) {
    map->tree=binarytree_destroy(map->tree);
    free(map);
}

void map_add(TMap *map, TKey key, TValue value) {
    TNode *node;
    TInfo info;
    info.key=key;
    node=binarytree_search(map->tree, info);
    if (node!=NULL)
        node->info.value=value;
    else {
        info.value=value;
        map->tree=binarytree_insert(map->tree, info);
    }
}

void map_remove(TMap *map, TKey key) {
    TInfo info;
    info.key=key;
    map->tree=binarytree_delete(map->tree, info);
}

bool map_contains(TMap *map, TKey key) {
    TNode *node;
    TInfo info;
    info.key=key;
    node=binarytree_search(map->tree, info);
    return node!=NULL;
}

bool map_lookup(TMap *map, TKey key, TValue *pvalue) {
    TNode *node;
    TInfo info;
    info.key=key;
    node=binarytree_search(map->tree, info);
    if (node!=NULL)
        *pvalue=node->info.value;
    return node!=NULL;
}
```

Listato 9.19 Implementazione in C del TDA Map mediante alberi binari (prima parte).

commenti, essendo del tutto analoghe a quelle viste nella sezione precedente per la rappresentazione mediante liste concatenate. Per quanto riguarda le funzioni di iterazione presentate nel listato 9.20, è stata utilizzata la stessa tecnica vista precedentemente per il TDA Set (nel listato 9.15) basata sull'uso delle funzioni **`binarytree_min`** e **`binarytree_min_greater_than`**.

```
struct SPosition {
    TNode *curr;
};

TPosition *map_start(TMap *map) {
    TPosition *pos=malloc(sizeof(TPosition));
    assert(pos!=NULL);
    pos->curr=binarytree_min(map->tree);
    return pos;
}

TKey map_get_key(TMap *map, TPosition *pos) {
    return pos->curr->info.key;
}

TValue map_get_value(TMap *map, TPosition *pos) {
    return pos->curr->info.value;
}

void map_set_value(TMap *map, TPosition *pos, TValue value) {
    pos->curr->info.value=value;
}

void map_next(TMap *map, TPosition *pos) {
    pos->curr=binarytree_min_greater_than(map->tree, pos->curr->info);
}

bool map_at_end(TMap *map, TPosition *pos) {
    return pos->curr == NULL;
}

void map_destroy_position(TPosition *pos) {
    free(pos);
}
```

Listato 9.20 Implementazione in C del TDA Map mediante alberi binari (seconda parte).

9.5.3 Implementazione mediante tabelle hash

Un'altra possibile implementazione del TDA Map usa come rappresentazione le tabelle hash introdotte nel capitolo 7. In particolare, faremo riferimento alle tabelle hash a indirizzamento chiuso, la cui struttura dati è definita nel listato 7.2.

I listati 9.21 e 9.22 mostrano l'implementazione del TDA Map mediante tabelle hash. Le funzioni presenti nel listato 9.21 non dovrebbero richiedere particolari commenti, essendo del tutto analoghe a quelle viste nelle sezioni precedenti per la rappresentazione mediante liste concatenate e mediante alberi binari.

Per le funzioni di iterazione, presentate nel listato 9.22, notiamo che la struttura `SPosition`, usata per rappresentare in maniera astratta una posizione, contiene due campi: `h`, che corrisponde all'indice del bucket che contiene la posizione corrente, e `node`, che corrisponde al puntatore al nodo corrente all'interno della lista associata al bucket.

L'operazione di inizializzazione di una posizione, `map_start`, cerca il primo bucket che contenga una lista non vuota (se ne esiste uno) e assegna ai campi `h` e `node` l'indice di tale bucket e il puntatore al primo nodo della corrispondente lista.

```
#define BUCKETS 31

struct SMap {
    THashTable *ht;
};

TMap *map_create(void) {
    TMap *map=malloc(sizeof(TMap));
    assert(map!=NULL);
    map->ht=hashtable_create(BUCKETS);
    return map;
}

void map_destroy(TMap *map) {
    hashtable_destroy(map->ht);
    map->ht=NULL;
    free(map);
}

void map_add(TMap *map, TKey key, TValue value) {
    hashtable_insert(map->ht, key, value);
}

void map_remove(TMap *map, TKey key) {
    hashtable_delete(map->ht, key);
}

bool map_contains(TMap *map, TKey key) {
    TValue *p=hashtable_search(map->ht, key);
    return p!=NULL;
}

bool map_lookup(TMap *map, TKey key, TValue *pvalue) {
    TValue *p=hashtable_search(map->ht, key);
    if (p!=NULL)
        *pvalue=*p;
    return p!=NULL;
}
```

Listato 9.21 Implementazione in C del TDA Map mediante tabelle hash (prima parte).

Se la tabella è vuota, `h` è inizializzato con un valore maggiore o uguale del numero di bucket.

La funzione `map_next`, che passa alla posizione successiva, sposta innanzitutto il puntatore al nodo corrente (`node`) al suo successore. Se tale successore non è nullo, la lista del bucket corrente ha ancora degli elementi da visitare, e quindi non devono essere fatte altre operazioni per aggiornare la posizione. Altrimenti la lista del bucket corrente è esaurita, e bisogna passare al prossimo bucket non vuoto. Il ciclo `while` ricerca tale bucket; alla sua terminazione, i campi `h` e `node` ricevono l'indice del bucket e il puntatore al primo nodo della sua lista. Se non vi sono altri bucket non vuoti da esaminare, il campo `h` viene impostato a un valore maggiore o uguale della dimensione del vettore di bucket.

Infine, la funzione `map_at_end` controlla che non vi siano altri elementi da esaminare verificando se l'indice `h` del bucket corrente è minore della dimensione del vettore di bucket.

```
struct SPosition {
    int h;
    TNode *node;
};

TPosition *map_start(TMap *map) {
    TPosition *pos=malloc(sizeof(TPosition));
    assert(pos!=NULL);
    int h=0;
    while (h<map->ht->bucket_number && map->ht->bucket[h]==NULL)
        h++;
    pos->h=h;
    if (h<map->ht->bucket_number)
        pos->node=map->ht->bucket[h];
    return pos;
}

TKey map_get_key(TMap *map, TPosition *pos) {
    return pos->node->info.key;
}

TValue map_get_value(TMap *map, TPosition *pos) {
    return pos->node->info.value;
}

void map_set_value(TMap *map, TPosition *pos, TValue value) {
    pos->node->info.value=value;
}

void map_next(TMap *map, TPosition *pos) {
    assert(pos->h < map->ht->bucket_number);
    pos->node=pos->node->link;
    if (pos->node!=NULL)
        return;
    int h=pos->h + 1;
    while (h<map->ht->bucket_number && map->ht->bucket[h]==NULL)
        h++;
    pos->h=h;
    if (h<map->ht->bucket_number)
        pos->node=map->ht->bucket[h];
}

bool map_at_end(TMap *map, TPosition *pos) {
    return pos->h >= map->ht->bucket_number;
}

void map_destroy_position(TPosition *pos) {
    free(pos);
}
```

Listato 9.22 Implementazione in C del TDA Map mediante tabelle hash (seconda parte).

9.5.4 Confronto tra le implementazioni presentate

Passiamo ora a confrontare dal punto di vista della complessità computazionale le implementazioni proposte per il TDA Map. La tabella 9.3 mostra la complessità di ciascuna operazione. Si noti che per il caso dell'albero, si assume che l'albero sia ragionevolmente bilanciato; analogamente, per la tabella hash si assume che il numero di bucket sia dello stesso ordine di grandezza del numero massimo di elementi nella tabella.

Operazione	Lista	Albero	Tab. hash
`create`	$\Theta(1)$	$\Theta(1)$	$\Theta(n)$
`destroy`	$\Theta(n)$	$\Theta(n)$	$\Theta(n)$
`add`	$\Theta(n)$	$\Theta(\log n)$	$\Theta(1)$
`remove`	$\Theta(n)$	$\Theta(\log n)$	$\Theta(1)$
`lookup`	$\Theta(n)$	$\Theta(\log n)$	$\Theta(1)$
`contains`	$\Theta(n)$	$\Theta(\log n)$	$\Theta(1)$
`start`	$\Theta(1)$	$\Theta(\log n)$	$\Theta(1)$
`get_key`	$\Theta(1)$	$\Theta(1)$	$\Theta(1)$
`get_value`	$\Theta(1)$	$\Theta(1)$	$\Theta(1)$
`set_value`	$\Theta(1)$	$\Theta(1)$	$\Theta(1)$
`next`	$\Theta(1)$	$\Theta(\log n)$	$\Theta(1)$
`at_end`	$\Theta(1)$	$\Theta(1)$	$\Theta(1)$
`destroy_position`	$\Theta(1)$	$\Theta(1)$	$\Theta(1)$

Tabella 9.3 Confronto tra le complessità temporali delle tre implementazioni proposte per il TDA Map. Per gli alberi si assume che l'albero risultante sia ragionevolmente bilanciato. Per le tabelle hash si assume che il numero di bucket sia dello stesso ordine di grandezza del numero di elementi.

Dalle complessità evidenziate nella tabella, le implementazioni basate su alberi e tabelle hash risultano nettamente preferibili rispetto a quella che usa liste concatenate. Tra gli alberi e le tabelle hash, queste ultime hanno una complessità minore per tutte le operazioni tranne la creazione della Map (`map_create`); d'altra parte gli alberi hanno il vantaggio che le operazioni di iterazione esaminano gli elementi in ordine di chiave, proprietà che può essere utile in alcune applicazioni, mentre per le tabelle hash l'ordine di iterazione è arbitrario.

Approfondimento In pratica le implementazioni piú usate del TDA Map si basano su *alberi bilanciati*, ovvero strutture date analoghe agli alberi binari, in cui le operazioni di inserimento e cancellazione garantiscono però di mantenere bilanciato l'albero; oppure si usano come rappresentazione tabelle hash con ridimensionamento automatico quando il fattore di carico raggiunge un limite prefissato, in modo da garantire che la complessità computazionale delle operazioni di inserimento, ricerca e cancellazione rimanga $\Theta(1)$.

9.6 TDA Stack

Abbiamo già introdotto il concetto di stack nella sezione 5.3, presentando una sua realizzazione mediante array sia a dimensione fissa che dinamici.

In questa sezione riformuleremo l'interfaccia del tipo Stack in accordo alla trattazione dei Tipi di Dato Astratti, e presenteremo una implementazione alternativa mediante liste concatenate.

Cominciamo col richiamare le operazioni fondamentali sul tipo Stack:

$create :\rightarrow Stack$	crea uno stack
$destroy : Stack \rightarrow$	distrugge uno stack
$empty : Stack \rightarrow bool$	verifica se lo stack è vuoto
$push : Stack \times Info \rightarrow$	aggiunge un elemento allo stack
$pop : Stack \rightarrow Info$	rimuove e restituisce l'ultimo elemento aggiunto dallo stack
$top : Stack \rightarrow Info$	restituisce l'ultimo elemento aggiunto senza rimuoverlo

Di queste operazioni, *destroy*, *push* e *pop* modificano lo stato dello stack. Inoltre, *pop* e *top* hanno come precondizione che lo stack non sia vuoto (ovvero $empty(s) = false$).

Approfondimento Passiamo ora a descrivere in maniera formale le proprietà di queste operazioni:

$$\{s \leftarrow create(); e \leftarrow empty(s)\} \Longrightarrow e = true$$
$$\{push(s,v); e \leftarrow empty(s)\} \Longrightarrow e = false$$
$$\{push(s,v); x \leftarrow top(s)\} \Longrightarrow x = v$$
$$\{push(s,v); x \leftarrow pop(s)\} \equiv \{x \leftarrow v\}$$

La prima equazione dice che uno stack appena creato è vuoto. La seconda equazione dice che uno stack su cui è appena stata effettuata una *push* non è vuoto. La terza equazione dice che dopo aver effettuato una $push(s, v)$, il valore restituito da $top(s)$ è uguale a v. Infine, la quarta equazione dice che una *push* seguita da una *pop* equivale a una semplice assegnazione (e quindi, la *pop* annulla le modifiche allo stato dello stack operate dalla precedente *push*).

Il listato 9.23 mostra la definizione in C dell'interfaccia del TDA Stack.

9.6.1 Implementazione mediante array

Una implementazione del tipo Stack in termini di array è presente nel listato 5.8 per array a dimensione fissa, e nel listato 5.9 per array dinamici. Anche se i prototipi delle funzioni in questi listati hanno delle lievi differenze rispetto a quelli forniti nel listato 9.23 (dovute al fatto che nel capitolo 5 non era ancora stato

```
#ifndef STACK_H
#define STACK_H
typedef struct SStack TStack;

TStack *stack_create(void);
void stack_destroy(TStack *s);
bool stack_empty(TStack *s);
void stack_push(TStack *s, TInfo info);
TInfo stack_pop(TStack *s);
TInfo stack_top(TStack *s);

#endif
```

Listato 9.23 Definizione in C dell'interfaccia del TDA Stack.

introdotto l'incapsulamento), le modifiche necessarie sono minime e sono lasciate come esercizio per il lettore.

9.6.2 Implementazione mediante liste

Il listato 9.24 mostra una possibile implementazione di Stack usando come rappresentazione le liste concatenate definite nel capitolo 6. Si noti che mentre per la implementazione mediante array gli elementi venivano aggiunti in coda all'array e rimossi dalla coda dell'array, le funzioni `stack_push` e `stack_pop` presentate in questo listato agiscono sulla testa della lista. Questa scelta dipende dal fatto che l'accesso al primo elemento di una lista concatenata ha complessità $\Theta(1)$, mentre l'accesso all'ultimo elemento ha complessità $\Theta(n)$.

9.6.3 Confronto tra le implementazioni presentate

La tabella 9.4 mostra il confronto tra le due diverse implementazioni del TDA Stack dal punto di vista della complessità computazionale. Come si evince dalla tabella, le due implementazioni sono equivalenti dal punto di vista della complessità asintotica (con l'unica eccezione dell'operazione `stack_destroy`).

La scelta tra le due rappresentazioni può tenere conto delle seguenti considerazioni aggiuntive:

- per la lista, c'è un aggravio nell'occupazione di memoria legato al fatto che ogni nodo contiene (oltre al valore) anche il puntatore al nodo successivo; l'incidenza di questo aggravio è tanto maggiore quanto piú piccola è la dimensione del tipo `TInfo`;
- per l'array, c'è un aggravio nell'occupazione di memoria legato al fatto che il numero di elementi allocati è maggiore del numero di elementi effettivamente utilizzati; l'incidenza di questo aggravio è tanto maggiore quanto piú grande è la dimensione del tipo `TInfo`;
- per lo stack, ogni operazione di *push* o di *pop* richiede un'allocazione o deallocazione di un blocco di memoria dinamica; usando gli array dinamici con ridimensionamento esponenziale, invece il numero di allocazioni e deallocazioni è al piú proporzionale al logaritmo del numero di *push* e di *pop*;

```
struct SStack {
    TList list;
};

TStack *stack_create(void) {
    TStack *s=malloc(sizeof(TStack));
    assert(s!=NULL);
    s->list=list_create();
    return s;
}

void stack_destroy(TStack *s) {
    s->list=list_destroy(s->list);
    free(s);
}

bool stack_empty(TStack *s) {
    return s->list==NULL;
}

void stack_push(TStack *s, TInfo info) {
    s->list=list_insert_at_index(s->list, 0, info);
}

TInfo stack_pop(TStack *s) {
    TInfo info=s->list->info;
    s->list=list_delete_at_index(s->list, 0);
    return info;
}

TInfo stack_top(TStack *s) {
    TInfo info=s->list->info;
    return info;
}
```

Listato 9.24 Implementazione in C del TDA Stack mediante liste concatenate.

Operazione	Array	Lista
`create`	$\Theta(1)$	$\Theta(1)$
`destroy`	$\Theta(1)$	$\Theta(n)$
`empty`	$\Theta(1)$	$\Theta(1)$
`push`	$\Theta(1)$	$\Theta(1)$
`pop`	$\Theta(1)$	$\Theta(1)$
`top`	$\Theta(1)$	$\Theta(1)$

Tabella 9.4 Confronto tra le complessità temporali delle due implementazioni proposte per il TDA Stack.

poiché le operazioni di allocazione e deallocazione, pur essento $\Theta(1)$, sono sensibilmente piú onerose delle altre operazioni, questo fatto può incidere significativamente sull'effettivo tempo di esecuzione degli algoritmi.

In conclusione, possiamo dire che risulta conveniente l'array in tutte le situazioni in cui lo spreco di memoria non è considerato un problema, oppure la dimensione del tipo `TInfo` è piccola; risulta invece preferibile la lista concatenata quando la dimensione del tipo `TInfo` è grande e contemporaneamente occorre evitare lo spreco di memoria.

9.7 TDA Queue

Il concetto di *coda* è già stato introdotto nella sezione 5.4, presentando una sua realizzazione attraverso array a dimensione fissa e attraverso array dinamici.

In questa sezione l'interfaccia del tipo Queue verrà riformulata in accordo alla trattazione dei Tipi di Dato Astratti, e sarà fornita una implementazione alternativa attraverso liste concatenate.

Richiamiamo le operazioni fondamentali sul tipo Queue:

$create :\to Queue$	crea una coda
$destroy : Queue \to$	distrugge una coda
$empty : Queue \to bool$	verifica se la coda è vuota
$add : Queue \times Info \to$	aggiunge un elemento alla coda
$remove : Queue \to Info$	rimuove e restituisce il primo elemento aggiunto dalla coda
$front : Queue \to Info$	restituisce il primo elemento aggiunto senza rimuoverlo

Di queste operazioni, *destroy*, *add* e *remove* modificano lo stato della Queue. Inoltre, *remove* e *front* hanno come precondizione che la Queue non sia vuota (ovvero $empty(q) = false$).

Approfondimento Passiamo ora a descrivere in maniera formale le proprietà di queste operazioni:

$$\begin{array}{rcl} \{q \leftarrow create(); e \leftarrow empty(q)\} & \Longrightarrow & e = true \\ \{add(q,v); e \leftarrow empty(q)\} & \Longrightarrow & e = false \\ empty(q), op_i \neq remove & \Longrightarrow & \{add(q,v); op_1; \ldots; op_n; x \leftarrow remove(q)\} \\ & & \equiv \{op_1; \ldots; op_n; x \leftarrow v\} \\ \{x \leftarrow front(q); y \leftarrow remove(q)\} & \Longrightarrow & x = y \end{array}$$

La prima equazione dice che una coda appena creata è vuota. La seconda equazione ci dice che subito dopo aver effettuato una *add* la coda non è vuota. La terza equazione ci dice che se effettuiamo una $add(q, v)$ su una coda vuota, e poi una serie di operazioni diverse dalla *remove*, l'effetto della prima *remove* annullerà l'effetto della prima *add*, e la *remove* restituirà v. Infine la quarta equazione ci dice che una $front(q)$ restituisce lo stesso risultato che restituirebbe una $remove(q)$ (ma ovviamente non modifica lo stato della Queue).

Il listato 9.25 mostra la definizione in C dell'interfaccia del TDA Queue.

```
#ifndef QUEUE_H
#define QUEUE_H
typedef struct SQueue TQueue;

TQueue *queue_create(void);
void queue_destroy(TQueue *q);
bool queue_empty(TQueue *q);
void queue_add(TQueue *q, TInfo info);
TInfo queue_remove(TQueue *q);
TInfo queue_front(TQueue *q);
#endif
```

Listato 9.25 Definizione in C dell'interfaccia del TDA Queue.

9.7.1 Implementazione mediante array

Una implementazione del tipo Queue in termini di array è presente nel listati 5.11 e 5.12 per array a dimensione fissa, e nei listati 5.13 e 5.14 per array dinamici. Anche se i prototipi delle funzioni in questi listati hanno delle lievi differenze rispetto a quelli forniti nel listato 9.25 (dovute al fatto che nel capitolo 5 non era ancora stato introdotto l'incapsulamento), le modifiche necessarie sono minime e sono lasciate come esercizio per il lettore.

9.7.2 Implementazione mediante liste

Il listato 9.26 illustra una implementazione del TDA Queue che usa come rappresentazione le liste concatenate e le relative funzioni introdotte nel capitolo 6.

Per quanto riguarda la definizione della struttura `SQueue`, si noti che oltre a un campo `list` che rappresenta la lista vera e propria è necessario un campo `last_node` che contiene il puntatore all'ultimo nodo della lista. Infatti, per realizzare la logica di accesso della coda, se gli elementi vengono aggiunti a un'estremità della lista devono essere rimossi dall'altra estremità. In particolare in questa implementazione si è deciso di aggiungere gli elementi alla fine della lista, e di rimuoverli dall'inizio. L'aggiunta alla fine della lista richiederebbe una scansione dell'intera lista, e quindi avrebbe complessità $\Theta(n)$ anziché $\Theta(1)$, se non mantenessimo nella struttura dati il puntatore all'ultimo elemento.

Osservazione Si potrebbe pensare che sarebbe stato equivalente decidere di inserire i nuovi elementi all'inizio della lista e rimuoverli dalla fine, dal momento che quest'ultima operazione ha complessità $\Theta(1)$ se è noto il puntatore al penultimo elemento. Tuttavia sorgerebbe il problema di determinare, dopo la rimozione di un elemento, il puntatore al nuovo penultimo elemento, operazione che richiede una scansione della lista. Invece, con la scelta effettuata, occorre trovare il puntatore al nuovo ultimo elemento dopo un inserimento, e questa operazione è semplice perché si tratta del successore del vecchio ultimo elemento.

```
struct SQueue {
    TList list;
    TNode *last_node;
};

TQueue *queue_create(void) {
    TQueue *q=malloc(sizeof(TQueue));
    assert(q!=NULL);
    q->list=list_create();
    q->last_node=NULL;
    return q;
}

void queue_destroy(TQueue *q) {
    q->list=list_destroy(q->list);
    free(q);
}

bool queue_empty(TQueue *q) {
    return q->list==NULL;
}

void queue_add(TQueue *q, TInfo info) {
    q->list=list_insert_at_node(q->list, q->last_node, info);
    if (q->last_node!=NULL)
        q->last_node=q->last_node->link;
    else
        q->last_node=q->list;
}

TInfo queue_remove(TQueue *q) {
    TInfo info=q->list->info;
    q->list=list_delete_at_index(q->list, 0);
    if (q->list==NULL)
        q->last_node=NULL;
    return info;
}

TInfo queue_front(TQueue *q) {
    return q->list->info;
}
```

Listato 9.26 Implementazione in C del TDA Queue mediante liste concatenate.

La funzione `queue_create` inizializza il campo `last_node` a `NULL`, in quanto la lista inziale, che è vuota, non ha un ultimo nodo.

La funzione `queue_add` usa la funzione `list_insert_at_node` per aggiungere il nuovo valore in coda alla lista; si noti che se la lista è vuota `last_node` sarà `NULL`, e in questo caso la `list_insert_at_node` aggiunge correttamente il nuovo nodo come primo elemento della lista. Dopo l'inserimento, `queue_add` aggiorna il campo `last_node` facendolo puntare al nodo successivo se non era nullo, o al primo nodo della lista.

La funzione `queue_remove` usa la funzione `list_delete_at_index` per eliminare il primo nodo della lista; dopo la cancellazione verifica se la lista è vuota, e in tal caso imposta a `NULL` il campo `last_node`.

9.7.3 Confronto tra le implementazioni presentate

La tabella 9.5 mostra il confronto tra le due diverse implementazioni del TDA Queue dal punto di vista della complessità computazionale. Come si evince dalla tabella, le due implementazioni sono equivalenti dal punto di vista della complessità asintotica (con l'unica eccezione dell'operazione `queue_destroy`).

Operazione	Array	Lista
`create`	$\Theta(1)$	$\Theta(1)$
`destroy`	$\Theta(1)$	$\Theta(n)$
`empty`	$\Theta(1)$	$\Theta(1)$
`add`	$\Theta(1)$	$\Theta(1)$
`remove`	$\Theta(1)$	$\Theta(1)$
`front`	$\Theta(1)$	$\Theta(1)$

Tabella 9.5 Confronto tra le complessità temporali delle due implementazioni proposte per il TDA Queue.

Possiamo anche in questo caso applicare le considerazioni effettuate per il TDA Stack nella sezione 9.6.3. Sulla base di tali considerazioni possiamo concludere che risulta conveniente l'array in tutte le situazioni in cui lo spreco di memoria non è considerato un problema, oppure la dimensione del tipo `TInfo` è piccola; risulta invece preferibile la lista concatenata quando la dimensione del tipo `TInfo` è grande e contemporaneamente occorre evitare lo spreco di memoria.

9.8 TDA PriorityQueue *

Una *coda a priorità*, o *priority queue*, è un contenitore in cui possono essere inseriti elementi e da cui possono essere prelevati elementi; a differenza di una coda semplice, gli elementi di una coda a priorità devono avere una relazione d'ordine, e il primo elemento prelevato dalla coda non è quello che è stato inserito per primo ma quello che precede tutti gli altri secondo la relazione d'ordine.

Ad esempio, se gli elementi sono numeri interi e la relazione d'ordine è quella corrispondente all'operatore $<$, inserendo nella coda a priorità i valori $15, 7, 42, 1, 36$ essi verranno prelevati nell'ordine: $1, 7, 15, 36, 42$.

Le operazioni fondamentali del TDA PriorityQueue sono:

$create : \rightarrow PriorityQueue$	crea una coda
$destroy : PriorityQueue \rightarrow$	distrugge una coda
$empty : PriorityQueue \rightarrow bool$	verifica se la coda è vuota
$add : PriorityQueue \times Info \rightarrow$	aggiunge un elemento alla coda
$remove : PriorityQueue \rightarrow Info$	rimuove e restituisce l'elemento piú piccolo (rispetto alla relazione *less*) aggiunto dalla coda
$front : PriorityQueue \rightarrow Info$	restituisce l'elemento piú piccolo (rispetto alla relazione *less*) senza rimuoverlo dalla coda

Di queste operazioni, *destroy*, *add* e *remove* modificano lo stato della PriorityQueue. Inoltre, *remove* e *front* hanno come precondizione che la PriorityQueue non sia vuota (ovvero $empty(q) = false$).

Approfondimento Passiamo ora a descrivere in maniera formale le proprietà di queste operazioni:

$$\{q \leftarrow create(); e \leftarrow empty(q)\} \Longrightarrow e = true$$
$$\{add(q, v); e \leftarrow empty(q)\} \Longrightarrow e = false$$
$$\{add(q, v_1); add(q, v_2)\} \equiv \{add(q, v_2); add(q, v_1)\}$$
$$empty(q), w \leq v_i \forall i \Longrightarrow \{add(q, w); add(q, v_1); \ldots; add(q, v_n); x \leftarrow remove(q)\}$$
$$\equiv \{add(q, v_1); \ldots; add(q, v_n); x \leftarrow w\}$$
$$\{x \leftarrow front(q); y \leftarrow remove(q)\} \Longrightarrow x = y$$

La prima e la seconda equazione dicono che una coda appena creata è vuota, e una coda su cui è stata appena effettuata una *add* non è vuota. La terza equazione dice che l'ordine con cui sono effettuati gli inserimenti non è significativo per lo stato della coda. La quarta equazione dice che effettuando una serie di inserimenti su una coda vuota, il primo prelievo rimuove l'elemento piú piccolo della coda. Infine la quarta equazione dice che $front(q)$ restituisce lo stesso valore di $remove(q)$ (ma ovviamente non modifica lo stato della coda).

Il listato 9.27 mostra la definizione in C dell'interfaccia del TDA PriorityQueue.

9.8.1 Implementazione mediante liste

Il listato 9.28 mostra una implementazione del TDA PriorityQueue usando le liste concatenate e le loro funzioni introdotte nel capitolo 6.

In questa implementazione, per garantire la proprietà che il primo elemento rimosso sia il piú piccolo (rispetto alla funzione `less`) tra quelli ancora presenti nella PriorityQueue, si è scelto di mantenere la lista in ordine crescente. In questo modo l'elemento da rimuovere è sempre il primo elemento della lista.

La funzione `priorityqueue_add` perciò usa la funzione `list_insert`, che effettua l'inserimento in ordine. La funzione `list_insert` ha come precondizione che la lista di partenza sia ordinata; tale precondizione è verificata in quanto la

```
#ifndef PRIORITYQUEUE_H
#define PRIORITYQUEUE_H
typedef struct SPriorityQueue TPriorityQueue;

TPriorityQueue *priorityqueue_create(void);
void priorityqueue_destroy(TPriorityQueue *q);
bool priorityqueue_empty(TPriorityQueue *q);
void priorityqueue_add(TPriorityQueue *q, TInfo info);
TInfo priorityqueue_remove(TPriorityQueue *q);
TInfo priorityqueue_front(TPriorityQueue *q);
#endif
```

Listato 9.27 Definizione in C dell'interfaccia del TDA PriorityQueue.

```
struct SPriorityQueue {
    TList list;
};

TPriorityQueue *priorityqueue_create(void) {
    TPriorityQueue *q=malloc(sizeof(TPriorityQueue));
    assert(q!=NULL);
    q->list=list_create();
    return q;
}

void priorityqueue_destroy(TPriorityQueue *q) {
    q->list=list_destroy(q->list);
    free(q);
}

bool priorityqueue_empty(TPriorityQueue *q) {
    return q->list==NULL;
}

void priorityqueue_add(TPriorityQueue *q, TInfo info) {
    q->list=list_insert(q->list, info);
}

TInfo priorityqueue_remove(TPriorityQueue *q) {
    TInfo info=q->list->info;
    q->list=list_delete_at_index(q->list, 0);
    return info;
}

TInfo priorityqueue_front(TPriorityQueue *q) {
    return q->list->info;
}
```

Listato 9.28 Implementazione in C del TDA PriorityQueue usando liste concatenate.

lista è vuota (e quindi ordinata) al momento della creazione, e l'unica operazione che aggiunge elementi è la **`list_insert`**, che restituisce una lista ordinata.

La funzione **`priorityqueue_remove`** rimuovere il primo elemento della lista (dopo averne salvato il valore in una variabile, per poi restituirlo al chiamante) usando la funzione **`list_delete_at_index`**. La funzione **`priorityqueue_front`** restituisce il valore del primo elemento della lista, che sarà il prossimo ad essere rimosso.

```
struct SPriorityQueue {
    TBinaryTree tree;
};

TPriorityQueue *priorityqueue_create(void) {
    TPriorityQueue *q=malloc(sizeof(TPriorityQueue));
    assert(q!=NULL);
    q->tree=binarytree_create();
    return q;
}

void priorityqueue_destroy(TPriorityQueue *q) {
    q->tree=binarytree_destroy(q->tree);
    free(q);
}

bool priorityqueue_empty(TPriorityQueue *q) {
    return q->tree==NULL;
}

void priorityqueue_add(TPriorityQueue *q, TInfo info) {
    q->tree=binarytree_insert(q->tree, info);
}

TInfo priorityqueue_remove(TPriorityQueue *q) {
    TNode *node=binarytree_min(q->tree);
    TInfo info=node->info;
    q->tree=binarytree_delete(q->tree, info);
    return info;
}

TInfo priorityqueue_front(TPriorityQueue *q) {
    TNode *node=binarytree_min(q->tree);
    return node->info;
}
```

Listato 9.29 Implementazione in C del TDA PriorityQueue usando alberi binari.

9.8.2 Implementazione mediante alberi

Il listato 9.29 mostra una implementazione del TDA PriorityQueue usando gli alberi binari e le loro funzioni introdotte nel capitolo 8.

Le funzioni di questo listato non necessitano di particolari commenti, limitandosi a chiamare le corrispondenti funzioni che operano sugli alberi, ad eccezione di `priorityqueue_remove`. Quest'ultima usa la funzione `binarytree_min` per trovare l'elemento piú piccolo dell'albero, e (dopo averne conservato il valore in una variabile) lo rimuove mediante `binarytree_delete`.

La funzione `priorityqueue_front` analogamente cerca il minimo dell'albero usando `binarytree_min`, dal momento che esso sarà il prossimo valore che verrà rimosso.

9.8.3 Confronto tra le implementazioni presentate

La tabella 9.6 mostra le complessità computazionali delle operazioni di PriorityQueue per le due implementazioni presentate. Tenendo conto del fatto che il numero di operazioni *add* deve essere mediamente uguale al numero di *remove* (altrimenti la memoria occupata coda crescerebbe in maniera non limitata), appare piú conveniente l'implementazione basata sugli alberi binari. Si tenga però presente che le complessità riportate sono valide nell'ipotesi che l'albero sia ragionevolmente bilanciato, ovvero che gli elementi non siano inseriti nella PriorityQueue in maniera ordinata.

Operazione	Lista	Albero
`create`	$\Theta(1)$	$\Theta(1)$
`destroy`	$\Theta(n)$	$\Theta(n)$
`empty`	$\Theta(1)$	$\Theta(1)$
`add`	$\Theta(n)$	$\Theta(\log n)$
`remove`	$\Theta(1)$	$\Theta(\log n)$
`front`	$\Theta(1)$	$\Theta(\log n)$

Tabella 9.6 Confronto tra le complessità temporali delle due implementazioni proposte per il TDA PriorityQueue. Per gli alberi si assume che l'albero risultante sia ragionevolmente bilanciato.

Approfondimento In pratica le implementazioni piú usate del TDA PriorityQueue si basano su *alberi bilanciati*, ovvero strutture date analoghe agli alberi binari, in cui le operazioni di inserimento e cancellazione garantiscono però di mantenere bilanciato l'albero; oppure si usano come rappresentazione gli *heap*, una struttura dati che non è trattata in questo volume, e che consente l'inserimento di un valore e il prelievo del valore minimo in un tempo $\Theta(\log n)$.

9.9 Esercizi

► **Esercizio 9.1** (★) Usando le operazioni definite sul TDA Sequence con astrazione di indice (i cui prototipi sono nel listato 9.4, implementare la funzione:

```
void sequence_append(TSequence *seq1, TSequence *seq2);
```

che aggiunge tutti gli elementi di `seq2` in coda alla sequenza `seq1`.

► **Esercizio 9.2** (★) Usando il TDA Sequence con astrazione degli indici, implementare in maniera *iterativa* la funzione:

```
TSequence *sequence_reverse(TSequence *seq);
```

che data una sequenza `seq` restituisca una nuova sequenza con gli stessi elementi ma in ordine inverso.

Risposta a pag. 350

► **Esercizio 9.3** (★★★) Riformulare l'algoritmo Mergesort, presentato nella sezione 4.2.4, in modo che operi su una sequenza di tipo TSequence anziché su un array. Si usi la versione del TDA Sequence con astrazione di indice (i cui prototipi sono nel listato 9.4). *Risposta a pag. 350*

► **Esercizio 9.4** (★) Implementare la funzione:

```
TSet *set_union(TSet *a, TSet *b);
```

che calcola l'unione di due insiemi `a` e `b`.

► **Esercizio 9.5** (★★) Definire un'implementazione del TDA Set che usi come rappresentazione del tipo gli array dinamici.

► **Esercizio 9.6** (★) Nell'ipotesi che i tipi `TKey` e `TValue` coincidano, implementare la funzione:

```
TMap *map_inverse(TMap *map);
```

che data una Map calcoli la mappa inversa, ovvero la mappa che per ogni chiave `key` associata a un valore `value` nella mappa di partenza, contenga una associazione che abbia come chiave `value` e come valore `key`.

► **Esercizio 9.7** (★★) Definire un'implementazione del TDA PriorityQueue che usi come rappresentazione del tipo gli array dinamici.

Risposta a pag. 352

► **Esercizio 9.8** (★★) Definire una funzione per l'ordinamento di una sequenza che operi nel seguente modo: prima inserisca tutti gli elementi della Sequence in una PriorityQueue; quindi prelevi gli elementi dalla PriorityQueue (che li restituisce in ordine) per inserirli nella sequenza ordinata.

Bibliografia

[AHU83] Alfred V. Aho, John E. Hopcroft, and Jeffrey D. Ullman. *Data structures and algorithms.* Addison-Wesley, 1983.

[CLRS05] Thomas H. Cormen, Charles E. Leiserson, Ronald L. Rivest, and Clifford Stein. *Introduzione agli algoritmi e strutture dati (seconda edizione).* McGraw-Hill, 2005.

[CLRS10] Thomas H. Cormen, Charles E. Leiserson, Ronald L. Rivest, and Clifford Stein. *Introduzione agli algoritmi e strutture dati (terza edizione).* McGraw-Hill, 2010.

[DFI08] Camil Demetrescu, Irene Finocchi, and Giuseppe F. Italiano. *Algoritmi e strutture dati.* McGraw-Hill, 2008.

[Knu73] Donald E. Knuth. *The art of computer programming*, volume 1–3. Addison-Wesley, 1968–1973.

[Knu76] Donald E. Knuth. Big omicron and big omega and big theta. *ACM SIGACT News*, 8(2):18–23, 1976.

Risposte agli esercizi

► **Esercizio 2.1, pag. 39** Nel seguito si riportano, in sequenza, le fasi nelle quali si articola la progettazione della funzione in accordo al paradigma del *divide et impera* e il relativo codice:

- Divide: l'intervallo del problema]n1, n2[si divide nel sottoproblema più semplice di trovare la somma degli interi in]n1+1, n2-1[;
- Caso Base: quando tra gli interi n1 ed n2 non ci sono altri numeri interi, oppure ce nè soltanto uno. In questi casi la somma è pari rispettivamente a zero oppure all'unico intero compreso nell'intervallo]n1, n1+2[ovvero n1+1;
- Impera: Si ritiene per ipotesi induttiva che si sappia risolvere correttamente il problema della somma degli interi compresi nell'intervallo]n1+1, n2-1[indicata con s;
- Combina: Sulla base del risultato di somma(n1+1,n2-1) ed i vlore n1+1 ed n2-1, viene calcolata la somma totale:

$$somma(n1, n2) = (n1 + 1) + (n2 - 1) + s$$

```
#include <stdio.h>
#include <stdlib.h>
/* Somma interi in un intervallo aperto: effettua la somma di tutti
 * i numeri interi compresi in un prefissato intervallo ]n1,n2[.
 * VALORE DI RITORNO: la somma calcolata
 */
int somma(int n1, int n2){
    int s=0;
    /*Caso degenere: n1 è maggiore di n2*/
    if(n1>n2)
        return 0;

    /*Casi base: nessun numero intero compreso n1 ed n2*/
    if (n2-n1=<=1)
        return 0;

    /*Caso base: un unico numero intero compreso tra n1 ed n2*/
    if (n2-n1==2)
        return n1+1;

    /*Fasi di divide et impera*/
    s=somma(n1+1, n2-1);

    /*Fase di combina*/
    return (n1+1)+(n2-1)+s;
}
```

▶ **Esercizio 2.2, pag. 39** Nel seguito si riporta il codice della funzione:

```
/*
Calcolo del MCD: calcola il MCD tra due numeri interi
VALORE DI RITORNO: il valore calcolato
*/
 int mcd(int m, int n) {
    int r;
    if (m < n)
        return mcd(n, m);
    r = m % n;

    if (r == 0)
        return (n);

    else
        return (mcd(n, r));
}
```

▶ **Esercizio 2.3, pag. 39** Applicando il principio del *divide et impera* si ha:

- Divide: la stringa di ingresso str[first..last] viene diviso nell'elemento di testa (str[first]) e la coda della stringa (str[first+1..last]).
- Caso base: se la stringa ha un unico carattere la soluzione è banale, se il singolo carattere è maiuscolo si restituisce 1, altrimenti si restituisce 0. Allo stesso modo se la stringa è vuota la soluzione è altrettanto banale e pari a 0.
- Impera: si ritiene per ipotesi induttiva che si sappia risolvere correttamente il problema più semplice del calcolo delle occorrenze delle lettere maiuscole nella stringa str[first+1..last].
- Combina: si somma il numero di occorrenze della sottostringa str[first+1..last] con 1 se la prima lettera della stringa è maiuscola, con 0 se minuscola.

```
/* Calcola le occorrenze di lettere maiuscole in un stringa.
 * Viene utilizzata la funzione isupper(char) che restituisce 1 il
 * carattere e' maiuscolo, 0 altrimenti. Il prototipo di questa
 * funzione si trova in ctype.h
 * VALORE DI RITORNO: il valore calcolato
*/

#include <ctype.h>

int conta_maiuscole(char str[], int first, int last) {
    int occ;
    /*Caso base*/
    if (first==last)
       if (isupper(str[first])==1)
          return 1;
       else
          return 0;

    /*Caso base*/
    if (first>last)
       return 0;

    /*Fasi di divide et impera*/
    occ = conta_maiuscole(str, first+1, last);
```

```
    /*Fase di combina*/
    if (isupper(str[first])==1)
        return 1+occ;
    else
        return occ;
}
```

▶ **Esercizio 2.4, pag. 39** Nel seguito si riportano, in sequenza, le fasi nelle quali si articola la progettazione della funzione in accordo al paradigma del *divide et impera* e il relativo codice:

- Divide: il vettore di ingresso v[first..last] viene diviso nell'elemento di testa (v[first]) e la coda del vettore (v[first+1..last]).
- Caso base: se il vettore non ha alcun elemento.
- Impera: si ritiene per ipotesi induttiva che si sappia risolvere correttamente il problema più semplice del calcolo del calcolo delle occorrenze di un elemento in nel vettore v[first+1..last].
- Combina: si somma il numero di occorrenze del vettore v[first+1..last] con 1 se il primo elemento è uguale a quello cercato, con 0 se è diverso.

```
/* Calcola il numero di occorrenze di un elemento in un vettore di
 * interi.
 * VALORE DI RITORNO: il valore calcolato
*/

int occorrenze(int v[], int First, int Last, int elem) {
    int tmp;

    /* Caso base */
    if (First > Last)
        return 0;

    else
        {

        /* Divide e impera */
        tmp = occorrenze(v, First + 1, Last, elem);

        /* Combina */
        if (v[First] == elem)
            return 1 + tmp;

        else
            return tmp;
        }
}
```

▶ **Esercizio 2.5, pag. 39** Nel seguito si riportano, in sequenza, le fasi nelle quali si articola la progettazione della funzione in accordo al paradigma del *divide et impera* e il relativo codice:

- Divide: i due vettori di intresso v1[first..last] e v2[first..last] vengono divisi nell'elemento di posizione last (v1[last] e v2[last]) ed in un sottovettore con tutti gli altri elementi (v1[first..last-1] e v2[first..last-1]).

- Caso base: se i vettori hanno un unico elemento. In tal caso il risultato è il prodotto tra i singoli elementi dei due vettori.
- Impera: si ritiene per ipotesi induttiva che si sappia risolvere correttamente il problema più semplice del calcolo del prodotto scalare relativo ai due vettori v1[first..last-1] e v2[first..last-1].
- Combina: si somma il prodotto degli elementi di posizione last (v1[last] e v2[last]) con il risultato del prodotto scalare tra i sottovettori v1[first..last-1] e v2[first..last-1].

```
/* Calcola il prodotto scalare tra due vettori
 * VALORE DI RITORNO: il valore calcolato
*/

int dot_product(int v1[], int v2[], int First, int Last) {
    int tmp;

    /* Caso base */
    if (First == Last)
        return v1[First] * v2[First];

    else
        {
        /* Divide e impera */
        tmp = dot_product(v1, v2, First, Last - 1);

        /* Combina */
        return v1[Last] * v2[Last] + tmp;
        }
}
```

▶ **Esercizio 2.6, pag. 39** Il codice della funzione desiderata è il seguente:

```
/*
Fusione tra due vettori ordinati: la funzione crea un vettore ordinato
dato dalla fusione dei due vettori di inuput. Si ipotizza che il nuovo
vettore sia stato allocato dal chiamante.
VALORE DI RITORNO: viene restituito il vettore creato passato come
parametro di output
*/

int merge(int vet1[], int r1, int vet2[], int r2, int temp[]) {

    if ((r1 > 0) && (r2 > 0)) { //vet1 e vet2 non vuoti
        if (vet1[0] <= vet2[0]) {
            temp[0] = vet1[0];
            merge(vet1 + 1, r1 - 1, vet2, r2, temp + 1);
            return r1 + r2;
        } else {
            temp[0] = vet2[0];
            merge(vet1, r1, vet2 + 1, r2 - 1, temp + 1);
            return r1 + r2;
        }
    } else if (r2 > 0) {          //vet1 vuoto e vet2 non vuoto
        temp[0] = vet2[0];
        merge(vet1, r1, vet2 + 1, r2 - 1, temp + 1);
        return r1 + r2;
    } else if (r1 > 0) {          //vet1 non vuoto e vet2 vuoto
        temp[0] = vet1[0];
        merge(vet1 + 1, r1 - 1, vet2, r2, temp + 1);
        return r1 + r2;
    }
}
```

▶ **Esercizio 2.7, pag. 40** Nel seguito si riportano, in sequenza, le fasi nelle quali si articola la progettazione della funzione in accordo al paradigma del *divide et impera* e il relativo codice:

- Divide: il vettore di ingresso vett[0..riemp-1] viene diviso a metà usando il pivot=(riemp/2), ottenendo di conseguenza i due vettori vett[0..pivot-1] e vett[pivot..riemp-1].
- Caso base: se il vettore ha un solo elemento, la somma cercata coincide con il valore dell'elemento.
- Impera: si ritiene per ipotesi induttiva che si sappia risolvere correttamente il problema della somma per ciascuno dei due vettori vett[0..pivot-1] e vett[pivot, riemp-1] rispettivamente indicati con somma1 e somma2.
- Combina: la somma dell'intero vettore viene calcolata combinando i risultati parziali dei due vettori vett[0..pivot-1] e vett[pivot..riemp-1] indicati con somma1 e somma2, ovvero:

$$somma(vett, riemp) = somma1 + somma2$$

```
/* Somma degli elementi di un vettore: calcola la somma degli elementi
 * di un vettore vett[0..riemp-1] usando una decomposizione doppia
 * VALORE DI RITORNO: la somma calcolata
*/
int somma(int vett[], int riemp) {
    int somma1=0, somma2=0;
    int pivot;
    /* Caso degenere: il vettore è vuoto*/
    if (riemp == 0)
        return 0;

    /*Caso Base: il vettore è composto da un unico elemento*/
    if (riemp == 1)
        return vett[0];

    /*Fasi di divide et impera*/
    pivot = riemp/2;
    somma1=somma(vett,pivot);
    somma2=somma(&vett[pivot],riemp-pivot);

    /*Fase di combina*/
    return somma1+somma2;
}
```

▶ **Esercizio 2.8, pag. 40** Nel seguito si riportano, in sequenza, le fasi nelle quali si articola la progettazione della funzione in accordo al paradigma del *divide et impera* e il relativo codice:

- Divide: la matrice di ingresso mat[0..numrighe-1][0..numcol-1] viene divisa in tre parti: la sottomatrice mat[0..numrighe-2][0..numcol-2], la righa numrighe-1e la colonne numcol-1.
- Caso base: quando si giunge per divisioni indutive, ad una matrice con un solo elemento, il problema ammette una soluzione banale essendo la trasposta uguale alla matrice originale; oppure quando la matrice è formata da una solo riga o una sola colonna.

- Impera: si ritiene per ipotesi induttiva che si sappia risolvere correttamente il problema della trasposizione delle matrice mat[0..numrighe-2][0..numcol-2].
- Combina: sulla base dell'ipotesi della corretta risoluzione della trasposizione della matrice mat[0..numrighe-2][0..numcol-2], si crea la matrice trasposta trasponendo solo sull'ultima riga e sull'ultima colonna della matrice originale

```
/* Trasposta di una matrice: costruisce la trasposta di una matrice
 * mat[0..numrighe-1][0..numcol-1]
 * VALORE DI RITORNO: la matrice trasp[0..numcol-1][0..numrighe-1]
 * passata alla funzione come parametro di output
 */
#define MAXRIGHE 100
#define MAXCOL 100

void trasposta(int mat[MAXRIGHE][MAXCOL], int numrighe, int numcol,
               int trasp[MAXCOL][MAXRIGHE]){
    int i,j;
    /*Caso base: matrice con un solo elemento*/
    if (numrighe==1 && numcol==1)
        trasp[0][0]=mat[0][0];
    /*Caso base: matrice con un'unica riga*/
    else  if (numrighe==1 && numcol>1)
        for (j=0; j<numcol;j++)
            trasp[j][0]=mat[0][j];
    /*Caso base: matrice con un'unica colonna*/
    else if (numrighe>1 && numcol==1)
        for (i=0; i<numrighe; i++)
            trasp[0][i]=mat[i][0];

    else{
      /*fase di combina*/
      for (j=0; j<numcol; j++)
        trasp[j][numrighe-1]=mat[numrighe-1][j];
      for (i=0; i<numrighe; i++)
        trasp[numcol-1][i]=mat[i][numcol-1];

      /*fase di divide et impera*/
      trasposta(mat, numrighe-1, numcol-1, trasp);
    }
}
```

▶ **Esercizio 2.9, pag. 40** Nel seguito si riportano, in sequenza, le fasi nelle quali si articola la progettazione della funzione in accordo al paradigma del *divide et impera* e il relativo codice:

- Divide: la matrice di ingresso mat[0..dim-1][0..dim-1] viene divisa nell'elemento mat[dim-1][dim-1] e la matrice mat[0..dim-2][0..dim-2].
- Caso Base: se una matrice ha un solo elemento, il problema ammette una soluzione banale perchè la diagonale principale contiene un solo elemento.
- Impera: Si ritiene per ipotesi induttiva che si sappia risolvere correttamente il problema della somma della diagonale della matrice mat[0..dim-2][0..dim-2] indicata con somma.
- Combina: Sulla base del valore di somma si calcola la somma della diagonale, ovvero:

$$sommadiagonale(mat, dim) = mat[dim-1][dim-1] + somma$$

```
/* Traccia di una matrice: calcola la somma degli elementi della
 * matrice quadrata mat[0..dim-1][0..dim-1]
 * VALORE DI RITORNO: la somma degli elementi della diagonale
*/

#define MAXDIM 100

int sommadiagonale(int mat[MAXDIM][MAXDIM], int dim){
    int somma=0;

    /*Caso degenere: matrice vuota*/
    if (dim==0)
        return 0;

    /*Caso base: matrice con un solo elemento*/
    if (dim==1)
        return mat[0][0];

    /*Fasi di divide et impera*/
    somma=sommadiagonale(mat, dim-1);

    /*Fase di combina*/
    return mat[dim-1][dim-1]+somma;
}
```

► **Esercizio 2.10, pag. 40** Le fasi nelle quali si articola la progettazione, in base al criterio del *divide et impera* sono le seguenti:

- Divide: il vettore di ingresso v[first..last] viene diviso in tre parti: il l'elemento di posizione first, l'elemento di posizione last ed il vettore v[first+1..last-1].
- Caso base: se il vettore ha un solo elemento, oppure nessun elemento.
- Impera: si ritiene per ipotesi induttiva che si sappia risolvere correttamente il problema dell'inversione del vettore v[first+1..last-1].
- Combina: si scambia l'elemento di posizione first con quello di posizione last perché la parte centrale del vettore è già invertita per ipotesi

Il codice della funzione risultante è:

```
/* Inverte un vettore v dato in ingresso
 * VALORE DI RITORNO: il vettore invertito
*/
    void reverse(int v[], int First, int Last) {
    int tmp;
    if (First < Last)
        {

        /* Divide e Impera */
        reverse(v, First + 1, Last - 1);

        /* Combina */
        tmp = v[Last];
        v[Last] = v[First];
        v[First] = tmp;
        }
}
```

► **Esercizio 2.11, pag. 40** Nel seguito si riportano, in sequenza, le fasi nelle quali si articola la progettazione della funzione in accordo al paradigma del *divide et impera* e il relativo codice:

- Divide: la stringa di ingresso str[first..last] viene diviso nell'elemento di testa (str[first]) e la coda della stringa (stringa[first+1..last]).
- Caso base: se la stringa è vuota oppure ha un solo elemento la stringa è palindroma.
- Impera: si ritiene per ipotesi induttiva che si sappia risolvere correttamente il problema più sulla stringa stringa[first+1..last-1].
- Combina: se i caratteri di posizione first e di posizione last sono uguali e la stringa stringa[first+1..last-1] è palindroma allora l'intera stringa è palindroma; non lo è in caso contrario.

```
/* Verifica se una strnga e' palindroma. Una stringa e' palindroma se
 * letta da destra verso sinistra o da sinistra verso destra risulta
 * uguale
 * VALORE DI RITORNO: 1 se la stringa e' palindroma 0 altrimenti
*/
int Palindroma(char stringa[], int First, int Last) {
    int is_pal;
    /* Caso base */
    if (First >= Last)
        return 1;

    else {
        /* Divide e Impera */
        is_pal = Palindroma(stringa, First + 1, Last - 1);
        /* Combina */
        if (stringa[First] == stringa[Last] && is_pal == 1)
            return 1;
        else
            return 0;
    }
}
```

▶ **Esercizio 4.1, pag. 123** Il listato del sottoprogramma è il seguente:

```
#define NOT_FOUND (-1)
typedef bool (*TPredicate)(TInfo value);

/* Ricerca lineare.
 * Restituisce l'indice di un elemento di a che renda vero
 * il predicato 'predicate',
 * o un valore negativo se l'elemento non viene trovato.
 */
int linear_search(TInfo a[], int n, TPredicate predicate) {
    int i=0;
    while (i<n && !predicate(a[i]))
        i++;

    if (i<n)
        return i;
    else
        return NOT_FOUND;
}
```

Il listato comincia con una definizione del tipo `TPredicate`, che rappresenta un puntatore a una funzione con un singolo parametro formale di tipo `TInfo` e un valore di ritorno di tipo `bool`.

La funzione `linear_search` differisce dalla versione presentata nel listato 4.1 in due punti: il parametro `predicate`, di tipo `TPredicate`, che rappresenta il puntatore alla funzione che implementa la condizione di ricerca, e poi la condizione del ciclo. Quest'ultima determina la terminazione del ciclo se sono stati esaminati tutti gli elementi (come avveniva nella vecchia versione), oppure se l'elemento corrente soddisfa il predicato (il risultato dell'invocazione di `predicate` è `true`).

► **Esercizio 4.4, pag. 123** Il listato del sottoprogramma è il seguente:

```
#define NOT_FOUND (-1)

/* Ricerca lineare.
 * Restituisce l'indice dell'ultimo elemento di a[] uguale a x
 * o un valore negativo se l'elemento non viene trovato.
 * La parte utilizzata dell'array e' terminata dal valore
 * speciale 'terminatore'.
 */
int linear_search(TInfo a[], TInfo terminatore, TInfo x) {
    int i, last=NOT_FOUND;
    for(i=0; !equal(a[i],terminatore); i++)
        if (equal(a[i],x))
            last=i;

    return last;
}
```

Si noti che in questo caso dobbiamo sempre esaminare tutti gli elementi dell'array. Infatti, il vincolo l'array deve essere visitato una volta sola non consente di calcolare prima il numero di elementi e poi effettuare la ricerca partendo dall'ultimo elemento.

La soluzione quindi mantiene nella variabile `last` l'indice dell'ultimo elemento trovato uguale a `x`; inizialmente `last` ha il valore `NOT_FOUND`. Ogni volta che un elemento uguale a `x` viene trovato, il suo indice è memorizzato in `last` sovrascrivendo il valore precente.

In questo modo, al termine del ciclo `for`, se l'elemento è stato trovato almeno una volta, `last` conterrà l'indice dell'ultima volta in cui è stato trovato; altrimenti, conterrà il valore iniziale `NOT_FOUND` che indica l'assenza dell'elemento.

► **Esercizio 4.5, pag. 123** Il listato del sottoprogramma è il seguente:

```
#define NOT_FOUND (-1)

/* Ricerca lineare con sentinella.
 * Restituisce l'indice di un elemento di a che sia equal a x,
 * o un valore negativo se l'elemento non viene trovato.
 * PRE: l'array a e' allocato per almeno (n+1) elementi
 */
int linear_search(TInfo a[], int n, TInfo x) {
    int i=0;
    a[n]=x;
    while (!equal(a[i], x))
        i++;

    if (i<n)
        return i;
    else
        return NOT_FOUND;
}
```

Rispetto alla versione del listato 4.1, è stata aggiunta l'istruzione

```
a[n]=x;
```

che aggiunge l'elemento `x` in coda agli `n` elementi utili dell'array, ed è stato rimosso il controllo `i<n` nella condizione del ciclo `while`.

Dal punto di vista della complessità computazionale, questa modifica non altera la complessità asintotica (che rimane $\Theta(n)$), ma riduce di un fattore costante il tempo di esecuzione della ricerca.

► **Esercizio 4.6, pag. 124** Il listato del sottoprogramma è il seguente:

```
#define NOT_FOUND (-1)

/* Ricerca dicotomica.
 * Restituisce l'indice di un elemento di a che sia equal a x,
 * o un valore negativo se l'elemento non viene trovato.
 * Gli elementi considerati dell'array sono solo quelli con
 * indice compreso tra first e last (inclusi).
 * PRE: l'array a e' ordinato rispetto alla relazione less
 */
int binary_search(TInfo a[], int first, int last, TInfo x) {
    int chosen=(first+last)/2;
    if (first > last)
        return NOT_FOUND;
    else if (equal(a[chosen], x))
        return chosen;
    else if (less(a[chosen], x))
        return binary_search(a, chosen+1, last, x);
    else /* greater(a[chosen], x) */
        return binary_search(a, first, chosen-1, x);
}
```

Si noti che è stato necessario modificare il prototipo della funzione, in modo da passare come parametri gli indici dei due estremi della parte utile dell'array.

La funzione presentata è ricorsiva in coda, in quanto il risultato della chiamata ricorsiva viene direttamente restituito come risultato del chiamante, senza effettuare ulteriori elaborazioni.

► **Esercizio 4.7, pag. 124** Il listato del sottoprogramma è il seguente:

```
/* Ordina l'array a con l'algoritmo di ordinamento per selezione
 */
void selection_sort(TInfo a[], int n) {
    int i,j, imin;
    for(i=0; i<n-1; i++) {
        imin=i;
        for(j=i+1; j<n; j++)
            if (a[j]<a[imin])
                imin=j;
        if (imin!=i)
            swap(&a[i], &a[imin]);
    }
}
```

► **Esercizio 4.9, pag. 124** Il listato del sottoprogramma è il seguente:

```
/* Ordinamento con algoritmo Shaker Sort
 */
void shaker_sort(TInfo a[], int n) {
    int i, k;
    bool modified;

    modified=true;
    for(k=0; 2*k<n-1 && modified; k++) {
```

```
        modified=false;
        for(i=k; i<n-k-1; i++)
            if (greater(a[i], a[i+1])) {
                swap(&a[i], &a[i+1]);
                modified=true;
            }
        if (modified) {
            modified=false;
            for(i=n-k-3; i>=k; i--)
                if (greater(a[i], a[i+1])) {
                    swap(&a[i], &a[i+1]);
                    modified=true;
                }
        }
    }
}
```

Rispetto all'algoritmo di Bubble Sort possiamo notare le seguenti modifiche:

- il primo ciclo `for` sulla variabile `i` parte da `k` anziché da `0`, perché ad ogni iterazione su `k` viene messo al posto giusto sia l'ultimo elemento dell'array (come nel Bubble Sort) che il primo (nella scansione all'indietro dell'array);
- viene aggiunto un secondo `for` sulla variabile `i`, che effettua la scansione dalla fine dell'array verso l'inizio; questo ciclo viene eseguito solo se nella scansione dall'inizio alla fine è stato spostato almeno un elemento;
- la prima parte della condizione del ciclo su `k` è modificata per tenere conto del fatto che ad ogni iterazione del ciclo sono due gli elementi che vengono messi al posto giusto.

► **Esercizio 4.12, pag. 124** La soluzione proposta usa la funzione `rand` della libreria standard (il cui prototipo è definito in `<stdlib.h>`) per generare un numero intero pseudo-casuale:

```
#include <stdlib.h>
/* Suddivide l'array a in tre parti:
 * - nella prima ci sono tutti elementi minori  del pivot;
 * - nella seconda c'e' solo il pivot;
 * - nella terza ci sono tutti elementi maggiori o uguali
 * del pivot.
 * Come pivot viene scelto un elemento a caso dell'array
 * iniziale.
 * VALORE DI RITORNO
 *     L'indice della parte centrale (che contiene il
 *     solo pivot)
 * PRE
 *     L'array contiene almeno un elemento
 */
int partition(TInfo a[], int n) {
    int piv=rand() % n;
    int i, k=1;
    swap(&a[0], &a[piv]);
    for(i=1; i<n; i++)
        if (less(a[i], a[0]))
            swap(&a[i], &a[k++]);
    swap(&a[0], &a[k-1]);
    return k-1;
}
```

Si noti che il numero pseudo-casuale restituito da `rand` viene trasformato in un indice tra `0` e `n-1` usando il resto della divisione per `n` (con l'operatore `%`).

▶ **Esercizio 6.1, pag. 194** Per invertire una lista semplice con tecnica iterativa si scorre la lista *l* dalla testa alla coda, mantenendo nello scorrimento tre riferimenti: il riferimento al nodo corrente `curr`, al nodo precedente `'prec`, e al nodo successivo `succ`. Al generico passo, per il nodo `curr`, posizioniamo il suo riferimento `succ` al valore `prec`, in modo che possa puntare al nodo precedente. Effettuata tale operazione si passa al nodo successivo, aggiornando di conseguenza `curr` e `succ`.

Nel seguito si riporta il codice della funzione:

```
TList list_reverse(TList l) {
    TNode *curr, *prec, *succ;
    curr = l;
    prec = NULL;
    while (curr != NULL) {
        succ = curr->link;
        curr->link = prec;
        prec = curr;
        curr = succ;
    }
    return prec;
}
```

▶ **Esercizio 6.3, pag. 194** Il codice della funzione è:

```
TList list_split(TList * list, int pivot) {

/* Precondizione: il programma deve funzionare anche se il valore del
 * pivot è superiore al valore info della Testa. In tal caso
 * l'elemento di Testa di list diventa NULL; list deve pertanto
 * essere passato per riferimento.
*/
    TList prec, curr, lsplit;
    prec = NULL;
    curr = *list;
    while ((curr != NULL) && greater(pivot, curr->info)) {
        prec = curr;
        curr = curr->link;
    }
    if (curr == NULL) {
        /* lista vuota o con tutti i nodi più piccoli di pivot */
        return NULL;
    } else if (curr == (*list)) {
        /* tutti gli elementi più grandi del pivot */
        lsplit = *list;
        *list = NULL;
        return lsplit;
    } else {
        prec->link = NULL;
        lsplit = curr;
        return lsplit;
    }
}
```

▶ **Esercizio 6.4, pag. 194** Il codice risultante è:

```
TList list_split_recursive(TList * list, int pivot) {

/* Precondizione: il programma deve funzionare anche se il valore del
 * pivot è superiore al valore info della Testa. In tal caso
 * l'elemento di Testa di list diventa NULL; list deve pertanto
 * essere passato per riferimento.
*/
    TList lsplit;

    /* chiusura della ricorsione */
```

```
    if (((*list) == NULL)
        || !less((*list)->info, pivot)) {
        lsplit = *list;
        *list = NULL;
        return lsplit;
    }

    else if (less((*list)->info, pivot))
        return lsplit =
            list_split_recursive(&((*list)->link), pivot);
}
```

▶ **Esercizio 6.5, pag. 194** Il relativo codice è:

```
int list_count_nodes_recursive(TList l) {
    if (l == NULL)
        return 0;

    else
        return 1 + list_count_nodes_recursive(l->link);
}
```

▶ **Esercizio 6.6, pag. 194** Nel seguito si riporta il codice della funzione:

```
/*ritorna il pointer all'ultimo elemento
*/

TNode *list_last_node(TList list) {
    TNode *p;
    if (list==NULL)
        return NULL;
    for(p=list; p->link!=NULL; p=p->link)
        ;
    return p;
}
```

▶ **Esercizio 6.7, pag. 194** Nel seguito si riporta il codice della funzione:

```
int list_sum_nodes_recursive(TList l) {
    if (l == NULL)
        return 0;

    else
        return l->info + list_sum_nodes_recursive(l->link);
}
```

▶ **Esercizio 6.8, pag. 194** Il codice risultante è:

```
/* Inserisce l'elemento di valore info nella lista list, preservando
 * l'ordinamento; restituisce la lista risultante.
 * PRE: nessuna
 * NOTA: consuma il parametro list; inoltre se l'elemento da inserire
 *       e' gia' presente, esso viene duplicato.
 */
TNode *list_search(TList list, TInfo info) {
    TNode * curr;
    curr = list;

    while (curr != NULL) && equal(info, curr ->info)  {
        curr = curr->link;
    }

    /* Analisi delle post-condizioni
```

```
       C1: raggiunta la fine della lista senza trovare l'elemento
       C2: elemento trovato
           */
    if (curr == NULL)
        /* Elemento trovato */
        return NULL;
    else
        return curr;
}
```

► **Esercizio 6.9, pag. 195** Il codice risultante è:

```
/* Cerca un elemento di valore info nella lista list, a partire
 * dalla posizione k.
 * PRE: list e' ordinata
 * NOTA: consuma il parametro list; inoltre se l'elemento da inserire
      e' gia' presente, esso viene duplicato.
 */
TNode *list_search_at_index(TList list, int index) {
    int i;
    TNode *p;
    p=list;
    for(i=0; i<index; i++) {
        assert(p!=NULL);
        p=p->link;
    }
    return p;
}
```

► **Esercizio 6.10, pag. 195** Il codice risultante è:

```
/* Cancella l'elemento di indice k dalla lista list.
 *
 * PRE: list e' ordinata
 * NOTA: consuma il parametro list; inoltre se l'elemento da inserire
 *       e' duplicato cancella la prima occorrenza.*/
 TList list_delete_at_index(TList list, int index) {
    int i;
    TNode *p, *p0;
    p0=NULL;
    p=list;
    for(i=0; i<index; i++) {
        assert(p!=NULL);
        p0=p;
        p=p->link;
    }
    return list_delete_at_node(list, p0);
}
```

► **Esercizio 6.11, pag. 195** Il codice risultante è:

```
TList list_insert_at_index(TList l, TInfo info, int k){
TNode *prec, *curr, *newnode;
    int curr_place;
    curr = l;
    if (k == 1) {
        newnode = node_create(info);
        if (newnode==NULL){
            printf ("Errore␣di␣allocazione␣della␣memoria\n");
            exit(1);
        }
        newnode->link = l;
        return newnode;
    }
```

```
    else {
        curr_place = 1;

        while ((curr != NULL) && (curr_place < k - 1)) {
            curr_place = curr_place + 1;
            curr = curr->link;
        }
        if (curr != NULL) {
            newnode = node_create(info);
            if (newnode==NULL){
              printf ("Errore␣di␣allocazione␣della␣memoria\n");
              exit(0);
            }
            newnode->link = curr->link;
            curr->link = newnode;
        }
        return l;
    }
}
```

► **Esercizio 6.12, pag. 195** Il codice risultante è:

```
TList list_insert_at_index_recursive(TList l, TInfo info, int k){
    TList newnode, l2;
    printf ("recursive␣%d\n", k);
    if (k == 1) {

        newnode = node_create(info);
        if (newnode==NULL){
            printf ("Errore␣di␣allocazione␣della␣memoria\n");
            exit(1);
        }
        newnode->link = l;
        return newnode;
    } else {
        if (l!=NULL){
            l2 = list_insert_at_index_recursive(l->link, info, k - 1);
            l->link = l2;
        }
        return l;
    }
}
```

► **Esercizio 6.13, pag. 195** Il codice risultante è:

```
TList list_insert_at_node(TList list, TNode *prev, TInfo info) {
    TNode *newnode=malloc(sizeof(TNode));
    assert(newnode!=NULL);
    newnode->info=info;
    if (prev==NULL) {
        newnode->link=list;
        return newnode;
    } else {
        newnode->link=prev->link;
        prev->link=newnode;
        return list;
    }
}
```

► **Esercizio 6.15, pag. 195** Il codice risultante è:

```
TNode *list_min_iterative(TList list) {
    TNode *curr, *min;
```

```
    curr = list;
    min = curr;
    while (curr != NULL) {
        if (greater(min->info, curr->info))
            min = curr;
        curr = curr->link;
    }
    return min;
}
```

▶ **Esercizio 6.17, pag. 196** Il codice risultante è:

```
TList list_swap_min_with_head(TList list) {

/* FA LO SWAP DEGLI INTERI NODI INVECE DI SPOSTARE SOLO I VALORI */
    TNode *curr, *prec, *min, *precmin, *save_succmin, *save_second;
    prec = NULL;
    precmin = prec;
    curr = list;
    min = curr;
    while (curr != NULL) {
        if (greater(min->info, curr->info)) {
            min = curr;
            precmin = prec;
        }
        prec = curr;
        curr = curr->link;
    }

    /* scambia la testa con il minimo */

    /* Caso con il minimo al primo posto */
    if ((list == NULL) || (min == list))
        return list;

    /* Caso con il minimo al secondo posto */
    else if ((list != NULL) && (precmin == list)) {
        list->link = min->link;
        min->link = list;
        return min;
    }

    else if ((list != NULL) && (min != list)) {
        save_second = list->link;
        save_succmin = min->link;
        min->link = list->link;
        precmin->link = list;
        list->link = save_succmin;
        return min;
    }

    else {
        return list;
    }
    return list;
}
```

▶ **Esercizio 6.18, pag. 196** Il codice risultante è:

```
TList list_merge_recursive(TList l1, TList l2) {

/* dopo la fusione l1 ed l2 sono consumate */
    TList lf;
    if (l1 == NULL)
        return l2;
```

```
    if (l2 == NULL)
        return l1;
    if (greater(l2->info, l1->info)) {
        lf = list_merge_recursive(l1->link, l2);
        l1->link = lf;
        return l1;
    } else {
        lf = list_merge_recursive(l1, l2->link);
        l2->link = lf;
        return l2;
    }
}
```

▶ **Esercizio 6.19, pag. 196** Il codice della funzione è:

```
TList list_copy(TList l){
    if (l == NULL)
        return NULL;

    else
        {
        TList copia_coda = list_copy(l->link);
        TList tmp = (TNode *) malloc(sizeof(TNode));
        if (tmp == NULL)
            {
            printf("Errore␣di␣allocazione␣della␣memoria\n");
            exit(1);
            }
        tmp->info = l->info;
        tmp->link = copia_coda;
        return tmp;
        }
}
```

▶ **Esercizio 8.1, pag. 277**

Nel seguito si riporta il codice della funzione:

```
/* Restituisce il padre di un nodo
 * PRE: nessuna
 */
TNode *binarytree_parent(TBinaryTree tree, TNode *node) {
    if (tree==NULL || tree==node)
        return NULL;
    if (less(node->info, tree->info)) {
        if (tree->left==node)
            return tree;
        else
            return binarytree_parent(tree->left, node);
    } else {
        if (tree->right==node)
            return tree;
        else
            return binarytree_parent(tree->right, node);
    }
}
```

▶ **Esercizio 8.2, pag. 277**

Il codice risultante è:

```
TNode *binarytree_min_greater_than(TBinaryTree tree, TInfo info) {
    if (tree==NULL)
        return NULL;
    if (less(info, tree->info)) {
```

```
        TNode *p=binarytree_min_greater_than(tree->left, info);
        if (p!=NULL)
            return p;
        else
            return tree;
    } else {
        return binarytree_min_greater_than(tree->right, info);
    }
}
```

► **Esercizio 9.2, pag. 329** La soluzione si ottiene leggendo in maniera sequenziale gli elementi di seq, e aggiungendoli nella posizione iniziale della nuova sequenza:

```
TSequence *sequence_reverse(TSequence *seq) {
    TSequence *res=sequence_create();
    TPosition *ps=sequence_start(seq);
    TPosition *pr=sequence_start(res);
    while (!sequence_at_end(seq, ps)) {
        sequence_insert(res, pr, sequence_get(seq, ps));
        sequence_next(seq, ps);
    }
    sequence_destroy_position(ps);
    sequence_destroy_position(pr);
    return res;
}
```

► **Esercizio 9.3, pag. 329** Per prima cosa dobbiamo definire l'operazione di Merge, che date due sequenze ordinate le fonde in una nuova sequenza ordinata. Usando le funzioni del listato 9.4, la Merge può essere definita come segue:

```
TSequence *sequence_merge(TSequence *a, TSequence *b) {
        TSequence *seq=sequence_create();
        TPosition *pa=sequence_start(a);
        TPosition *pb=sequence_start(b);
        TPosition *pseq=sequence_end(seq);

        while (!sequence_at_end(a, pa) &&
               !sequence_at_end(b, pb) ) {
            TInfo ia=sequence_get(a, pa);
            TInfo ib=sequence_get(b, pb);
            if (less(ia, ib)) {
                sequence_insert(seq, pseq, ia);
                sequence_next(a, pa);
            } else {
                sequence_insert(seq, pseq, ib);
                sequence_next(b, pb);
            }
            sequence_next(seq, pseq);
        }

        while (!sequence_at_end(a, pa)) {
            sequence_insert(seq, pseq, sequence_get(a, pa));
            sequence_next(a, pa);
            sequence_next(seq, pseq);
        }

        while (!sequence_at_end(b, pb)) {
            sequence_insert(seq, pseq, sequence_get(b, pb));
            sequence_next(b, pb);
            sequence_next(seq, pseq);
        }

        sequence_destroy_position(pseq);
        sequence_destroy_position(pa);
        sequence_destroy_position(pb);
```

```
        return seq;
}
```

A questo punto, per realizzare l'algoritmo Mergesort, dobbiamo trovare un modo per dividere in due parti uguali la sequenza da ordinare. Mentre nella sezione 4.2.4, essendo la struttura dati un array di lunghezza nota, si poteva semplicemente suddividere tale array in due sottoarray, ora abbiamo a che fare con una struttura dati ai cui elementi possiamo solo accedere in maniera sequenziale. Un modo per effettuare la suddivisione tenendo conto di questo vincolo è di scorrere la sequenza di partenza, e inserire gli elementi incontrati alternativamente in una tra due nuove sequenze. La funzione sotto riportata implementa questa idea:

```
/* Divide gli elementi di una sequenza tra due nuove
 * sequenze.
 * La sequenza di ingresso in non viene modificata.
 * out1 e out2 sono parametri di uscita.
 */
void sequence_split(TSequence *in, TSequence **out1,
                    TSequence **out2) {
    TPosition *pin=sequence_start(in);
    TPosition *p1, *p2;
    *out1=sequence_create();
    *out2=sequence_create();
    p1=sequence_end(*out1);
    p2=sequence_end(*out2);
    while (!sequence_at_end(in, pin)) {
        sequence_insert(*out1, p1, sequence_get(in, pin));
        sequence_next(*out1, p1);
        sequence_next(in, pin);
        if (!sequence_at_end(in, pin)) {
            sequence_insert(*out2, p2, sequence_get(in, pin));
            sequence_next(*out2, p2);
            sequence_next(in, pin);
        }
    }
    sequence_destroy_position(p1);
    sequence_destroy_position(p2);
    sequence_destroy_position(pin);
}
```

Ora abbiamo tutti gli elementi per effettuare l'ordinamento, secondo l'algoritmo realizzato dalla sequente funzione:

```
/* Ordina una sequenza con algoritmo mergesort.
 * L'ordinamento non e' sul posto, ma restituisce
 * una nuova sequenza.
 */
TSequence *sequence_sort(TSequence *seq) {
    TSequence *a, *b, *sorted;
    sequence_split(seq, &a, &b);
    if (sequence_empty(a)) {
        sequence_destroy(a);
        return b;
    } else if (sequence_empty(b)) {
        sequence_destroy(b);
        return a;
    } else {
        TSequence *sa, *sb;
        sa=sequence_sort(a);
        sequence_destroy(a);
        sb=sequence_sort(b);
        sequence_destroy(b);
        sorted=sequence_merge(sa, sb);
        sequence_destroy(sa);
        sequence_destroy(sb);
```

```
        return sorted;
    }
}
```

Si noti il modo in cui abbiamo gestito i casi base della ricorsione. Poiché la funzione deve in ogni caso restituire una nuova sequenza, effettuiamo prima di tutto una `sequence_split` per suddividere la sequenza di partenza in due. Se ci troviamo nel caso base di sequenza vuota o di sequenza formata da un solo elemento, la suddivisione comporterà che almeno una delle due nuove sequenze sarà vuota; in questo caso possiamo restituire immediatamente l'altra come risultato dell'ordinamento.

Approfondimento Anche se la complessità dell'implementazione presentata è $\Theta(\log n)$, essa non è molto efficiente perché effettua numerose operazioni di allocazione e deallocazione.

Però è completamente indipendente dalla struttura dati utilizzata per rappresentare la sequenza. L'unico modo per rendere piú efficiente l'implementazione senza violare l'incapsulamento sarebbe di estendere l'insieme delle operazioni fondamentali per il TDA Sequence, ad esempio aggiungendo nell'implementazione del TDA le operazioni di *split* e di *merge*.

► **Esercizio 9.7, pag. 329** L'implementazione del TDA PriorityQueue mediante array dinamici è riportata nel seguente listato:

```
struct SPriorityQueue {
    TArray array;
};

TPriorityQueue *priorityqueue_create(void) {
    TPriorityQueue *q=malloc(sizeof(TPriorityQueue));
    assert(q!=NULL);
    q->array=array_create(0);
    return q;
}

void priorityqueue_destroy(TPriorityQueue *q) {
    array_destroy(&q->array);
    free(q);
}

bool priorityqueue_empty(TPriorityQueue *q) {
    return q->array.length==0;
}

void priorityqueue_add(TPriorityQueue *q, TInfo info) {
    int i, j, n=q->array.length;
    array_resize(&q->array, n+1);
    for(i=0; i<n && q->array.item[i]<info; i++)
        ;
    for(j=n; j>i; j--)
        q->array.item[j] = q->array.item[j-1];
    q->array.item[i]=info;
}

TInfo priorityqueue_remove(TPriorityQueue *q) {
    int i, n=q->array.length;
    TInfo info=q->array.item[0];
```

```
    for(i=1; i<n; i++)
        q->array.item[i-1] = q->array.item[i];
    array_resize(&q->array, n-1);
    return info;
}

TInfo priorityqueue_front(TPriorityQueue *q) {
    return q->array.item[0];
}
```

Elenco dei listati

Elenco delle figure

Elenco delle tabelle

Indice analitico

Finito di stampare
nel mese di ottobre 2010

Made in the USA
Coppell, TX
05 November 2026

11307506R00216